제도와 문화현상

이 저서는 2017년 대한민국 교육부와 한국연구재단의 지원을 받아 수행된
연구임(NRF-2017S1A5B8057496)

인문학술원 연구총서 03
전 쟁 사 총 서 03

제도와 문화현상

초판 1쇄 발행 2020년 6월 30일

엮은이   순천대학교 INSTITUTE OF HUMANITIES RESEARCH SCNU 인문학술원

           국립순천대학교 인문학술원 대학중점연구소
펴낸이   윤관백
펴낸곳   ▨도서출판 선인

등 록   제5-77호(1998.11.4)
주 소   서울시 마포구 마포대로 4다길 4(마포동 324-1) 곳마루 B/D 1층
전 화   02) 718-6252 / 6257
팩 스   02) 718-6253
E-mail   sunin72@chol.com

정가   30,000원

ISBN 979-11-6068-389-9 93900

인문학술원 연구총서 03
전 쟁 사 총 서 03

제도와 문화현상

국립순천대학교 인문학술원 대학중점연구소 편

도서출판 선인

발간사

　국립순천대학교 인문학술원이 연구총서 제3권을 발간하게 되었습니다. 인문학술원은 2001년에 인문학연구소로 시작했습니다. 지난 18년 동안 인문학연구소는 지속적으로 발전하였고, 특히 2017년에 한국연구재단 대학중점연구소 사업에 선정되면서 큰 발전의 계기를 맞았습니다. 이후 순천대학교 인문학연구소는 인문학술원으로 확대개편하면서 학술지 『인문학술』을 창간하고, 인문학술원 자료총서와 연구총서를 출판하였습니다.

　인문학술원 연구총서 제3권은 인문학술원산하 대학중점연구소 연구프로젝트 3년차 결과물입니다. 인문학술원은 2017년에 '아시아-태평양전쟁과 한국전쟁의 역사·문화효과'라는 아젠다로 한국연구재단 대학중점연구소사업에 신청하여 선정되었습니다. 대학중점연구소는 아시아-태평양 전쟁과 한국전쟁을 '전투로서의 전쟁'뿐만 아니라 '문화적 관점'에서 보려고 합니다. 따라서 연구의 대상범위에 전쟁의 군사적 충돌과 전쟁 상황이 일상차원에서 나타나는 모습과 전쟁의 장기적 효과 등이 모두 들어가게 됩니다.

　대학중점연구소는 6년 동안 2단계에 걸쳐 연구를 진행하게 됩니다. 1단계는 〈전쟁과 문화기획〉을 2단계는 〈'전시체제'와 일상〉이라는 대 주제를 연구합니다. 지난 3년 동안 1단계에서 〈국가권력과 이데올로기〉, 〈전쟁과 동원문화〉, 〈제도와 문화현상〉라는 주제를 연차별로 다루었습니다. 1단계는 제도화한 국가주의의 문화효과로서 이데올로기에 주목합니다. 대중 장악을 위한 시도와 선전·선동의 방식이 대중문화와 어떤 관련을 맺는지와 전쟁 동원 문화가 형성되는 지점과 문화현상을 집중적으로 탐색했습니다. 2단계에서는 〈'전시체제'와 일상〉이라는 대주제 속에서 〈생산의 규율과 삶의 통제〉, 〈전시 소비문화〉, 〈전쟁의 경험과 기억〉을 매년 다루려고 합니다. 2단계에서 일상적 삶과 권력 구성체 사이의 접합에서 문화가 어떤 역할을 하는지 관심을 가지고 연구하게 될 것입니다. 이러한 작업을 통해 전쟁을 둘러싼 일상의 재편과 냉전적 삶을 통해 한국 사회에서 일어난 문화적 패러다임의 변동이 해명되기를 기대합니다.

이번에 1단계 〈전쟁과 문화기획〉 3년차 주제인 〈제도와 문화현상〉를 주제로 한 연구총서인 『제도와 문화현상』을 발간하게 되었습니다. 이로써 순천대학교 대학중점연구소는 지난 3년 동안 아젠다 관련 학술 세미나, 콜로키움, 학술대회 등을 통해 축적된 연구성과를 연구총서 3권과 자료총서 3권 등 모두 6권을 모두 약속한대로 출판하게 되었습니다.

앞으로 인문학술원 대학중점연구소는 아시아-태평양전쟁과 한국전쟁 관련 연구를 통해 새로운 전쟁연구 프레임 창출을 위해 혼신의 힘을 다하려고 합니다. 지난 3년 동안 인문학술원 대학중점연구소가 발간한 6권의 연구총서와 자료총서들을 통해 독자 여러분들께서 아시아-태평양전쟁과 한국전쟁에 대해 더욱 많은 관심을 가지게 되는 계기가 되기를 기대합니다.

이 책이 출간되기까지 수고해주신 유상수 선생님을 비롯한 학술원 선생님들께 깊이 감사드립니다. 또한 이러한 방대한 연구 활동이 가능하도록 재정적 지원을 해주신 노정혜 한국재단이사장님과 고영진 순천대학교 총장님께도 고맙다는 말씀을 드립니다.

2020년 6월
국립순천대학교 인문학술원장
대학중점연구소장 강성호

서문

　근현대 한국은 아시아-태평양전쟁을 거치면서 더욱 깊숙이 일본제국주의에 편입되었으며, 일본이 패전한 후 미국과 소련이 남과 북에 진주하여 구축한 냉전체제에 강한 영향을 받았다. 또한 대한민국 정부가 수립된 지 얼마 되지 않아 일어난 한국전쟁을 계기로 분단체제가 고착화되었고, 남한에서는 반공이데올로기가 절대적인 이념으로 굳어졌다. 아시아-태평양전쟁과 한국전쟁이라는 두 개의 전쟁 사이에서 형성된 '전쟁문화'와 '전쟁 장치'는 장기지속적으로 효력을 발휘하여 동서 양대 진영의 냉전체제가 무너진 현재에도 혼종·착종된 형태로 여전히 한국사회에 맹위를 떨치고 있다.

　일본과 식민지 조선 사이에 만들어진 역사적 관계나 세계적 냉전체제의 틀 속에서 변형적으로 작동하고 있는 분단체제를 이해하기 위해서는 '전투로서의 전쟁'이 아니라 전쟁을 문화로 파악하고, 전쟁의 현장성뿐 아니라 그 효과까지도 고려하여 연구영역을 확장하고 입체화할 필요가 있다. 이러한 문제의식 아래 아시아-태평양전쟁과 한국전쟁기의 제도와 문화현상에 주목하여 연구를 진행했다. 전시체제의 작동에 관여하는 법적, 행정적, 민간조직 등의 제도의 효과에 주목하였으며, 세 가지 요소의 작동원리와 문화 효과를 탐구하기 위해 노력했다.

　이번 연구총서는 아시아-태평양전쟁기 조선과 만주국 국경지대에서의 항일활동과 일제식민당국의 대응, 일제의 육군특별지원병제도 선전과 조선인 전쟁영웅화작업, 일제의 조선인 학병 동원 담론, 여순사건과 한국군의 반공체제 형성, 한국전쟁기 전남지역 빨치산의 활동과 지역민, 전시생활개선법과 후방의 생활동원, 한국의 공군력 확충 노력 등을 주요 주제로 다루었다. 제1부는 아시아-태평양전쟁을 주제로 한 제도와 문화기획을 연구한

5편의 논문으로 구성하였다.

박민선은 일제의 육군특별지원병제도 선전과 이 과정에서 조선인을 전쟁영웅화하는 작업을 다루었다. 일제는 침략전쟁을 확대하고, 전쟁이 장기화되면서 병력충원에 어려움을 겪게 되었다. 이를 해결하기 위해 식민지조선인을 인적자원으로 확보하고자 하였다. 이를 위한 기초작업으로 선전활동과 사상통제에 모든 역량을 집중하였다. 이 과정에서 총독부는 일본의 '軍神'의 사례를 참고하여 조선에서도 전쟁영웅을 만들고 선전도구로 활용하려 하였다. 이들 중 이인석은 육군특별지원병 최초의 전사자라는 상징성이 있어 조선총독부에서 이인석의 생애와 죽음까지 전쟁을 선전하는데 동원하였다.

윤휘탁은 조선과 만주국 국경지대에서의 항일활동과 일제식민당국의 대응에 주목하였다. 조선과 만주국은 모두 일본제국의 범주에 있었기 때문에 명확한 국경선 관념이 없었다. 더구나 백두산을 중심으로 한 광활한 산림지대가 분포되어 있어 일본의 치안이 미치지 못했다. 항일세력은 이 지역을 기반으로 활발한 활동을 전개하였다. 만주국에서는 이를 막기 위해 조선당국과 긴밀하게 협력을 하면서 항일활동을 단속하거나 토벌하였다. 그리고 항일세력의 자금을 차단하기 위해서 아편재배를 금하였고, 다양한 치안공작을 전개함으로써 1930년대 후반에는 만주국에서의 항일무장투쟁이 급속히 약화되었다. 이 글에서는 조선과 만주국이 국경지대를 중심으로 치안협력체제를 구축해갔고, 그로인해 항일활동의 약화되는 과정을 추적했다.

윤효정은 일제의 학병 동원 담론의 양태와 특징을 살펴보았다. 학도지원병제는 내선일체 구현의 제도였고, 이는 학병 지원이라는 조선인 학도 개개인의 능동적인 실천을 필요로 했다. 법제상 학도지원병제는 지원에 의한 것이었기 때문에 조선인 학도의 능동적 실천도 가능해야 했지만 일제식민당국은 그 자율성을 허락하지 않았다. 특히 매일신보를 통해 학병 지원자를 국가공동체의 윤리 규범을 체득한 진정한 국민으로, 미지원자를 비열한 자나 낙오자 또는 비국민으로 대조시켰다. 이를 통해 전자와 같은 이상적인 국민상을 제시하는 한편, 후자에 대한 간섭과 개입을 정당화했다. 이는 대리 지원과 같이 개인의 자율성을 침해하는 절차를 합리화했을 뿐 아니라, 이후 지원하지 않은 학생들에 대한 '징벌적 징용'을 뒷받침하는 근거로 작용했다.

이병규는 1937년 통주사건의 재구성을 통해 논의를 재해석하는 작업을 하였다. 통주사건은 중일간의 정전협정으로 비무장지대로 있던 호북성 통주에 주둔하고 있던 중국 송철원 휘하의 1개 소부대가 중일전쟁이 발발하면서 일본폭격기의 공격을 받은 은여경 휘하의 보안대와 함께 일본군을 공격하였고, 이 과정에서 재류일본인을 포함한 200여명이 살해된 사건이었다. 일본은 이 사건을 일본의 남경대학살을 희석시키는데 사용해왔다. 이 글에서 기본적으로 통주사건의 전반적인 역사적 사실을 비롯해 지금까지 밝혀지지 않았던 다양한 부분을 분석하며 통주사건을 재해석하였다.

임성모는 방법으로서의 '관전사(貫戰史)'를 다루었다. '관전사'란 '전쟁을 관통해서 이전(전전/전시)과 이후(전후)를 연속적으로 조망하는 역사서술'이다. 이런 방법은 아직 학계에서 시민권을 얻은 것은 아니었기 때문에 일본사에서 '관전사'의 방법론과 문제의식에 대해서 정리하면서 한국에서 이를 어떻게 적용할 수 있을 것인가에 대해서 고민하였다. 일본에서의 전쟁은 '아시아태평양전쟁'을 의미하는 것이지만 한국에서는 '아시아태평양전쟁' 뿐만 아니라 '한국전쟁'도 포괄하는 것이기에 이 방법론은 더 유용한 것이라 할 수 있다. '관전사'를 통해 국경을 뛰어넘는 지역적/세계적 관점의 역사서술 가능성을 제시하였다.

제2부는 한국전쟁을 전후한 시기의 제도와 문화기획을 연구한 5편의 논문으로 구성하였다.

강창부는 후방에서의 '생활동원'을 전시생활개선법을 통해 살펴보았다. 현대전은 총력전이기 때문에 후방에서도 '후방전선'을 형성하며 전쟁수행의 또 다른 주체로서 기능하도록 요구받는다. 지금까지의 연구에서는 후방에서는 학살, 점령, 동원과 착취의 희생양으로 그려지는데 이 글에서는 전쟁수행자로서의 역할에 대해서 규명하려 하였다. 특히 전쟁기 제정 공포되었던 전시생활개선법은 총력전인 6·25전쟁에 직면한 한국사회가 전쟁수행의 주체에게 요구되는 의식과 생활방식을 국민들에게 강제하기 위한, 일종의 '생활동원'의 노력이었다. 그러나 전시에 국책수행에 적합하도록 국민들의 생활을 혁신하고 간소화하기 위해 제정되었던 그 과정에서 국민적 논쟁을 낳았으며, 적지 않은 혼란과 저항을 경험해야 했다. 결국 그 제정의 목적을 달성하는 데 실패했던 이 법률은, 국민의 기본권과 사생활에까지 통제의 범위를 확장하는 '생활동원'의 시도가 선결하여야 하는 과제들을 보여주는 것이었다.

강성호는 미국의 매카시즘의 등장과 확산을 통해 한국의 반공체제 형성에 영향을 받았음에 주목하였다. 공교롭게도 미국의 매카시즘의 등장과 몰락은 한국전쟁의 발발과 휴전시기와 일치하였다. 한국전쟁의 발발은 미국사회에서도 공산주의에 대한 공포심을 확대시키기에 충분한 것이었다. 이로 인해 미국사회 내에서 반공체제가 강화되었으며, 이후 미소 혹은 미중 사이의 긴장완화를 어렵게 하였다. 이런 상황은 고스란히 한국에도 영향을 미쳐 극우반공체제가 형성되는 한 요인이 되었다.

노영기는 1948년 여순사건 발생 후 한국군, 그 중에서도 육군의 성격이 어떻게 변화하며 한국군의 정치화와 연관되는지에 대해서 고찰하였다. 여순사건은 이승만정권이 극우반공체제를 완성시켜나가는데 분수령이 된 사건이었다. 이 사건을 통해 국가보안법을 통과시키며 민간 사회에 대한 통제를 강화해 갔다. 그 과정에서 군도 이승만정권의 강력한 '공권력'으로 기능하기 시작했다. 한국전쟁의 발발은 군의 폭발적인 성장을 가져오며 군의 '정치화'를 가속화했다. 결국 군의 이런 변화는 1961년 5·16쿠데타로 귀결되었다.

임송자는 한국전쟁기 전남지역 빨치산 활동을 중점적으로 다루었다. 또한 한국전쟁 과정에서 각 지역의 지역민들의 삶에 대한 연구는 거의 이루어지지 못했는데, 전남지역 지역민의 삶까지도 보기 위해 노력하였다. 이 글에서는 한국전쟁기의 전남지역 빨치산 활동을 두 시기, 즉 조선인민군이 전남지역을 점령한 시기와 인민군 후퇴 이후의 시기로 나누어서 살펴보았다. 조선인민군이 남진하여 전남지역을 점령하는 과정, 조선인민군의 진격을 지원하기 위한 빨치산의 활동, 조선인민군 후퇴 이후 전남 각지에서 전개된 빨치산 활동, 그리고 군경 진압작전에 의해 빨치산 세력이 약화되는 과정 등을 검토했다. 또한 한국전쟁 과정에서 지역민이 겪게 되는 고통의 실상을 탐색했다. 첫째, 한국전쟁기 전남지역의 민간인 학살사건을 살펴보았다. 둘째, 노무동원이나 병력동원, 그 밖의 인력동원에 의해 지역민이 어떠한 처지로 내몰렸는지를 밝혔다. 셋째, 빨치산 진압을 위해 지역에 주둔한 군경에 의해 자행되는 민폐의 심각성을 탐색했다.

강창부, 이지원, 임혁은 6·25전쟁 과정에서 한국의 독자적인 공군력 증강 노력에 주목했다. 정부수립 이후 한국의 공군력 건설 정책은 '先 인력양성, 後 전력도입'에 중심을 두고 있었다. 그래서 육군항공사관학교를 창설하고 공군을 육군으로부터 독립시켰다. 1949년에 한국정부는 전국적인 '애국기 헌납운동'을 전개하여 그 기금으로 AT-6 10대를 구입했다. 6·25전쟁이 발발하자 비행훈련의 부족으로 항공기 손실이 심화되고, 항공기 손실 때문에 비행훈련이 제한되는 악순환이 시작되었다. 이때 공군력 확충을 위한 헌납운동을 다시 추진했다. 1951년 7월부터 이듬해 4월까지 진행된 헌납운동은 전시 상황에서 모금액 목표를 달성하는 데 실패했지만, 군사원조의 주체였던 미국 측에 한국의 결의를 전달하는 계기가 되었고, 6·25전쟁 말기 공군 전력 증강의 청사진이었던 '3개년 계획' 수립에 자극을 주었다. 무엇보다 이 운동은 한국이 공군력을 건설하고 확충하려 했던 자주적 노력의 지속성을 보여준다는데서 큰 의의를 갖는 것이었다.

이 책에서는 수록된 10편의 논문을 통해 한국 근현대사에 전쟁으로 인해 만들어진 각종 제도와 그로 인한 문화현상을 통해 당시 사회의 작동원리에 접근할 수 있을 것이다. 이를 통해 우리의 현실을 냉철하게 분석할 수 있는 틀을 제공할 수 있을 것이다.

차례

2부 한국전쟁기 제도와 문화현상

1부
아시아–태평양전쟁기
제도와 문화현상

전시체제기 일제의 육군특별지원병제도의 선전과 조선인 전쟁영웅화 작업*
李仁錫의 사례를 중심으로

박민선(일본군 위안부 연구소)

Ⅰ. 머리말

일제는 만주사변에 이어 중일전쟁과 태평양전쟁을 차례로 일으키며 침략전쟁을 확대해 나갔다. 그러나 전쟁이 장기화됨에 따라 일제는 병력 충원에 어려움을 겪게 되었고, 이를 해결하기 위해 식민지 조선인을 인적자원으로 확보하고자 하였다. 조선인을 군인으로 동원하는 문제는 1932년부터 조선군 내에서 연구가 진행되었으며, 1937년 중일전쟁 이후 더욱 구체화되기 시작하였다. 그 결과, 동년 12월 「陸軍特別支援兵令」의 시행이 결정되었으며, 이듬해 2월 「朝鮮陸軍特別支援兵令」이 공포되었다.[1]

---

* 박민선, 「전시체제기 일제의 육군특별지원병제도의 선전과 조선인 전쟁영웅화 작업 - 李仁錫의 사례를 중심으로」, 『숭실사학』 42호, 2019의 일부를 수정한 것임.
[1] 표영수, 「일제강점기 조선인 지원병제도 연구」, 숭실대학교 대학원 사학과 박사학위논문, 2008, 52~53쪽.

이처럼 지원병제도가 식민지 조선에서 실시 될 수 있었던 것은 南次郎 총독이 "內鮮一體의 구현"이라는 통치목표를 달성하고자 했기 때문이었다. 실제로 조선총독부는 이 제도를 통해서 전방에서는 조선인을 "戰線의 皇國 軍人"으로 동원하였으며, 후방에서는 조선인에게 "銃後의 皇國臣民"으로서 의 자각을 강요하는 데 활용하였다.[2] 이를 위해 총독부는 사상통제와 선전 정책을 적극적으로 펼쳐 나갔으며, 보다 강력한 대중선동을 위해 신문, 방 송, 영화 등의 언론매체와 더불어 강연회, 좌담회, 전람회 등의 행사를 개최 하는 데 모든 통치 역량을 집중하였다.

이와 함께 총독부는 일본의 '軍神'[3] 사례를 참고하여 조선에서도 '전쟁영 웅'을 만들고, 이를 전쟁 참여를 위한 선전도구로 활용하였다.[4] 전시체제기 조선인 '전쟁영웅'의 사례로는 李仁錫, 李亨洙, 池麟泰, 崔鳴夏, 金錫源, 李鍾 贊, 嚴桂明, 柳寬熙, 印在雄, 韓鼎實 등이 있었다. 이들 중 李仁錫은 육군특별 지원병 최초의 전사자라는 상징성을 가진 인물로 총독부가 내세운 대표적 인 조선인 전쟁영웅이었다.

일본인 전쟁영웅에 관한 연구를 살펴보면 일본의 각 시대를 대표하는 전 쟁과 인물을 선정하여 그들의 영웅화 과정을 개괄하고 분석한 연구가 있으 며, 근대 일본에서 전쟁영웅이 교육적으로 활용되었던 사례를 정리한 연구 가 있다.[5] 조선인 전쟁영웅에 관한 연구로는 조선인특공대의 사례에 주목 하여 조선인 전쟁영웅의 창출과정을 분석한 연구가 있다.[6] 또한 조선주둔 일본군의 '전쟁미담' 생산과 조선인 군인동원의 실태를 분석한 연구에서는

---

2) 최유리, 『일제 말기 식민지 지배정책 연구』, 국학자료원, 1997, 180쪽.
3) '軍神'이란 러일전쟁시기 군신인 廣瀨武夫의 전기에 따르면 "이 尊號는 사람들이 모여 評 議하여 授與한 것이 아니라 소위 하늘의 소리, 즉 하늘의 명이기 때문에 영원히 전해질 것이다."라고 정의하였다.(동양학연구원, 『근대 일본의 전쟁과 전쟁영웅』, 「동양학연구총 서」 8, 단국대학교 출판부, 2014. 137~138쪽.)
4) 공임순, 「전쟁 미담과 용사-제국 일본의 동일화 전략과 잔혹의 물리적 표지들」, 『상허학보』 30, 상허학회, 2010, 324~329쪽.
5) 정형, 『일본의 전쟁영웅 내러티브 연구』, 단국대학교 일본연구소, 2013; 동양학연구원, 『근 대 일본의 전쟁과 전쟁영웅 연구』, 「동양학연구학술총서」 8, 단국대학교 출판부, 2014.
6) 이형식, 「태평양전쟁시기 제국일본의 군신만들기 -『매일신보』의 조선인특공대 보도를 중 심으로-」, 『일본학연구』 37, 단국대학교 일본연구소, 2012.

총독부에서 제작한 미담집을 소개하며, 조선인 전쟁영웅과 관련된 미담 사례를 언급하기도 하였다.[7]

이처럼 지금까지 학계에서 다뤄진 전쟁영웅에 대한 연구는 대부분 단편적인 서술에 그치고 있는 형편이다. 특히 이인석에 관한 연구는 일제가 군인동원을 위한 정책과 제도의 당위성과 필요성을 일반에게 확산시키기 위한 선전도구로 어떻게 활용했는가에 초점을 두는 경향이 있다.[8] 가장 최근의 연구에서는 이인석의 죽음이 식민권력의 정치적 목적에 의한 것이며, 그가 지원병에 지원한 것은 '자발적 자원'의 결과라고 해석한 연구도 있다.[9] 하지만 이 역시 일제가 실시한 전쟁영웅화 작업을 단순히 전쟁 동원을 위한 선전의 일례로 소개하고 있으며, 그 논리나 양상에 대한 분석은 거의 이루어지지 않았다. 또한 일제가 이인석을 군인동원 선전정책에서 적극적으로 활용한 이유에 대해서도 아직 명확하게 설명하지 못하고 있다.

이에 본 연구는 전쟁에 동원된 조선인 전쟁영웅을 정리하고, 이 가운데 왜 이인석이 오랜 기간에 걸쳐 전쟁 동원의 선전소재로 활용되었는가를 확인하고자 한다. 또한 일제가 식민지 조선인에게 강요했던 병사'象'과 그 논리적 구조를 파악함으로써, 조선인 군인동원을 통한 선전이 황국신민화 정책과 어떻게 연결되는지를 구체적으로 이해하고자 한다. 이를 통해 일제의 전쟁영웅화 작업의 전모를 파악하고, 전시체제기 조선인 청년을 선전·선동하여 침략전쟁에 필요한 인적자원으로 활용하고자 했던 일제의 의도를 면밀히 확인해 볼 수 있을 것이다.

---

[7] 조건, 「일제 말기 조선 주둔 일본군의 '전쟁미담' 생산과 군인 동원」, 『한일민족문제연구』 31, 한일민족문제연구소, 2016.

[8] 정혜경, 『조선 청년이여 황국 신민이 되어라』, 서해문집, 2010; 공임순, 『식민지 시기 야담의 오락성과 프로파간다』, 앨피, 2013; 이준식, 「일제 파시즘기 선전 영화와 전쟁동원 이데올로기」, 『동방학지』 124, 국학연구원, 2004; 박수현, 「전시파시즘기(1937~1945) 조선 지식인의 체제협력 양상과 논리」, 『한국민족운동사연구』 46, 한국민족운동사학회, 2006; 박수현, 「일제말 파시즘기(1937~1945) 『매일신보』의 대중선동 양상과 논리: 지원병·징병제도를 중심으로」, 『한국민족문제연구』 69, 한국민족문제연구소, 2011; 박영산, 「일제강점기 조선어 나니와부시(浪花節)에 대한 고찰」, 『동아시아문화연구』 69, 한양대학교 동아시아문화연구소, 2017.

[9] 정안기, 「이인석의 전사와 '죽음의 정치성'」, 『일본문화학보』 76, 한국일본문화학회, 2018.

따라서 본 연구의 2장에서는 일제가 실시한 육군특별지원병제도의 지원병 모집과정과 선전활동을 정리해보고 그 중 조선인 영웅화 사례를 살펴보고자 한다. 이어서 3장에서는 이인석의 사례에 주목하여, 일제가 전쟁영웅을 군인동원 선전에서 어떻게 활용하였는가를 살펴보고자 한다. 그리고 이에 활용한 논리를 분석하고자 한다. 특히 이인석과 '兵農兩全論'이라는 논리를 어떻게 결부시켰는가를 알아보고자 한다. 마지막으로 4장에서는 이인석 영웅화 작업에 대해 당시 조선사회에서 나타난 반응의 일면을 확인해 보고자 한다.

이를 위해 당시 간행된 조선인 출신 군인 전기[10]와 총독부에서 간행한 홍보책자인 『前進する朝鮮』을 검토하려고 한다.[11] 또한 『每日申報』・『東亞日報』・『朝鮮日報』・『朝鮮』・『三千里』・『新時代』 등 신문이나 잡지의 내용과 문학텍스트, 라디오방송의 내용을 분석함으로써 일제가 창출하고자 한 식민지 조선인의 모습을 규명하고자 한다.

Ⅱ. 육군특별지원병제도의 실시와 대중선동

1. 육군특별지원병제도의 실시와 모집활동

1938년 2월 「陸軍特別支援兵令」이 조선총독부, 육군성, 척무성의 준비를

---

10) 秦賢助, 『祖國の旗の下に -李仁錫上等兵-』, 高山書院刊, 1941; 朴永朗, 『李仁錫上等兵』, 大同出版社, 1942; 朝日新聞社 編, 『軍神加藤少将正傳』, 朝日新聞社, 1943.
11) 『前進する朝鮮』은 총독부 정보과에서 昭和 17년[1942년]에 발행한 책자이다. 목차는 서장, 새로운 조선의 사명, 황통통치의 대전형, 30여년 약진의 자취, 일어나는 이천사백만, 비약하는 반도의 산업, 조선의 자연과 생활, 건설에 앞장 선 사람들, 대동아공영권과 조선으로 구성되었으며, 총 81쪽이다.

거쳐 제정·공포되었다. 그리고 시행세칙과 훈련소 관제 등 관련 법령이 규정되면서 동년 4월 3일 陸軍特別支援兵制度가 실시되었다.[12] 일제는 조선인에게 병역의 의무를 부과시키기 위한 시험적인 제도로 시행했으며, 지원병의 자격을 엄격히 제한하고 훈련소에서의 교육을 필수조건으로 내세우고 있었다.[13] 이에 따라 일제는 조선인을 지원병이라는 이름하에 제도적으로 전쟁에 동원하기 시작하였다.

陸軍特別支援兵制度는 조선인 가운데 朝鮮總督府陸軍兵支援兵訓練所(이하 지원병훈련소)의 과정을 수료한 후 일본군 현역 또는 제1보충병으로 입대하는 것이다. 뿐만 아니라 보충병역자, 국민병역에 있는 자 또는 병역을 마친 자가 지원병으로 일본군에 재복역할 수 있게 만든 것이다.[14] 이 제도를 통해서 1938년부터 1943년까지 총 802,047명의 지원자가 모집되었으며, 이 중 16,830명의 조선인이 동원되었다.[15] 이러한 과정에서 일제는 총독부와 육군성 사이의 긴밀한 협의를 통해서 지원병의 정원을 결정하게 하는 강제동원의 성격을 보이기도 하였다. 이는 지원병 모집과정에서 보다 면밀히 확인할 수 있다.

우선 조선군사령관은 지원병으로 편입할 일본군 현역 또는 제1보충병역의 정원 및 입영부대의 관한 의견을 육군대신에게 보고하였다. 이어 육군대신은 보고내용을 천황에게 재가를 받은 후 다시 조선군사령관에게 전달하였다. 이에 근거하여 총독부는 동원계획에 따라 지원병으로 편입될 인원을 각 도에 할당하였으며, 도지사는 각 도 관할 경찰서장이 접수받은 할당인원을 지원병훈련소장에게 추천하였다.[16] 이후 지원병훈련소장은 각 도

---

12) 표영수, 「일제강점기 육군특별지원병제도와 조선인 강제동원」, 『한국민족운동사연구』 79, 한국민족운동사학회, 2014, 110쪽.
13) 최유리, 『일제 말기 식민지 지배정책연구』, 국학자료원, 1997, 181~182쪽.
14) 표영수, 위의 논문, 2014, 110쪽.
15) 지원자 수와 입소자 수의 차이가 발생한 이유에 대해서는 '성과 과시를 위한 관청의 지원 종용 및 강요, 자격 미달자 응모, 할당' 등이 있다.(표영수, 「일제강점기 조선인 지원병제도 연구」, 숭실대학교 대학원 사학과 박사학위논문, 2008, 52~53쪽.)
16) 표영수, 위의 논문, 2008, 48~49쪽.

에서 추천된 인원에 대하여 육군신체검사규칙의 규정에 준하는 검사를 실시하여 채용여부를 결정하였다.[17]

이와 같은 지원병 모집과정에서 총독부 학무국은 각 도에 할당된 지원병 추천자의 모집과 관련한 사무를 담당하였다. 여기서 주목할 점은 당시 학무국장이었던 鹽原時三郞이 지원병에 대한 훈련을 맡았던 육군특별지원병 훈련소의 소장을 겸임하였다는 것이다. 또한 국민정신총동원조선연맹(이하 정동연맹)의 이사장을 겸임하기도 하였는데, 정동연맹은 산하의 조직망을 활용하여 실질적인 지원병을 모집활동을 하였다. 특히 각 정 · 동 · 리 · 부락 연맹에는 최소한 1명 이상의 지원병 자원자가 나오도록 할 것을 지시하였으며, 각 부 · 읍 · 면 연맹에는 경찰관서 · 재향군인회 · 청년단 · 부인회와 연계하여 지원병 적응자가 자원할 수 있도록 유도하라는 지시를 하였다. 더불어 각 도연맹으로 하여금 "좋은 성적"을 낼 것을 지시함으로써 지역 간의 경쟁을 조장하였다.[18]

그 결과, 각 도연맹은 부락연맹마다 지원병 자원자 1명을 모집하기로 한 것에서 더 나아가 애국반마다 1명씩을 모집하기로 하는 '지원병모집운동'을 전개하기도 하였다.[19] 이외에 정동연맹에서는 애국반을 중심으로 좌담회를 개최하는 하는 등 지원병 모집을 위한 선전활동을 전개하였다.[20] 또한 지원병후원회와 협력하여 지원병 자원자 및 그 가족에게 "사회적 존경과 보호"를 받게 할 것을 지시하는 등 적극적인 회유책을 펼쳐 나갔다.[21] 이와 관련하여 지원병 지원자에게 "가정의 생활을 보장해준다"며, "너는 나가서 일등국민이 되라"라는 식의 설득이 행해졌다고 한다.[22] 일례로 배급통제로

---

17) 표영수, 위의 논문, 2014, 119쪽.

17) 표영수, 위의 논문, 2014, 119쪽.
18) 김영희, 「국민정신총동원운동의 전개 형태와 그 침투」, 『한국근현대사연구』 22, 한국근현대사학회, 2002, 241쪽.(「各道聯盟事務擔當者打合會開催さ る」, 『총동원』 2-1, 1940년 1월, 78쪽.)
19) 「한 愛國班에 1兵主義로, 지원병제도 대확장」, 『동아일보』, 1939년 12월 9일.
20) 김영희, 위의 논문, 2008, 241~242쪽.
21) 김영희, 「국민정신총동원운동의 전개 형태와 그 침투」, 『한국근현대사연구』 22, 한국근현대사학회, 2002, 241쪽.(「各道聯盟事務擔當者打合會開催さ る」, 『총동원』 2-1, 1940년 1월, 78쪽.)
22) 경상북도 영덕군 병곡면 송천동 거주, 전 영덕문화원장·국사편찬위원회 사료조사위원 權鐘大(1929년생) 증언, 2000년 11월 19일. (김영희, 위의 논문, 2008, 244쪽, 재인용.)

물자가 부족할 때에도 지원병에게는 "면에서 신 1켤레, 정종 1병, 설탕 1봉지, 광목 1필을 1달에 한 번씩 배급"되기도 하였다고 한다.[23] 또한 병역을 마친 후 지원자의 희망에 따라 경찰관이나 소방서원 등 일자리가 제공될 것이라는 특혜가 주어지거나 그 가족에게 일정 정도의 자금을 융통받게 하는 등 회유책이 제공되기도 하였다.[24]

이처럼 일제가 지원병 모집을 위한 회유책으로써 경제적 혜택을 내세웠던 것은 1930년대 농촌 사정이 열악했기 때문이었다. 당시 농민들은 경제적으로 극도로 궁핍해진 가운데 지원자는 주로 가정형편이 어렵다거나 주재소나 소방서 등의 임시 직원으로 일하는 등 거절하기 어려운 상황에 있는 경우가 많았던 것이다.[25] 실제로 1938년과 1939년도 지원병 자원자의 직업을 살펴보면 대부분이 농민이었으며, 나머지도 관청의 急使·小事·傭人 등으로 일하는 경제적 형편이 낮은 사람이 많았다.[26]

이를 통해서 볼 때, 일제는 조선군사령부, 총독부 학무국, 정동연맹, 지원병훈련소 등의 정부기관과 조직을 중심에 두고 지원병 모집과 이를 위한 선전활동을 전개해 나갔음을 알 수가 있다. 또한 일제가 강제와 회유책이라는 방식을 통해 조선인이 지원병으로 자원할 수밖에 없는 상황을 형성해 나가고자 했음을 확인할 수가 있다. 이러한 측면에서 볼 때, 이인석 역시 다른 지원병들과 마찬가지로 어려운 집안에서 생활하고 있었으며, 그가 지원병에 자원하게 된 이유 중 하나가 경제적인 혜택을 받고자 했기 때문이라고 짐작할 수 있다.[27]

---

23) 경상북도 영덕군 축산면 경정리 金在烈(1922년생) 증언, 2000년 11월 15일. (김영희, 위의 논문, 2008, 244쪽, 재인용.)
24) 정혜경, 『조선 청년이여 황국 신민이 되어라』, 서해문집, 2010, 68쪽.
25) 정혜경, 위의 책, 2010, 68쪽.
26) 표영수, 「일제강점기 조선인 지원병제도 연구」, 숭실대학교 대학원 사학과 박사학위 논문, 2008, 52~53쪽.
27) 이인석의 고향인 충청북도의 도지사이었던 김동훈은 조선인이 지원병에 자원하면 "전문학교에 입학할 정도의 교양을 쌓을 수 있는 기회를 보장하겠다"며 경제적인 점 외에도 여러 회유책을 내세우기도 하였다.(정혜경, 위의 책, 2010, 69쪽.)

2. 육군특별지원병제도의 선전과 조선인 전쟁영웅

육군특별지원병제도가 전격적으로 실시됨에 따라, 일제는 조선인의 사상과 정보를 통제하고 제도의 방향성과 취지를 선전하는 것을 중시하였다. 이를 위해 총독부는 정무총감을 위원장으로 하는 朝鮮中央情報委員會(이하 위원회)를 조직하였다. 위원회의 목적은 "국민정신을 앙양시키고 시국에 대한 인식을 강화함으로써 국민을 총집결시킨다."는 것이었다. 이에 따라 조선의 모든 언론 및 홍보기관을 통제하고 여론 및 불순분자를 파악하며, 시국에 대한 선전활동을 시작하였다.[28]

이와 함께 총독부는 일본의 '軍神'의 사례를 참고하여 조선에서도 '전쟁영웅'을 만들어, 이를 전쟁 참여를 위한 선전도구로 활용하였다.[29] 일제는 러일전쟁 이후 '軍神'을 창출하였으며, 이들에 대한 전쟁미담을 소재로 하여 교과서를 구성하였다.[30] 그리고 이를 학교교육의 현장에서 가르침으로써 국민의 전의를 고양시키고 사기를 진작시키며 애국심을 함양하였다.[31] 이후 일제는 1930년대부터 본격적으로 전쟁과 관련된 미담을 생산하기 시작하였다.[32] 또한 태평양전쟁시기에 이르면 전시체제를 안정시키고 국민을

---

28) 박수현, 「중일전쟁기 '유언비어'와 조선인의 전쟁인식」, 『한국민족운동사연구』 40, 한국민족운동사학회, 2004, 215쪽.

29) 공임순, 「전쟁 미담과 용사-제국 일본의 동일화 전략과 잔혹의 물리적 표지들」, 『상허학보』 30, 상허학회, 2010, 324~329쪽.

30) 廣瀨武夫는 러일전쟁 당시 旅順항구 폐쇄라는 특별작전에 참가하여 행방불명이 된 부하를 찾아 배를 수색하고, 구명보트 위에서 러시아의 포탄에 맞아 전사하였다. 이후 廣瀨武夫는 미담의 대상뿐만 아니라 '軍神'으로 추앙되었다. 또한 立花芳夫는 首山堡 공략에서 부대원의 맨 앞에 서서 적진에 뛰어들었으며, 이후 장렬한 전사로 인해 '軍神'으로 추앙되었다. (정형, 「일본 전쟁영웅의 내러티브 연구」, 『일본학연구』 39, 단국대학교 일본연구소, 2011, 16~17쪽.)

31) 동양학연구원, 『근대 일본의 전쟁과 전쟁영웅』, 「동양학연구총서」 8, 단국대학교 출판부, 2014, 137쪽.

32) 爆彈三勇士는 독립공병 18대 소속 江下武二, 北川丞, 作江伊之助 세 명의 일등병이다. 삼용사 사건은 1931년 9월 18일 柳條湖 부근의 일본군 陸戰隊와 국군 19路軍 사이에 일어난 제1차 상해사변이었다. 이 전투에서 삼용사는 제2파괴대의 공병 병사들로 제1반이 실패할 경우를 대비해서 만든 제2반 예비반에 속해 있었다. 제1반이 이미 전멸한 상황에서 죽음으로써 철조망을 뚫기 위한 임무가 부여 된 이들은 빗발같이 쏟아지는 총탄에도 불구하고 몸에 폭탄을 두른 채 철조망으로 뛰어들어 '廟行鎭'의 보병 돌격로를 열게 했음은 물론 '廟行鎭'을 일본군이 점령하는데 큰 공을 세웠다. 삼용사의 전사소식 전해지자 각 신문

인적자원으로 전쟁에 동원시키고자 九軍神, 加等 등 특정인물의 '영웅담'을 생산하였다.[33] 그리고 이를 特電형태의 신문기사로 보도하거나 다양한 매체를 통해 일반에게 유포하는 방식으로 軍神을 확산시켜 나갔다.[34]

이와 마찬가지로 일제는 식민지 조선에서도 조선인 군인을 대상으로 '전쟁영웅'을 창출하고자 시도하였다. 다음은 전시체제기 일제가 실시한 이른바 전쟁영웅화 작업에 동원된 조선인 군인의 사례를 정리한 것이다.

[표 2-1] 전시체제기 조선인 전쟁영웅화 선전사례

성명	전사일자	출신학교	병과	직급	공훈 내용	매일신보기사건수
李仁錫	1939. 6. 22	옥천농업실수학교	육군보병	일등병→상등병	·일계급 특진 ·靖國神社에 합사 ·金鵄勲章 추서	119
李亨洙	1939. 7. 7	불명	육군보병	일등병→상등병	·일계급 특진 ·靖國신사에 합사	17
池麟泰	1939. 7. 12	육군사관학교	육군항공	중위→대위	·일계급 특진 ·靖國신사에 합사	11

들은 육탄으로 철조망을 격파하고 산화한 세 사람의 일등병에 대한 기사를 속보로 내보냈다. 이후 교과서 게재, 동상의 건설, 기념비 건립, 전기의 편찬과 조의금 遝至가 추진되는 등 추모의 열기가 이어졌다.(공임순, 「전쟁 미담과 용사-제국 일본의 동일화 전략과 잔혹의 물리적 표지들」, 『상허학보』 30, 상허학회, 2010, 316~319쪽.)

[33] 九軍神은 1942년 3월 6일 진주만 공격에 참가한 5대의 특수잠항정 승무원 9인이다. 일제는 평범한 청년이 큰 위업을 달성했다는 이미지를 심어주기 위해 9명의 전사자들의 일화를 신문에 대서특필하는 등 軍神으로 추앙하였다. 또한 加等는 1942년 5월 22일 벵골만 상공에서 승선기가 공격받아 귀환 가망이 없자 자폭한 인물이다. 당시 언론에서는 加等를 "하늘의 軍神"이라고 하며 전쟁영웅으로 추앙하였다.(공임순, 「전쟁 미담과 용사-제국 일본의 동일화 전략과 잔혹의 물리적 표지들」, 『상허학보』 30, 상허학회, 2010 ; 동양학연구원, 『근대 일본의 전쟁과 전쟁영웅 연구』, 「동양학연구학술총서」 8, 단국대학교 출판부, 2014.)

[34] 일제는 1938년 「국가총동원법」 제정, 1939년 「국민징용령」 공포, 1940년 대정익찬회 발족 등의 과정을 거치면서 본격적으로 전시총동원체제에 들어서기 시작하였다. 문단에서도 1942년 문학보국회를 만들어 애국시가(집) 등을 간행하여, 전시체제에 협조하였다. 일례로 九軍神을 소재로 한 작품으로, 일본방송출판협회에서 편찬한 『애국시집』과 대정익찬회 문화부에서 편찬한 『군신을 따르라』 등이 있다. 이 책에서는 구군신을 나라를 위해 순직한 호국의 신으로 만들고자 하였으며, 그들을 찬양하고 젊은이들이 그 정신을 이어받을 것을 종용하였다.(정형, 『일본의 전쟁영웅 내러티브 연구』, 「일본연구소학술총서」 5, 단국대학교 일본연구소, 2013, 181~192쪽.)

崔鳴夏	1942. 1. 20	육군사관 학교	육군 항공	중위 →대위	·일계급 특진 ·靖國신사에 합사 ·旭日章이 추서	32
松井秀雄 (印在雄)	1944. 11. 29	개성상업 학교	소년 비행대	오장 →소위	·4계급 특진 ·旭日章 수여	67
清原鼎実 (韓鼎實)	1945. 6. 6	경성공업 학교	소년 비행대	오장 →소위	·4계급 특진	32
金錫源	생환	육군사관 학교	육군 보병	대좌	·훈3등 瑞宝章 수여 ·공3급 旭日中綬章 수여	88
李鍾贊	생환	육군사관 학교	육군 공병	소좌	·훈6등 瑞宝章 수여 ·金瑪勲章 수여	9
嚴柱明	생환	육군사관 학교	육군 보병	중위	·훈6등 單光旭日章 수여	21
柳寬熙	생환	육군사관 학교	육군 보병	대위	·훈6등 單光旭日章 수여	7

위의 [표 2-1]과 같이 전시체제기 조선인 전쟁영웅 사례는 대부분 육군 소속이었으며, 지원병이나 장교와 같은 다양한 출신성분으로 구성되었다. 이들은 크게 전사자와 생환자 등으로 구분할 수 있는데, 일제가 묘사한 조선인 전쟁영웅의 창출과정과 그 양상을 살펴보면 다음과 같다.

먼저 지원병 출신 전쟁영웅으로는 조선인 육군특별지원병 1기생이었던 李仁錫과 李亨洙가 있다. 李仁錫은 최초의 지원병 전사자로 일제가 가장 적극적으로 선전에 활용한 인물이었다. 일제는 이인석이 "천황폐하 만세"를 외치며 전사했다고 선전하면서 전쟁영웅으로 추앙하였다. 李亨洙는 조선인 지원병 출신 두 번째 사망자이다. 일제는 이형수를 통해서 일본의 군인정신을 강조하였는데, 이는 1940년 5월 『삼천리』에 실린 육군지원병훈련소장 海田要의 담화문에서 확인할 수 있다.

> 李亨洙가 척후대의 일원으로 적진의 후방으로 勇戰 突入하여서 그 부대의 그날 勝因을 짓고 나서 敗退하는 적을 추격하다가 치명적인 중상을 받고도 총을 꽉 부르쥐고 노치 아니하여서 4, 5명의 전우가 달려들어서 그를 안고 가까스로 그 총을 놓게 하고 擔架들것에 담아서 송하였다. 몸이 부서저도 총을 떨

어트리지 아니하는 것이 日本 군인정신의 眞骨頭다. 총에는 국화의 御紋章이 있어 군인은 총으로 폐하께 봉사하는 것임으로 어떠한 경우에나 총을 지키는 것이 군인정신이 되는 것이다. 그런데 李亨洙 군은 의식이 있는 동안 결코 총에 피를 무치지 아니하였다. 그는 日本 군인정신을 끝까지 발양하였다. 海田 대좌는 이처럼 李亨洙 군의 군인정신을 칭찬하였다.[35]

육군지원병훈련소장 海田要에 따르면 이형수는 척후대의 일원으로 적진의 후방으로 "勇戰突入하여서 그 부대의 勝因"을 결정지었으며, 패퇴하는 적을 추격하다가 부상을 입었다고 하였다. 또한 그가 치명적인 중상에도 불구하고 총을 꽉 쥐고 놓지 않았다는 점이 강조되었다. 이에 海田要는 "총에는 국화의 御紋章이 있어 군인은 총으로 폐하께 봉사하는 것임으로 어떠한 경우에도 총을 지키는 것이 군인정신"이라고 하며, 이형수야말로 일본의 군인정신을 끝까지 발양한 인물이라고 칭찬하였다. 이후 이인석과 이형수는 "興亞의 聖戰 제일선에서 분전하다가 최초의 人柱"가 되었다며, 일등병에서 상등병으로 일계급 특진되었다.[36] 그리고 1939년 10월 2일 육군병지원자훈련소에서는 南次郎 총독과 유가족을 비롯하여 3천여 명이 참석한 가운데 합동고별식이 거행되기도 하였다.[37]

다음으로 장교 출신 전쟁영웅으로는 육군사관학교 항공장교인 池麟泰와 崔鳴夏[武山隆]가 있다.[38] 이들은 최초의 조선인 항공장교라는 상징성을 가지고 있었으며, 특히 적군의 공격을 받자 자살했다는 점이 알려지면서 전쟁영웅으로 추앙되었다. 다음은 『매일신보』에 보도된 지인태와 최명하 관련 주요기사를 정리한 것이다.

---

35) 「志願兵 訓練所 訪問記(李光洙)」, 『삼천리』 제12권 5호, 1940년 5월.
36) 「고李仁錫군 상등병에 승진」, 『조선일보』, 1939년 7월 10일.
37) 陸軍省, 「告別式に弔電供与の件」, 1939년 9월 26일.(관리번호 C04014800900); 「英靈도 그리울 所庭에서 最初의 志願兵 告別」, 『매일신보』, 1939년 10월 3일.
38) 「機密室, 우리 社會의 諸內幕」, 『삼천리』 제12권 4호, 1940년 4월.

[표 2-2] 『매일신보』 보도된 池麟泰와 崔鳴夏 관련 주요기사

성명	게재일자	면수	기사제목
池麟泰	1939-07-13	2면	半島出身 戰士 두 번째의 榮譽-"無敵空軍"의 勇士 우리의 池中尉·不사 榮譽의 公電이 全州府에 到着
	1939-07-13	2면	이런 때 오기를 覺悟하엿다 令兄鳳泰氏談
	1939-10-04	2면	陸의 荒醉·池中尉-曠野에서 屍體 發見 三日, 新京 告別式에 令兄이 出席
	1940-04-06	3면	榮譽의 池中尉-航空神社에 合祀
	1940-08-15	2면	故 池麟泰 大尉 無言의 凱旋, 今日, 遺骨 京城 通過
	1943-01-18	3면	榮譽의 遺家族을 찾아서⑤ 偉大한 아버지 感化-아들이 士官學校에 入學하던 날 돌아간 池東善氏(朝鮮文人協會員 蔡萬植)
崔鳴夏	1942-02-01	2면	大空에 받친 不朽의 忠魂-蘭印上空에 壯烈한 自爆
	1942-02-01	2면	脾肉之嘆을 不禁-最後의 書信에 나타난 中尉의 氣品
	1942-02-01	2면	所願을 成就-故 武山中尉 嚴親談
	1942-02-21	2면	故 武山中尉 今日, 原隊서 合同慰靈祭
	1943-02-18	2면	武山中尉 郡民葬, 來卄五日 鄕里 善山서
	1943-08-31	1면	殊勳甲 百六十五名 河原中將에 功二重姜 陸軍論功行賞
	1943-08-31	3면	恩命에 感泣하는 勇士遺族 部隊長 掩護機로 活躍 殊勳甲의 恩命을 浴한 武山隆大尉
	1943-08-31	3면	내아들 뒤따르라! 功四旭六에 빛나는 武山大尉 嚴親談
	1943-09-18	2면	軍神加藤 部隊長을 掩護 敵包圍中에서 自決 南溟에 武勳燦然한 武山隆大尉

池麟泰는 장교 출신으로 첫 번째 전사자였으며, 조선인 출신으로는 이인석 다음으로 전사한 인물이었다.[39] 그는 노몬한 사건 당시 항공정찰 중 外蒙古 桑貝子 부근 상공에서 적군의 공격을 받자 자폭하였다.[40] 『매일신보』는 그를 "반도인 두 번째 영예", "반도인의 광영"이라고 하며 전쟁영웅으로 추앙하였다. 이어 그의 일계급 특진과 靖國神社 합사 소식 등을 게재하였다.[41]

---

[39] 「半島出身戰死 두 번째의 榮譽! 無敵空軍의 勇士」, 『매일신보』, 1939년 7월 13일.
[40] 「故 池隣泰 大尉 無言의 凱旋」, 『매일신보』, 1940년 8월 15일.

또한 조선군 보도부장이 직접 고문으로 활동했던 朝鮮文人協會에서는 蔡萬植이 지인태의 유가족을 방문하여 그의 성장과정을 칭송하는 한편, 그의 아버지를 '군국의 아버지'로 소개하는 등 여러 편의 글을 발표하기도 하였다.[42]

崔鳴夏는 당시 최고의 전투 비행대로 알려진 加等戰隊 소속으로, 1942년 1월 인도네시아 수마트라 공습작전에서 팔렘방 비행장을 폭격하던 중 불시착하여 부상을 당한 채로 행방불명되었다. 이후 생환한 동료가 최명하는 네덜란드군의 포위 공격에 응전하던 중 생환이 불가능해지자 스스로 권총을 입에 대고 자살했다는 일화를 세상에 알리면서 전쟁영웅으로 추앙되었다.[43] 그의 소식이 알려지자 『매일신보』는 그의 죽음과 영웅담을 보도하였다. 또한 旭日章을 추서한다는 소식과 靖國神社에 합사한다는 소식을 보도하였다.[44] 이밖에도 조선연극문화협회 직속 이동극단은 그에 관한 연극인 「蒼空」을 공연하기도 하였다.[45]

또한 태평양전쟁시기 조선인 최초의 특공대원 印在雄松井秀雄[46]은 연합

---

41) 「榮譽의 池中尉-航空神社에 合祀」, 『매일신보』, 1940년 4월 6일.

42) 지인태 부친 지동선 노인의 관한 미담은 다음과 같다. 지인태는 보통학교에 다니기 전부터 "나는 자라서 군인이 될테야"라고 노래 부르듯 하였고, 그가 군산중학에 들어간 것도 육군사관학교에 들어가기 위한 목적이었다. 이에 대해 '군국의 아버지' 감화는 일찍부터 나타났다. 지동선은 병으로 강경의 어떤 병원에 입원하야 병세가 매우 沈重해서 그야말로 命在頃刻인데 이상하게도 운명이 되지 아니하고 하루 또 하루 생명을 이어나가고 있었다. 이 때 육군사관학교 합격 전보가 와서 지봉태 씨가 읽어드리자, 여태 정신을 차리지 못하던 지노인이 빙긋 웃으며 "오냐, 잘했다"하고 나서 조용히 운명하였다.(「지인태 대위 유족 방문기-반도 최초로 진 군국의 꽃」, 『신시대』, 1943년 1월.)

43) 조건, 위의 논문, 2016, 78쪽.

44) 「恩命에 感泣하는 勇士遺族 部隊長 掩護機로 活躍 殊勳甲의 恩命을 浴한 武山隆大尉」, 『매일신보』, 1943년 8월 31일; 「내 아들 뒤따르라! 功四旭六에 빛나는 武山大尉 嚴親談」, 『매일신보』, 1943년 8월 31일.

45) 소설가 정인택은 라디오방송에서 「이야기 武山隆 대위」를, 작곡가 임동혁은 조선인 최명하의 정신을 계승하자는 내용의 「武山大尉に續け」을 각각 발표하였다.(『방송지우』 제1권 제6호, 1943년 12월.)

46) 1946년 1월 10일자 『동아일보』 기사에 따르면 소위 특별공격대원으로 전사한 인재웅이 하와이에서 포로가 되어 미군 군함을 타고 인천에 입항한다고 보도하였다. 그러나 그의 동생 인순혜의 말에 따르면 "그런 얘기는 금시초문"이라고 하며, 인재웅이 돌아오지 않았다고 하였다. 이에 대해 일제강점하 강제동원피해진상규명위원회 관계자는 "인재웅의 생사여부는 알 수 없지만 1946년 『동아일보』 기사가 전하는 것처럼 하와이에 미군 포로로 있지 않았던 것은 확실하다'고 하였다.(길윤형, 『나는 조선인 가미카제다』, 서해문집, 2012, 65~66쪽.)

군의 필리핀 진공을 막기 위해 만들어진 레이테만 특공작전에 투입되어 전사한 인물이었다.[47] 이후 陸軍省 賞勳局은 伍長이던 인재웅을 4계급이나 특진시켜 少尉로 특별 임관시켰다.[48] 이외에도 1944년 조선영화주식회사는 그를 추모하기 위한 영화 「榮光」을 제작하였고, 국민총력개성부연맹과 공동 주최하여 開城座에서 상영회를 개최하였다. 이때에 각 관공서 직원 및 향군 문화원, 은행원, 조합원과 부내 각 초등학생 및 경방단원 전부에게 상영이 의무화되었다.[49]

다음으로 중일전쟁에 참전하여 생환한 경우로는 金錫源, 李鍾贊, 嚴柱明, 柳寬熙 등이 있다. 이 중 金錫源은 중일전쟁에 참전하여 중국 北京 부근 南原 전투에서 1개 대대 병력으로 중국군 1개 사단과 南原행궁을 점령하는 등 큰 공적을 세웠다고 알려졌다.[50] 다음은 『매일신보』에 보도된 김석원 관련 주요기사를 정리한 것이다.

[표 2-3] 『매일신보』에 보도된 金錫源 관련 주요기사

게재일자	면수	기사제목
1937-08-05	2면	行宮城攻擊에 奮戰한 金錫源少佐의 偉勳 砲煙彈雨中에 先頭에서 突擊 敵陣의 中央을 突破
1937-08-08	3면	南苑攻擊激戰中에 金錫源少佐負傷 전치 四十日의 중상을 당하고도 再次出動意氣軒昂
1937-08-10	4면	金錫源少佐殊勳에 感動되여서 献金

---

47) 1944년 10월 일본 해군이 레이테만 특공작전에서 처음으로 呻風특별공격대를 편성한 이래 가미카제특공대원 약 3,000명이 사망하였다. 이 중 지금까지 18명의 조선인특공대가 포함되어 있다고 알려졌으며, 육군소년비행단(9명), 특별조정견습사관(3명), 항공기승무원양습소(2명), 특별간부후보생(1명), 육군사관학교(1명) 출신 등이 있다.(이형식, 위의 논문, 2012, 200쪽.)

48) 또한 당시 『매일신보』는 물자난으로 '살구빛 조잡한' 종이에 가까스로 2면 발행을 하고 있었는데, 그 중 거의 한 면을 인재웅 관련 기사로 도배했다고 하였다. 인재웅을 소개하는 '휴먼스토리'가 실렸으며, 「개성출신으로 육군항공 입학」이라는 제목으로 인재웅에 대한 약사를 소개하는 글이 보도되었다. 또한 「순충 인생 20의 마쓰이 오장 일대기」라는 인재웅의 전기가 세 차례로 나뉘어 보도되었다.(길윤형, 위의 책, 2012, 52~53쪽.)

49) 이형식, 위의 논문, 2012, 205~207쪽.

50) 「行宮城攻擊에 奮戰한 金錫源少佐의 偉勳 砲煙彈雨中에 先頭에서 突擊 敵陣의 中央을 突破」, 『매일신보』, 1937년 8월 5일.

1937-08-13	2면	病床에 누어 잇스나 마음은 戰地에로 반도출신 무인으로 위훈세운 金部隊長 그 後 消息
1937-11-13	2면	金錫源部隊長快癒 再次第一線에 本社副社長에 謝信
1937-11-15	2면	快癒한 金錫源少佐 勇躍, 太原行 本社李副社長에 入電
1938-03-14	2면	痛快! 金錫源部隊 東源臺占領의 報告書
1939-03-24	3면	北支에 武勳을 세운 金錫源中佐歸還
1939-03-27	2면	우리들의 部隊長 金錫源少佐가 歸還 今日, 京城驛頭의 感激
1939-03-28	3면	金錫源少佐의 戰塵餘談①
1939-04-02	2면	金錫源少佐 歡迎懇談會
1939-04-05	3면	金錫源少佐講演은 來十三日에 開催
1939-04-14	3면	熱辯滔滔 三時間 우리部隊長 金錫源少佐
1939-04-19	3면	金錫源部隊長의 講演 듯고 獻金 金老人이 十圓을 本社에 依托
1939-04-28	2면	全鮮 各道를 遍歷 金錫源少佐 講演行脚
1939-05-07	3면	金錫源小佐를 招請 安城서 軍事講演
1939-05-20	3면	水原서 金少佐講演
1939-07-03	2면	鑛山熱最高潮 半年間出願九千餘件-金錫源少佐講演
1939-07-22	2면	金錫源少佐- 다시講演行脚에
1939-08-11	3면	金錫源中佐의-江原巡回講演
1939-08-18	3면	金錫源中佐- 江原道講演行脚
1939-08-20	3면	金錫源中佐講演
1939-09-20	3면	金錫源中佐의 軍事講演盛況
1939-11-10	3면	金錫源中佐의 巡廻時局講演
1939-11-19	3면	金錫源中佐 鐵原서 講演
1940-01-20	3면	金錫源中佐 本社에 謝電
1940-12-25	2면	우리金錫源部隊長 再次, 勇躍一線에出征
1941-03-04	2면	金錫源中佐 前線에 四日入城, 七日에 出發
1941-03-05	2면	"忠勇다하여 奉公" 金錫源中佐 釜山通過
1942-02-03	1면	金錫源中佐等 殊勳甲-第廿九回生存者 論功行賞 發表
1942-02-03	2면	金山 金錫源 部隊長의 榮譽-靑史에 燦然한 北支戰野의 武勳

위의 [표 2-3]과 같이 김석원과 관련한 기사는 주로 전쟁에서 세운 공로에 대한 기사와 생환 후 직접 입대를 선전한 강연회·좌담회에 참여한 기사 등의 미담으로 구성되어 있다. 그 중 김석원이 적의 참호로 돌진하던 중 발목이 골절되는 부상을 입었으나 계속해서 전투를 수행하였고, 치료 후에도

다시 전선으로 복귀했다는 미담이 알려지면서 전쟁영웅으로 추앙되었다.[51] 특히 김석원은 생환 후 강연회 · 좌담회 등의 활동을 통해서 조선청년들의 입대를 선전하였는데, 이와 관련한 내용들이 계속해서 기사화되어 전쟁 선전에 재차 활용되었다. 이외에 李鍾贊, 嚴柱明, 柳寬熙 등은 조선귀족 출신으로 중일전쟁에 참전하고 있다는 것만으로도 주목을 받았으며, 김석원과 마찬가지로 생환 후 직접 입대를 선전하기도 하였다.[52]

이상의 내용을 종합해보면, 일제가 전쟁영웅으로 선전활동에 이용하고자 했던 인물은 지원병 출신과 장교 출신이 있었다. 또한 첫 전사자로서의 상징성을 가진 경우, 전장에서 장렬히 전사한 경우, 전쟁에서 큰 공훈을 세운 경우, 생환 후 직접 전쟁을 미화 · 선전한 경우 등 다양한 사례가 있었음을 확인할 수가 있다. 이는 일제가 조선인 군인의 미담 또는 영웅담을 창출하여 식민지 조선인을 인적자원으로 전쟁에 동원하기 위한 분위기를 조성하고자 했음을 알 수 있다. 이 중 이인석의 경우는 지원병 출신으로 대중의 감성에 호소한다는 측면에서 '처음'과 '죽음'이 갖는 상징성을 영웅화 작업에 활용하는 것이 용이하다고 판단했을 것이다.

---

51) 「南苑攻擊激戰中에 金錫源少佐負傷 전치 四十日의 중상을 당하고도 再次出動意氣軒昻」, 『매일신보』, 1937년 8월 8일.
52) 이종찬의 경우 중추원 고문을 지낸 자작 이하영의 손자이자 조선귀족회 이사와 부회장을 지낸 자작 이규원의 장남이다. 그는 중일전쟁에 참전해 공병 결사대 15명의 용사를 지휘하며 '공훈'을 세웠다고 보도되었다. 더불어 일제는 이종찬이 장교출신 가운데 유일하게 군인으로서 최고의 영예인 금치훈장을 수여하였다며 전쟁영웅으로 추앙하였다.(「지나사변생존자 제삼삼회행상발표-서원소장이하에 수훈갑-금치훈장수사삼백칠십오명」, 『매일신보』, 1942년 2월 24일.)

Ⅲ. 일제의 李仁錫 전쟁영웅화 작업과 선전논리

1. 일제의 李仁錫 전쟁영웅화 작업

　조선총독부와 조선주둔 일본군 보도부는 선전 효과를 높이기 위해 '전쟁미담'을 의도적으로 대량 생산하였으며, 이를 일반에게 유포시킴으로써 침략전쟁에 조선인을 동원하기 위한 선전도구로 이용하였다.[53] 그 중에서도 이인석의 사례를 통해 지원병제도 선전과 지원병 모집에 선전 효과를 높이고자 하였다. 이인석은 필수적인 병력 동원의 의미뿐만 아니라 전시체제를 뒷받침하는 바람직한 식민지 조선인의 모습으로서 각종 언론매체를 통해 선전에 이용되었던 것이다. 언론에 보도된 이인석 관련 주요기사를 정리하면 다음과 같다.[54]

[표 3-1] 언론에 보도된 李仁錫 관련 주요기사

신문명	게재일자	면수	기사제목
조선일보	1939-07-08	2면	지원병 李仁錫군 최초로 영예의 전사. 장렬! 적진중으로 돌입 분투
매일신보	1939-07-08	3면	優等賞 탄 靑年 訓練所海田大佐 談
매일신보	1939-07-08	3면	半島人의 榮譽 志願兵 最初의 戰死 忠北沃川出身의 李仁錫君
매일신보	1939-07-09	2면	피로 國家에 奉答 內鮮一體를 具現
매일신보	1939-07-09	3면	『陣中의꽃』 李君 본받아서 半島同胞奮起를 懇望 朝鮮人志願兵最初의 戰死에 板垣陸軍大臣所感談
매일신보	1939-07-09	3면	忠誠에 타는 便紙 恩師의 咸激高調 李仁錫君 다니던 嚴交前校長 增尾政治氏의 述懷

---

53) 조건, 「전시 총동원체제기 조선 주둔 일본군의 조선인 통제와 동원」, 동국대학교 대학원 사학과 박사학위 논문, 동국대학교, 2015, 104쪽.
54) 이인석 관련 신문기사 수는 『매일신보』 119건, 『조선일보』 31건, 『동아일보』 19건, 『부산일보』 15건 등 총 183건이 있다. 이 중 [표 3-1]는 미담 중 가장 많은 수를 차지하는 조문 및 조의금 遝至에 대한 사례를 제외한 주요기사 약 50여 건을 정리한 것이다.

동아일보	1939-07-09	2면	榮譽의 戰死한 李仁錫家庭訪問記
조선일보	1939-07-09	2면	"피로서 진충보국한 표본이 되어 주었다" 李仁錫군 전사에 대하여 鹽願 훈련소장 담
매일신보	1939-07-11	3면	愛子訃考 듣고 泰然 忠靈도 應部微笑 戰死한 志願兵李君의 家庭狀況
조선일보	1939-07-13	2면	故 李仁錫 일등병의 영전에 이 감사문. "인간을 초월한 훌륭한 공훈". 내지 1여성이 감격하여 부송
조선일보	1939-07-14	2면	고李仁錫군 상등병에 승진
매일신보	1939-07-14	3면	이번엔 『弔問歌』大阪有志가 金十圓도 同封
매일신보	1939-07-15	3면	花岡畵伯丹心畵展 故李仁錫上等兵肖像畵도 陳列 人氣集中·今日開幕
매일신보	1939-07-16	2면	李君葬儀 準備 委員會를 結成
매일신보	1939-07-16	2면	感激의 續篇 아우 怨讎갚고서 兄이 從軍哀願 故李仁錫家의 美談
동아일보	1939-07-16	2면	花岡萬舟畵伯 戰線報告畵展開幕
매일신보	1939-07-18	2면	死後·恩師의 熱情 陸軍志願兵訓練所 田中敎官 故李上等兵의 遺家族을 慰問
조선일보	1939-07-23	2면	聖戰에 참가하여 용감히 싸우는 지원병. 명예 전사를 한 李仁錫 씨와 부상한 두분
매일신보	1939-07-24	2면	內鮮一體를 피로 具現한 李仁錫上等兵을 映畵化
동아일보	1939-08-20	2면	李上等兵靈前에 節約金을 받처
동아일보	1939-08-31	2면	故李仁錫君에 吊慰金을 付送
조선일보	1939-09-06	2면	지원병 時 李仁錫군 전사 상보. 적진에 돌입 역습 적을 분쇄
매일신보	1939-09-06	3면	勇躍敵陣에 突入 手榴彈에 壯烈戰死
매일신보	1939-09-08	2면	天恩에 恐懼感激 – 李仁錫上等兵과 安軍屬家에 御歌·御菓子를 傳達
매일신보	1939-09-29	2면	故李仁錫 郡民葬 十月 三日 鄕里서 執行
동아일보	1939-10-03	2면	名譽의 戰死한 두 志願兵 訓練所에서 告別式
조선일보	1939-10-03	2면	李仁錫 李亨洙 양군의 눈물 새로운 고별식 금조 지원병 훈련소에서 집행
매일신보	1939-10-06	2면	李仁錫 上等兵 郡民葬 盛大 五千餘名 參集 告別
매일신보	1939-10-06	3면	故李仁錫 遺家族을 拓相, 引見하고 激勵 沃川視察 途中에서
조선일보	1940-01-03	2면	제일선에 세운 무훈. 이인석, 이형수 양군의 충혼과 전문제군들의 총후에 보낸 감격의 분전미역
조선일보	1940-02-10	2면	우리 지원병의 광영. 고 李仁錫군에 금치훈장
매일신보	1940-02-10	3면	燦! 金鵄勳章 – 故李仁錫上等兵에게 光榮의 極, 破格의 恩典

동아일보	1940-06-11	5면	浪花節 嗚呼李仁錫上等兵
동아일보	1940-07-16	2면	故 李仁錫군에 金鵄勳章을 下賜
조선일보	1940-07-16	2면	고 李仁錫 상등병. 영예의 금□동장 도착
매일신보	1940-07-16	2면	燦, 金鵄勳章 - 故李仁錫上等兵의 遺族에게 不日中 傳達
매일신보	1940-07-25	2면	故 李仁錫 上等兵의 金鵄勳章 傳達式 - 明日, 本府玄關서 擧行
동아일보	1940-07-25	2면	故 李仁錫군의 勳章授與式擧行
조선일보	1940-07-26	2면	찬! 李仁錫군에 금치훈장 전달. 금일 총독부에서 성대거식
매일신보	1940-07-26	2면	不朽의 武勳 더욱 燦爛 - 光榮의 金鵄勳章 傳達
매일신보	1941-09-20	2면	半島關係英靈九十六柱 靖國의 神으로 合祀
매일신보	1941-09-20	2면	天恩에 恐懼感泣 故李仁錫上等兵未亡人 談
매일신보	1941-10-13	2면	感激 실은 遺族 列車 - 李上等兵 未亡人等 半島人도 十二名
매일신보	1941-10-19	2면	故李仁錫上等兵 合祀記念의 위령제
매일신보	1942-11-21	3면	畵幅에 再生하는 李上等兵 - 山田 畵伯의 力作 " 李仁錫 上等兵"
매일신보	1943-11-06	3면	少國民 그림책 - 李仁錫上等兵 出版
매일신보	1943-11-30	3면	거듭하는 이 光榮 - 感激 말하는 李仁錫上等兵 未亡人
매일신보	1944-04-21	2면	靑史에 빛날 功績 - 李仁錫, 李亨洙上等兵도 여기서

　위의 [표 3-1]에서 정리한 이인석 관련 기사는 크게 ① 유명인사의 담화문 ② 조문 및 조의금 遝至, ③ 각 지역이나 단체에서 주관한 병역제도 감사 결의대회 또는 축하회·강연회·좌담회, ④ 유가족 및 기타 미담 사례로 구분할 수 있다. 대부분 이인석이 '皇國臣民'으로서 명예롭게 전사하였다는 내용, 이인석이 일등병에서 상등병으로 일계급 특진되었다는 내용, 기원절을 맞이하여 이인석이 조선인 최초로 '金鵄勳章'을 받았다는 내용 등이다.[55] 이는 일제가 이인석을 전쟁영웅으로 추앙함으로써 전사자에게 최고의 대우를

---

55) 金鵄勳章은 일제가 전쟁에서 특별한 무공을 세운 군인에게 주는 훈장으로 이를 받는다는 것은 군인으로서는 최고의 명예를 뜻한다. 이 훈장은 고 일본의 '神武天皇'이 전쟁에 나갔을 때 金色의 솔개가 그의 활 끝에 날아 앉은 것에서 유래 되었으며, 功1級부터 功7級까지 나누어진다.(조건, 위의 논문, 2017, 재인용.)

하고 있다는 것을 강조하기 위함이었다.[56] 특히 1940년 이인석이 기원절을 맞이하여 조선인 최초로 금치훈장을 받게 됨에 따라, 그의 유가족은 매년 6월과 12월 2회에 걸쳐 연금을 수령하게 되었다.[57] 당시 연금액은 「금치훈 장연금령」에 따라 공1급 1500圓, 공2급 1000圓, 공3급 700圓, 공4급 500圓, 공 5급 350圓, 공6급 250圓, 공7급 150圓으로 규정되어 있었는데, 이인석의 유가 족은 공7급에 해당하는 연금을 지급받게 되었다.[58]

뿐만 아니라 일제는 이인석의 유가족을 동원하여 바람직한 유가족의 모습을 나타내고자 하였다.

또한 『경성일보』 기사에서는 이인석의 지원 결심 과정을 묘사하면서 그의 모친이 "어머니로서 자기 자식들을 곁에 두고 싶어 하는 많은 여성들이 있지만 나는 네 장래에 방해가 되고 싶지 않다."라고 전하며 이인석의 모친을 모범적인 모성으로 강조하였다.[59]

예컨대 잡지 『前進する朝鮮』는 이인석이 출정에서 전사과정과 함께 그가 전사한 후 관공리의 대처 그리고 이에 대한 유족들의 반응을 미화·조작되기도 하였다.

> 6월 22일 부대는 「적은 늘어나고, 초목은 우거지고…」라는 籠城詩로 유명한 聞喜城 동남 우뚝 솟은 中條山脈이 준험한 灣山村 부근의 고지에 있는 적을 격 퇴하여 이를 점령했으나, 저녁에 이르러 맹렬한 적의 역습을 받아 機銃과 수 류탄의 장절한 접근전은 다음날 아침까지 끊임없이 계속되어, 그 고지는 적의 수류탄에 타올라 불바다로 화하는 격전이 전개되었다. 그리고 이인석 일등병 도 힘써 용전했으나 좌대퇴부에 수류탄의 폭상을 입어 출혈 다량으로 바로 일

---

56) 「故李仁錫上等兵에게 光榮의 極破格의 恩典, 千秋에 빛나는 殊動乙」, 『매일신보』, 1940년 2월 10일.

57) 「금치훈장연금령」 제3조에 따라, 연금수령자가 사망할 때에는 이어서 1년간 유족에게 그 연금을 주며, 연금수령기간은 본인 및 유족을 통하여 5년을 채우지 않았을 때에는 5년이 채워질 때까지 유족에게 그 연금을 주는 것으로 하였다. 유족은 1. 과부 2. 고아 3. 父 4. 母 5. 祖父 6. 祖母 7. 家督相續人 또는 戶主의 순서로 연금을 지급받게 되었으며, 여기서 고아란 연령 20세 미만의 아직 결혼하지 않은 자였다.(軍人会館出版部, 『陸海軍軍事年鑑. 昭和15年』, 1941, 547~548쪽.)

58) 劍聖会, 『大日本帝国勲章記章誌』, 崇文堂, 1937, 16~21쪽.

59) 다카시 후지타니, 『총력전 제국의 인종주의』, 푸른역사, 2019, 482쪽.

어나지 못하고 전우가 뻗은 손을 쥐면서 폐하의 만세를 봉창하고 반도의 지원
병으로 첫 전사를 달성하였다.…전사의 公報를 받은 이인석 상등병의 출신지
옥천에서는 무엇보다 반도 최초의 명예였기에 군수, 경찰서장 이하 지방의 유
지들이 모여 밤중인데도 이인석 상등병의 유족을 방문했다.…아버지 李千典
씨는 조금도 동요한 기색 없이「출정의 때부터 오늘을 각오하고 있었습니다.
여러분이 이렇게 밤중에까지 걱정해주시니 도리어 황송합니다.」하고 감사의
말을 전했고, 부인 柳氏도 세 살 遺兒를 안으며「충분히 각오했습니다」라고
응했던 것이다.[60]

위의 인용문에서 흥미로운 점은 이인석의 전사 소식이 전해지자 늦은 밤
임에도 불구하고 옥천군수를 비롯한 경찰서장 및 지방 유지들이 이인석의 유
가족을 방문한 것이다. 이에 대해 총독부는 이인석의 부친과 부인은 "각오하
고 있었다."라고 전하며, 그의 전사소식을 담담하게 받아들이는 유가족의 반
응을 유독 강조하고 있었다. 이러한 선전논리는 일찍이 이인석이 지원병에
자원하는 과정에서 그의 모친이 "어머니로서 자기 자식들을 곁에 두고 싶어
하는 많은 여성들이 있지만 나는 네 장래에 방해가 되고 싶지 않다."라고 말
했던 것과 일맥상통하다. 즉 일제는 지원병과 그의 가족들의 반응을 조작하
고 심지어 전쟁영웅을 배출한 지역사회의 대처까지도 미화했던 것이다.
한편 이인석의 전사과정은 여러 언론매체를 통해 보도되었는데, 그의 전
사 당시의 상황은 각기 다르게 묘사되고 있었다. 다음은 언론에 보도된 이
인석 전사과정에 관한 내용을 비교한 것이다.

① 이인석군은 적진에 뛰어 들어 가다가 적군의 수류탄 조각에 배를 통하여 죽
은 것인데 그는 숨을 거두는 순간에도 좀 더 나라를 위해서 활동하지 못하고 죽
는 것이 원통하다고 말하고 전우들에게 부디 지나군에게 지지 말고 이겨서 동
양평화를 회복하기를 바란다고 굳센 한마디 말을 남기고 눈을 감었다 한다.[61]

---

60) 總督府 內務局 情報課, 『前進する朝鮮』, 朝鮮單式印刷株式會社, 1942, 14~16쪽.
61) 「제일선에 세운 무훈, 이인석, 이형수 양군의 충혼과 전문제군들의 총후에 보낸 감격의
분전미역」, 『조선일보』, 1940년 1월 3일.

전시체제기 일제의 육군특별지원병제도의 선전과 조선인 전쟁영웅화 작업 ▎ 39

② 이때 적은 세 곳으로부터 총사격을 하야 맹렬한 포탄을 이리로 집중식혓고 어두컴컴한 때가 됨에 우수한 적은 다시 역습을 해오는 바람에 한방총탄은 그 신변에서 터지자 넓적다리에 파편창을 받아 장렬무비한 전사를 한 것이다.[62] 이 상등병은 최종의 순간『무엇 유언이 업는가』라고 뭇는 말에 아모 유언도 없다한 후『천황폐하 만세』를 부르고 요새 해전 대좌에게 안부하여 달라 하엿다 한다.[63]

③ 이인석 일등병도 힘써 용전했으나 좌대퇴부에 적 수류탄의 폭상을 입어 출혈 다량으로 바로 일어나지 못하고 전우가 뻗은 손을 쥐면서 폐하의 만세를 봉창하고 반도의 지원병으로 첫 전사를 달성하였다.[64]

위의 인용문 ①은『조선일보』의 기사로, 이인석이 적군의 수류탄 조각에 배가 관통하여 죽었다고 보도하였다. 또한 그가 "좀 더 나라를 위해서 활동하지 못하고 죽는 것이 원통"하며, "전우들은 이겨서 동양평화를 회복"하기를 바란다는 유언을 남겼다고 하였다. 반면 인용문 ②는『매일신보』의 기사로, 이인석이 넓적다리에 총탄을 맞고, 아무런 유언 없이 "천황폐하 만세"를 부르며 전사했다고 보도하였다.[65] 인용문 ③은 총독부 내무국 정보과에서 간행한 홍보책자인『前進する朝鮮』의 내용으로, 이인석이 좌대퇴부에 수류탄의 폭상을 입고 과다 출혈로 바로 일어나지 못한 상태에서 "폐하의 만세 봉창"을 한 뒤 전사했다고 묘사하였다. 이처럼 이인석의 전사과정과 상황 그리고 유언의 내용을 묘사한 표현들에 일정 정도 차이가 있었는데, 이

---

[62] 「故李仁錫上等兵에게 光榮의 極破格의 恩典, 千秋에 빛나는 殊勳乙」,『매일신보』, 1940년 2월 10일.

[63] 「天恩에 恐懼感泣 故李仁錫上等兵未亡人談」,『매일신보』, 1941년 9월 20일.

[64] 朝鮮總督府 內務局 情報課, 위의 책, 1942, 14~16쪽.

[65] 제국 일본에서 만세의 유래는 다양하지만, "천황폐하만세"는 권리를 주고 빼앗는 자/권리를 받고 빼앗기는 자로서의 천황/신민의 도식과 밀접하게 연관되어 있다. 따라서 사후적으로 재구성된 "천황폐하만세"는 삼용사의 단행본과 교과서에 차례로 기재되었고, 이인석 역시 "천황폐하만세"를 외치고 황국신민의 의무를 다한 감격으로 미소마저 띄면 산화했다는 미담과 신화의 주인공으로 일본과 조선의 유사하게 정착되었다.(공임순, 위의 논문, 2010, 328쪽, 재인용.)

는 일제가 이인석의 죽음을 극적으로 각색하고 날조했을 가능성을 보여주는 것이다.

이와 같은 이인석에 대한 영웅화 작업은 영화, 소설, 시 등의 문예작품과 강연회, 전시회 등의 행사를 통해서 식민지 일반에게 전달되었다. 특히 이인석을 주인공으로 한 영화는 1941년 許泳이 감독한『君と僕』가 있다.[66] 이 영화는 육군성에서 촬영을 지원하고 문부성에서 직접 홍보를 진행한 작품으로 일본에서는 11월 16일에, 조선에서는 11월 24일에 각각 개봉하여 상영되었다.[67] 총독부는 이 영화를 '총독부 추천 영화'로 선정하였으며, 학무국에서도 '아동생도용 영화'로 추천하였다. 이외에도 국민총력조선연맹은 '총력연맹 문화추천 영화'로 선정하였으며, 전국의 관공서와 학교에서는 단체 관람이 의무화되기도 하였다.[68]

또한 이인석의 일대기를 각색한 일본의 창극 나니와부시(浪花節)와[69] 유성기 음반『장렬 이인석 상등병』등이 제작되어 일반에게 홍보되었다.[70] 그리고「어느 지원병의 전사」라는 방송극 및「이인석 상등병 노래」가 라디오 중계망을 통해서 일본과 조선에 방송되었다.[71] 이밖에 옥천에서는 이인석

---

66) 영화『君と僕』(그대와 나)는 이인석의 전사를 모티브로 한 내선일체 선전영화이다. 이전까지 일제가 민간영화사에 후원이나 의뢰를 통해서 영화를 제작하던 방식에서 벗어나 조선군 보도부에서 직접 영화제작에 참여하였다는 점에서 선전영화에 대한 일제의 정책적 통제를 살펴볼 수 있는 작품이다. 실제로 영화에는 훈련소의 지원병들이 이인석의 전사 소식을 듣고 감격하는 모습이 그려지기도 한다. 또한 조선인은 죽음을 각오하고 전선에 나감으로써 완전한 일본인이 되고 나아가 靖國神社에 모셔지게 된다. 이를 통해 평범한 조선인도 국가에 대한 의무를 충실히 수행한다면 영웅이 될 수 있다는 사실을 보여주고 있었다.(이준식,「일제 파시즘기 선전 영화와 전쟁동원 이데올로기」,『동방학지』124, 국학연구원, 2004, 716~727쪽.)

67) 이재현,『컨버전스와 다중 미디어 이용』, 서울대학교 언론정보연구소, 커뮤니케이션북스, 2011, 193쪽.

68) 日本映畵雜誌協會,『映畵年鑑』, 1942년 9월, 7~9쪽; 김려실,「친일영화의 다양한 층위」,『투사하는 제국 투영하는 식민지』, 삼인, 2006, 281쪽.

69)「浪花節 嗚呼李仁錫上等兵」,『동아일보』, 1940년 6월 11일. 나니와부시(浪花節)는 샤미센(三味線) 반주에 맞추어 '의리와 인정'의 서사를 演唱하는 소리예능이다.(박영산,「일제강점기 조선어 나니와부시(浪花節)에 대한 고찰」,『동아시아문화연구』69, 한양대학교 동아시아문화연구소, 2017, 66쪽.)

70) 이인석의 일화를 각색한『장렬 이인석 상등병』(1942)은 이서구가 각색하고 최팔근이 노래한 것으로, 총 3장 6면(18분08초)으로 구성되었다.(박영산, 위의 논문, 2017, 84쪽.)

71) 공임순,『식민지 시기 야담의 오락성과 프로파간다』, 앨피, 2013.

의 표충비 건립을 위한 期成會가 구성되기도 하였다.[72]

이상의 내용을 정리해보면 이인석 전사 후 일제의 대처와 선전까지의 과정은 일본의 '三勇士'와 동일하게 영웅화 대상의 죽음을 각색하여, 많은 기사를 통해 特電형태로 미담을 선전하는 방식이었다.[73] 일제는 이인석을 주제로 한 이야기를 여러 경로와 방식을 통해 일반 대중에게 전파한 결과 당시 조선사회에는 어린 학생들도 그의 이름을 알고 있을 정도로 알려져 있었다.[74] 이처럼 일제는 최초의 지원병 전사자인 이인석을 전쟁영웅으로 만들어 식민지 조선인을 전쟁에 동원하기 위한 선정정책에 적극 활용하였음을 확인할 수 있다.[75]

2. 李仁錫 전쟁영웅화 작업의 선전논리

이인석 관련 기사는 대부분 지원병제도의 취지를 전달하고 전쟁참여 분위기를 고취시키기 위한 내용이었다. 총독부의 기관지인 『매일신보』는 정책의도와 방향성을 일반에게 반복적으로 전달함으로써 대중선동 효과를 높이고자 하였다. 그리고 이러한 기사에 활용된 논리로는 크게 施惠論과 報恩論, 內鮮一體論 그리고 兵農兩全論 등이 있었다.

일제는 施惠論과 報恩論을 통해서 조선인도 황국신민으로 인정되기 시작한 것에 대해 천황과 총독의 은혜에 보답하는 일은 누구나 할 수 있는 일이 아니며, 조선인이 헌신적인 희생을 할 수 있게 된 것이 '榮譽'임을 강조하였다.[76] 이와 관련하여 일제는 이인석을 조선인 최초로 피로써 국가에 봉답한 '자랑스러운 황국군인'이며, 식민지 조선인 청년에게 모범인물로 선전하

---

72) 「李仁錫의 表忠碑 鄕里 忠北 沃川에 建立」, 『삼천리』 제12권 7호, 1940년 7월.

73) 공임순, 위의 책, 2013, 317~330쪽.

74) 영화 『君と僕』는 당시 모든 학교에서 감상을 의무화하였다. 그 결과, 당시 조선사회에서는 어린 학생들도 그의 이름을 알고 있을 정도로 알려져 있었다.(이준식, 「일제 파시즘기 선전 영화와 전쟁동원 이데올로기」, 『동방학지』 124, 국학연구원, 2004, 731~732쪽.)

75) 기존의 연구에서는 이인석이 수년간에 걸쳐 대중선동의 수단으로 이용될 수 있었던 이유에 대해 그가 지원병으로서 최초의 전사자였기 때문이라고 보고 있다.

76) 박수현, 위의 논문, 2010, 260~261쪽.

고 있었다.

또한 內鮮一體論은 南次郎 총독이 부임하면서 조선을 총동원체제제로 전환시키기 위해 제기되면서 등장하였다.[77] 이후 전쟁이 장기화됨에 따라 '內鮮一體'는 조선통치의 핵심목표로 강조되었고, 지원병제도의 실시와 연결되면서 정책적으로 구체화되었다.[78] 그리고 일제의 지배정책에 대한 조선인의 반발과 저항을 막기 위한 목적으로도 이용되었다.[79] 이인석과 관련한 선전기록물에 나타난 내선일체의 논리를 확인하면 다음과 같다.

이인석 일등병의 전사의 보도가 한번 전해지자 내선일체의 산표본이요, 흥아의 주초돌이 된 이 귀중한 죽음에 각 방면은 물론 전반도 민중은 다같이 감격하고 잇는데 8일 鹽原 지원병훈련소장은 다음과 가튼 소감을 말하였다. 어제 연맹대회가 끝난 후 이군의 이야기가 낫는데 누구나 『잘 싸워주엇다 고맙다』라는 감격에 넘치는 말 한마디로 더 무어라 말할 줄을 몰랐다. 지원병도 드디어 피로써 국가에 봉답한다는 모범을 보여준 동시에 내선일체를 무엇보다도 사실로 나타내 존귀한 전사를 하였다.[80]

위의 기사에서 이인석은 "내선일체의 산표본"이자 "흥아의 주춧돌"이라고 묘사되었다. 또한 지원병훈련소장은 이인석을 지원병으로서 모범을 보여준 동시에 내선일체를 사실로 나타낸 인물이라고 칭찬하였다. 이와 같은 기사에서는 일반에게 내선일체 정신을 갖도록 강조하고 있었으며, 조선인과 일본인이 같은 황국신민으로서의 자격을 얻기 위해서는 이인석과 같이 전쟁에 적극 참여해야 한다는 것이 內鮮一體論의 핵심이었다.[81] 요컨대 내선일체론은 조선인이 천황의 자식이 된 것임을 의미하며, 이에 따라 천황에게

77) 김명구, 「중일전쟁기 조선에서 '내선일체론'의 수용과 논리」, 『한국사학보』 33, 한국사학회, 2008, 73쪽.
78) 박수현, 위의 논문, 2010, 262쪽.
79) 최유리, 『일제 말기 식민지 지배정책 연구』, 국학연구원, 1997, 33쪽.
80) 「피로 國家에 奉答 內鮮一體를 具現」, 『매일신보』, 1939년 7월 9일.
81) 박수현, 위의 논문, 2010, 261~262쪽.

더욱 충성해야 한다는 것이었다. 나아가 황국신민화로 귀결되는 과정을 의미하는 것이었다.[82]

한편, 일제는 '모범적인' 국민과 '영웅적인' 병사로서 대변되는 이인석의 모습을 강조하기 위해 兵農兩全論이라는 논리를 이인석과 결부시키기 시작하였다. 이는 이인석을 식민지 조선인의 이상적 전형으로 만들고자 한 일제의 선전의도와 부합했기 때문이라고 할 수 있다.

일제는 이인석의 생애를 각색한 전기『李仁錫 上等兵』을 통해서 황국신민이 취해야 할 행동과 사상을 강조하였다.[83] 전기『李仁錫 上等兵』는 이인석의 생애를 크게 그의 생애를 지원병 지원을 기준으로, 지원 이전 농민으로서의 삶과 지원 이후 지원병훈련소에 입소하여 전사하기까지 병사로서의 삶으로 구분하였다. 전반부에서는 이인석이 가난한 농가에서 태어나 학구열이 강한 인물로 묘사되었다. 특히 그는 일본의 모범인물로 알려진 金次郞를 '롤모델'로 삼고, 그의 노래를 부르며, 그의 "모범적인 행실"을 그대로 실행했다고 하였다.[84] 이후 이인석은 "조선 제일의 농가"가 되기 위해 농업실습학교에 입학하였다. 그는 모범학생으로서 학생들에게는 존경받고, 교사들에게는 신뢰를 받은 것으로 묘사되었다. 또한 졸업 후 학교의 조수로 채용될 정도로 성실한 인물로 서술되었다.[85] 한편 후반부에서는 훈련소 내에서 반장으로서 솔선수범하였으며, 출정 후 전장에서 장렬하게 전사하였다고 서술되었다. 요컨대 이인석의 농민으로서의 삶과 군인으로서의 삶을 영웅화하여, 전시체제기 식민지인이 취해야할 자세와 역할을 조선인에게

---

82) 박수현, 「전시파시즘기(1937~1945) 조선 지식인의 체제협력 양상과 논리」, 『한국민족운동사연구』 46, 한국민족운동사학회, 2005, 183쪽.

83) 이인석의 생애에 대해서는 이인석의 전기문인『祖國の旗の下に』(1941)과『李仁錫 上等兵』(1942)이 일본과 조선에서 각각 출간되었다. 특히『李仁錫 上等兵』은 총독부 추천도서로 지정되었다.

84) 二宮金次郞는 일제강점기 황국신민화 이데올로기를 주입시키는 데 핵심적인 역할을 했던 수신교과서에서 양심, 효, 진심, 근로, 신사참배 등의 덕목을 갖춘 모범인물이다. 일제가 二宮金次郞를 내세워 추구하고자 했던 목표는 바로 식민지 조선인의 노동력을 최대한 창출하고자 했던 것이다.(서강식, 「일제강점기 수신교과서의 도덕적 모범인물 창출에 관한 연구-니노미야 긴지로를 중심으로-」, 『초등도덕교육』 52, 한국초등도덕교육학회, 2016.)

85) 朴永朗, 『李仁錫上等兵』, 大同出版社, 1942.

주입시키고자 했던 것이다.

兵農兩全論은 1935년 일본의 정당 입헌정우회(이하 정우회)가 내세운 '兵農兩全主義'라는 슬로건에서 대두되었다.[86] 병농양전의 의미에 대해 정우회 소속 嶋田俊雄는 자신의 저서에서 다음과 같이 설명하였다.

> 우리들은 兵農兩全이라는 말을 쓰고 있다. 혹시 제군은 이에 대한 신문기사 등을 보지 못했더라도, 우리들은 이전의 의회에서도 그것을 주장했다. 진정한 의미에서 국방의 충실·완비를 이루려면 산업에 중점을 두고 국민에게 국방비를 부담할 실력을 갖도록 해야 한다. 국방비와 동시에 산업 제반의 경비도 상당히 지출하여 민력의 함양 — 산업의 진흥을 도모하지 않으면 안 된다는 것이 곧 兵農兩全이다.[87]

위의 내용에 따르면 신문지상에서는 병농양전이라는 말을 들어보지는 못했을지라도, 의회에서는 지속적으로 주장해 온 논리로 "우리들은[의회] 병농양전이라는 말을 쓰고 있다"고 하였다. 그리고 국방의 충실·완비를 달성하기 위해서 산업 진흥에 중점을 두어 국민들이 국방비를 부담할 능력을 갖도록 하는 것이 우선되어야 한다고 주장하였다. 따라서 병농양전의 진정한 의미란 국방비와 더불어 산업 제반의 경비를 지출함으로써 민력의 함양과 산업의 진흥을 도모하고자 하는 논리라는 것이었다.

이후 정우회는 1936년 2월의 제19회 중의원 총선거에서 승리하기 위해 농촌 및 산업계의 지지를 얻고자 兵農兩全主義를 적극 활용하였다.[88] 하지만 정우회는 선거에서 참패하였으며, 같은 해 황도파 육군 청년장교들이 일으킨 2·26사건으로 군부가 정권을 완전히 장악하게 되면서 정당은 유명

---

86) 일본은 대외적으로 만주사변을 일으키고 대내적으로는 해군 청년장교들의 반란인 5·15사건이 발생하여 군부의 정계 진출이 이루어지는 동시에 정당 정치가 위기를 맞이한 상황이었다. 나아가 육·해군성 측은 이미 정부 예산 중 군사비의 비율이 상당했음에도 불구하고 1936년도 예산 편성에서 재차 군사비의 증액을 요구하였다. 이에 정우회는 병농양전이라는 용어를 만들어 대응한 것으로 보인다.
87) 嶋田俊雄, 『現代政黨論』, 東京講演會出版部, 1935, 51~52쪽.
88) 嶋田俊雄, 『兵農兩全主義の真意義』, 安久社, 1936.

무실한 존재가 되기에 이르렀다.[89] 하지만 병농양전이라는 용어는 "부국과 강병"을 위한 논리로 계속해서 활용되었으며, 특히 군인, 정치인, 경제학자 등이 중심이 되어 병농양전에 대한 논의가 전개되었다.[90] 일본의 정치인 伊東岩男[91]는 『戰爭と銃後對策』에서 병농양전에 대해 다음과 같이 논하였다.

농촌이야말로 진정한 강병의 원천입니다. 농촌이 쇠퇴하면 결코 정병을 얻을 수 없습니다. 兵農兩全의 강화에 대해 군의 소신이 어떠한가 하는 문제입니다.…저는 도시의 병사가 꼭 약하다고 생각지는 않습니다. 그러나 이번 사변에서 적병이 말하는 바를 종합해보면 모 사단을 가장 두려워했다는 사실이 있습니다. 물론 그것은 종래의 전쟁에서도 매번 전통적으로 강한 부대였지만, 그 주된 이유는 질실강건하고 용맹과감한 농촌 장정이 대원의 8~9할을 점하고 있기 때문입니다. 어떻든지 농촌이 강병 육성의 도장이자 여러 조건을 구비하고 있는 등 아무런 의심의 여지가 없습니다.…내지 농촌의 유지 흥륭에 의지하는 것이야말로 용맹무비의 강병을 징집할 수 있을 뿐만 아니라, 농촌은 또한 병마의 양말[糧秣]인 미곡, 채소의 생산지이므로 국방의 견지에서 군과 불가분의 관계에 있습니다. 따라서 제가 특히 병농일체론을 강조하는 까닭도 또한 여기에 있습니다.[92]

---

89) 정창석, 「일본 군국주의 파시즘-그 식민지에 적용-」, 『일본문화학보』 34, 한국일본문화학회, 2007, 654쪽.

90) 예를 들면 다음은 해군중장인 오가사와라 나가나리[小笠原長生]는 『富民』이라는 잡지에서 "근래 兵農兩全이라는 것이 떠들썩하게 이야기되고 있는데, 그 필요성은 새삼스레 말할 것도 없이 자명한 이치이다.…오늘날 문제가 되고 있는 국방비의 증대는 일단 실로 비생산적으로 생각되지만, 국내적으로 자급을 원칙으로서 해나갈 때에는 직업을 국민에게 부여하게 되는 것이므로 부국과 강병이 동반되는 것이 된다.…군비예산이 많아지면 그 은택은 직접 이를 입는 방면의 업자에게는 좋을지 모르지만 농촌에는 영향이 없을 거라고. 물론 직접적으로는 그렇게 말할 수도 있을지 모른다. 하지만 그것은 오로지 공업자 뿐만 아니라 농민에게도 이익을 보게 한다."라고 하며 국방비 증대는 국내적으로 자급을 원칙으로 할 때 국민에게 직업을 부여하여 부국과 강병이 동반된다고 변호하였다. 아울러 군비예산이 많아지면 그 은택을 관련된 공업자 뿐 아니라 농민들도 이익을 보게 될 것이라고 전망하였다. 이는 화자의 입장에 따라 兵農兩全論이 각각 다르게 해석되고 있음을 보여준다.(小笠原長生, 「軍事豫算と兵農兩全の意義」, 『富民』 9-4, 富民協会·富民社, 1937, 14~15쪽.)

91) 伊東岩男(1921~1966)는 宮崎市 출신의 일본 정치인이다. 伊東岩男는 1936년 중의원 의원에 첫 당선한 이후 6기. 중원 도서관 운영위원장, 동 보조금 등의 정리 등에 관한 특별위원장, 이시바시 내각 및 제1차 연안 내각의 우정 정무차관 등을 역임했다.

92) 伊東岩男, 「第2章 兵農兩全論」, 『戰爭と銃後對策』, 高揚書員, 1939.

위의 내용에 따르면 伊東岩男는 농촌을 진정한 강병의 원천으로 상정하고, 농촌이야말로 "질실강건하고 용맹과감한 농촌장정"을 강병으로 육성시키는 도장이라고 하였다. 또한 그는 미곡과 채소의 생산지인 농촌이 여러 조건을 구비하고 있는 물ㄴ자의 원천지이기 때문에, 국방의 입장에서 보면 군과 불가분의 관계에 있다고 하였다. 이러한 이유로 그는 농촌의 쇠퇴를 방지하고자 병농일체론을 강조하는 것이라고 설명하고 있었다. 요컨대 전쟁이 장기화됨에 따라 병농양전이 '總後對策'으로서 농촌을 적극적으로 활용하기 위한 논리로 변용된 것이다.

이처럼 兵農兩全은 군부의 국방비 예산 증편을 견제하기 위한 정치적 구호로 등장하였으나, 일본이 급속하게 군국화되어가는 과정 속에서 이를 정당화하고 뒷받침하는 논리로 재정립되었다. 뿐만 아니라 농촌 청년들로 하여금 전시체제에 순응시켜 전쟁에 동원하기 위한 논리로도 사용되었는데, 이는 식민지에도 동일하게 적용되었다. 예컨대 『臺灣農會報』[93]의 권두언에 실린 "농촌청년과 병농양전"이라는 글에서는 "장래의 本島[대만] 농촌청년은 안으로는 生産挺身에 心膽을 다하고 밖으로는 제국군인으로서 나라의 방패가 되는 길이 열린 이상, 兵農兩全 一如의 방향으로 돌진해야할 것이다"라고 하며 병농양전의 취지를 설명하였다.[94] 그리고 조선에서는 이인석으로 대표되는 전쟁미담에서 확인 할 수 있으며, 이에 활용된 이인석의 생애는

---

93) 臺灣農會에서 간행한 잡지인 『臺灣農會報』의 취지는 "본도[대만] 농림행정부에 대만계통 농회사업에 있어서 의도하는 것을 널리 전달하고 정확한 이해협력을 구하고 내외 농림업 정세에 있어서 산업경제에 관한 사상을 소개해 공정한 여론을 듣고 사업에 관한 학술지의 자료를 공표함으로써 관민상호의 접촉을 긴밀하게 하고 본도 농림업의 진전을 기도하고 나아가 제국 국력의 신장에 기여할 것"이라고 한다.(臺灣農會, 『臺灣農會報』 3-7, 1941.)

94) 본도[대만] 특별지원병의 실시결정 발표 이래, 다년에 걸친 島民의 願望이 이루어져 全島民은…이 감격을 순화하여 황민화에 박차를 가하고, 忠勇한 제국군인으로서 皇國鎭護의 중대책무에 임하는 날이 가까이 왔음을 생각할 때 島民의 光榮에 比肩할 것이 없음을 통감한다. 대저 군인의 기백의 우수한 체력과 강건한 정신력에 의하며 어떠한 난사에도 자기자신을 희생하고 용감히 돌진하는 데 매진하는 것이지만, 이점은 실제로 농촌청년에게 기대하는 바가 저대한 것은 내지의 실례에서 나타나는 바이며…고로 장래의 본도 농촌청년은, 안으로는 生産挺身에 心膽을 다하고 밖으로는 제국군인으로서 나라의 방패가 되는 길이 열린 이상, 兵農兩全 一如의 방향으로 돌진해야할 것이다.(臺灣農會, 「農村青年と兵農兩全(卷頭言)」, 『臺灣農會報』 3-7, 1941.)

일제에게 있어 바람직한 황국신민의 모습을 투영시키기 좋은 소재가 되었던 것이다.[95) 실제로 총독부는 병농양전과 이인석을 결부시키고자 하였는데, 이는 전기『李仁錫 上等兵』의「兵農兩全의 精神」의 내용을 통해서 확인할 수 있다.

「兵農兩全의 精神」
실로 멋진 정신이다. 전쟁에 나아가서는 忠勇無雙한 병사가 되고, 고향에 돌아와서는 자신의 업에 힘을 다해 일한다. 이 良兵良農의 두 가지를 온전히 하려는 데에 제국군인의 존귀함이 있고 강함이 있는 것이다.…이 소박한 청년이 품고 있는 병농양전의 정신이야말로 반도의 청년에게 큰 교훈을 주리라는 것을 생각한 교장은 어떻게든 그를 황군의 일원으로 보내야겠다는 기분이 들었다.[96)

위의 인용문은 옥천농업실수학교 교장이었던 增味情致가 이인석이 지원병에 지원하게 된 이유를 듣고서, 이인석이 실로 멋진 정신을 가지고 있다며 소회를 말한 것이다. 이에 따르면, 그는 일본 군인의 존귀함과 강함을 드러내고 반도의 청년들에게 교훈을 주는 이인석의 정신이야말로 "전쟁에 나아가서는 忠勇無雙한 병사가 되고, 고향에 돌아와서는 자신의 생업에 최선을 다"하는 '良兵良農의 精神'의 전형이라 표현하였다.

이와 같이 이인석과 병농양전을 결부시킨 표현은 비단 조선에서 간행된 『李仁錫 上等兵』에만 등장하는 것이 아니다. 일본에서 1941년에 출간된 『祖國の旗の下に』에서도 이인석의 생애를 병농양전으로 설명하고 있었다.

「兵農全兩의 大精神」
전장에서는 忠勇無雙한 정예로, 돌아와서는 총후에서 자기 생업에 힘쓰는 良

---

95) 당시 전쟁영웅과 병농양전을 결부시키는 사례는 이인석뿐만이 아니었다. 일본의 전투기조종사로 비행 제64전대를 인솔한 加藤建夫의 전기『軍神加藤少將正傳』이 있는데, 이 책의 제1장「屯田兵の血」에서도 병농양전을 다루고 있었다.(朝日新聞社 編,『軍神加藤少將正傳』, 朝日新聞社, 1943.)
96) 朴永朗, 위의 책, 1942, 48~52쪽.

兵良農의 兩全을 기하여, 하나의 진수가 되는 것이 황군의 불굴의 혼이다. 생활을 위해 또는 천박한 명예심을 좇아서 된, 어느 나라의 병사와는 그 근본정신에서 다른 것이 황군이다. 이렇듯 名과 實이 겸비된 것이야말로 제국군인의 존귀함이자 강함인 것이다.[97)]

위의 인용문에서는 "兵農全兩의 大精神"에 대해 "전장에서는 忠勇無雙한 정예로, 돌아와서는 생업에 힘쓰는 良兵良農의 兩全[兵農兩全]을 기하는 것"이라고 설명하였다. 이는 兵農兩全에 대해 『李仁錫上等兵』과 거의 동일하게 서술되고 있음을 알 수 있다. 또한 잡지에 실린 이인석에 관한 글에서도 이인석과 兵農兩全을 결부시키는 경향이 나타난다. 예를 들면 1940년 4월 『조선』에 실린 「仰げ! 故李仁錫上等兵の殊勳」을 통해서 확인할 수가 있다.

근면역행, 일본정신의 수련을 게을리 하지 않는 우량생도 모범조수 이인석 청년의 더욱 경숙한 생각을 깊어지게 한 것은 그가 특별지원병을 지원하기에 이르렀던 목적 결심에 대한 깊은 도념과 굳은 신념이다.…제국군인은 「나가서는 忠勇無雙한 정예가 되고, 들어와서는 온힘을 다해 자기 생업에 힘쓴다」는 이른바 良兵良農의 兩全을 기함으로써 하나의 진수가 된다.…이인석 지원병의 이러한 「兵農兩全」을 기하려 했던 대정신은 금후 반도 특별지원병이 되고자 하는 청년들에게 남겨진 위대한 교훈이며 가장 좋은 지도임에 감탄하지 않을 수 없다.[98)]

위의 기사에서는 이인석의 특별지원병 지원에 대해서 "良兵良農의 兩全[兵農兩全]으로써 하나의 진수"를 이루는 것이며, 이는 향후 특별지원병이 되고자 하는 청년들에게 "위대한 교훈"이며 "가장 좋은 지도"로 인식되고 있었다. 이를 통해 더 많은 조선인 청년들을 전쟁에 참여시키기 위한 하나의 논리로 활용되었음을 확인할 수 있다. 다시 말해 일제는 이인석과 병농양전을 결부시킴으로써 황국신민의 상징적인 모델로 만들어 황민화운동의

---

97) 秦賢助, 『祖國の旗の下に -李仁錫 上等兵-』, 高山書院刊, 1941, 68~71쪽.
98) 「仰げ! 故李仁錫上等兵の殊勳-和久正志(총독부촉탁)」, 『조선』, 1940년 4월.

전시체제기 일제의 육군특별지원병제도의 선전과 조선인 전쟁영웅화 작업 ▎49

추진력으로 삼고자 하였고, 이러한 목적을 위해 그를 선전·선동에 적극 활용하였던 것이다.

Ⅳ. 李仁錫 전쟁영웅화 작업에 대한 조선사회의 반응

일제가 이인석을 전쟁영웅으로 만들어 전쟁동원을 위한 선전도구로 활용함에 따라 식민지 조선사회에서는 여러 양상들이 나타나기 시작하였다. 먼저 일제의 대중선동에 협력한 일부 조선인 엘리트들이 있었다. 이들은 이인석을 대동아전쟁에서 승리하기 위한 하나의 表象으로써 제시하고, 이를 통해 식민지 조선인들의 전쟁 참여를 적극적으로 독려하였다. 다음은 조선인 엘리트가 이인석을 활용하여 전쟁 동원을 위한 선전에 협력한 사례이다.

[표 4-1] 조선인 엘리트가 이인석을 선전에 활용한 사례[99]

성명	게재일자	출전	제목	비고
崔秉協	1939-07-11	경성일보	그 부모에 그 아들이다. 최 옥천군수, 이군의 유족을 말한다.	기고문
金文輯	1939-07-16	국민신보	조국에 목숨 바친 최초의 반도 지원병, '축하해야 할 죽음!', 피로 살다간 우리의 이인석 군.	기고문
李光洙	1939-07-25	경성일보	李上等兵の戰死.	기고문
玄永燮	1940-07	삼천리	外國의 土人 部隊와는 絶對로 다르다.	기고문
咸大勳	1940-10	삼천리	戰時에 責務益多	기고문
朱耀翰	1941-03	신시대	첫 피-지원병 이인석에게 줌	시
金東煥	1941-06	삼천리	愛國精神と志願兵	기고문
徐廷柱	1943-10	조광	스무 살 된 벗에게	기고문
金東煥	1943-11-06	매일신보	勸君就天命	시

---

99) 친일반민족행위진상규명위원회, 『친일반민족행위관계사료집X-일제 침략전쟁 및 식민통치에 대한 협력 논리(1937~1945)-』, 2009; 친일반민족행위진상규명위원회, 『친일반민족행위관

위의 [표 4-1]와 같이 李光洙를 비롯하여 金文輯, 玄永燮, 咸大勳 등의 조선인 엘리트들은 일제의 선전정책에 협력하여 총독부의 의도대로 이인석을 전쟁영웅으로 선전하였다. 李光洙는 1939년 7월 25일자『경성일보』에 기고한「李上等兵の戰死」에서 이인석의 죽음에 대해 "폐하의 군인으로서의 전사는 이씨가 효시"라고 하며, "피의 봉사가 불가능했던 우리 반도인의 죄송함이 이씨의 용감한 전사로써 어느 정도 경감된 듯한 기분이다"라고 하였다. 나아가 "이상등병은 그 죽음으로써 전일본 가정의 사랑스러운 아들이 된 것이지만, 특히 전조선 육백만 가정의 사랑스런 아들이 된 것이다"라며 칭송하였다.

金文輯은 이인석의 죽음을 "조선 자신을 위해, 황국 전체를 위해, 더 나아가 一宇인 大八絋을 위해 축하해야 할 죽음"이라 하며, 鹽原時三郎 학무국장과 南次郎 총독을 만난 일화를『국민신보』에 기고하였다.

오늘 나는 지원병을 낳은 부모인 시오바라 학무국장과 조선의 아버지 미나미 총독을 만나러 총독부를 방문했다. 대중을 대신해 들은 말을 대중에게 그대로 전하면 그것으로 내 임무는 끝난다. 국장은 내 무언에 대해 무언으로 대답하기를 수십 초가 흐른 뒤 단 한마디 □□처럼 내뱉으신다. "이군이 흘린 피는 일본과 조선을 하나의 몸으로 합치는 풀이네!"
나는 아무 말 없이 방을 나왔다. 가슴속에 남은 침묵, 옷을 단정히 하고 식사 중인 총독 각하를 비서관실에서 기다리기를 40분. 이윽고 나는 우리 아버님으로부터 다음과 같은 말씀을 듣고 공손하게 그 그림자로부터 물러났다. "이인석 지원병의 전사는 군인으로서 반도 동포 최초의 전사이고, 일반인들에게 큰 감동을 주고 내선일체의 모범이 되었다고 할 수 있다."[100]

위의 인용문에 따르면 鹽原時三郎 학무국장은 이인석의 죽음을 "일본과 조선을 하나의 몸으로 합치는 풀"이라고 하였으며, 南次郎 총독은 이인석을

계사료집 XV-일제강점기 문예계의 친일협력-』, 2009; 친일반민족행위진상규명위원회,『친일반민족행위관계사료집 XVI-문예작품을 통해 본 친일협력-』, 2009.
100) 친일반민족행위진상규명위원회,『친일반민족행위관계사료집 XV-일제강점기 문예계의 친일협력-』, 2009, 705~709쪽.

"내선일체의 모범"이라고 표현하였다. 이처럼 일제는 전쟁영웅화 작업과 황국신민화 정책을 결부시키며, 조선인 엘리트들로 하여금 이인석을 '皇國軍人'과 '總後國民'의 전형으로 강조하여, 황국신민의 일원으로서 전쟁에 참여할 것을 선전하였다.

이와 같은 일제의 이인석 전쟁영웅화 작업과 선전은 조선사회에 일정 정도 영향을 끼쳤던 것으로 파악된다. 실제로 이인석의 전사소식이 전해지자 각지에서는 약 천 여명이 넘는 조문객 행렬이 이어졌으며, 더불어 많은 금액의 조의금 모금이 행해졌다.[101] 이와 관련하여 총독부는 언론을 통해서 조선사회의 조의금 및 헌금 사례를 선전함으로써 이인석의 전쟁영웅화 작업을 재확산 시키고자 하였다. 다음은 언론에 보도된 이인석 관련 조의금 사례를 정리한 것이다.

[표 4-2] 언론에 보도된 이인석 관련 조의금 사례[102]

일자	지역	출연자	수령자	금액
1939-07-13	京畿道 京城府	익명 청년	지원병훈련소장 海田 대좌	3원
1939-07-13	日本	익명 일본 여성	총독부	금일봉
1939-07-14	日本 大阪府	촌지오조 대판 유지	지원병훈련소장 海田 대좌	10원
1939-07-15	日本 大阪府	대판 보호관찰소 관계자	경성보호관찰소	금일봉
1939-07-15	-	부내 소화장부제본소 배인식	본정경찰서	5원
1939-07-15	-	최남(崔楠)	-	100원
1939-07-18	京畿道 江華郡	江華城內小學校 학생 일동	직접 전달	6원
1939-07-19	-	馬場町靑年團 김두익(金斗益)	매일신보	3원
1939-07-19	京畿道 京城府	요리점 중화정 종업원 일동	경성경찰서	20원
1939-07-20	中国 北京	문창린(文昌麟)	매일신보	200원

---

101) 「李仁錫君의 榮譽 吊客千名突破 賻儀金도 五百圓」, 『매일신보』, 1939년 7월 20일.

1939-07-20	京畿道 仁川府	용운정 김기생 대표	인천경찰서	금일봉
1939-07-21	忠淸南道 大田府	대전특수공기조합 종업원 일동	대전헌번분대	10원
1939-07-22	京畿道 京城府	화신백화점 박흥식(朴興植)	국민정신총동원 경성연맹	금일봉
1939-07-24	江原道 華川郡	華川簡易校 학생 일동	매일신보	금일봉
1939-07-25	平安南道 平壤府	신창리 189번지 이응호	매일신보 평양지사	100원
1939-07-25	江原道 旌善郡	대성관 박순히 대표와 배명월 외 6명	정선경찰서	30원 50전
1939-07-26	忠淸北道 沃川郡	陽城面 美山里 민철식(閔哲植)	양성경찰관 주재소	5원
1939-07-27	京畿道 京城府	요리점 천연정 이병렬(李秉烈)	서대문경찰서	30원
1939-07-27	京畿道 京城府	시국대응전선사상보국연맹 경성지부 청수분회 일동	직접 전달	14원 30전
1939-07-28	京畿道 抱川郡	포천군 근로보국단원 일동	포천군사후원연 맹	3원
1939-07-28	京畿道 京城府	동일은행 민대식(閔大植)	종로경찰서	100원
1939-07-29	忠淸南道 公州郡	新上面 石南里 保安組合	공주경찰서	2원
1939-07-29	忠淸南道 公州郡	維鳩小學校學父兄會	공주경찰서	3원
1939-07-29	忠淸南道 公州郡	新上面 文錦里 婦人會	공주경찰서	2원
1939-07-30	日本 愛媛縣	愛媛縣協和會	총독부 경무국장	50원
1939-07-31	日本	자하현 장빈정(滋賀縣 長濱町) 정상준(鄭祥俊), 안봉열(安奉烈), 한우갑(韓又甲)	충북경찰서 本多 부장	5원
1939-08-01	慶尙北道 安東郡	안동 평화여관 안백세(安伯世)	안동군 조선인 보도부	10원
1939-08-04	京畿道 京城府	조선전매국연맹	직접 전달	50원

1939-08-08	京畿道 京城府	체신국군사후원회	직접 전달	150원
1939-08-08	忠淸北道 報恩郡	속리산 법주사	보은경찰서	5원
1939-08-09	京畿道 楊州郡	구리면 망우리 김종환	양주경찰서	5원
1939-08-15	京畿道 京城府	진명여자고등학교 졸업생 동창회	조선일보	10원
1939-08-20	咸鏡北道 富寧郡	富寧 水電 堰堤공사	함북도 사회과장	18원 70전
1939-08-31	京畿道 富川郡	소사면 관공서 각 부락연맹	직접 전달	36원 70전
1939-08-31	忠淸北道 報恩郡	보은군속이소학교	직접 전달	2원 50전
1939-09-03	京畿道 金浦郡	김포농업실수학교 1939년도 졸업생 일동	조선일보 김포지국	6원
1939-09-05	京畿道 開豊郡	국민정신총동원 개풍군연맹	경기도연맹 이사장	315원 37전
1939-09-08	忠淸南道 大田府	충남도지사, 산업부장, 기타연맹 등	직접 전달	200원 20전
1939-09-22	滿州國 吉林	만주길림금융회 함태영 외 30명	충북군사연맹 후원회	54원 50전
1939-10-01	忠淸南道 大田府	대덕군	직접 전달	114원

---

102) 「故李仁錫君에 吊慰金遝至」, 『동아일보』, 1939년 7월 29일; 「愛媛縣協和會에서 故李上等兵에 香奠」, 『동아일보』, 1939년 7월 30일; 「故李仁錫君遺族에 慰問金五十圓」, 『동아일보』, 1939년 8월 4일; 「故李上等兵의 遺族에 弔慰金」, 『동아일보』, 1939년 8월 8일; 「李君에吊慰金」, 『동아일보』, 1939년 8월 8일; 「李上等兵靈前에 節約金을 받처」, 『동아일보』, 1939년 8월 20일; 「故李仁錫君에 吊慰金을付送)」, 『동아일보』, 1939년 8월 31일; 「故李仁錫君에게 大田府에서 吊慰金」, 『동아일보』, 1939년 9월 8일; 「滿洲吉林省에서 李仁錫君에吊慰金」, 『동아일보』, 1939년 9월 22일; 「故李仁錫君遺族에 大德郡에서 吊慰金」, 『동아일보』, 1939년 10월 1일; 「고 李仁錫 일등병의 영전에 이 감사문. "인간을 초월한 훌륭한 공훈". 내지 1여성이 감격하여 부송」, 『조선일보』, 1939년 7월 13일; 「고 李仁錫 군에 조위금 답지」, 『조선일보』, 1939년 7월 15일; 「중화 □종업원들 李仁錫□유족 조위」, 『조선일보』, 1939년 7월 19일; 「고 李仁錫군에 금일봉을 거증」, 『조선일보』, 1939년 7월 20일; 「故 李仁錫군 가족에 위문금을 寄託 三陟上長 국부회서」, 『조선일보』, 1939년 7월 23일; 「故 李仁錫군 유족에 天然町會서 위문금」, 『조선일보』, 1939년 7월 27일; 「李仁錫군 弔慰金 思想 報國分會서」, 『조선일보』, 1939년 7월 27일; 「故 李仁錫군에 조위금 5원」, 『조선일보』, 1939년 8월 9일; 「진명 동창회에서 李仁錫군에 조위금」, 『조선일보』, 1939년 8월 15일; 「故 李仁錫군에 조위금을 증정」, 『조선일보』, 1939년 8월 31일; 「李仁錫군에게 조위금을 기탁」, 『조선일보』, 1939년 9월 3일; 「개풍군 14面民들이 李仁錫군 유족에게 조위금을 송부」, 『조선

위의 [표 4-2]을 살펴보면 이인석이 사망한 후 조선사회에서는 대대적인 조의금 遝至가 이루어졌음을 확인할 수가 있다. 우선 출연자를 살펴보면 朴興植, 金斗益 등의 개인부터 時局對應全鮮思想報國聯盟, 朝鮮專賣局聯盟 등의 단체에 이르기까지 다양한 사례가 있었으며, 출연금액 또한 작게는 2원에서 많게는 300여 원에 달하였다. 다음으로 출연지역을 살펴보면, 경기도 경성부, 충청남도 대전부, 함경남도 평양부 등 조선 각지에 분포하고 있었다. 또한 해외에서도 조의금이 기탁·모금되기도 하였는데, 일본에서는 大阪府 유지와 大阪보호관찰소 관계자들이 각각 지원병훈련소와 경성보호관찰소에 10원과 금일봉을 기탁하기도 하였다. 그리고 중국 北京에서는 文昌麟이 200원을 매일신보로 탁송하였으며, 만주국 吉林에서는 滿洲吉林金融會 직원 30명이 54여원을 충북군사연맹 후원회에 기탁하기도 하였다.

또한 출연방법을 살펴보면 대부분이 출연자가 거주하거나 출연단체가 소재하는 지역의 경찰서, 신문사, 행정당국 등에 조의금을 기탁하여, 이들로 하여금 이인석의 유가족에게 전달하게 하는 것이었다. 이외에도 강화성내소학교와 보은군속이소학교 등의 학생들이나 조선전매국연맹, 체신국군사후원회 등의 단체에서는 이인석의 유족에게 조의금을 직접 전달하였다. 다음은 1939년 7월 13일자 『매일신보』에 보도된 익명의 청년이 지원병훈련소장에게 조의금을 기탁한 사례이다.

<hr>

일보』, 1939년 9월 5일; 「半島의 愛國熱沸騰 慰問金과 慰問文이 遝旨 志願兵의 빛나는 戰死」, 『매일신보』, 1939년 7월 13일; 「이번엔 吊問歌 大阪有志가 金一圓도 同封 故李仁錫君의 忠勇에 感激」, 『매일신보』, 1939년 7월 13일; 「故李仁錫에 또香奠一封贈呈」, 『매일신보』, 1939년 7월 15일; 「故理志願兵靈前에 崔楠氏가 義金百圓」, 『매일신보』, 1939년 7월 15일; 「廢品판돈으로 故李仁錫君 遺族에」, 『매일신보』, 1939년 7월 18일; 「馬場町靑年團이 李君香典寄托 본보경동지국에」, 『매일신보』, 1939년 7월 19일; 「故李郡에 感激 北京의 文昌麟氏 本社에 卅圓寄托」, 『매일신보』, 1939년 7월 20일; 「故李君家族에 또 金一封을 贈呈」, 『매일신보』, 1939년 7월 21일; 「故李君家族에 朴興植 氏 金一封」, 『매일신보』, 1939년 7월 22일; 「華川簡易校生徒가 故李君 遺族에 金一封」, 『매일신보』, 1939년 7월 24일; 「故李君에 同情翕然 이응호氏 百圓寄托」, 『매일신보』, 1939년 7월 25일; 「故李仁錫君上等兵에 赤誠담은 甲慰金·旌善기생들의 美談」, 『매일신보』, 1939년 7월 25일; 「故李仁錫君의 忠魂에 吊慰金 安城支局에 依賴」, 『매일신보』, 1939년 7월 26일; 「閔大植氏가 百圓을 故李君 靈前에」, 『매일신보』, 1939년 7월 28일; 「故李仁錫君에 勤勞團해서 香尊料」, 『매일신보』, 1939년 7월 28일; 「志願兵의 英靈을 感激케 하는 가지가지 思想聯盟淸州分會 吊慰金을 醵出附送」, 『매일신보』, 1939년 7월 31일.

지난 6월 중순 북지전선에서 용감히 싸우다가 전사한 충청북도 옥천군 출신 육군지원병 일등병 이인석 군에 관한 보도가 한번 지상에 발표되자 요즘 각 방면으로부터 이군의 영령을 위문하는 전보가 날러 들어와 산더미처럼 쌓이는 형편인데 그중에서도『경성애국심에타는 청년으로부터』라는 익명의 편지에 三원을 첨부하야 지원병훈련소장 海田 대좌에게 돈은 그 유가족에게 전송하야 달라고 의뢰하여 온 애국독지의 청년이 잇서 당국에서는 이 청년의 뜻에 감격하야 이를 곳 유가족에게 보내기로 되엇다 한다. 익명 청년이 해전 대좌에게 보내온 편지는 다음과 가튼 것이다. 무서운 더위에도 불구하시고 지원병 훈련을 위하야 진력하시고 계신 각하에게 감사를 드리는 바입니다. 7월 오후 5시 30분쯤『라듸오』를 듯자니 의용봉국하든 반도청년의 지원병의 장렬한 전사를 하엿다는 것을 들엇는데 이는 본인의 바라든 바이엇슬 것입니다.[103]

위의 기사에 따르면 이인석의 전사 소식이 보도되자, 각지에서는 "이군의 영령을 위문하는 전보"가 산더미처럼 쌓이고 있다고 하였다. 이어 익명의 청년이 라디오에서 이인석의 전사소식을 듣고 감격하여 조의금으로 3원을 기탁하게 되었다고 소개하였다.

총독부는 조선사회에서의 조의금을 모금하는 분위기를 다시 정책적으로 활용하고자 하였다. 1939년 8월 7일 함경북도지사는 내무국장에게 「본부 알선노동자의 조위금 갹출에 관한 건」을 보고하였다. 이에 따르면, 1939년 4월 24일 총독부의 알선으로 함경북도 부령 水力電氣堰堤鹿島組 공사장에 도착하여 근무하고 있던 전라남도 곡성군 출신 노동자 96명이 이인석의 전사소식을 듣고, 조의금을 갹출하여 증정하였다고 전하였다.[104] 이와 관련하여 알선노동자들이 함경북도 사회과장에게 제출한 조의금을 기탁한 취지를 확인하면 다음과 같다.

---

103) 「半島의 愛國熱沸騰 慰問金과 慰問文이 遝늘 志願兵의 빛나는 戰死」, 『매일신보』, 1939년 7월 13일.

104) 朝鮮總督府 內務局 社會科, 「본부 알선노동자 조위금 갹출에 관한 건(8월 11일자)」, 『알선노동자 표창관계철(사회과 노무계)』, 1939, 29쪽.(관리번호 CJA0016561)

우리들은 전라남도 곡성군 출신의 노동자입니다.

본년[1939년] 4월 24일 총독부의 알선에 의하여 부령 水力電氣鹿島組 공사장에 입장하여 堰堤工事에 종사하고 있습니다. 이 현장에 올 때에는 汽車賃 및 식대 등까지 부담받게 되어 깊이 감사드립니다. 현장 도착 후에는 차츰 여러 가지 일을 하면서…고향에서는 도저히 받을 수 없는 고임금을 받고서 일동은 만족하여 就勞하고 있습니다.…신문지상에서 忠淸北道 沃川郡 西面 下東里 출신 이 인석이라고 하는 지원병이 6월 22일 전투에서 용감하게도 전사하였다고 하는 기사를 접하고 班員 일동은 勘心해 마지않을 수 없었습니다. 우리들은 第一線 에 출전하지 못하더라도 총후에 있으며 전쟁에 나가 있는 각오로 종사하는 마음으로 있습니다. 동봉한 소액 小爲替은 모두 근소하지만 班員 96명이 7월 15일부터 7월 20일까지 금연하며 모은 돈입니다. 부디 고 이인석 군의 영전에 奉呈하려 하는 것을 간절히 바랍니다.105)

위의 취지문에 따르면 알선노동자들은 이인석이 1939년 6월 22일 전투에서 전사했다는 기사를 보고, "우리들은 第一線에 출전하지 못하더라도 총후에 있으며 전쟁에 나가 있는 각오로 종사"하고 있음을 확인하고자 7월 15일부터 7월 20일까지 6일간 금연하여 모은 절약금 18圓 70錢을 증정하였다는 것이다. 위의 보고를 받은 총독부는 1939년 8월 19일 함경북도지사를 제외한 조선의 각 도지사들에게 96명의 알선노동자들의 이름, 주소, 조의금액 등을 기재한 표를 첨부하여 통첩을 보내 해당 사실을 선전에 이용하고자 하였다.106) 또한 다음날인 8월 20일자『동아일보』와『매일신보』에서도 노동자들이 "우리들도 이인석 군처럼 전사한 것과 같이 생각하고 일하자"라는 취지로 조의금을 조성하였다는 기사를 게재하였다.107)

105) 朝鮮總督府 內務局 社會科, 「본부 알선노동자 조위금 갹출에 관한 건(8월 11일자)」, 『알선노동자 표창관계철(사회과 노무계)』, 1939, 30쪽.(관리번호 CJA0016561)
106) 朝鮮總督府 內務局 社會科, 「본부 알선노동자 조위금 갹출에 관한 건(8월 11일자)」, 『알선노동자 표창관계철(사회과 노무계)』, 1939, 31쪽.(관리번호 CJA0016561)
107) 금춘 총독부의 알선으로 전남 곡성군으로부터 함남부령 수전의 언제공사에 종사중의 노동자 96명은 지원병 이인석 군 전사의 보를 듣고 "우리들도 이인석 군과 같이 전사함과 같이 생각하고 일하자"는 의논한 뒤에 칠월 십오일부터 6일간 금연을 여행하야 그 절약금 18원 70전을 함북도 사회과장을 통하야 고이상등병의 영정에 받첫다 한다.(「李上等兵 靈前에 節約金을 받처」, 『동아일보』, 1939년 8월 20일.)

이후에도 총독부는 1939년 10월 30일 「본부 알선노동자의 조위금 갹출에 관한 건」이라는 이름으로 전라남도지사가 東滿洲鐵道工事 松本組 第2工區에 알선된 전라남도 광양군 출신 노동자 129명이 30圓 30錢을 이인석과 이형수에게 조위금으로 갹출한 내용을 내무국장에게 보고한 것을 다시 도지사들에게 동년 11월 2일에 통첩함으로써 지역 간의 경쟁을 부추기는 효과를 의도하였다.[108] 예컨대 대부분 국방헌금이나 조의금 모금 사례는 반장의 이름만을 명기하고 납부자의 인원수와 금액만을 기재한 데 비해 이인석에게 보내는 조의금의 경우에는 헌납자의 이름과 금액을 명기하여 지역 간의 경쟁을 부추기면서 선전 효과를 높이고자 한 것이다.[109]

한편 일제의 이인석 영웅화 선전에 협력한 사례와 다르게, 조선사회에서는 이인석을 선전도구로 활용하고자 했던 일제의 의도를 파악하고 이에 반발하여 저항한 사례가 있었다. 당시 옥천군수이었던 崔秉協[110]은 1939년 7월 11월자 『경성일보』에 중국 화북 전선에서 사망한 육군특별지원병 이인석의 죽음을 치하하는 기사를 기고하였다.

> 지원병 이인석 군의 눈부신 산화는 □□ 엄숙한 행동이라 감격을 금치 못하였습니다. 생각해보면 지난 5월 3일 옥천 하동의 大□에서 이군 외 3인의 지원병을 보낸 나의 □□은 오히려 장렬하기 그지없는 것이었지만, 이군은 □한 □같이 둥근 얼굴의 미간에 대화혼의 광채를 보이며 □□하게 우리들의 嗚呼하는 □□의 소리에 □섰던 것입니다. 반도 출생의 황국신민으로서 의무의 절대적임을 □하는 것 □ 감동한 그대로 우리들의 용사 이군은 □에 □□의 □□를

---

108) 朝鮮總督府 內務局 社會科, 「본부 알선노동자 조위금 갹출에 관한 건(11월 2일자)」, 『알선노동자 표창관계철(사회과 노무계)』, 1939, 37~41쪽.(관리번호 CJA0016561)

109) 행정자치부 정부기록보존소, 『日帝文書解題: 理財·司計·商工·輕金屬·燃料·勞務 篇』, 행정자치부, 2002, 275~278쪽.

110) 최병협(1896~1966)은 함경북도 경흥 출신으로 1938년 8월 충청북도 옥천군수로 부임했다. 재직 중 관할 내 조선인 지원병인 이인석이 전사하자 경성일보에 이인석을 찬양하고 미화했다. 또 옥천군수로 재직하면서 중일전쟁과 관련한 군용물자 공출, '여론 환기와 국방 사상 보급, 국내물가 조정과 생산력 확충, 자원개발, 전사·전상병사자의 조위, 군인과 유가족 등의 후원 휘휼, 국채소화와 저축 장려 등 전시 업무를 적극 수행해『지나사변공적조서』에 이름이 올랐다.

하게 되었습니다. 진실로 □□를 수호하는 순충의 思로서 □北의 □에 天□□ □□ □□는 □□하는 이군을 위해 나는 □□ 아무 것도 말하고 싶지 않지만, 이 무인을 낳아 기른 그의 양친이 얼마나 전형적 군인의 □이며 그 가족이야말로 군인가족의 귀감이라는 것을 한 마디 하지 않을 수 없습니다.[111]

위의 기사에서 최병협은 이인석의 유족을 방문한 후 이인석의 전사에 대해 "이인석 군의 눈부신 산화는 엄숙한 행동이라 감격을 금치 못한다."고 전하였다. 이어 그는 이인석이 반도출신의 황국신민으로서의 절대적인 의무를 다한 것에 감동하게 되었다고 했다. 또한 그는 이인석의 유족을 방문한 자리에서 이인석을 기른 부모야말로 전형적인 군인이며, 다른 군인가족의 귀감이라고 극찬하였다.

그러나 이에 대해 이인석과 같은 고향 출신인 柳在赫[112]은 신문기사를 보고 분개하여 최병협에게 다음과 같은 협박문를 보냈다.

민족도 모르고 동포도 모르는 최군수 보라. 이놈, 죽일놈, 네가 현재 군수로서 일본놈들에게 아첨하여 군수의 관직에 있다고 해서 너는 민족도 모르고 동포도 모르는가. 이놈 경성일본 제3면에 기재한 사실을 보라. 이인석을 네가 흉계를 꾸며 죽이기 위해 병대에 보내면 늙은 부모와 처자의 생활을 걱정할 필요가 없다는 구실로 빈궁한 이군을 전장에 보내서 마침내 죽게 해놓고 네가 일본놈에게 잘 보이기 위해 경성일본에 저런 흉악하고 더러운 말을 기재하느냐. 조선청년이 일본인을 위해 전사했는데 네 마음은 어째서 그렇게 기분이 좋은가. 너는 민족도 모르고 동포도 모르는 완전히 무지몽매한 놈이 아닌가. 그래도 이군의 장렬한 군청의 문밖에 나오거나 혹은 어딘가에 출장갈 때 내

---

111) 「그 부모에 그 아들이다. 최 옥천군수, 이군의 유족을 말한다.」, 『경성일보』, 1939년 7월 11일.

112) 유재혁(1911.2.9.~2008.5.27.)은 충북 옥천 출신으로 1925년 옥천공립보통학교를 중퇴하고 동교 및 옥천군청 소사(小使)로 근무한 바 있었다. 1939년 소사일을 그만두고 서울에서 행상일을 하던 그는 옥천군수 최병협(崔秉協)이 투고한 신문기사를 보고 분개하여 최병협에게 이를 질타하는 서한을 보냈다. 이에 일제는 그를 육군 형법을 위반했다며 체포하였다. 이후 유재혁은 경성복심법원에서 금고 1년을 선고받고 1년 5개월의 옥고를 치렀다. 정부는 고인의 공훈을 기려 2007년에 건국훈장 애족장을 추서하였다.(「柳在赫」, 『功勳錄』, 국가기록원, 2007.)

눈에 띄면 언제라도 내 칼로 알고 있거라. 곧바로 군수를 사직해라. 나는 정당한 입장으로 너의 비행을 백일하에 공포하고 나와는 지금부터 원수가 될 것을 알아주길 바란다. 너를 죽이려는 너의 친구는 눈물을 흘리며 쓴다. 너는 이 편지를 받고나서 10일 후에는 관 속의 고인이 될 것이라는 걸 잊지마라.[113]

위의 협박문에서 유재혁은 최병협이 늙은 부모와 처자를 두고 빈궁한 생활형편을 걱정하던 이인석에게 희생을 강요하여 전장에 보낸 점, 일제에게 잘 보이기 위해 『경성일보』에 기사를 실은 점, 조선청년이 일본 때문에 전사했음에도 불구하고 이를 기뻐한 점을 들어 "민족도 모르고 동포도 모르는 자"라고 비판하였다. 그러면서 최병협이 군수를 사직하지 않는다면, "10일 후에는 관 속의 고인이 될 것"이라고 협박하였다.

특히 일제는 유재혁의 협박문에서 이인석의 지원병 지원에 대해 "전장에 강제로 보내 죽게 했다"라고 한 점을 근거로 "육군의 군사에 관해 유언비어를 퍼뜨렸다"는 혐의를 추가하였다. 그리고 최병협에 대한 협박 혐의는 형법 제222조 제1항에, 지원병제도에 관한 유언비어 유포는 육군형법 제99조에 각각 의거하여 판결하였으며, 하나의 행위로 여래 개의 죄명에 저촉하는 경우로 후자의 형에 따라 처벌되었다. 이에 따라 유재혁은 대전지방법원에서 금고 1년형에 처해졌으나 항소하였다. 경성복심법원으로 이관되어 재심이 열렸지만 형기에는 변함없었다.

또한 1940년 2월 10일 철도국에서 근무하던 金文壽는 강원도 춘천군 서면 안보리 자동차 정류소에서 이인석 상등병의 수훈을 칭찬하고 있는 지원병 지원자인 孫範鮮 등에게 다음과 같이 말하였다.

"너도 이번 지원병을 응모한 것은 구장, 면사무소, 주재소 등에서 강제적으로 권해서였을 것이다. 지금은 조선 전체가 그러니 어쩔 수 없다. 일본인 병사는 신의 부적을 가지고 있기 때문에 혹여 전사하지 않을지도 모르지만 지원병

---

113) 「柳在赫」, 『判決文』, 京城覆審法院, 1940년 6월 7일.

은 출정하면 전부 전사한다.…이번에 출정하면 생환은 바라지 마라. 내가 근무하고 있는 철도국에서도 5명이 출정하여 4명이 끝내 전사했기 때문에, 출정한 전부가 전사한 거나 마찬가지다. 당국은 지원병과 그 모집에서도 좋은 부분만 보여주고 또 좋은 일만을 들려주어 안심, 감격시키고 있지만 실제로는 사람이 부족해서 그런 방법으로 지원병을 모집하고 있다. 이인석 상등병에게 金鵄勳章을 준 것도 금후의 지원병 모집에 이용하기 위한 것으로, 이번에도 600명을 모집했다."114)

위의 인용문에서 김문수는 지원병은 출정하면 전부 전사한다고 하며, 자신이 근무하는 철도국에서도 5명이 출정하여 4명이 전사했다고 하였다. 또한 일제는 지원병과 지원병모집에 관해서 좋은 부분만 보여주고 좋은 일만 들려주어 사람들을 안심시키고 있지만, 실상은 사람이 부족해서라고 주장하였던 것이다. 그러면서 이인석에게 金鵄勳章을 준 것도 지원병 모집에 이용하기 위해서라고 비판하였다.115)

이상의 내용을 종합해보면, 당시 조선사회에서는 일제의 이른바 이인석 전쟁영웅화 작업에 대해 다양한 반응이 나타났다. 우선 일제의 정책적 의도에 부합한 조선인 엘리트들은 전쟁영웅으로서 이인석의 이미지를 확산시키는 역할을 했던 것으로 보인다. 그리고 이에 대한 반응으로 대외적인 조문 행렬과 조의금 모금 분위기가 조성되었다. 이와 같이 일제의 선전정책에 대하여 이를 동조하거나 협력했던 조선인들이 있었지만, 일부 조선사회에서는 일제의 의도를 정확하게 간파하고 이에 반발한 사례가 있었다.

114) 『思想彙報』 제23호, 1940년 6월, 68~69쪽.
115) 변은진, 「조선인 군사동원을 통해 본 일제 식민정책의 성격」, 『아세아연구』 46, 아세아문제연구소, 2003, 220쪽.

V. 맺음말

본 논문은 전시체제기 일제가 조선인의 자발적인 전쟁 협력을 이끌어내기 위한 목적으로 실시한 이른바 '전쟁영웅화' 작업에 대해 살펴보았다. 이에 일제가 전쟁영웅을 창출하게 된 배경과 조선인 전쟁영웅의 사례를 정리하였다. 특히 李仁錫의 사례를 중심으로 조선인 전쟁영웅화 과정과 그 선전논리를 분석하고자 하였다. 이 과정에서 전쟁영웅화의 선전논리로 활용된 兵農兩全論을 통해서 일제가 식민지 조선인들에게 강요하고자 했던 병사'象'과 그 논리적 구조를 파악함으로써, 조선인 군인동원을 통한 선전이 황국신민화 정책과 어떻게 연결되는지를 구체적으로 이해해 보고자 하였다. 이와 같은 관점에서 논지를 전개한 본고의 내용을 요약하면 다음과 같다.

첫째, 중일전쟁 이후 일제는 병력동원 문제를 타개하기 위해 조선인을 군인으로 동원하기 위해 1938년 2월 陸軍特別支援兵制度를 공포하였고, 이를 위한 기초작업으로 선전활동과 사상통제에 모든 역량을 집중하였다. 또한 일본의 '軍神'의 사례를 참고하여 조선에서도 '전쟁영웅'을 만들어 군인동원을 위한 선전정책에 활용하였다. 일제는 조선인 전쟁영웅에 대한 동향이나 영웅담을 생산·유포하는 방식을 통해서 조선인의 전쟁에 대한 인식을 바꾸고자 시도하였다.

둘째, 일제가 실시한 전쟁영웅화 작업에 동원된 조선인 출신 군인으로는 李仁錫, 李亨洙, 池麟泰, 崔鳴夏, 金錫源, 印在雄 등이 있다. 이 가운데 李仁錫은 조선인 지원병 최초의 전사자로 일제에 의해 가장 적극적으로 묘사된 전쟁영웅이었다. 일제는 이인석과 관련한 영웅담, 유명인사의 담화문, 전사에 대한 보상, 조의금 및 헌금 사례, 유가족 미담 사례 등을 자주 기사화하였다. 이 과정에서 일제는 그의 생애와 죽음까지도 미화하였으며, 이를 신문, 잡지, 영화, 문예작품 등 여러 매체를 통해 일반에게 선전하였다.

셋째, 이인석 전쟁영웅화 작업에서 활용된 논리로는 施惠論과 報恩論, 內

鮮一體論, 그리고 兵農兩全論 등이 있다. 이 중 兵農兩全論은 1930년대 일본 정계에서 군부의 국방비 예산 증편을 견제하기 위한 정치적 구호로 대두되었다. 이후 일본이 급속하게 군국화되어가는 과정 속에서 이를 정당화하고 뒷받침하는 논리로 재정립되었다. 뿐만 아니라 식민지 농촌 청년들로 하여금 전시체제에 순응시켜 전쟁에 동원하기 위한 논리로도 활용되었음 확인할 수 있다.

마지막으로, 이러한 전쟁영웅화 작업에 대해 당시 조선사회에서는 순응·협력·저항 등 다양한 양상이 나타났다. 우선 조선인 엘리트 중에는 일제의 선전의도에 부합하여 이인석이 갖는 전쟁영웅으로써의 이미지를 재생산하는 데 협력한 사례가 있다. 이들은 다양한 문예작품을 통해서 전쟁영웅을 선전해 조선사회로 확산시키는 데 일조하는 한편, 황국신민화를 위한 선전소재로 이인석을 적극 활용하였다. 또한 일본과 만주를 비롯한 조선 각지에서 일어난 이인석에게 대한 조문 및 조의금의 사례가 있다. 특히 총독부는 조선사회의 조의금 및 헌금 사례를 하나의 홍보수단으로 활용함으로써 이인석을 전쟁에 재차 활용하였음을 알 수 있다.

한편 일제의 정책적 의도를 간파하고, 이에 반발하고 저항한 조선인이 있었다. 이들은 일제가 날조·미화하여 창출한 이인석이라는 전쟁영웅의 실상을 비판하였다는 점에서 의미가 있을 것이다. 이와 더불어 이인석에 대한 일제의 전쟁영웅화 작업이 조작되었다는 사실은 해방 후 유가족들의 증언 등을 통해서 밝혀지기도 했다. 실제로 1997년 방영된 MBC스페셜「반도의 영예 이인석 편」에서 이인석의 아내인 유서분은 인터뷰에서 자신은 "일자무식이다", "글을 모른다"라고 하였다.116) 이를 통해서 볼 때, 이인석 사후 유서분의 이름으로 작성된 전기문이나 편지의 내용들은 모두 일제에 의해 조작된 것임을 짐작할 수 있다.

이상에서와 같이 전시체제기 일제는 이인석을 지원병이라는 이름하에

---

116) 「반도의 영예 이인석 편」, 『MBC 스페셜』, 1997년 8월 14일 방영분.

전쟁에 동원하였으며, 전사 후 그의 생애와 죽음까지도 미화·조작하여 전쟁을 선전하는 데 또다시 전쟁에 동원하였다. 또한 '兵農兩全論'이라는 담론을 군인동원의 선전논리로 결부시킴으로써 '모범적인' 국민과 '영웅적인' 병사로서 대변되는 바람직한 조선인의 모습을 일반에게 강요하였다. 요컨대 일제는 이인석을 통해서 전방에서 병력을 동원하고, 후방에서 치안을 유지시키기 위한 '戰爭總動員'이라는 측면과 함께 조선인에게 皇國臣民이라는 자각을 강요하기 위한 수단으로 활용한 일제의 치밀한 의도를 확인할 수가 있다.

▨ 참고문헌

1. 신문 및 잡지

『每日申報』,『東亞日報』,『朝鮮日報』,『京城日報』,『朝鮮』,

『女性』,『三千里』,『新時代』,『總動員』,『映畫年鑑』,『思想彙報』

2. 자료

「柳在赫」,『判決文』, 京城覆審法院, 1940.6.7.

「柳在赫」,『功勳錄』, 국가기록원, 2007.

嶋田俊雄,『現代政黨論』, 東京講演會出版部, 1935.

_____,『兵農両全主義の真意義』, 安久社, 1936.

劍聖会,『大日本帝国勲章記章誌』, 崇文堂, 1937.

小笠原長生,『富民』9-4, 富民協会·富民社, 1937.

伊東岩男,『戰爭と銃後對策』, 高揚書員, 1939.

陸軍省,「告別式に弔電供与の件」, 1939.

臺灣農會,『臺灣農會報』3-7, 1941.

軍人会館出版部,『陸海軍軍事年鑑. 昭和15年』, 1941.

秦賢助,『祖國の旗の下に -李仁錫 上等兵-』, 高山書院刊, 1941.

朴永朗,『李仁錫 上等兵』, 大同出版社, 1942.

朝日新聞社,『軍神加藤少將正傳』, 朝日新聞社, 1943.

朝鮮總督府 內務局 社會科,『알선노동자 표창관계철(사회과 노무계)』, 1939.

朝鮮總督府 內務局 情報課,『前進する朝鮮』, 朝鮮單式印刷株式會社, 1942.

친일반민족행위진상규명위원회,『친일반민족행위관계사료집 X -일략침략전쟁 및 식
    민통치에 대한 협력 논리(1937~1945)-』, 2009.

_____,『친일반민족행위관계사료집 X V -일제강점기 문예
    계의 친일협력-』, 2009.

_____,『친일반민족행위관계사료집 X Ⅵ-문예작품을 통해
    본 친일협력-』, 2009.

친일인명사전편찬위원회,『친일인명사전』, 민족문제연구소, 2010.

3. 단행본

최유리,『일제 말기 식민지 지배정책 연구』, 국학자료원, 1997.

행정자치부 정부기록보존소,『日帝文書解題: 理財·司計·商工·輕金屬·燃料·勞務 篇』, 행정자치부, 2002.

김려실,『투사하는 제국 투영하는 식민지』, 삼인, 2006.

정혜경,『조선 청년이여 황국 신민이 되어라』, 서해문집, 2010.

이재현,『컨버전스와 다중 미디어 이용』, 서울대학교 언론정보연구소, 커뮤니케이션북스, 2011.

길윤형,『나는 조선인 가미카제다』, 서해문집, 2012.

공임순,『식민지 시기 야담의 오락성과 프로파간다』, 앨피, 2013.

정 형,『일본의 전쟁영웅 내러티브 연구』, 단국대학교 일본연구소, 2013.

동양학연구원,『근대 일본의 전쟁과 전쟁영웅 연구』,「동양학연구학술총서」8, 단국대학교출판부, 2014.

조선헌병대사령부,『만주사변과 식민지 조선의 전쟁동원 I : 조선인 독행미담집 제1집』, 역락, 2016.

다카시 후지타니,『총력전 제국의 인종주의』, 푸른역사, 2019.

4. 논문

김영희,「국민정신총동원운동의 전개 형태와 그 침투」,『한국근현사연구』22, 한국근현대사학회, 2002.

변은진,「조선인 군사동원을 통해 본 일제 식민정책의 성격」,『아세아연구』46, 아세아문제연구소, 2003.

이준식,「일제 파시즘기 선전 영화와 전쟁동원 이데올로기」,『동방학지』24, 국학연구원, 2004.

박수현,「전시파시즘기(1937~1945) 조선 지식인의 체제협력 양상과 논리」,『한국민족운동사연구』46, 한국민족운동사학회, 2006.

정창석,「일본 군국주의 파시즘-그 식민지에 적용-」,『일본문화학보』34, 한국일본문화학회, 2007.

표영수,「일제강점기 조선인 지원병제도 연구」, 숭실대학교 대학원 사학과 박사학위 논문, 2008.

김명구,「중일전쟁기 조선에서 '내선일체론'의 수용과 논리」,『한국사학보』33, 한국사학회, 2008.

공임순, 「전쟁 미담과 용사-제국 일본의 동일화 전략과 잔혹의 물리적 표지들」,『상허학보』 30, 상허학회, 2010.

박수현, 「일제말 파시즘기(1937~1945)『매일신보』의 대중선동 양상과 논리: 지원병·징병제도를 중심으로」,『한국민족문제연구』 69, 2011.

이형식, 「태평양전쟁시기 제국일본의 군신만들기-『매일신보』의 조선인 특공대 보도를 중심으로-」,『일본학연구』 37, 단국대학교 일본연구소, 2012.

조 건, 「전시 총동원체제기 조선 주둔 일본군의 조선인 통제와 동원」, 동국대학교 대학원사학과 박사학위 논문, 동국대학교, 2015.

_____, 「일제 말기 조선 주둔 일본군의 '전쟁미담' 생산과 군인 동원」,『한일민족문제연구』 31, 한일민족문제연구소, 2016.

서강식, 「일제강점기 수신교과서의 도덕적 모범인물 창출에 관한 연구-니노미야 긴지로를중심으로-」,『초등도덕교육』 52, 한국초등도덕교육학회, 2016.

박영산, 「일제강점기 조선어 나니와부시(浪花節)에 대한 고찰」,『동아시아문화연구』 69, 한양대학교 동아시아문화연구소, 2017.

정안기, 「이인석의 전사와 '죽음의 정치성'」,『일본문화학보』 76, 한국일본문화학회, 2018.

조선과 만주국 國境邊緣地帶에서의 항일투쟁과 일제 식민당국의 대응

조선의 신문보도 내용을 중심으로*

윤휘탁(한경대학교)

I. 서론

압록강과 두만강은 1962년 체결된 「朝中邊界條約」에 근거해 북한과 중국이 공동으로 소유·관리·이용하고 있다.[1] 그리고 북한과 중국을 가르는 압록강과 두만강에는 북·중 국경선으로서의 중간선 개념이 존재하지 않으며, 두 강 자체가 북·중의 국경(중국에서는 이를 '界河'라 지칭함)을 형성하고 있다. 이처럼 압록강과 두만강에서 북·중의 국경선이 존재하지 않게 된 배경을 보면, 일본이 괴뢰 만주국을 수립한 초·중기 '일본제국'의 범주에 속하게 된 식민지 조선과 만주국(이하에서는 鮮·滿이라 약칭함)에서는 확

---

* 윤휘탁, 「조선과 만주국 國境邊緣地帶에서의 항일투쟁과 일제 식민당국의 대응 - 조선의 신문보도 내용을 중심으로」, 『동북아역사논총』 67권, 2020의 일부를 수정한 것임.
[1] 이에 관해서는 윤휘탁, 「중국과 북한의 국경관리실태: 1950~1960년대를 중심으로」(『중국사연구』 제110집, 2017.10) 참조 요망.

고한 경계(국경)의식이 없었고 양국 사이의 긴장감도 거의 없었다. 이처럼 식민지 조선과 만주국에서 경계(국경)관념이 희박하다보니 양국 사이의 국경선 획정의 절박성도 크지 않았다. 게다가 압록강-백두산-두만강으로 이어지는 '변연지대(邊緣地帶)'에서는 교류·교역·통관 등에 관한 법률·제도나 그것들을 실행할 수 있는 행정·경찰·세관·치안 등의 통치기구 등이 완비되지 못했고 경계 양쪽 국민국가(즉 식민지 조선과 만주국)의 관할권도 명확하게 정해지지 않았기 때문에, 즉 식민지 조선과 만주국의 국민국가로서의 주권이 확고하게 미치지 못하고 있었기 때문에, 명확한 국경 획정과 교류·교역에 대한 절차·통제·단속 등의 문제가 애매모호하게 방치되어 있었다. 그 결과 鮮·滿의 국경변연지대에는 강을 마주한 채 '경계가 모호한 초경계(국경)적인 생활공동체'가 형성되어 있었다.

게다가 만주국 수립 초기에는 소련과의 접경지역인 黑龍江(아무르강) 유역 및 우수리강(烏蘇里江) 유역을 비롯해서 몽골과 접경을 이룬 서북부의 내몽고 지역에서는 국경분쟁이 속출하고 있었다. 만리장성과 山海關 쪽의 중화민국 접경지역에서도 중국인들의 대규모 유동과 항일무장투쟁에 따른 치안·경제문제들이 빈발하고 있었다. 이러한 상황으로 인해 상대적으로 경계(국경) 관념이나 국가적 귀속의식이 희박하고 긴장감이 떨어졌던 선·만의 국경변연지대는 만주국 당국의 일차적인 관심대상에서 벗어나 있었다. 이러한 지정학적 특성으로 인해 선·만의 국경변연지대에는 치안력이 상대적으로 미치지 못했고 치안 체계도 제대로 갖추어지지 못했다. 그로 인해 일본의 괴뢰 만주국 건국에 반대하며 항일투쟁을 전개했던 反滿抗日勢力에게 선·만의 국경변연지대는 항일투쟁을 하는 데 상대적으로 유리한 지정학적 장점을 지니고 있었다. 그 때문에 선·만의 국경변연지대에서는 항일무장투쟁이 다른 지역에서보다 상대적으로 활발하게 전개되고 있었다.

그런데 근대 국민국가적 영향으로 인해 대다수의 학자들 역시 一國史的인 '국민국가 관점'에서 단일한 국경선 내부의 특정지역이나 一國만을 다루다보니, 복수의 국가들이 국경을 맞대고 상호 유동하거나 영향을 미치던 압록강-백두산-두만강의 선·만 국경변연지대에 대해서는 별 다른 주목을 하지 않고 있다. 그 때문에 선·만의 국경변연지대에 대한 연구는 별로 없다. 다만 19세기 말부터 20세기 전반기까지 한반도 북부의 국경선 설정에 관한 朝·淸 勘界협상, 러일전쟁 전후의 변경문제,「간도협약」체결과정과 문제점 등에 관해서는 연구성과들이 있다.[2] 다만 압록강-두만강 변연지대를 다룬 선행연구로는 1962년 체결된「朝中邊界條約」이나 북·중 국경관리 실태를 다룬 글[3]과, 중국의 두만강을 통한 東海出海 문제와 전략을 다룬 글[4] 등이 눈에 띈다. 이밖에 선·만 국경변연지대 전반을 다루기보다는 압록강에 위치한 특정 도시, 즉 安東(지금의 丹東)이나 新義州의 개항과 도시 형성 사이의 상관성, 도시계획과 건설, 교통망 구축과 도시발전의 상관성, 조선인의 이주, 木材業·蠶絲業 등의 산업실태, 華工문제, 일본자본의 성격, 일본 영사관경찰서의 설치·운영, 압록강-백두산 변연지대 거주민들의 아편재배와 馬賊[5](혹은 항일무장세력)의 관계 등에 관한 연구들도 있다. 그리고 두만강 변연지대와 관련해서는 1910~1930년대 초 會寧지방의 越境과 생활실태를 다룬 글이 있다.[6]

---

[2] 대표적인 것으로 김형종,『1880년대 조선-청 공동감계와 국경회담의 연구』(서울대학교출판문화원, 2018); 배성준,「한중의 간도문제 인식과 갈등구조」(『東洋學』제43집, 2008); 이은자,「한중간 영토 분쟁에 대한 비판적 검토」(『아시아문화연구』제14집, 2008); 조윤경,「동북공정논쟁 이후의 한중 양국의 인식차이에 대한 비교연구」(『중국학』제31집, 2008) 등이 있다.

[3] 이장희,「통일후 조중국경조약의 국가승계문제」,『白山學報』제91집(2011); 송병진,「북중국경조약과 해양경계획정협정의 승계 문제」,『외법논집』제38권 제4호(2014); 윤휘탁,「중국과 북한의 국경관리실태: 1950~1960년대를 중심으로」,『中國史硏究』제110집(2017.10).

[4] 윤휘탁,「中國의 吉林省 東部邊疆 및 두만강 出海認識과 戰略」,『中國史硏究』제113집(2018.4), 304쪽.

[5] 민간사회에서는 약탈자들을 '마적'이라고 지칭했지만, 만주국의 일본 식민당국에서는 그들을 '匪賊'이라고 지칭하면서 크게 '土匪'와 '政治匪'로 구분했다. 이때 토비는 재물의 약탈을 주요목적으로 삼은 세력을 의미했고, 정치비는 중국국민당 張學良軍 계통의 反吉林軍, 馬占山軍 계통을 주축으로 한 '反滿抗日匪'와 중국공산당의 지도를 받던 '共匪'로 세분되었다.[滿州國史編纂刊行會 編,『滿洲國史』(各論)(東京: 滿蒙同胞援護會, 1971), 304쪽] 그리고 일본 식민당국에서는 항일무장세력을 모두 '마적' 혹은 '비적'이라고 지칭하면서 노략질을 일삼는 도둑 집단과 동일시하면서 비하하고 있었다.

[6] 손승회,「근대 한중관계사상의 교통로와 거점: 만철과 안동을 중심으로」,『한중관계사상의

따라서 이 글에서는 선행연구들의 한계를 염두에 두면서 식민지 시기 조선에서 간행된 신문들[7]을 중심으로 식민지 조선과 만주국을 가르게 된 압록강-백두산-두만강 변연지대에서의 항일투쟁의 추이와 실태, 이에 대응한

교통로와 거점』(동북아역사재단, 2011); 이은자, 「중일전쟁 이전 시기 중국의 국경도시 安東의 이주민-교류와 갈등의 이중주」, 『중국근현대사연구』 제62집(2014.6); 김지환, 「安奉鐵道 부설과 중국동북지역 신유통망의 형성」, 『中國史研究』 제87집(2013); 김주용, 「만주지역 도시화와 한인이주 실태 - 봉천과 안동을 중심으로-」, 『한국사학보』 제35집(2009); 김태현, 「신의주·安東'간 密輸出 성격과 조선총독부 團束의 양면성(1929-1932)」(고려대 한국사학과 석사학위논문, 2017); 이은자·오미일, 「1920~1930년대 국경도시 신의주의 華工과 사회적 공간」, 『史叢』 제79집(高麗大學校 歷史硏究所, 2013); 권경선, 「근대 해항도시 안동의 산업구조」, 『해양도시문화교섭학』 제16집(2017.4); 오병한, 「滿洲事變 이전 중국 安東에서 일본의 領事館警察署 설치와 운영」, 『한국민족운동사연구』 제100집(2019.9); 오미일, 「간도의 통로, 근대 會寧지방의 월경과 생활세계」, 『역사와 세계』 제51집(2017.6); 魏琳娜, 「自開商埠與丹東城市近代化研究(1903—1931)」(東北師範大學 碩士學位論文, 2007); 李蕾萌, 「近代丹東城市規劃的歷史研究與啓示」(大連理工大學 석사학위논문, 2010); 賈小壯, 「開埠通商與安東小商埠城市社會變遷硏究(1906-1931)」(吉林大學 博士學位論文, 2015); 江沛·程斯宇, 「安奉鐵路與近代安東城市興起(1904—1931)」, 『社會科學輯刊』 2014년 제5기; 姜麗, 「鴨綠江流域森林資源與安東縣木材中心市場的形成(1876—1928)」(東北師範大學 碩士學位論文, 2007); 張玉淸, 「論刊東絲綢在東方絲路交往中的歷史地位和作用」(延邊大學 碩士學位論文, 2010); 羅越, 「近代安東地區蠶絲産業研究」(東北師範大學 碩士學位論文, 2011); 張志勇, 「安東港的興盛及其原因探析」(遼寧大學 석사학위논문, 2014); 綦鋒, 「近代安東海關研究(1907-1932)」(遼寧大學 석사학위논문, 2014); 葉宗恩, 「安東鐵路附屬地發展槪述」, 『檔案春秋』 2017년 제3기; 塚瀨進, 「日中合弁鴨綠江採木公司の分析-中國東北地域における日本資本による林業支配の特質」, 『アジア経済』 제31권 제10호(1990.10); 菅野直樹, 「鴨綠江採木公司と日本の満洲進出--森林資源をめぐる対外関係の変遷」, 『國史學』 제172호(2000.8); 永井リサ, 「日本帝國主義下における辺境開発: 安東の柞蠶製糸業を例として」, 『史學雜誌』 제108권 제12호(1999); 박강, 「1930년대 만주지역의 아편재배와 한인, 그리고 匪賊」, 『한국민족운동사연구』 제92집(2017.9).

7) 자료활용 문제와 관련해 만주국의 언론보도 상황을 간략히 설명하면, 만주국에서 발행된 신문들에서는 自國內의 치안상황에 관한 언론기사에 대해서는 엄격한 검열을 실시하고 있었다. 그 때문에 만주국의 언론기관에서는 당시에 가장 민감한 관심사였던 소련이나 몽골 접경지대에서의 滿·蘇·蒙 간 갈등·대립·무력충돌 상황을 비롯해 鮮·滿 국경변연지대에서의 항일무장투쟁 소식(치안상황)이나 그에 따른 정치사회적 현상들에 대해서는 상세하게 보도할 수가 없었다. 반면에 鮮·滿 국경변연지대의 항일투쟁활동이 대부분 만주국 영내에서 벌어지고 있었던 관계로 치안 관계상 상대적으로 여유가 있었던 식민지 조선에서는 각종 신문들이 鮮·滿 국경변연지대, 주로 압록강과 두만강 對岸의 만주국 영내에서 벌어지고 있던 치안상황이나 그에 수반된 다양한 정치사회적 현상들에 많은 관심을 가지고 비교적 상세하게 치안 관련 상황들을 보도하고 있었다. 따라서 이 글에서는 만주국 시기 鮮·滿 국경변연지대에서 일어난 다양한 치안상황이나 정치사회적 현상들을 파악하기 위해, 상대적으로 접근이 용이한, 식민지 조선에서 발간된 『每日申報』, 『朝鮮中央日報』, 『朝鮮新聞』, 『東亞日報』 등의 보도내용을 주로 분석했다. 참고로 『매일신보』는 조선총독부 기관지로 발행되던 한국어 신문이었고, 『조선중앙일보』는 呂運亨이 『중앙일보』의 제호를 바꾸어 1933년 3월에 발행하다가 1937년 11월에 조선총독부의 탄압 속에 폐간되었다. 『조선신문』은 1908년부터 1942년까지 일본인이 발행한 신문으로서 당시 『경성일보』, 『부산일보』와 더불어 조선에서 발행되던 3대 일본어 신문이었다.

선·만 식민당국의 국경단속과 치안확보를 위한 상호협력실태 등을 밝히려
고 한다.

II. 鮮·滿 국경변연지대에서의 항일투쟁과 그 추이

1931년 9월 만주사변을 통해 만주를 점령한 일본은 1932년 3월 괴뢰 만주
국을 세웠다. 만주국의 국가수립 과정이 내부 구성원 및 국제사회의 지지
속에 합법적으로 이루어진 것이 아니었기 때문에, 만주국 내 구성원들, 특
히 중국인들의 저항이 격심했고 국제사회의 여론 역시 우호적이지 않았다.
그 결과 이제 갓 출범한 만주국의 최대현안은 저항세력을 제압하고 신생
국가의 질서와 치안을 확립하는 것이었다.

그런데 만주국의 출현을 계기로 일본세력이 소련의 연해주 국경변연지
대까지 세력을 뻗치게 되자, 소련의 각 신문들에서는 우수리강 국경변연지
대에 대한 안보태세의 필요성을 강조하는 동시에, 만주사변 이전까지 소련
의 기득권 지역이었던 北滿洲에 대한 일본의 침략적 태도를 맹렬히 비난하
고 있었다. 소련정부에서도 연해주 국경변연지대에 군대를 집결시켜 국방
력을 강화시키고 있었다.[8] 갓 출범한 만주국에서도 국경경비 차원에서 국
경감시경찰대를 조직하고 보병 수백 명과 綏芬河파견대 소속 騎兵 수백 명
을 동부 국경지역으로 파견했다.[9] 이로 인해 滿·蘇 국경변연지대에는 긴
장감이 고조되었다.

---

8) 「滿洲國境へ軍隊の集結, ロシア當局認む」, 『朝鮮新聞』 1932년 4월 20일, 1면. "소련 군사 당
국의 만주국을 포위한 군사 시설은 다가올 결빙기를 목전에 두고 국경 赤衛軍은 거의 총
동원의 감이 있는 바, 소련 측이 가장 방비에 주력하는 부라코에스첸스크를 중심으로 黑
龍江岸 20리의 武裝地帶는 철조망을 친 모양이다. 확실한 정보에 의하면 同地帶에는 벌써
보루 2개 이상, 엄폐호 70개 이상이 만들어진 것 이외에, 1哩 당 3개소 정도의 機關銃坐가
설치되어 있다. 소련 군사 당국의 極東戰備는 날로 충실해지고 있다."[「蘇聯軍事當局에서 極
東戰備益擴充: 滿洲國境包圍의 施設急進行 赤衛軍總動員狀態」, 『朝鮮中央日報』 1933년 10월
24일, 1면]
9) 「滿洲國境警備充實完備 派遣部隊各히 出發」, 『每日申報』 1932년 5월 10일, 1면.

그렇다면 '일본제국'의 식민통치 권역에 속했던 식민지 조선과 만주국의 국경변연지대 상황은 어떠했을까? 당시 일본제국 내에서 식민지 조선과 만주국의 관계는 '鮮滿一如'로 인식되고 있었기 때문에, 선·만 국경변연지대는 별개 국가 간의 국경이라기보다는 일본제국 내 양 지역 식민당국의 관할권역을 가르는 경계지대 정도로 인식되고 있었다. 그 때문에 선·만 사이에는 명확한 국경선조차 획정되지 않았을 뿐만 아니라 滿·蘇 국경변연지대처럼 심각한 긴장감도 감돌지 않았고 만주국 당국의 관심을 끌지도 못했다. 게다가 압록강-백두산-두만강 변연지대에는 선·만 당사국들의 관할범위나 단속·책임소재도 모호했고 만주국 식민당국의 통제나 토벌활동도 느슨했다. 그 때문에 선·만 국경변연지대에 대한 만주국의 치안활동은 내륙지방에 비해 엄격하지가 않았다.[10] 게다가 식민지 조선과 만주국의 국경변연지대에는 백두산을 중심으로 산악지대가 광범위하게 분포되어 있어서 항일유격대들의 은신처나 항일근거지로서 적합한 자연 지리적 환경을 갖추고 있었다. 이로 인해 압록강-백두산-두만강으로 이어지는 선·만 국경변연지대에서는 아래의 통계가 보여주듯이 항일세력의 활동이 매우 활발했다.

즉 만주국 수립 직후인 1932년 일본 정보계통의 조사통계에 의하면, 항일유격대원의 수는 약 9만 1,500여 명에 달했고, 만주국의 압록강 변연지대에서는 습격 횟수가 3,802회, 항일유격대 연인원수가 48만 3,467명이었고, 피살자가 347명, 인질납치가 875명, 방화가 489건, 총기탈취가 1,440정, 탄약탈취가 1만 3,313발, 전신줄 절단 길이가 45間, 열차방해가 8건, 금품강탈 액수가 37만 2,214원에 달했다. 만주국의 두만강 변연지대에서는 來襲 횟수가 1,953회, 항일유격대원 연인원수가 10만 7,203명, 피살자가 379명, 부상자가 2백여 명, 인질납치가 2,774명, 방화가 75건, 총기탈취가 604정, 탄약탈취가 1만 3,874발, 전선줄 절단 길이가 14間, 금품강탈 액수가 18만여 원에 달했다. 그리고 교통이 불편한 間島지방보다도 경계망이 더욱 엄중한 압록강 對

---

10) 「平安北道, 結氷を前に國境各署の緊張 滿洲國中央文化に追はれ馬賊は江岸東邊道に集中, 今年の警備は困難」, 『朝鮮新聞』 1933년 10월 26일, 4면.

岸의 만주국 지역에서 내습 인원이 더 많았고 그 피해도 더욱 심했다.[11]

또한 1933년 조사통계에서는 만주국 쪽의 압록강-두만강 변연지대에서 습격활동을 벌인 항일유격대원 연인원수는 59만 670명이었고 그 횟수는 3,754회에 달했다. 이 과정에서 경찰관이나 주민 등 326명이 살해되었고 3백여 명이 부상을 입었으며, 3,649명이 인질로 납치되었다. 방화건수는 564회였고 금품 강탈 액수는 55만 2,214원에 달했다. 그리고 총기 2,044정과 탄약 2만 6,187발이 강탈당했다. 그래서 당시 일본 식민당국의 언론에서는 "만주사변 이후 日滿 官憲이 각처에서 항일세력에 대한 토벌과 치안유지에 노력하고 있지만, 치안확보 문제는 요원한 것 같다."고 하여, 당시의 치안상황에 대해 비관적으로 보도하고 있었다.[12]

게다가 항일세력으로부터 피해를 입은 지역은 만주국 쪽의 압록강-두만강 변연지대에만 국한된 것이 아니라, 조선의 북부의 압록강-백두산-두만강 변연지대에 위치한 지방에도 해당되었다. 즉 조선의 평안북도, 함경남도, 함경북도의 국경변연지대에서 大正 9년(1920년)부터 1935년 8월말까지 16년간 항일세력으로부터 입은 피해상황을 살펴보면, 평안북도가 367건, 함경남도가 370건, 함경북도가 684건이었고 여기에 관여한 항일유격대원의 총 인원수는 1만 9,122명에 달했다. 그리고 이 3개 道에서 살해된 조선인 수는 251명이었고 방화는 331건이었으며, 습격당한 경찰서와 주재소가 58개소였다. 또한 검거된 항일 유격대원 수는 6,657명이었으며, 항일유격대와의 충돌건수는 983건이었고 사살된 비적 수는 1,069명에 달했다.[13] 즉 압록강과 두만강 변연지대에서는 만주국 쪽이든 조선 쪽이든 모두 항일투쟁활동으로부터 자유롭지 못했던 셈이다.

---

11) 「鴨綠江對岸地方에 反滿軍 出沒頻頻 出沒한 回數 實로 四千八百回 그 延人員 四十八萬三千六百餘名 豆滿江對岸보다 尤甚」, 『朝鮮中央日報』 1933년 9월 11일, 2면.
12) 「三千七百餘回에 五十九萬名襲來 殺傷九百人, 質拉去三千餘 國境對岸의 情勢」, 『朝鮮中央日報』 1933년 9월 11일, 2면.
13) 「國境線一帶匪賊被害 一年平均近三百件 滿洲事變以後에 再次로 激增: 過去十六年間統計」, 『每日申報』 1935년 11월 21일, 7면.

〈사료 1〉 "1934년 8월 9일 오전 8시 寬甸縣 石柱子村 夾皮溝 江岸 부락에 匪首 天龍이 이끄는 10여 명이 출현하여 滿人 崔康淳의 高瀬船 9척을 습격하여 현금 10원, 밀가루 8부대, 의류, 잡화품 다수를 약탈하고 船夫 方恒生 외 2명을 납치해 도주했다. 동일 오후 3시 15분 輯安縣 三道溝 輯私分卡에 10여 명이 來襲하여 護岸工事를 監督 중인 滿人 李長高를 납치해갔다."[14]

〈사료 2〉 "압록강 對岸(만주국 쪽)의 匪賊은 작년(1932년) 겨울부터 진행된 討伐工作에 의해 현저하게 약화되었는데, 지금도 3만여 명이 분산해서 여전히 살육과 약탈을 감행해서 이주한 조선 농민들을 압박하고 있다."[15]

〈사료 3〉 "咸南 對岸 八道溝 新房子에 있던 만주국 경찰 중대장 楊海亭씨는 정보에 따라 21일 적의 습격에 대비하기 위해 신방자 西方 高地로 부대를 이동시켰는데, 오후 2시 반경 우세한 兵匪와 충돌하여 약 2시간에 걸쳐 격전을 치렀는데, 병비는 시체 30여 구와 기타를 버리고 七道溝 奧地로 도주하였다."[16]

〈사료 4〉 "警務局 着電에 의하면 平北 慈城郡 상구배駐在所 對岸 輯安縣 三道溝에는 지난 11일 反滿軍이 冬服 5백여 벌과 기타 식량 다수를 청구하는 협박장을 同地 총무회장에게도 보내어 왓슴으로…87명이 상구배주재소에 몰려와서 피난을 하고 잇서 慈城署에서는 警戒員을 파견하야 경계 중에 잇다 한다."[17]

　　당시 선·만 국경변연지대에서 활약하던 항일세력의 구체적인 항일투쟁 양상을 비롯해 그로 인한 선·만 국경변연지대의 치안상황이 어떠했는지는 일본 정보당국의 통계수치를 비롯해 〈사료 1〉, 〈사료 2〉, 〈사료 3〉, 〈사료 4〉의 사례들을 통해서도 짐작할 수 있다. 즉 치안이 확립되지 못한 만주국 건국 초기에 항일무장세력은 討伐압박이 상대적으로 약했던 선·만 국경변연

14)「國境第一線に馬匪賊蠢き 鴨綠江で航行を威脅」,『朝鮮新聞』1934년 8월 13일, 7면.
15)「結氷後の國境警備方針 滿洲國側と共同作戰 徹底的に封鎖する」,『朝鮮新聞』1932년 9월 14일, 4면.
16)「滿洲國警察隊勇敢に活躍」,『朝鮮新聞』1932년 12월 23일.
17)「國境慈城對岸에 五百反滿軍襲來: 住民에게 冬服과 食糧其他强要 滿洲人避難者多數」,『朝鮮中央日報』1934년 11월 15일, 2면.

지대인 압록강과 두만강 유역을 流動하면서 활발하게 항일투쟁을 벌이고 있었던 것이다.

특히 樹木과 高粱(수수), 옥수수 등이 무성한 綠陰期가 되면 은신이 용이했기 때문에 만주국 쪽 압록강 변연지대에서는 항일유격대들이 더욱더 암약하고 있었다. 가령 1934년 6월 遼寧救國軍(후에 遼寧民衆自衛軍으로 개칭)의 지도자 왕펑거(王鳳閣)[18]가 이끈 5백여 명의 항일 유격대는 압록강의 선박들을 습격하고 조선 내로 침입하기 위해 江岸을 따라 남하하면서[19] 압록강 변연지대의 치안질서를 교란하고 이 지역사회를 긴장시키기도 했다. 때로는 만주국의 일부 경찰들이 항일유격대에 가담하거나 그들을 돕는 일도 빈번했다.[20]

〈사료 5〉 "長白縣에는 이주 동포들이 서로 아편을 경작하려고 3일 동안에 백여 명이 지원하엿다고 하는데, 해마다 국경일대에는 아편 때문에 쟁탈이 많다고 하며, 아편을 빼아스려고 마적이 횡행하면 동포의 안위가 자못 염려된다 한다."[21]

〈사료 6〉 "백두산 밑 깊은 숲속에 소굴을 정하고 수백 수천 명이 웅거하여 인간을 인질로 잡어다 돈을 털어먹는 악착한 직업을 가진 마적단! 그들은 여름이면 산중으로부터 들로 나와 살인, 방화를 마음대로 하거니와 지난 23일에는 長白縣 일대 各 道溝 각 촌락에는 牌頭區長에게 격문이 왔다는데 그 내용인 즉

---

18) 상세한 내용은 윤휘탁, 『日帝下 滿洲國 硏究: 抗日武裝鬪爭과 治安肅正工作』(서울: 일조각, 1996), 24, 59, 80, 94, 105, 128, 136, 138쪽 참조. 만주국의 압록강 변연지대를 일컬었던 東邊道에는 大刀會가 산재하고 있었는데, 이들은 마적이나 군벌의 착취로부터 자신들의 농촌을 방위하고 있었다. 그런데 장쉐량(張學良)은 이들을 회유하는 데에 성공하여 대도회의 總法師 왕펑거(王鳳閣)를 탕쥐우(唐聚五)가 이끌던「遼寧民衆自衛軍」의 副司令에 임명했다. 왕펑거는 체포된 1937년 3월까지 '東邊道의 王者'로 군림하면서 反滿抗日鬪爭의 중심 세력이 되었다. 이들 대도회는 장쉐량 군대의 영향 하에 있었다.[滿洲國軍刊行委員會 編, 『滿洲國軍』(東京: 蘭星會, 1970), 261쪽]

19) 「靑葉をくぐる反滿匪 暗躍物凄い對岸國境 滿洲國は大討伐を敢行」, 『朝鮮新聞』 1934년 6월 21일, 7면.

20) 「現職滿洲國警官이 匪賊襲來를 援助 負傷한 警士는 楚山醫院에 內通者는 匪賊과 合勢逃走」, 『每日申報』 1935년 9월 10일, 5면.

21) 「長白縣阿片許可 耕作志願數百名」, 『東亞日報』 1933년 4월 9일.

"이동리에서 阿片 2천량을 바치라. 만일 바치지 않는 데는 너의들 동리는 불을 노코 전부 총살할 터이다." 이러케 무서운 격문이 오고 보니 동포들이 심은 아편도 그 3분의 1은 마적의 손으로 들어가고야 말 것이라 한다. 동포들은 아편 豫賣한 것을 주어야 하고 마적단에 주어야하니 과연 무엇으로 살어갈 것인가고. 一半은 우수에 싸혓다고 한다더구나. 장백 全縣을 통하여 수만원 어치의 아편이 마적단에 들어가야 할 형편이라 하니 실로 피해는 막대하다고 한다. 官房子 崔區長談: 이 마적단 사건에 관방자 최구장을 만나무르니 "우리동리에 는 2천양을 바치라는 글이 왓습니다. 그래서 현공서(縣公署)에다 사정을 말하 고 관병을 파견해 달라고 햇드니 보내지 못하겟다고 합니다. 그러니 어찌합니 까? 안주자니 그곳에서 살 수 없고--우리 동리에서는 "이회"를 열고 매호에 얼마씩 배당하야 주기로 작정햇습니다." 운운"[22]

〈사료 7〉 "咸南 警察部 着電에 의하면 長白縣과 臨江縣 내의 밀림지대에 근거 를 둔 文明軍馬順연합 마적 등은 현지 각처를 유동하며 만주인 부락은 물론 이주 조선인 촌락도 시시로 습격하야 식량 금품 아편 등을 강탈하는 동시에 拉去 사건도 종종 잇엇고, 더욱이 방금 아편취채긔를 당하야 在住 조선농민들 은 전전긍긍한 상태에 잇다고 한다."[23]

〈사료 8〉 "20일 오후11시 함남 경찰부 착전에 의하면, 연합마적단 백 수십 명 은 19일 밤 十三道溝 오지에 파견하야 금품의 강탈과 인질의 拉去를 감행 중으 로 현재 동 마적단에 拉去同行하고 잇는 만주인과 이주 조선동포가 20여 명에 달한다 하며… 그리고 十五道溝 오지에 잠거하고 잇는 占山好의 일당 15명은 20일 오전 9시경 십사도구 동덕리에 이동하야 동지 조선인 가옥을 모조리 수 색하고 생아편 3백 몬메를 강탈한 후 이주 조선인 李光益(53)을 납치하여 가지 고 오지방면으로 도주하엿다 하며, 이외에도 아편 수확기를 이용하야 마적들 의 등살에 주민은 이중의 괴롬을 받고 잇다 한다."[24]

---

22) 「阿片二千兩不納하면 放火後全部銃殺 마적단들의 가혹한 착취법 長白同胞村마다 脅迫狀」, 『東 亞日報』, 1935년 7월 28일.
23) 「馬賊들이 등쌀」, 『東亞日報』, 1935년 8월 16일.
24) 「馬賊團大跋扈二十餘名拉去 十三道溝市街地襲擊도劃策 阿片收穫期의咸南對岸」, 『東亞日報』 1935년 8월 23일.

〈사료 9〉 "마적단은 아편 채취기를 당하여 횡포무쌍한 행동을 하며 각지로 출몰하야 그 피해는 실로 막심하다 한다. 長白縣 十八道溝 牌頭 姜錫禹씨에게 마적단으로부터 아편 3천량을 가져오라고 글발이 온 것은 벌서 한 달 전이고, 그 후 무장한 마적단들이 때때로 와서 수십양 혹은 수백양씩 약탈해가고 그리고도 부족하여 전기 3천양을 안 가져오면 가옥에다 방화하고 전부 총살한다고 위협함으로 동포들은 이제 겨우 아편액을 채취하는 중인데 마적의 성화에 견대기도 어렵고 생명이 위험함으로 전기 十八道溝 일대 永華洞 得英洞 徐哥洞에 거주하는 2백 30여 호 2천 4백여 동포들은 집과 농사지은 것 전부를 내여버리고 男負女戴하고 지난 8월 23,4일 정처 없이 떠낫다고 한다. 長白市 內와 新興街에는 집집이 피란민으로 대만원을 일우엇다. 요사이의 압녹강두에는 피란민으로 인하여 눈물과 서름에 석겨 때때로 비극이 연출되고 잇다."[25]

만주국 초기에는 조선인이 많이 거주하던 압록강-백두산-두만강 변연지대, 특히 압록강 對岸의 長白縣과 臨江縣, 두만강 대안의 간도지역 일대에서는 만주국 정부의 허가를 얻어 아편을 재배해 생계를 유지하던 다수의 이주 조선인들과 중국인들이 있었다. 그런데 선·만 국경변연지대에 거주한 조선인과 중국인들, 그 중에서도 다수를 차지한 조선인들은 마적(혹은 항일세력)들로부터 아편을 비롯해 식량과 금품을 강탈당하거나 인질로 납치되는 등의 고통을 겪기도 했다. 특히 아편 수확기인 7~8월 녹음기를 맞이할 때면 마적(혹은 항일세력)들의 아편 강탈로 인해 생명까지 위협받을 정도였다.[26] 그렇다고 일본 식민당국의 주장처럼 마적(혹은 항일세력)이 일방적으로 주민들로부터 강탈한 것만은 아니었다. 즉 이들 주민 중에는 아편의 販路를 보호받는 대가로 혹은 마적(혹은 항일세력)의 항일활동에 공감해 자발적으로 아편과 식량을 제공하기도 했다. 당시 '마적'이라 불리던 세력은 활동자금을 확보하기 위해 주로 백두산 밀림지역에서 아편을 재배하고

---

25) 「阿片採取期에 馬賊星火로 千與同胞避難中 재배한 아편을 안주면 죽인다고 不安한長白縣一帶」,『東亞日報』 1935년 8월 28일.

26) 박강, 「1930년대 만주지역의 아편재배와 한인, 그리고 匪賊」, 『한국민족운동사연구』 제92집(2017.9), 193쪽.

있던 변연지대 거주민에게서 아편을 강탈하거나 제공받아 팔아서 자신들의 생존을 유지해나가면서 때로는 일제의 토벌에 맞서기도 했던 것이다. 즉 압록강-백두산-두만강 변연지대의 주민들과 마적(혹은 항일세력) 사이의 아편·식량 등의 授受형태는 다양했지만, 양자는 공생관계를 유지하고 있었던 셈이다.

당시 백두산 밀림지대에는 항일세력(특히 공산유격대)의 근거지나 遊擊區가 상대적으로 많이 형성되어 있었고 일제의 치안력도 제대로 미치지 않고 있어서, 항일세력은 주로 이곳에 은거하면서 비교적 손쉽게 아편재배 농민들과 접촉해 아편이나 각종물자를 획득할 수 있었다.[27] 그런데 일제의 治安肅正工作, 특히 소위 '匪民分離工作'이 강화되면서 항일세력은 농민들과의 접촉이 점점 어려워지고 고립되면서 물자획득이 곤란해지자, 아편재배 농민들로부터 아편을 약탈하거나 반강제로 제공받아 자신들의 생존과 항일투쟁을 지속해나갔던 것이다.

따라서 만주국에서는 1935년 12월 발표한 「罌粟密作에 관한 布告」문에서 잘 드러나듯이, 건국 초기 집단부락 건설에 따른 차입금 변제의 財源으로 아편재배를 권장해왔지만, 아편이 항일세력의 주요재원으로 기능하고 있어서 항일세력을 토벌하기 위해서는 항일세력과 아편의 연결고리를 끊는 것이 중요하다는 점을 인식하기 시작했다. 또한 포고문 발포를 계기로 아편이 항일세력의 재원이 되는 것을 차단하기 위해 두만강 변연지대의 혼춘·왕청·연길·화룡·안도현, 안동성의 장백현에 대해 아편재배지역 지정을 취소했다.[28] 그리고 만주국에서는 집단부락 건설과 함께 1936년부터 압록강-백두산-두만강 변연지대를 아편재배 허가지역에서 금지지역으로 변경시켰다.[29]

---

27) 앞의 책, 『日帝下 '滿洲國' 硏究: 抗日武裝鬪爭과 治安肅正工作』, 90~91쪽.

28) 山田豪一, 『滿洲國の阿片專賣』(東京: 汲古書院, 2003), 818쪽, 849쪽, 856~857쪽.

29) 박강, 「1930년대 만주지역의 아편재배와 한인, 그리고 匪賊」, 『한국민족운동사연구』 제92집 (2017.9), 200쪽.

한편 일본의 치안숙정공작의 강화로 만주국 내에서의 활동이 점점 어려
워지자, 1939년 전후로 항일세력의 일부는 동부 국경 쪽의 우수리강을 건너
소련으로 피신했다가 기회를 봐서 다시 강을 건너 만주국으로 돌아와 항일
투쟁을 벌이기도 했다. 이 때문에 당시 만주국 외교부에서는 만·소 국경변
연지대에서의 무력충돌사건이 발생할 때마다 하얼빈 주재 소련총영사에게
경고성 항의를 하곤 했다. 소련 측에서도 그 사건이 소련영토 내에서의 경
비활동이라 하여 정당성하다고 주장하거나 소련과는 무관한 匪賊團(반만항
일세력)의 소행이라고 강변했다.30)

〈사료 10〉 "금번 羅子溝를 습격한 反滿軍은 약 1천 3백여 명으로 편성된 군단
이었는데 이 군단의 총지휘는 소비에트 장교 6명이었다는 것이 판명되어 각
방면에서는 자못 중대시하고 있다. 소비에트 연방에서는 최근에 중국공산당
과 반만군을 선동하여 적극적으로 만주국의 치안교란을 획책하고 있는 것이
현저하다."31)

〈사료 11〉 "스탈린 일파의 소련공산당 간부들은 동방의 위기를 절규하고 극동
군비의 충실에 광분하며 만주국을 포위하는 방대한 국경선에 공고한 진지를
구축하고 병력과 병기를 이곳에 집중시키고 있다. 그들은 제2차 5개년 계획의
시행에 피로를 느낀 대중의 목표 전환으로 최근 왕성하게 日·蘇 開戰을 외치
고 국경에서의 전쟁준비를 견고히 하는 동시에 만주국내에서 교란공작을 하
고 있다. 우선 소련은 反滿匪賊團을 적극 이용하려고 하고 있다. 이미 회유된
중국공산당 군대에는 소련공산당 고문을 파견하여 그 조직행동을 지도하고
있다. 그 두드러진 예가 금년 해빙기부터 北鐵(동청철도, 중동로) 東部線에서

30) "간도지방 일대의 共匪는 이번 대토벌에 의해 집단적인 비적은 거의 궤멸되었고 殘黨은
산림지대로 도주했는데, 三道威의 奥地에서 간부회의를 개최하고 대책을 토의했다. ...이들
은 일본군의 토벌이 장기간에 걸쳐 진행되어 간도지방에서 활동하는 것은 불가능하므로
일시적으로 소련 영내로 들어가 내년 봄에 귀환하는 것이 상책이라는 결론을 내렸다. 이
에 따라 만주인 2인, 조선인 3인을 대표로 뽑아 蘇聯極東高麗共産政府를 거쳐 소련으로의
입국방안을 교섭하기로 결의했다."[「滿洲, 討伐隊に逐はれて間島方面の共匪等蘇聯遁入を協議
し, 代表者を以て交渉」, 『朝鮮新聞』 1933년 12월 2일, 3면]
31) 「反滿軍千餘名을 蘇聯將校가 指揮: 滿洲治安擾亂에 積極進出 注目되는 昨今事態」, 『朝鮮中央
日報』 1934년 7월 8일, 2면.

의 열차습격이나 지방 주요도시의 습격 등의 테러행동이다. 또한 소련은 만주국의 토벌에 의해 소련 영내로 도망한 공산군을 훈련 共産軍化하여 국제혁명군을 조직하고 遊動부대도 활약시키고 있다. 게다가 중국공산당만주성위원회와 같은 코민테른 직계의 조직으로부터 東北人民革命軍, 救國義勇軍, 조선○○○○軍과 같은 혁명적 민족운동단체를 원조하고 지방농민에 대한 각종 선전을 실시하고 있다."[32]

〈사료 12〉 "하바로프스크로부터 전해진 일본 측 첩보에 의하면, 소련공산당은 본국으로 귀환한 舊北鐵從業員 신분으로 만주에 있는 동안 赤化運動에 종사한 경험이 풍부한 요원 등을 하바로프스크로 소집하여 만주국내의 黨기관 상황, 동북항일의용군 警備團과 중국공산당 세력의 항일 상황에 관한 보고를 청취했다. 이를 토대로 소련공산당에서는 ㉠ 만주국 내 농민·노동자의 친일경향을 방지하는 동시에 그들에게 공산주의 실력을 보여주고 공작을 용이케 하도록 만주국내로 便衣隊를 잠입시켜 要人암살 등의 테러수단을 행하게 할 것, ㉡ 당원을 불법 월경자로 위장시켜 만주국 각 기관 및 도시 요지에 배치하고 종래의 첩보망을 확대·강화할 것, ㉢ 만주국 군경에 대한 赤化공작을 위하여 赤化된 병사를 귀순한 것처럼 위장하여 만주국 군경 내에 잠입시켜 내부파괴를 유도할 것 등의 對滿모략을 결정하였다."[33]

그렇지만 〈사료 10〉, 〈사료 11〉, 〈사료 12〉에 제시된 일본(만주국) 정보당국의 첩보내용들에서도 짐작할 수 있듯이, 당시 일본제국(만주국)에서는 滿·蘇 국경변연지대에서 소련 측이 은밀히 反滿分子들을 비호하고 이들을 사주해 항일투쟁을 돕고 있다고 믿고 있었다.[34] 게다가 일본 식민당국에서는 소련군이 장교를 파견해 항일군대를 지휘하거나 중국공산당 및 항일유격

---

32) 「蘇聯의 極東武備와 滿洲國攪亂工作: 最近日蘇開戰設을 盛히 宣傳」, 『朝鮮中央日報』 1934년 7월 13일, 1면.

33) 「滿洲國領事館新設에 蘇聯嘲笑의 拒絶 時機尙早라고 前言을 飜覆 滿洲國政府大憤激」, 『每日申報』 1935년 7월 14일, 2면.

34) 「反滿分子를 庇護使嗾, 蘇聯警備艦事件에 滿洲國警告의 抗議」, 『朝鮮新聞』 1933년 7월 12일, 1면; 「滿洲國攪亂은 蘇聯共産黨의 策動, 我가 外務當局近く 道義的警告를 發せん」, 『朝鮮新聞』 1934년 8월 24일.

대를 선동하여 만주국의 치안교란을 획책하고 있다고 확신했다(〈사료 5〉).
더욱이 소련 측에서 滿·蘇 국경경비를 강화하고 병력과 무기를 국경선에 집
결시켜 전쟁준비를 하고 있는 동시에, 중국공산당 군대에 소련군 고문을 파
견해 이들의 조직행동을 지도하거나 만주국의 토벌에 의해 우수리(烏蘇里)
강을 건너 소련 영내로 도망한 공산군(주로 東北抗日聯軍)을 훈련시켜 共産
軍化하여 국제혁명군을 조직하고 만주국 영내로 들어가 遊動部隊로서 활약
하게 하고 있으며, 심지어 코민테른 직계조직을 통해 항일유격대와 혁명적
인 민족운동단체를 원조하고 지방농민에 대한 각종 선전까지 실시하고 있
는 것으로 파악하고 있었다(〈사료 11〉). 또한 일본 식민당국에서는 소련공
산당이 만주국 정부기관이나 군경 등에 다양한 첩자들을 침투시켜 赤化工
作을 펼치고 있다고 확신하면서 이를 경계하고 있었다(〈사료 12〉).

Ⅲ. 鮮·滿 국경변연지대에서의 일제 식민당국의 대응

선·만 국경변연지대에서의 항일무장투쟁은 해당지역에 여러 가지 영향
을 미치면서 이 지대의 치안을 곤란하게 만들고 있었다. 가령 1932년 4월
압록강 연안의 通化縣 일대에서는 만주국과 일본 제국주의 세력에 반기를
든 반란세력에 의해 치안이 蹂躪되면서 경찰이 완전히 없는 무정부 상태가
되었다.[35] 동년 5월에는 비밀결사조직인 大刀會[36]가 만주국 輯安縣 通溝를
습격했다는 소문이 무성하게 전해지면서 輯安縣城 안은 대혼란에 빠졌고,

---

35) 「滿洲, 鴨綠江沿岸通化城は全くの無警察狀態, 叛徒跳梁の情報に除文海討伐に向ふ」, 『朝鮮新聞』
   1932년 4월 29일.
36) 鄕村의 自衛團體인 大刀會는 紅槍會와 마찬가지로 관헌의 苛斂誅求에 반항하거나 패잔병
   약탈무리(소위 兵匪)에 대항하게 되었다[末光高義, 『支那の秘密結社と慈善結社』(大連: 滿洲評
   論社, 1939), 147~149쪽]. 상세한 내용은 角張繁, 「東邊道に於ける匪賊の動向」, 大亞細亞日本
   青年聯盟 編, 『第一回滿洲研究團報告』(東京: 同聯盟, 1935), 208쪽 참조 요망.

이것 때문에 조선의 滿浦鎭警察署와 滿浦鎭守備隊, 滿浦鎭分遣隊에서 수십 명의 병력이 조선 측 경비를 위해 급파되기도 했다. 게다가 집안현에 주둔한 만주국군 第三營이 대도회의 습격활동에 동조해 반란을 일으켜 합세하기도 했다.[37] 당시 일본 정보당국에서는 대도회 등의 비밀결사조직들을 '土匪'로 지칭하고 있었는데, 토비는 주민들로부터 필요한 물자들을 약탈하기도 했지만 일제 식민당국이 이들을 탄압할 경우 이에 저항하면서 항일무장군대의 역할을 하기도 했다.

일반적으로 초목이 무성해지거나 옥수수·수수 등의 농작물 등이 자라나 항일세력이 은둔하기가 용이한 綠陰期(5월부터 9월까지)가 되면, 조선의 국경 對岸지역인 압록강 유역과 두만강 유역에서는 반만항일세력의 활동이 활발해졌다. 그 때문에 유동량이 많은 압록강에서의 航行은 이들 항일세력의 위협을 받고 있었다.[38] 녹음기뿐만 아니라 강을 건너다니기가 용이한 結氷期에도 국경 일대에 중국공산당이 지도하는 항일세력이 빈번하게 출몰하면서 국경 경비선은 아연 긴장하고 있었고, 국경일대의 人心도 흉흉해지고 있었다.[39]

선·만 국경변연지대에서의 항일무장투쟁은 이 변연지대에 거주하고 있던 주민들의 삶에도 많은 영향을 미치고 있었다. 그 대표적인 경우가 불안한 치안상황을 피해 일부 주민들이 강을 건너 조선으로 피난을 가곤 했다는 사실이다. 가령 1932년 6월 11일부터 7월 11일까지 만주국 국경변연지대에서 조선으로 피난 온 사람 수는 昌城에 111명, 碧潼에 13명, 楚山에 4,586명, 渭原에 512명, 江界에 794명, 慈城에 147명, 厚昌에 32명 등 총 6,195명에 달했다. 이때 만주국 측 일본군의 토벌활동으로 항일세력이 위축되거나 다른 지역으로 도피해서 조선 對岸 지역이 평온을 회복하게 되면 이들 지역

---

37) 「對岸輯安縣綏通溝 大刀會が襲擊の噂 滿浦鎭署と守備隊が 朝鮮側の警備に急行」, 『朝鮮新聞』 1932년 5월 9일, 3면.

38) 「國境第一線に馬匪賊蠢き 鴨綠江で航行を威脅」, 『朝鮮新聞』 1934년 8월 13일, 7면.

39) 「白砂城に 共匪出現 滿洲國稅關襲擊 현금 20원과 물품 강탈도주 國境一帶 人心洶洶」, 『每日申報』 1932년 10월 8일, 8면.

의 피난민 수도 점차 감소했다. 다시 말해 조선으로 피난을 온 사람들 중에는 만주국 국경변연지대의 질서가 회복되기를 기다렸다가 越江해 原거주지로 歸還하는 자가 점차 증가하고 있었다.[40]

선・만 국경변연지대에서의 항일활동은 압록강 유역의 주요산업인 목재산업에도 많은 영향을 미치고 있었다.[41] 1933년 초까지만 해도 만주국의 關門인 安東과 조선 新義州의 木材界는 활기를 띠고 있었다. 만주국이 건국되기 전에는 安東에서 조선으로 목재가 반출되고 있었지만, 만주국이 건국된 후에는 거꾸로 신의주 쪽에서 만주국으로 왕성하게 목재가 반출되고 있었는데, 그 분량은 매일 평균 25대 차량분에 달했다. 당시 만주국에서는 東邊道 일대에 걸친 항일활동이 빈번해지면서 벌목작업이 진척되지 못하고 있었기 때문에, 각지의 목재 수요에 부응하지 못하고 있는 상태였다. 그래서 滿洲木材同業組合聯合會에서는 '匪賊'의 토벌을 청원하고 있는 상태였다.[42] 특히 解氷期가 到來하면 만주국 각지에서는 항일무장세력의 출몰이 잦았다. 목재를 뗏목으로 묶어서 강으로 운반하는(流筏) 시기가 되면, 만주국 측의 伐木界 및 採木公司 등의 목재 벌채업은 상당한 타격을 받고 있었다. 항일무장세력의 항일활동은 木材界와 직접 관계된 자들 사이에서뿐만 아니라 간접적인 관계를 맺고 있던 자들에게도 많은 손해를 입히고 있었다. 이러한 상황에서 압록강 유역의 목재업계에서도 자구책으로 1933년부터 半官半民이라고 할 수 있는 營利會社의 傭兵을 조직했는데, 이것은 世人의 주목을 끌고 있었다. 그런데 항일무장세력의 빈번한 활동과 그에 따른 목재 벌채업의 쇠락으로 대표적인 목재회사인 鴨綠江採木公司의 傭兵수도 줄어들고

---

40) 「平安南道, 戰傷病兵, 滿洲國境の兩事變に活動の勇士, 平壤衛戌病院への收容者けふ迄に五十三名」, 『朝鮮新聞』 1932년 7월 23일, 3면.

41) 압록강 상류지방에서의 삼림벌채나 목재산업 등에 관한 선행연구로는 이경미, 「일제하 新義州 木材業界의 변동과 木材商組合의 활동(1910~1936)」(서울대 대학원 社會敎育科 歷史專攻 석사학위논문, 2016.8); 배재수, 「식민지기 조선의 목재수급 추이 및 특성」, 『경제사학』 제38집(2005) 등이 있다.

42) 「木材にも豊年風 滿洲指してヒタ押し 每日平均二十五車も搬出 國境漸く活氣づく」, 『京城日報』 1933년 7월 14일.

있었다. 그 결과 압록강 채목공사에서는 만주국 경무청에 용병의 증원을 요청[43]하기에 이를 정도였다.

한편 時局의 중대성에 비추어 만주국 정부에서는 점차 국경경비체계를 갖추어나가기 시작했다. 가령 1932년에 滿洲里, 綏岔河, 山海關 등의 각지에 國境監視警察隊를 신설하고 경찰대원들의 훈련을 개시하였다.[44] 또한 만주국 國境監視警察隊에서는 舊東北軍閥로부터 압수한 海防艦 수척을 松花江, 渤海灣을 비롯해 鴨綠江에도 배치해 수상경비를 강화했다.[45] 이와 아울러 압록강과 두만강을 경계로 만주국과 국경을 맞대고 있던 조선에서도 점차 警備機關을 정비해가던[46] 만주국과의 공동경비계획 수립과 공동토벌 작전을 도모했다.[47]

특히 주목되는 점은 만주국이 건국 초기에 조선 식민당국의 협조를 얻어 경찰경비체계를 갖추어나갔다는 점이다. 즉 경찰경비 경험이 풍부한 경찰자원을 가지고 있지 못했던 만주국에서는 치안을 유지하기 위해 1932년 11월 警務指導官을 대대적으로 增員하기로 한 뒤, 수차례 조선총독부에 우량한 경찰관의 추천을 의뢰하여 고위급 경찰병력의 일부를 조선으로부터 충원하면서 경비기관을 확립해나가려고 했다.[48] 건국 초기 만주국에서는 치안공작의 진척에 따라 경비기관을 整備하는 차원에서 수시로 경찰관을 증원하는 동시에 주로 고위 경찰관들을 조선 식민당국의 협조와 추천을 통해 충당해 나갔다. 이와 관련해 1934년 12월 만주국의 警務司長은 조선총독부에 조선

---

43) 「いかだの時期に入り心配なのは沿岸警戒陳まづ採木公司は傭兵を増加 八木理事長奉天へ」, 『國境毎日新聞』, 1934년 4월 21일.

44) 「滿洲國の警察隊 國境監視の爲め」, 『朝鮮新聞』, 1932년 4월 15일, 2면.

45) 「海防艦も配置 滿洲國國境の警備 愈愈充實」, 『朝鮮新聞』, 1932년 5월 9일, 2면.

46) 「滿洲國警察隊勇敢に活躍」, 『朝鮮新聞』, 1932년 12월 23일.

47) 「結氷後の國境警備方針 滿洲國側と共同作戰 徹底的に封鎖する」, 『朝鮮新聞』 1932년 9월 14일, 4면.

48) 「滿洲國警察制度, 朝鮮派遣の人選を急ぐ」, 『朝鮮新聞』 1932년 11월 3일, 1면. 1933년 12월의 사례를 보면, 만주국에서 필요한 인원은 사무관 1명, 警正 1명, 警佐 17명, 屬官 3명, 기사 1명, 巡官 17명 합계 40명이었다. 구체적인 내용은 「滿洲國警務指導官으로 朝鮮警官을 招請 성적이 우수한 경관 四十명을 追薦하여 달나 委囑」, 『每日申報』 1933년 12월 17일, 2면 참조 요망.

의 우수한 경관 50명의 추천을 의뢰했다. 조선총독부에서도 만주국과의 특수관계를 고려하여 조선의 각 도지사에게 희망자의 추천을 통달했다. 조선에서 경찰관이 만주국으로 들어간 경우는 이번이 세 번째로 巡査部長級 이상의 고위경관을 추천하곤 했다.[49] 警務관계 방면에서도 만주국과 조선 사이에는 긴밀한 협조체계가 갖추어지고 있었던 셈이다.

만주국에서는 경찰경비체계 이외에 水上警備體系 구축에도 노력을 기울이기 시작했다. 1933년 당시 만주국과 조선에는 압록강과 渾江[50]의 水上警備를 담당하기 위해 水上警察局과 水上警察隊를 조직해서 운영했다. 그런데 갓 태동한 만주국 측과 식민통치기간이 오래되어 경비체계가 갖추어진 조선 측의 수상 경비력 사이에는 많은 차이가 있었다. 즉 동년 3월 당시 鴨綠江과 渾江의 경비를 담당한 만주국의 수상경찰국은 分局 6개소, 分所 13개소였고 그 경비원 총수는 240명에 지나지 않았다. 이에 비해 조선 측 鴨綠江岸에는 경찰서가 15개소, 駐在所가 52개소, 出張所가 50개소이었고 그 직원 총수는 1,410명이나 되었다. 그 시설내용에서도 조선 측이 만주국 측에 비해 우월했다. 따라서 만주국 측에서는 국경의 수상경비 확충이 긴요하다는 의견이 점차 유력해지고 있었다.[51] 식민통치체제가 갖추어진 조선과 달리, 신생국 만주국으로서는 국경경비체제를 갖출 시간이 필요했던 것이다.

선·만 국경변연지대에서는 압록강과 두만강이 얼어붙어 강을 건너다니기가 쉬운 結氷期나 반만항일세력이 은둔하기 용이한 綠陰期에는 항일활동이 활발해졌다. 만주국에서는 국경변연지대에서 경제개발을 하려면 항일세력을 제압해야 한다는 당위성을 인지하고 있었는데, 이 문제와 관련하여 奉天警備軍司令部에 東邊道의 匪賊에 대한 대토벌을 준비하도록 지시했다.[52]

49) 「朝鮮警察官五十名推薦, 滿洲國警務司長から總督府に依賴」, 『朝鮮新聞』 1934년 12월 9일, 2면.
50) 압록강의 지류로서 압록강을 통해 만주국 내륙으로 진입할 수 있는 비교적 큰 강이어서 당시 水上警備隊의 관할범위에 놓여 있었고, 密輸가 빈번하게 이루어지던 곳이었다.
51) 「國境水上警備의 擴張問題積極化す朝鮮側의 警備と雲泥의 差あり 滿洲國側で考究中」, 『滿洲日報』 1933년 3월 17일.
52) 「靑葉をくぐる反滿匪 暗躍物凄い對岸國境 滿洲國は大討伐を敢行」, 『朝鮮新聞』 1934년 6월 21일, 7면.

선·만 국경변연지대에서 결빙기와 녹음기에 항일활동이 얼마나 활발해졌는지는 1935년 1월부터 9월말까지 국경방면의 官憲과 민간인들이 항일세력으로부터 입은 피해규모에서 잘 드러나는데, 그 건수는 예년에 비해 약 3배의 격증을 보이고 있었다.53) 결빙기나 녹음기에는 만주국과 조선 식민당국에서 특별경계를 펼치고 있었기 때문에 치안당국은 분주해질 수밖에 없었다. 즉 이 시기는 국경 경비상의 '繁忙期'에 해당했던 것이다.

결빙기가 되면 압록강과 접해 있던 조선의 평안북도 警察部에서는 국경의 第一線에 경찰관들을 증원해서 항일유격대가 침입하기 쉬운 장소에 배치했다.54) 이 기간에는 특히 강폭이 좁아 쉽게 건널 수 있는 국경 상류지역 조선의 각 경찰서에서 더욱 긴장된 상태로 경비를 하면서 署員의 보충, 警備配置 등의 여러 가지 준비를 하고 있었다.55) 결빙기 못지않게 반만항일활동이 왕성해지는 녹음기에도 압록강 유역의 치안을 담당하고 있던 조선의 평북 경찰부에서는 水上交通의 안전을 확보하기 위해 제일선의 경비도 엄격히 하고 있었다.56)

1935년 말 압록강의 결빙기가 닥치면서 국경경비문제가 절박해지자, 평안북도 警察部에서는 管下 경찰서장회의까지 중지하고 각 署長이 친히 제일선 경비현장을 일일이 시찰·지휘했다. 평안북도 경찰부의 각 과장들도 직접 경비현장을 순시하면서 기민한 連絡을 취하고 있었다. 게다가 평북 경찰부의 高等課長은 제일선 경비의 특별시찰뿐만 아니라 對岸의 만주국 경비당국과의 연락체계에 관하여서도 상세한 조사를 벌였다.57) 또한 함경남

---

53) 「土兵團 出現激增으로 國境警備策講究 結氷期는 절박 예산은 부족」, 『朝鮮中央日報』 1935년 11월 8일, 2면.
54) 「結氷後の國境警備方針 滿洲國側と共同作戰 徹底的に封鎖する」, 『朝鮮新聞』 1932년 9월 14일, 4면.
55) 「平安北道, 結氷を前に國境各署の緊張 滿洲國中央文化に追はれ馬賊は江岸東邊道に集中, 今年の警備は困難」, 『朝鮮新聞』 1933년 10월 26일, 4면.
56) 「靑葉をくぐる反滿匪 暗躍物凄い對岸國境 滿洲國は大討伐を敢行」, 『朝鮮新聞』 1934년 6월 21일, 7면.
57) 「安田平北高等課長 國境第一線 視察 滿洲國과도 連絡調査를 實行」, 『每日申報』 1935년 10월 25일, 4면.

북도 경찰부장과 평안북도 고등과장들은 동년 11월 잇달아 조선총독부 관계당국과 대책을 협의하면서 경비활동에 필요한 13만 원의 경비를 요청하기도 했다.[58]

만주국에서는 결빙기 및 녹음기뿐만 아니라 국가적으로 중요한 행사가 있을 때도 조선 식민당국에 국경 경비강화 및 협조를 요청하곤 했다. 가령 1934년 3월 1일 만주국에서는 '만주국'을 '滿洲帝國'으로 國格을 바꾸면서 황제 즉위식과 건국 기념식을 거행했는데, 이와 관련해 조선에 경비강화에 따른 협조를 구하기 위해 동년 1월말 만주국 警務司長이 조선총독부를 방문해 鮮·滿 국경의 경비문제와 관련된 비밀회의를 열었다. 이 회의에서는 ㉠ 만주국 君主의 卽位式에 즈음한 국경 중심의 특별경비를 할 것, ㉡ 만주국과 조선의 軍部와 警察이 협력하여 국경경비를 더욱 공고히 할 것, ㉢ 국경密輸를 철저하게 단속할 것, ㉣ 만주국에서의 조선警官의 採用, ㉤ 滿洲移民의 保護 등이 합의되었다. 그리고 추후에 鮮·滿 국경경비 및 기타 국경문제에 관해서 선·만 당국이 계속 협의해 나가기로 했다.[59] 이에 따라 조선에서는 만주국 帝政확립을 위한 국경일을 앞두고 1934년 2월 중순부터 3월 1일까지 모든 고등경찰 관계자를 비롯하여 非番巡査까지 총동원해 국경을 넘나드는 선박과 철도를 중심으로 內外國人의 정찰을 엄밀히 하는 동시에 국경일대에 대한 특별경계를 실시했다.[60] 1934년 3월 1일에도 만주국 건국 기념일과 관련해 1월부터 3기로 나누어 삼엄한 경계망을 펼쳤다. 조선총독부에서도 만주국의 간청에 따라 평안북도 및 함경남북도 三道의 移動警察과 기타 조직을 독려하여 만주국 入國者에 대한 엄중한 단속과 査察警戒를 확고히 하도록 지시하고[61] 선·만 국경변연지대에 대한 경비활동을 강화시켰다.

58) 「土兵團 出現激增으로 國境警備策 講究 結氷期는 절박 예산은 부족」, 『朝鮮中央日報』 1935년 11월 8일, 2면.
59) 「國境警備의 强化 滿洲國側과 協力하야 警務司長 入城 總督府側과 協議」, 『每日申報』 1934년 2월 3일, 7면.
60) 「滿洲國慶日 압두고 朝鮮內特別警戒 선박과 철도를 중심으로 하야 內外國人을 嚴密偵察」, 『每日申報』 1934년 2월 7일, 7면.
61) 「滿洲國の盛典を控へて警戒至嚴 總督府でも國境警戒」, 『朝鮮新聞』 1934년 2월 13일, 7면.

건국 초기 만주국에서는 기본적으로 치안이 확립되지 못하고 있었다. 특히 조선인이 다수 거주하던 延吉縣과 安東縣, 長白縣 등 조선과의 접경지역에는 다른 지역에 비해 경비력이 부족해서 치안을 완전히 유지하기가 곤란한 상황이었다. 間島지방 역시 치안확립 문제가 중요한 현안이었다. 그 때문에 조선총독부 경무국과 만주국 당국자가 이 문제에 대해 협의해왔지만 예산 문제 등으로 경비력 확충문제가 실현되지 못하고 있었다.[62]

당시 만주국에 있던 경찰관은 조선총독부 소속이 아니라 일본외무성 소속이라서 만주국의 경찰 경비력을 확충하는 문제 역시 일본외무성의 소관이 될 수밖에 없었다. 이 문제들을 해결하기 위해 1934년 6월 일본외무성 東亞局 제2과 소속 이사관이 경성에 들어와 조선총독부 경무국장과 협의를 했다. 일본외무성에서는 당시 間島에 있던 외무성 소속 경찰관 약 7백 명을 가지고 '匪賊(항일세력) 出沒에 대해 충분히 경찰 기능을 발휘할 수 없었기 때문에 향후 간도지방에 특별행정구를 설치하고 武裝警察隊를 배치하려고 계획했다. 그래서 해당 이사관은 이 문제를 만주국과 절충하기 위해 渡滿하기에 앞서 조선에 들러 간도지방의 경비력 확충에 부응해 조선에서도 국경 경비력을 확충하지 않으면 안 된다는 점을 역설하고자 했던 것이다. 당시 일본외무성의 해당 이사관은 조선국경의 경비력이 얼마나 부족한지도 조사한 뒤, 일본외무성 소속 경비력의 확충과 동시에 조선의 국경 경비력도 강화하겠다는 일본외무성의 계획도 조선총독부에 전달했다.[63] 鮮·滿 국경경비문제는 양 당사국인 만주국과 조선뿐만 아니라 일본외무성도 얽혀 있었던 셈이다. 이러한 상황에서 1935년 7월 만주국 軍政部에서는 國境監視隊를 신설하기로 결정하고 8월말까지 그 편제를 마쳤다. 그 중 조선인으로 편성된 군대 1개 중대를 琿春縣 국경선에 배치하려고 지원자를 모집하고 있었다.[64]

---

62) 「在滿同胞保護코자 集團地에 警備擴充 동시에 國境警察力도 強化 滿洲國과 折衷中」, 『毎日申報』 1934년 6월 14일, 1면.
63) 「在滿同胞保護코자 集團地에 警備擴充 동시에 國境警察力도 強化 滿洲國과 折衷中」, 『毎日申報』 1934년 6월 14일, 1면.
64) 「琿春縣 國境地帶에 朝鮮人 兵隊 配置 이십세 이상 보교 졸업생을 모집 滿洲國 軍政部의

그런데 만주국에서는 「1935年度 秋冬季 治安肅正工作」 이전까지 군사토벌 위주의 치안공작을 전개해왔다. 그렇지만 〈사료 13〉에서 제시된 일본 정보당국의 치안보고서에서도 알 수 있듯이, 군사토벌 위주의 치안활동은 광범한 농민대중을 인적·물적 원천으로 삼고 山林地帶를 중심으로 유격전술을 구사하는 항일유격대, 특히 공산유격대를 소멸시키는 데에는 한계를 드러낼 수밖에 없었다. 왜냐하면 당시 항일유격대(특히 공산 유격대)의 모체 역할을 하고 있던 농민 혹은 외곽지원단체들을 항일유격대와 단절시키지 않은 상태에서, 표면적으로 드러난 항일유격대에게만 총칼을 겨누는 것은 빙산의 일각만을 쳐부수는 단세포적인 對症療法에 불과했기 때문이었다.[65]

〈사료 13〉 東邊道 匪賊의 주류는 思想匪·政治匪인 共産匪와 反滿抗日匪인데, 그들은 결코 단순한 비적이 아니다. 그들은 구체적인 정강을 가지고 민중의 해방과 행복을 위해 노력하고 있는 정치적·군사적·사상적 단체이다. 그들에 대해서는 단순히 武力만을 사용해서는 안 되며, 政治戰·思想戰을 전개해야 매우 큰 효과를 기대할 수 있다. 그 이유는 다음과 같은 상황에서 비롯되고 있다. 토벌 지구의 상당히 많은 주민들은 비적을 자신들의 정신적인 우군으로 여기고 있다. (따라서) 현재 표면상으로 나타난 비적 수만을 비적 세력으로 여겨서는 안 된다. 왜냐하면 표면적으로 나타나는 비적 수에다 通匪者와 半農半匪者를 합친다면 실제의 비적 수는 수배로 증가할 것이기 때문이다. 비적의 정신적 우군과 싸우려면, 강력한 사상전과 정치전을 채용해서 철저한 匪民分離工作을 추진한 뒤, 그들을 우리의 우군으로 만들어야 한다. 이것이 바로 宣撫工作의 요체라고 할 수 있다.[66]

따라서 그러한 만주항일무장투쟁의 내적 구조를 파악하기 시작한 일제 치안당국자들은, 군사토벌 중심의 공작이 갖고 있는 한계를 타파하고자 여

첫 試驗」, 『每日申報』 1935년 7월 25일, 2면.
65) 상세한 내용은 앞의 책, 『日帝下 滿洲國 硏究: 滿洲抗日武裝鬪爭과 治安肅正工作』을 참조 바람.
66) 「對東邊道抗日軍民進行思想戰和政治戰」, 中央檔案館中國第二歷史檔案館吉林省社會科學院 合編, 『東北大討伐』(北京: 中華書局, 1991), 311~312쪽; 滿洲國國務院治安部軍事顧問部 編, 『國內治安對策の硏究』 第2輯(新京: 顧問部, 1937), 243~244쪽.

러 가지 치안방책을 연구하기 시작했다. 만주국을 실질적으로 통치하고 있던 關東軍에서는 1936년 4월부터 1939년 3월까지에 이르는 「滿洲國治安肅清計劃大綱」을 정하였고, 「만주국」에서는 이 대강에 기초하여 「三個年治安肅清計劃要綱」을 책정했다.[67] 이러한 肅正 계획이 수립되자, 1936년 9월 관동군의 지령에 따라 제일 먼저 1936년 10월부터 1938년 3월까지 「北部東邊道治安肅正工作」이 실시되었다. 당시 만주국 정보당국이 분석한 것처럼, 선·만 국경변연지대의 압록강 쪽 東邊道 일대에서 활동하던 "중국공산당 지도하의 공산유격대는 다른 어떤 항일유격대보다 우세했고 民心을 장악할 우려가 있었으며, 裝備 및 훈련방면에서도 뛰어나 오히려 만주국 측의 警察隊를 능가하고 있었다."[68] 그래서 동변도 일대는 만주국 건국 초기 '만주국 유일의 匪團根據地'라고도 불렀을 정도로 이 지역에서는 항일무장투쟁이 활발하게 전개되었다. 동변도지역을 대상으로 추진된 「北部東邊道 治安肅正工作」에서는 滿洲國軍이 主力이 되어 북부동변도 9개 縣(通化·輯安·臨江·長白·濛江·輝南·金川·柳河縣 등)에 근거지를 두고 항일투쟁을 하고 있던 항일유격대에게 銃口를 겨누었다.[69]

한편 선·만의 국경변연지대에서는 치안활동과 관련해 강을 사이에 두고 선·만 두 지역 간에 다양한 협조활동이 이루어지고 있었다. 가령 1934년 5월 만주국의 安東縣과 조선의 新義州에서는 만일의 공습에 대비해 양 지역이 연합해서 防空大演習을 행하기도 했다.[70] 또한 선·만 국경변연지대의 만주국 境內에서 토벌작전이나 항일유격대의 습격을 받아 부상을 당한 사람들 중 일부는 갓 출범해 의료시설이 제대로 갖추어지지 못한 만주국보다 상대적으로 의료시설이 잘 갖추어진 조선의 의료기관으로 후송되어 치료

67) 岡部善修 編著, 『滿洲國治安小史』(新京: 滿洲國警察協會, 1944), 62쪽 및 高樹橋, 『東北抗日聯軍後期鬪爭史』(瀋陽: 白山出版社, 1993), 5쪽. 이 大綱의 구체적인 내용에 관해서는 위의 책, 『滿洲國治安小史』, 62~63쪽을 참조하라.
68) 滿洲國國務院總務廳情報處 編, 『省政彙覽』(第1輯 吉林省篇)(新京: 同情報處, 1935), 317쪽.
69) 滿洲國史刊行會 編, 『滿洲國史』(各論) 上卷(東京: 滿蒙同胞援護會, 1970), 505~508쪽 및 滿洲國軍刊行委員會 編, 『滿洲國軍』(東京: 蘭星會, 1970), 342~404쪽 참조.
70) 「安東,新義州聯合防空大演習 好成績裡終了」, 『每日申報』 1934년 5월 26일, 7면.

를 받기도 했다.[71] 만주국과 조선 사이에는 전투 중 부상한 사람들에 대한 의료협조체제가 가동되고 있었던 셈이다. 게다가 만주국의 항일유격대에서는 요원을 조선으로 보내 필요한 군수물자를 구하기도 했는데, 이때 조선의 警備官署에서는 체포한 항일요원을 만주국 경비당국에 인도하기도 했다.[72] 선·만 국경변연지대의 어느 일방에서는 국적이나 거주지 여부에 상관없이 항일요원에 대한 단속·체포·취조를 할 수 있었고 그들을 자연스럽게 상대국에게 인도하고 있었다.

1936년에 접어들어 만주국과 조선 식민당국에서는 선·만의 국경 경비에 대한 긴밀한 연락체계구축과 공동경비작전의 전개에 합의했다. 이에 따라 국경경비를 둘러싼 선·만 간의 협의와 공동작전도 계속 이어졌다. 실례로 1936년 11월 결빙기를 맞이해서 조선총독부 경무국에서는 압록강과 두만강의 경비망을 더욱 충실케 하고자 약 8만 원의 임시지출을 통해 국경 제1선의 수비대를 보충 강화하는 동시에 무기와 탄약을 전면적으로 확충·강화하였다. 또한 선·만 경비기관 사이의 긴밀한 연락을 지원하고 선·만 당국의 공동토벌공작을 벌이기 위해 제2선, 제3선의 경찰관 수를 증강 배치했다. 또한 제1선에는 10명 내지 20명씩으로 구성된 특별 경비대를 조직해서 종래 조선 안에 잠입한 항일유격대들로부터의 피해를 방지하기 위해 노력하고 있던 경찰관들로 하여금 더욱더 적극적으로 토벌에 임하도록 했다.[73] 이밖에 조선총독부의 警務局長과 만주국의 헌병사령관이 회합하여 선·만의 共同討匪工作에 적극적으로 협력하고자 우선 江岸일대에서 상호 긴밀한 연락을 취할 수 있도록 우수한 日本系 경관을 배치하기로 결정했다. 그리고 그 제일보로서 평안북도 義州경찰서 淸城駐在所 對岸인 長甸河口署에 동년

---

71) 「平安南道, 戰傷病兵, 滿洲國境의 兩事變에 活動의 勇士, 平壤衛戍病院への 收容者けふ迄に五十三名」, 『朝鮮新聞』 1932년 7월 23일, 3면; 「現職滿洲國警官이 匪賊襲來를 援助 負傷한 警士는 楚山醫院에 內通者는 匪賊과 合勢逃走」, 『每日申報』 1935년 9월 10일, 5면.

72) 「反滿軍 密使 二名 碧潼署에서 捕縛 取調 後 만주국경찰서로 인도」, 『每日申報』 1936년 5월 21일.

73) 「武器彈藥等擴充으로 國境警備一層强化 朝鮮과 滿洲間의 連絡緊密로 討伐隊도 大量增員」, 『每日申報』 1936년 11월 19일, 7면.

11월부터 일본계 경사 1명을 배치했다. 이를 계기로 점차 압록강과 두만강 對岸의 만주국 각 경찰서에도 일본계 경찰관 수를 늘려 배치하기 시작했다.[74] 1936년 12월에는 만주국의 討伐로 인해 反滿兵이나 共産系 유격대들이 조선 국경의 對岸지역으로 이동하면서 그 지역이 불안해지자, 조선총독부 경무국에서 국경변연지대에 경관을 증파하기도 했다.[75]

만주국 중·후반기에 접어들어 선·만 국경변연지대에서의 선·만 양국의 협조 체계는 점점 긴밀해져갔다. 1936년 12월 조선총독부의 오노(大野) 政務總監은 '鮮滿一如' 정책의 일환으로 선·만의 치안문제 이외에 경제문제 등도 긴밀히 협의하고자 만주국의 수도 新京을 방문하였다. 그는 이번 방문을 통해 만주국 당국자들과 압록강 수력발전에 대한 조사 및 이와 관련된 예산문제, 茂山의 鐵鑛개발문제 등을 협의했다.[76] 1939년 4월 만주국 정부는 地方行政의 運用實績에 의하여 省의 新設廢合을 斷行함과 동시에 국경방면의 省公署 首腦部의 人事刷新을 하기로 결정했다. 이와 동시에 국경변연지대의 중요성에 비추어 성공서의 수뇌부에는 一流人才를 충당하여 2, 3년간은 이동을 하지 않고 省行政에 專任하도록 조치를 취하기 시작했다.[77] 이것은 국경경비에 유능한 인재들을 국경지역에 고정적으로 배치함으로써 국경경비의 전문성과 효율성을 극대화하려는 조치였다.

이에 더해 만주국에서는 제3기 治安肅正工作의 일환으로 1939년 10월부터 1941년 3월까지 「吉林·間島·通化 三省聯合 治安肅正工作」(혹은 「東南部聯合 治安肅正工作」)을 전개했다.[78] 이 공작으로 인해 항일유격대, 주로 중국

74) 「國境對岸警備에 日系警官을 配置: 조선과 만주간의 의견일치로 共同討匪 第一步」, 『每日申報』和1936년 11월 23일, 2면.
75) 「反滿共匪集中으로 國境警備强化: 經費는 滿洲事件費로」, 『每日申報』 1936년 12월 8일, 2면.
76) 「經濟와 警備上 鮮滿一如促進 國際橋架設調印次 渡滿前 大野總監時事談」, 『每日申報』 1936년 12월 8일, 2면.
77) 「省의 新設廢合 斷行 國境方面公署엔 一流人才充當 滿洲國에서 懸案實施」, 『每日申報』 1939년 2월 26일, 1면.
78) 滿洲國軍刊行委員會 編, 『滿洲國軍』(東京, 蘭星會, 1970), 292~421쪽; 滿洲國史編纂刊行會 編, 東北淪陷十四年史吉林編寫組 譯, 『滿洲國史』(各論) 上卷(長春: 同編寫組, 1990), 500~519쪽; 앞의 책, 『日帝下 滿洲國 硏究: 滿洲抗日武裝鬪爭과 治安肅正工作』, 119~120쪽.

공산당의 지휘 하에 있던 東北抗日聯軍의 잔여부대는 우수리강을 건너 소련 영내로 도피해 훗날의 투쟁상황을 모색하게 되었고, 1942년 이후 만주에서의 항일유격대는 사실상 항일무장투쟁의 무대에서 사라졌다.[79) 이처럼 치안숙정공작이 성공적인 결과를 도출해내는 가운데 1941년에는 만주국과 조선 사이에 '鮮滿一如', '一德一心'이라는 일본제국의 식민통치논리가 강화되면서 조선 측 警務관계자들이 만주국 수도 新京에서 개최된 만주국의 '各省 警務處長會議'에 참석할 정도로,[80) 선・만 양국에는 국경경비나 치안방면에서 더욱더 긴밀한 협력 체제를 구축해가고 있었다.

Ⅳ. 결론

만주국에서는 무력충돌사건이 빈발하던 만주국・소련・몽골 국경변연지대에 관심을 기울이고 있었기 때문에 조선과 국경을 마주한 압록강-백두산-두만강 변연지대에 대해서는 소홀히 하고 있었다. 게다가 일본제국의 일원인 조선과 만주국의 관계는 소위 '鮮滿一如'라는 불가분의 관계로 선전되어 鮮・滿 국경변연지대는 두 개의 식민지를 가르는 경계지대 정도로 인식되고 있었다. 그 결과 조선과 만주국 사이에는 명확한 국경선 개념이 없었고 이 지대에 대한 단속이나 책임 소재도 모호했다. 더욱이 선・만 국경변연지대의 중앙부에는 백두산을 중심으로 한 광활한 산림지대가 분포하고 있었다.

상술한 지정학적 요인으로 인해 항일무장세력은 백두산 산악지역에 은거할 수 있었고 산간 주민들로부터 인적・물적 지원을 받을 수 있었으며, 치안력이 약하거나 경비체계가 확립되지 않은 선・만 국경변연지대에서 활

---

79) 앞의 책, 『日帝下 滿洲國 研究: 滿洲抗日武裝鬪爭과 治安肅正工作』, 121쪽.
80) 「滿洲國警務處長會議의 朝鮮側出席者」, 『每日申報』 1941년 2월 26일, 1면.

발하게 항일투쟁을 전개할 수 있었다. 특히 강을 건너다니기가 상대적으로 용이한 結氷期나 樹木·농작물 등이 무성해 은닉하기가 상대적으로 쉬운 綠陰期에는 항일투쟁이 더욱 활발해졌다. 또한 선·만 국경변연지대에서는 아편재배 농민들이 많았는데, 일부 항일세력은 이들로부터 획득한 아편을 주요財源으로 삼아 자신들의 존속과 항일투쟁을 지속해나가기도 했다. 더욱이 항일세력은 만주국의 군사토벌이나 치안숙정공작의 여파에 따라 동부국경인 우수리강(烏蘇里江)을 건너 소련으로 도피해 있다가 만주국의 치안상황을 고려하여 다시 강을 건너와 항일투쟁을 전개하기도 했다. 또한 소련 측에서도 암묵적으로 항일세력을 지원·이용하거나 선동하는 동시에 만주국의 정부기관, 군대, 경찰조직 내에 다양한 스파이들을 침투시켜 赤化공작을 전개하는 방식으로 만주국의 치안을 교란하기도 했다. 이러한 활동들은 선·만 국경변연지대의 치안이나 주민생활, 산업활동 등에 많은 악영향을 미치게 되었다. 즉 선·만 국경변연지대에서 항일유격대들의 활동이 활발하여 치안이 불안하다보니, 국경변연지대의 민심은 흉흉했고 상황에 따라서는 만주국에 거주하던 수많은 조선 사람들이 두만강을 넘어 상대적으로 치안이 좋은 조선의 함경남북도 지역이나 경비력이 미치는 곳으로 일시 피난했다가 귀환하는 일이 자주 있었다. 당시 만주가 가난한 조선인 이주자들의 새로운 터전 기능을 했듯이, 조선 역시 위기에 직면한 만주 거주 조선인들의 일시적인 도피처로 기능하고 있었던 셈이다.

　한편 상술한 선·만 국경변연지대에서의 항일투쟁은 자연히 선·만 식민당국들의 주목을 끌었고 자연스럽게 선·만 두 식민당국의 대응태세를 초래하게 되었다. 이와 관련해 건국 초기 치안체계가 확립되지 않았던 신생국 만주국에서는 우선 조선총독부의 협조 하에 조선으로부터 고위 경찰관들을 추천받아 경찰경비체계를 갖추기 시작했으며, 압록강·渾江·두만강에서의 水上경비체계도 구축해나갔다. 반만항일투쟁이 활발했던 결빙기나 녹음기 그리고 만주국의 중요한 국가적 행사가 열리는 때에는 국경경비를 둘러싸고 만주국과 조선 사이의 교류가 활발해졌고 협력활동도 긴밀해졌다. 이때 압록강과 두만강을 맞대고 있던 평안북도와 함경남도, 함경북도의 경찰기관에서는 경비병력을 증강시켜 만주국과 더불어 남북방면에서 항일세력을 단속하거나 토벌활동을 벌였다. 또한 항일세력의 아편재원을 차단하기 위해 압록강 및 두만강 지역을 종래의 아편재배 허가지역에서 금지지역으로 바꾸기도 했다.

더 나아가 만주국 건국 초기 '만주국 유일의 匪團根據地'라고도 불렸던 압록강 변연지대인 東邊道지역에 대해서는 일본 關東軍의 지휘 하에 滿洲國軍이 주력이 되어 「北部東邊道 治安肅正工作」을 전개했다. 만주국 후반기에 접어들어서는 만주국에서 개최된 各省 警務處長會議에 조선 측 警務관계자들도 참석해 선·만 국경변연지대의 경비나 치안확립문제를 협의할 정도로 선·만 국경변연지대에서의 선·만 양국의 협조체계가 점점 긴밀해졌다. 결국 이러한 협조체계 하에 1930년대 후반 이후에는 항일투쟁이 점차 소멸되어갔고, 일부세력은 우수리강을 건너 소련으로 도피해 훗날을 모색하게 되었다.

결국 선·만 국경변연지대에서는 만주국 초기 식민당국의 상대적인 국경경비의식의 소홀, 경비체계의 미비, 광범위한 산림지대의 분포, 일본과 적대적인 소련과의 접경에 따른 일시적인 도피 가능성 및 소련의 암묵적인 지원활동 등의 지정학적 요인으로 항일무장투쟁이 활발하게 전개되었던 것이다. 그렇지만 '鮮滿一如', '一德一心' 등의 식민통치이념이 강화되는 가운데 만주국의 치안경비체계가 갖추어지고 '匪民分離'를 특징으로 한 소위 '치안숙정공작'이 실시되는 동시에, 만주국과 조선 식민당국 사이의 긴밀한 치안협력체제가 구축되면서 항일무장투쟁은 1930년대 후반 이후 급격하게 소멸되어갔던 것이다.

▨ 참고문헌

1. 1차 자료

岡部善修 編著, 『滿洲國治安小史』, 新京: 滿洲國警察協會, 1944.

「對岸輯安縣通溝 大刀會が襲擊の噂 滿浦鎭署と守備隊が 朝鮮側の警備に急行」, 『朝鮮新聞』, 1932년 5월 9일, 3면.

「結氷後の國境警備方針 滿洲國側と共同作戰 徹底的に封鎖する」, 『朝鮮新聞』, 1932년 9월 14일, 4면.

「經濟와 警備上 鮮滿一如促進 國際橋架設調印次 渡滿前 大野總監時事談」, 『每日申報』, 1936년 12월 8일, 2면.

「國境警備의 强化 滿洲國側과 協力하야 警務司長 入城 總督府側과 協議」, 『每日申報』, 1934년 2월 3일, 7면.

「國境對岸警備에 日系警官을 配置: 조선과 만주간의 의견일치로 共同討匪 第一步」, 『每日申報』和, 1936년 11월 23일, 2면.

「國境線一帶匪賊被害 一年平均近三百件 滿洲事變以後에 再次로 激增: 過去十六年間統計」, 『每日申報』, 1935년 11월 21일, 7면.

「國境水上警備の擴張問題積極化す朝鮮側の警備と雲泥の差あり 滿洲國側で考究中」, 『滿洲日報』, 1933년 3월 17일.

「國境慈城對岸에 五百反滿軍襲來: 住民에게 冬服과 食糧其他强要 滿洲人避難者多數」, 『朝鮮中央日報』, 1934년 11월 15일, 2면.

「國境第一線に馬匪賊蠢き 鴨綠江で航行を威脅」, 『朝鮮新聞』, 1934년 8월 13일, 7면.

「對東邊道抗日軍民進行思想戰和政治戰」, 中央檔案館·中國第二歷史檔案館·吉林省社會科學院 合編, 『東北大討伐』, 北京: 中華書局, 1991.

「滿洲, 鴨綠江沿岸通化城は全くの無警察狀態, 叛徒跳梁の情報に除文海討伐に向ふ」, 『朝鮮新聞』, 1932년 4월 29일.

「滿洲國の警察隊 國境監視の爲め」, 『朝鮮新聞』, 1932년 4월 15일, 2면.

「滿洲國の盛典を控へて警戒至嚴 總督府でも國境警戒」, 『朝鮮新聞』, 1934년 2월 13일, 7면.

「滿洲國境へ軍隊の集結, ロシア當局認む」, 『朝鮮新聞』, 1932년 4월 20일, 1면.

「滿洲國境警備充實完備 派遣部隊各히 出發」, 『每日申報』, 1932년 5월 10일, 1면.

「滿洲國警務處長會議의 朝鮮側出席者」, 『每日申報』, 1941년 2월 26일, 1면.

「滿洲國慶日 압두고 朝鮮內特別警戒 선박과 철도를 중심으로 하야 內外國人을 嚴密偵察」, 『每日申報』, 1934년 2월 7일, 7면.

「滿洲國警察隊勇敢に活躍」, 『朝鮮新聞』, 1932년 12월 23일.

「滿洲國警察制度, 朝鮮派遣の人選を急ぐ」, 『朝鮮新聞』, 1932년 11월 3일, 1면.

「滿洲國攪亂は蘇聯共產黨の策動, 我が外務當局近く道義的警告を發せん」, 『朝鮮新聞』, 1934년 8월 24일.

「滿洲國領事舘新設に 蘇聯嘲笑的拒絕 時機尚早라고 前言을 飜覆 滿洲國政府大憤激」, 『每日申報』, 1935년 7월 14일, 2면.

「滿洲國領에 侵入하야 蘇聯이 軍事施設 頻頻한 不法侵犯에 滿洲國이 嚴重抗議」, 『每日申報』, 1934년 9월 21일.

「滿洲, 討伐隊に逐はれて間島方面の共匪等蘇聯遁入を協議し, 代表者を以て交涉」, 『朝鮮新聞』, 1933년 12월 2일, 3면.

「滿洲國警務指導官으로 朝鮮警官을 招請 성적이 우수한 경관 四十·명을 追薦하여 달나 委囑」, 『每日申報』, 1933년 12월 17일, 2면.

滿洲國國務院總務廳情報處 編, 『省政彙覽』(第1輯 吉林省篇), 新京: 同情報處, 1935.

滿洲國國務院治安部軍事顧問部 編, 『國內治安對策の研究』 第2輯, 新京: 同顧問部, 1937.

「木材にも豊年風 滿洲指してヒタ押し 每日平均二十五車も搬出 國境漸く活氣づく」, 『京城日報』, 1933년 7월 14일.

「武器彈藥等擴充으로 國境警備一層强化 朝鮮과 滿洲間의 連絡緊密로 討伐隊도 大量增員」, 『每日申報』, 1936년 11월 19일, 7면.

「反滿共匪集中으로 國境警備强化: 經費는 滿洲事件費로」, 『每日申報』, 1936년 12월 8일, 2면.

「反滿軍 密使 二名 碧潼署에서 捕縛 취조 후 만주국경찰서로 인도」, 『每日申報』, 1936년 5월 21일.

「反滿軍千餘名을 蘇聯將校가 指揮: 滿洲治安攪亂에 積極進出 注目되는 昨今事態」, 『朝鮮中央日報』, 1934년 7월 8일, 2면.

「反滿分子를 庇護使喉, 蘇聯警備艦事件に滿洲國警告的抗議」, 『朝鮮新聞』, 1933년 7월 12일, 1면.

「白砂城에 共匪出現 滿洲國稅關襲擊 현금 20원과 물품 강탈도주 國境一帶 人心洶洶」, 『每日申報』, 1932년 10월 8일, 8면.

「三角洲(黑龍江烏蘇里江合流點)에서 蘇聯撤退를 要求: 滿洲國訓令에 基하야 文書로 蘇聯領事에 抗議」, 『朝鮮中央日報』, 1934년 9월 22일, 1면.

「三千七百餘回에 五十九萬名襲來 殺傷九百人, 質拉去三千餘 國境對岸의 情勢」, 『朝鮮中央日報』, 1933년 9월 11일, 2면.

「省의 新設廢合 斷行 國境方面公署엔 一流人才充當 滿洲國에서 懸案實施」, 『每日申報』, 1939년 2월 26일, 1면.

「蘇聯軍事當局에서 極東戰備益擴充: 滿洲國境包圍의 施設急進行 赤衞軍總動員狀態」, 『朝鮮中央日報』, 1933년 10월 24일, 1면.

「蘇聯軍用機越境問題에 關し 滿洲國峻烈なる 通達」, 『朝鮮新聞』, 1934년 10월 5일.

「蘇聯의 極東武備와 滿洲國攪亂工作: 最近日蘇開戰說을 盛히 宣傳」, 『朝鮮中央日報』, 1934년 7월 13일, 1면.

「蘇聯側 要塞로부터 滿洲國軍艦을 射擊 陳參謀, 蘇領事에 抗議」, 『每日申報』, 1934년 9월 9일, 2면.

「蘇聯側不法行爲를 滿洲國外交部發表」, 『朝鮮中央日報』, 1935년 10월 24일, 1면.

「蘇聯側에 對하야 滿洲側 抗議 提出: 國境 侵犯 等 不法行爲 指摘코 適切한 解決策을 要求」, 『朝鮮中央日報』, 1933년 8월 29일, 1면.

「蘇政府, 國境一帶에 赤衞隊秘密配置: 滿洲國實力行使像想코 一日有事時의 準備라고」, 『中央日報』, 1933년 4월 22일, 1면.

「安東,新義州聯合防空大演習 好成績裡終了」, 『每日申報』, 1934년 5월 26일, 7면.

「安田平北高等課長 國境第一線 視察 滿洲國과도 連絡調査를 實行」, 『每日申報』, 1935년 10월 25일, 4면.

「鴨綠江對岸地方에 反滿軍 出沒頻頻 出沒한 回數 實로 四千八百回 그 延人員 四十八萬三千六百餘名 豆滿江對岸보다 尤甚」, 『朝鮮中央日報』, 1933년 9월 11일, 2면.

「いかだの時期に入り心配なのは沿岸警戒陳まづ採木公司は傭兵を增加 八木理事長奉天へ」, 『國境每日新聞』, 1934년 4월 21일.

「在滿同胞保護코자 集團地에 警備擴充 동시에 國境警察力도 强化 滿洲國과 折衷中」, 『每日申報』, 1934년 6월 14일, 1면.

「朝鮮警察官五十名推薦, 滿洲國警務司長から總督府に依賴」, 『朝鮮新聞』, 1934년 12월 9일, 2면.

「靑葉をくぐる反滿匪 暗躍物凄い對岸國境 滿洲國は大討伐を敢行」, 『朝鮮新聞』, 1934년 6월 21일, 7면.

「土兵團 出現激增으로 國境警備策 講究 結氷期는 절박 예산은 부족」, 『朝鮮中央日報』, 1935년 11월 8일, 2면.

「平安南道, 戰傷病兵, 滿洲國境の兩事變に活動の勇士, 平壤衛戌病院への收容者けふ迄に五十三名」, 『朝鮮新聞』, 1932년 7월 23일, 3면.

「平安北道, 結氷を前に國境各署の緊張 滿洲國中央文化に追はれ馬賊は江岸東邊道に集中, 今年の警備は困難」,『朝鮮新聞』, 1933년 10월 26일, 4면.

「海防艦も配置 滿洲國國境の警備 愈愈充實」,『朝鮮新聞』, 1932년 5월 9일, 2면.

「現職滿洲國警官이 匪賊襲來를 援助 負傷한 警士는 楚山醫院에 內通者는 匪賊과 合勢逃走」,『每日申報』, 1935년 9월 10일, 5면.

「琿春縣 國境地帶에 朝鮮人 兵隊 配置 이십세 이상 보교 졸업생을 모집 滿洲國 軍政部의 첫 試驗」,『每日申報』, 1935년 7월 25일, 2면.

「黑龍江遡航中의 滿洲國汽船被擊 蘇聯軍隊의不法行爲 外交部에서嚴重抗議」,『每日申報』, 1934년 5월 16일, 2면.

2. 연구서

角張繁,「東邊道に於ける匪賊の動向」, 大亞細亞日本靑年聯盟 編,『第一回滿洲硏究團報告』, 東京: 同聯盟, 1935.

高樹橋,『東北抗日聯軍後期鬪爭史』, 瀋陽: 白山出版社, 1993.

滿洲國軍刊行委員會 編,『滿洲國軍』, 東京: 蘭星會, 1970.

滿洲國史刊行會 編,『滿洲國史』(各論) 上卷, 東京: 滿蒙同胞援護會, 1970.

滿洲國史編纂刊行會 編, 東北淪陷十四年史吉林編寫組 譯,『滿洲國史』(各論) 上卷, 長春: 同編寫組, 1990.

末光高義,『支那の秘密結社と慈善結社』, 大連: 滿洲評論社, 1939.

尹輝鐸,『日帝下 滿洲國 硏究: 抗日武裝鬪爭과 治安肅正工作』, 서울: 일조각, 1996.

3. 연구논문

권경선,「근대 해항도시 안동의 산업구조」,『해양도시문화교섭학』제16집, 2017.4.

김주용,「만주지역 도시화와 한인이주 실태 - 봉천과 안동을 중심으로-」,『한국사학보』제35집, 2009.

김지환,「安奉鐵道 부설과 중국동북지역 신유통망의 형성」,『中國史硏究』제87집, 2013.

김태현,「'신의주·安東'간 密輸出 성격과 조선총독부 團束의 양면성(1929-1932)」, 고려대 한국사학과 석사학위논문, 2017.

김형종,『1880년대 조선-청 공동감계와 국경회담의 연구』, 서울대학교출판문화원, 2018.

박　강, 「1930년대 만주지역의 아편재배와 한인, 그리고 匪賊」, 『한국민족운동사연구』 제92집, 2017.9.

배성준, 「한중의 간도문제 인식과 갈등구조」, 『東洋學』 제43집, 2008.

배재수, 「식민지기 조선의 목재수급 추이 및 특성」, 『경제사학』 제38집, 2005.

손승회, 「근대 한중관계사상의 교통로와 거점: 만철과 안동을 중심으로」, 『한중관계사상의 교통로와 거점』, 서울: 동북아역사재단, 2011.

송병진, 「북중국경조약과 해양경계획정협정의 승계 문제」, 『외법논집』 제38권 제4호, 2014.

오미일, 「간도의 통로, 근대 會寧지방의 월경과 생활세계」, 『역사와 세계』 제51집, 2017.6.

오병한, 「滿洲事變 이전 중국 安東에서 일본의 領事館警察署 설치와 운영」, 『한국민족운동사연구』 제100집, 2019.9.

윤휘탁, 「중국과 북한의 국경관리실태: 1950~1960년대를 중심으로」, 『中國史研究』 제110집, 2017.10.

_____, 「中國의 吉林省 東部邊疆 및 두만강 出海認識과 戰略」, 『中國史研究』 제113집, 2018.4.

이경미, 「일제하 新義州 木材業界의 변동과 木材商組合의 활동(1910~1936)」, 서울대 대학원 社會敎育科 歷史專攻 석사학위논문, 2016.8.

이은자, 「중일전쟁 이전 시기 중국의 국경도시 安東의 이주민-교류와 갈등의 이중주」, 『중국근현대사연구』 제62집, 2014.6.

_____, 「한중간 영토 분쟁에 대한 비판적 검토」, 『아시아문화연구』 제14집, 2008.

이은자·오미일, 「1920~1930년대 국경도시 신의주의 華工과 사회적 공간」, 『史叢』 제79집, 高麗大學校 歷史研究所, 2013.

이장희, 「통일후 조중국경조약의 국가승계문제」, 『白山學報』 제91집, 2011.

조윤경, 「동북공정논쟁 이후의 한중 양국의 인식차이에 대한 비교연구」, 『중국학』 제31집, 2008.

賈小壯, 「開埠通商與安東小商埠城市社會變遷研究(1906-1931)」, 吉林大學 博士學位論文, 2015.

姜麗, 「鴨綠江流域森林資源與安東縣木材中心市場的形成(1876—1928)」, 東北師範大學 碩士學位論文, 2007.

江沛·程斯宇, 「安奉鐵路與近代安東城市興起(1904-1931)」, 『社會科學輯刊』, 2014년 제5기.

慕鋒, 「近代安東海關研究(1907-1932)」, 遼寧大學 碩士學位論文, 2014.

羅越, 「近代安東地區蠶絲産業研究」, 東北師範大學 碩士學位論文, 2011.

李蕾萌, 「近代丹東城市規劃的歷史研究與啓示」, 大連理工大學 碩士學位論文, 2010.

葉宗恩, 「安東鐵路附屬地發展概述」, 『檔案春秋』, 2017年 第3期.

魏琳娜, 「自開商埠與丹東城市近代化研究(1903—1931)」, 東北師範大學 碩士學位論文, 2007.

張玉清, 「論丹東絲綢在東方絲路交往中的歷史地位和作用」, 延邊大學 碩士學位論文, 2010.

張志勇, 「安東港的興盛及其原因探析」, 遼寧大學 碩士學位論文, 2014.

菅野直樹, 「鴨緑江採木公司と日本の満州進出--森林資源をめぐる対外関係の変遷」, 『國史學』第172號, 2000.8.

永井リサ, 「日本帝國主義下における辺境開発: 安東の柞蠶製糸業を例として」, 『史學雜誌』第108卷 第12號, 1999.

塚瀬進, 「日中合弁鴨緑江採木公司の分析—中國東北地域における日本資本による林業支配の特質」, 『アジア経済』第31卷 第10號, 1990.10.

아시아태평양전쟁기 일제의 조선인 학병 동원 담론*

국민윤리 규범의 맥락을 중심으로

윤효정(순천대학교)

Ⅰ. 머리말

1937년에 발발한 중일전쟁의 장기화에 따라 일제는 식민지 조선에도 국가총동원법을 적용했다. 국가총동원법은 전쟁 수행을 위한 인적·물적 자원의 동원을 정당화시킨 제도적 근거로, 이 법의 적용과 함께 조선 민중은 일제의 침략전쟁 수행의 '협력'을 강요당하면서 의식과 행동을 통제 당했다.

1941년 12월 일제의 진주만 공습을 계기로 전역은 태평양 지역으로 확대되었다. 아시아태평양전쟁[1]이라고 불리는 이 전쟁은 일제의 침략전쟁 목

---

* 윤효정, 「일제 말 『매일신보』의 조선인 학병 동원 담론의 양상과 특징」, 『동북아역사논총』 67권, 2020의 일부를 수정한 것임.

1) 1941년 12월 이후의 전쟁을 일제는 '대동아전쟁'으로, 미국은 '태평양전쟁'으로 명명했다. 대동아전쟁은 '천황'을 중심으로 내지-동아-대동아로 동심원적으로 확장한 제국 일본의 지정학적 인식이 반영된 것이고, 태평양전쟁은 태평양 전장을 유럽 전장과 구분한 미국의 용어였다. 이 두 용어는 제국 일본과 미국의 입장이 반영된 것으로, 전자는 군국주의의 색채로 인해 공식적인 용어로 사용하기에는 거부감이 크며, 후자는 아시아 지역의 전쟁

적과 전시 동원의 양태를 변동시켰다. 연합국의 반격과 전황의 변경에 따라 '대동아공영권'의 내용은 수정되었고,[2] 조선의 위상과 역할 역시 조정되고 강화되었다.[3]

이렇듯 조선의 전쟁 수행 역할이 재편되고 제고되는 속에서 1943년 10월 20일 일제는 육군특별지원병임시채용규칙을 발표했다. 이 규칙은 1917~1923년 사이에 출생한 대학과 고등전문학교의 조선인 재학생 및 졸업생의 징집유예를 해제했다(이하 학도지원병제).[4] 학도지원병(이하 학병) 적격자들은 1944년 시행 예정이었던 징병제의 징집 대상에서 제외되었던 이들로, 학도지원병제의 발표와 시행으로 인해 갑작스럽게 입대 문제에 직면하게 되었다.

학도지원병제는 법제상 자율적인 선택에 기반했다. 그러나 '지원이라는 이름의 징병[5])과 같은 표현에서 상징되듯 이 제도의 시행에서 자율성은 보장되지 않았다. 이 점은 지원에서 징병검사, 입대, 탈영까지 학병에 관한 종합적인 연구를 처음 체계화한 강덕상의 연구에서 지적되었다.[6] 그는 조선 내 적격자 중 96%라는 높은 지원율 이면에 있었던 반복적인 슬로건을 활용한 언론의 선동, 경찰의 개입과 적격자 가족에 대한 협박, 학교 당국의 강요에 가까운 설득, 친일 협력자들을 동원한 강압적인 권유 등에 주목했다. 이 연구에 따르면, 학도지원병제는 적격 학생들을 둘러싼 사회 전 요소를 가동시켜 '지원할 것'을 강요한 명분상의 지원일 뿐이었다.

상황을 배제한다는 점에서 한계가 있다. 이 때문에 학계에서는 태평양 전역과 더불어 아시아 대륙의 전쟁 상황을 포괄할 수 있는 아시아태평양전쟁이라는 용어가 제기되었다. 김명섭, 「전쟁명명의 정치학: "아시아·태평양전쟁"과 "6·25전쟁"」, 『한국정치외교사논총』 30-2, 2009, 77~81쪽.

2) 이에 대해서는, 이형식, 「'내파'하는 '대동아공영권'」, 『사총』 93, 2018 참조.

3) 오태영, 「아시아-태평양전쟁과 조선의 위상 변동-인문사 편집부 편, 『대동아전쟁과 반도』를 중심으로-」, 『일본학연구』 34, 2011.

4) 학도지원병제 실시를 위한 제반 법령의 내용 및 절차는 표영수, 「일제말기 병력동원정책의 전개와 평양학병사건」, 『한일민족문제연구』 3, 2002, 117~118쪽 참조.

5) 강덕상 지음, 정다운 옮김, 『일제 강점기말 조선학도병의 자화상』, 선인, 2016, 15쪽(姜德相, 『朝鮮人學徒出陳』, 岩波書店, 1997의 번역본).

6) 강덕상 지음, 정다운 옮김, 위의 책.

이후 표영수는 학도지원병제의 시행을 강제동원의 한 형태로 파악해야 한다는 문제를 제기하면서 평양학병사건과 같은 집단 저항과 입대한 학병들의 부대 탈출 현상에 주목했다.[7] 이에 따르면, 저항과 탈주는 학도지원병제의 강제성을 증명했다. 자발적인 지원이었다면 저항과 탈주는 설명되기 어렵기 때문이다.

이처럼 학도지원병제는 법제상 지원제였음에도 사실상 강제동원이었다는 점이 제기되었다. 이후 연구의 관심은 지원을 강제한 방식으로 옮겨졌다. 학도지원병제가 법령을 초월해 강제적으로 운영되었다면, 강제성을 가능하게 한 다른 차원의 요소를 찾아야 하기 때문이다.

류시현은 일제와 조선인 협력자들이 일본국을 위한 '애국심'보다는 지원하지 않는 것을 비겁하고 무책임한 것으로 규정하는 수치심 유발과 같은 '감성동원'의 방식을 사용하면서 조선 민족을 위해 전쟁에 참가해야 한다는 논리를 전개했다는 점에 주목했다.[8] 전시동원의 감성적 매커니즘은 강제성 측면에서 법제상 '결함'을 가지고 있었던 학도지원병제였음에도 불구하고 어떤 요소가 대부분의 적격 학도를 지원의 대열에 서게 했는가라는 의문을 해명하기 위한 접근법으로 주목할 만하다.

필자는 이 문제를 해명하기 위해 법령 이외의 제도적 요소로서 윤리 규범에 주목하고자 한다. 윤리는 법률과 다른 차원에서 공동체의 유지를 위해 지켜야 하는 규범적 의무를 사회 구성원에게 제시한다. 따라서 윤리 역시 법령처럼 사회 구성원의 행위를 제약한다.

필자는 '지원'을 강제한 방식으로서 '국민' 윤리에 초점을 맞춘 일제의 학병 동원 담론을 살펴볼 것이다. 즉 학병 동원 담론에서 윤리 규범이 어떻게

---

[7] 표영수, 앞의 글, 114~115쪽. 한편 탈출학병들의 항일운동에 대한 연구들이 진행되었다. 이에 대해서는 조건, 「일제 말기 한인 학병들의 중국지역 일본 군부대 탈출과 항일 투쟁」, 『한국독립운동사연구』 56, 2016, 79쪽 참조.

[8] 류시현, 「태평양전쟁 시기 학병의 '감성동원'과 분노의 기억」, 『호남문화연구』 52, 2012, 110~111쪽(류시현, 『한국 근현대와 문화 감성』, 전남대학교출판부, 2014에 수록). '감성동원'에 대해서는 정명중, 「파시즘과 감성동원-일제하 '국민문학'에 대한 고찰-」, 『호남문화연구』 45, 2009 참고.

활용되었는지 검토함으로써 학병 동원 과정에서 법제상 보장되었던 자율성이 침해되었던 측면을 논증하고자 한다.

자료로는 매일신보9)를 활용했다. 매일신보는 조선총독부의 기관지로서 일제의 의도를 파악하는 데 적절하다고 판단했다. 또한 학병 동원은 1943년 10월 20일 관련 법령의 발표일에서 지원 마감일이었던 11월 20일까지 한 달 정도로 아주 짧게 진행되었다. 따라서 월간으로 출판된 잡지 매체들에 비해 일간지인 매일신보가 학병 동원 담론을 파악하는 데 보다 좋은 재료가 된다.

이하 본문에서는 우선 ▶매일신보의 보도 실태를 검토한 후, ▶매일신보에서 학도지원병제의 위상을 어떻게 제시했는지를 살펴보고자 한다. 이어서 ▶자발성을 강제한 요소로서 국민 윤리 규범이 활용된 방식을 파악할 것이다. 마지막으로, ▶ 윤리 규범에 의존한 학병 동원 담론이 적격 학도들의 자유의사를 침해하고 미지원자에 대한 '처벌'을 정당화시킨 근거로 작용했다는 점을 확인하고자 한다.

궁극적으로 필자는 학병 동원 담론의 구도와 효과에 대한 해명을 통해 "이유와 의도는 설명할 필요가 없다는 철칙"하에 당위적인 '슬로건으로 꾸며낸 자기모순'이라는 평가10)를 넘어 일제의 학병 동원 논리를 구체화하고 제도적 측면에서 동원을 가능하게 했던 강제적 요소로서 윤리 규범을 제기하고자 한다.

---

9) 이 글에서는 국립중앙도서관 대한민국신문아카이브에 업로드된 매일신보를 검토했고, 조선어문에 한정했다. 조선어문 신문 지면이 남아 있지 않은 11월 1일과 11일은 제외했다.
10) 강덕상 지음, 정다운 옮김, 앞의 책, 217쪽.

Ⅱ. 『매일신보』의 보도 실태

매일신보에는 1943년 10월 20일 학도지원병제 발표에 대한 보도를 시작으로 11월 20일 지원 마감 기일까지 32일 동안 사설을 포함하여 총 323개의 기사가 실렸다. 하루 약 10개씩 실린 셈이었다. 그러나 학병 동원을 위한 기사들이 고르게 분포되어 있지는 않았다. 전반적인 보도 추이는 〈표 1〉과 같이 크게 세 시기로 구분할 수 있다.

<표 1> 학도지원병 관련 기사 보도 추이 (1943.10.20.~11.20.)

연번	기간	기사 총수	하루 평균 기사수	주요 이슈
1	1943.10.20~11.4.	55	3	학도지원병제의 의의
2	1943.11.5.~11.11.	66	9	적격 학도의 자세
3	1943.11.12.~11.20.	202	22	지원 회피자에 대한 경고

첫째 단계는 10월 20일~11월 4일까지로 이 16일 동안 총 55개의 기사가 실렸다. 많게는 14건까지 실렸고, 10월 23일에는 관련 기사가 보도되지 않았다. 하루 평균 3건 정도의 기사가 보도된 처음 16일간 매일신보의 주된 이슈는 학도지원병제가 어떤 의의를 가지고 있는가였다.

둘째 단계는 11월 5일~11일까지 약 일주일이었다. 이 기간 동안 총 66개, 하루 평균 9개의 기사가 보도되었다. 적게는 10건, 많게는 12건 정도의 기사가 지면에 담겼다. 이 일주일 동안 매일신보에서 다룬 핵심적인 이슈는 학도 지원의 자격을 가진 조선인 학도들이 이 제도에 대해 어떤 자세를 취해야 하는가였다.

마지막 단계인 11월 12일~20일까지 9일간은 가장 많은 기사 수를 드러냈다. 9일 동안 총 202개의 관계 기사가 보도되었다. 하루 평균 22개의 기사로, 기사 수는 기존 단계에 비해 2배 이상 증가되었다. 마지막 9일은 학병 지원을 위한 특집호로 구성되었다고 해도 과언이 아닐 만큼 관련 기사가 집중적으로 보도되었다. 이 기간 동안 매일신보 지면의 주요 이슈는 지원 기피 학도에 대한 처분과 응징 등으로 지원 회피자에 대한 경고 메시지와 다름없었다.

이처럼 지원마감일이 다가옴에 따라 매일신보의 기사는 양적으로 점점 더 많아지는 추세를 보였다. 또한 학도지원병제의 의의를 설명한 후 학도지원의 명분을 제시하고 미지원자를 압박하는 수순으로 기사를 배치하면서 학도 지원의 당위성을 전달했다.

한편 일제는 학병에게 다른 지원병들과 달리 장교가 될 수 있도록 간부후보생 자격을 부여했다. 그러나 이와 같은 내용이 담긴 기사와 사설은 〈표 2〉에서 보듯이 총 22개에 불과했다. 전체 기사 323개에 비해 비중이 매우 작았다. 즉 간부후보생의 자격 부여 등 대우 문제는 전반적인 학병 관련 보도에서 중심적인 소재는 아니었다. 매일신보의 기사에 당시 식민 관료, 일본인 유력자 및 조선인 협력자들의 견해가 응축되어 있다고 할 때, 이들이 학병 동원을 위해 간부후보생 자격 부여 문제를 적극적으로 활용했다고 하기는 어렵다.

<표 2> 간부후보생 자격 부여에 관한 기사 및 사설(1943.10.20.~11.20.)

연번	기간	관련 기사수	기사 총수
1	1943. 10. 20.~11. 4.	13	55
2	1943. 11. 5.~11. 11.	4	66
3	1943. 11. 12.~11. 20.	5	202

또한 이 22개 기사 중 13개 기사가 첫 번째 단계인 10월 20일~11월 4일에 해당했다. 이 시기의 기사 수 55개 대비 24% 정도의 비중이었다. 낮은 수치는 아니지만, 이 기간의 전체 이슈를 좌우할 정도의 절대적인 수치도 아니었다. 즉 간부후보생 자격 부여 이슈는 이 시기 중심적인 이슈는 아니었다.

이어서 두 번째 단계는 4개, 마지막 단계는 5개로 각각 66개, 202개 대비 6%, 2%로 아주 작은 비중을 차지하고 있었다. 이렇듯 11월 5일 이후 간부후보생의 자격을 부여한다는 학병에 대한 대우 문제는 지극히 부수적이었다.

이처럼 학병 지원에 있어 간부후보생 자격 부여 문제는 크게 부각되고 있지 않았다. 의당 적격 학도 입장에서 간부후보생이 될 수 있다는 '희망'이 학병 지원의 동기로 작용될 여지는 그리 크지 않았다.[11] 따라서 당시 매일신보에서 자주 볼 수 있는 '천재일우의 기회'라는 표현을 일본군 장교가 될 수 있는 '특혜'로 이해[12]하는 것은 경계할 필요가 있다.

매일신보는 근 한 달가량 상당수의 지면을 학병 관련 기사로 채웠다. 사설뿐 아니라 학병 지원의 당위성을 설파하는 식민 관료들의 언설 등이 보도되는 한편, 조선인 학생 및 가정의 동향과 조선인 지식인층의 독려 언설 및 활동 등이 기사화되었다.

매일신보에 실린 조선인들의 반응을 보여주는 여러 사례나 기명 수기 등이 독립적인 판단에 따라 작성되었는지는 불분명하다. 그럴 수도 있고 아닐 수도 있다. 중요한 것은 매일신보에 실린 모든 사례와 수기는 학병 지원이라는 하나의 방향을 향해 있었다. 즉 수많은 사례와 수기는 진위 여부를 떠나 매일신보 편집진의 편집 의도를 보여준다.

결국 주목해야 하는 것은 편집 방식이다. 매일신보의 기사는 크게는 총독, 학무국장 등 식민당국의 언설 또는 사설로 명제를 제시하고 조선인 학

---

[11] 훗날 학병들의 수기와 구술을 분석한 한 연구에 따르면, 학병들은 간부후보생 시험을 보고 장교가 된 이유로 ① 군 생활을 높은 계급에서 조금이나마 편하게 하고자 했던 욕구와 ② 장교 교육 기간 동안은 전선으로 가지 않을 것이라는 생존 본능을 거론했다고 한다. 또한 생존을 위해 간부후보생 시험을 피한 사례도 있었다. 전반적으로 학병 출신의 기억에서 장교를 선택한 고민은 구체적으로 드러나지 않는 망각의 지점이었다고 한다(오제연, 「조선인 학병 출신의 기억과 망각」, 『사림』 57, 2016, 23~26쪽). 기억은 과거의 사실을 은폐·변형·과장시킬 수 있고, 해방 이후 학병 출신들이 일본군의 장교가 되기 위해 학병에 지원했다는 수기를 남기지는 않았을 것이다. 그러나 장교가 되는 것이 생존에 불리하다는 판단을 했던 사례를 고려할 때, 간부후보생이 되어 장교가 될 수 있다는 점이 학병 지원 기간 동안 적격 학도들에게 설득력이 있었으리라고 단정하기는 어렵다.

[12] 정안기, 「학도지원병, 기억과 망각의 정치사」, 이영훈 외, 『반일 종족주의』, 미래사, 2019, 110쪽.

도 또는 가정의 반응을 제시하는 방식으로 편집되었다. 경우에 따라서 관변 단체 대표자 또는 사회 유명인사들의 설명이 부언되기도 했다. 요컨대 매일 신보는 식민당국의 요구를 사설 또는 유력 관료의 발언을 기사화하여 전달한 후 학도와 가정의 여러 사례 제시를 통해 식민당국이 조선인에게 부여한 역할을 조선인들이 스스로 찾아가는 모습을 보여주는 방식을 취했다.

Ⅲ. 내선일체 완성의 필수 절차로서 학도지원병제

학도지원병제가 관보를 통해 발표되었던 10월 20일 매일신보는 이 제도에 대해 '반도와 대만 학생'도 "내지 학생과 같이 특별지원병으로 채용되어 간부후보생 이 될 길이 열린 것"이라고 소개했다.[13] 그리고 다음 날인 21일 사설을 통해 '반도인 학생 생도'도 '내지인 학생과 같이 군무(軍務)'를 담당할 수 있게 되었다고 하면서 이 제도를 환영했다.[14] 일본인 학생들은 이미 '재학 징집연기임시특례'를 통해 징병검사를 눈앞에 두고 있는 때였다.[15] 22일자 매일신보 1면에 보도된 일본 도쿄에서 진행된 '출진학도장행회'의 모습[16]은 곧 일본 학도들처럼 '황군'에 입대할 조선인 학도들의 모습을 예상케 했다.

'내지인 학생과 같이'라는 문구는 학도지병원제를 설명할 때 상투적으로 나오는 문구였다. 이는 10월 30일에 개최된 '대학 · 전문학교 임전결의대회' 당시 고이소(小磯] 총독의 내선구별의 소멸 선언과 일맥상통했다.[17] 즉 조선에서 시행될 학도지원병제는 제도적 차원에서 일본인과 조선인의 구별

---

13) 「特別志願兵으로 採用 高專校在學 半島學徒의 榮譽」, 『每日新報』, 1943년 10월 20일(조간), 3면.
14) 「社說 半島學徒의 光榮」, 『每日新報』, 1943년 10월 21일(조간), 1면.
15) 강덕상 지음, 정다운 옮김, 앞의 책, 16쪽.
16) 「一刻猶豫도 不許 首相 訓示出陣學徒壯行會盛況」, 『每日新報』, 1943년 10월 22일(조간), 1면.
17) 「欣然! 軍門에 突進」, 『每日新報』, 1943년 10월 31일(석간), 1면.

을 무의미하게 만드는 황국신민화의 완결을 의미했다. 이는 침략전쟁이 시작된 이래 추진된 황민화 정책[18]의 결산이기도 했다.

일제에 따르면, 내선일체를 완성시키는 제도는 마련되었다. 그리고 그것은 '지원'의 형태였다. 따라서 학도지원병제를 현실화하기 위한 책무는 조선인 학도 개개인에게 부과되었다. 식민당국은 조선인 학도들에게 '국가의 일원'[19]임을 자각하여 황군에 지원함으로써 황국신민임을 증명할 것을 주문했다. 이는 26일 보도된 대학·전문학교장 회의 당시 고이소 총독의 훈시에 적절하게 표현되었다.

> 特히 志願이야말로 積極的인 赤誠의 表徵이며 皇國臣民으로서의 信念을 顯現하는 所以로서 百의 理論, 千의 壯語도 다만 이 一行만 같지 못하다고 할 것이다. 다시 말하면 이제야 學徒는 "溫室의 草花"인 境遇를 떠나 嚴肅한 試鍊의 홀로 나서 참으로 自己自身을 사람으로서 鍛鍊陶冶할 境遇로 된 것으로서 이리하여 敎育의 眞義를 體得할 好機緣에 處할 수 잇는 것을 大悟할 때이며 그 父兄들도 역시 이를 理解하는 大愛로써 그 子弟의 나갈 일을 그릇되게 하지 않도록 힘써야 할 때다.[20]

이에 따르면, 학병 지원은 황국신민의 정신과 마음을 구체적으로 나타내는 적극적인 실천이었다. 학도지원병제는 법적 차원에서 강제적이지 않았던 만큼 학도 개개인의 '적극적인 적성'과 '황국신민으로서의 신념'이 필요했다.

그리고 고이소 총독은 학병 지원이야말로 조선인 학도들이 홀로 견뎌야하는 '시련'의 과정이라고 했다. 이 시기 학병이 되어 전장에 나가는 것은 '황국'을 위한 죽음을 각오해야 하는 것이었기 때문이다. 총독은 위 훈시에서 '순국'이라는 표현을 사용했다. 이외에도 학병 지원 기간 동안 죽음을 연

---

18) 전시체제기 황민화 정책에 대해서는 宮田節子 著, 李熒娘 譯, 『朝鮮民衆과 「皇民化」政策』, 일조각, 1997 참조.
19) 「社說 學徒總進軍의 秋」, 『每日新報』, 1943년 10월 22일(조간), 1면.
20) 「一億必勝의 戰鬪配置 半島學徒蹶起하라」, 『每日新報』, 1943년 10월 26일(석간), 1면.

상시키는 말은 매일신보 지면에서 수없이 반복되었다. 즉 황군의 일원이 되다는 것은 전장에서의 죽음까지 껴안는 행위였다.

아시아태평양전쟁의 시작 이래 언제부턴가 일상적으로 사용되었던 '결전'은 1943년 말에도 끊임없이 사용되었다. 그러나 1943년 말 결전은 거듭된 결전 끝에 온 '정점'으로, 이 결전에서 승리하지 못하면 '일본민족의 전멸'을 가져올 수 있는 대대적인 결전이었다.[21] 이 시기 결전은 무수한 생명을 요구하는 '소모전'이었고, 그 승리를 위해서는 더 많은 생명이 필요했다. 전사(戰死)는 현실적이었다.

그런데 실제 전황은 일본의 승리보다는 패배를 예견케 했다. 1942년 6월 미드웨이 해전의 패배는 일본에게 치명적이었고, 같은 해 과달카날 전투에서 전쟁의 주도권은 미국으로 넘어갔다. 그뿐만 아니라 1943년 상반기 일본 대본영에서는 현실적으로 태평양에서 미국에 맞서 승리할 수 없음을 사실상 인정했다.[22] 전황을 놓고 봤을 때, 수많은 죽음의 요구는 맹목적이었다.

요컨대 학병 지원은 맹목적인 헌신과 희생의 황국신민 정신을 요구하는 것이었다. 그리고 일제는 그것을 내선일체의 실천이라고 했다. 즉 조선인 학도는 학도지원병제라는 제도적 차원의 내선일체를 죽음까지 포괄한 개인의 희생으로 현실화해야 할 과제 앞에 놓여 있었다. 이처럼 일제가 기획한 학도지원병제는 조선인 학도 개개인의 황국신민으로서의 자각과 이에 기반한 능동적 실천을 통해 그것의 목적을 구현할 수 있는 것이었고, 학도의 부모 역시 자각과 깨달음으로 학도의 실천을 조력해야 했다.

또한 학병은 다른 지원병들과 달리 6개월의 훈련기간 없이 입대와 동시에 현역에 편입되어 간부후보생이 될 자격이 부여되었다.[23] 그러나 이 점

---

21) 「大節義를 體得하자」, 『每日新報』, 1943년 10월 31일(석간), 1면; 「크게 깨우처, 蹶起하라」, 『每日新報』, 1943년 11월 5일, 3면.
22) 앤터니 비버 지음, 김규태·박리라 옮김, 김추성 감수, 『제2차 세계대전』, 글항아리, 2017, 468쪽, 532쪽, 832쪽.
23) 학도지원병제를 실시해 학병에게 간부후보생이 될 자격을 부여한 것은 1944년부터 징병제가 시행될 경우 일본어에 서툰 조선인 신병을 이끌 장교가 필요했기 때문인 것으로 해석된다. 강덕상 지음, 정다운 옮김, 앞의 책, 414쪽.

은 특혜보다는 책임의 맥락에 있었다. 한 사설에서 매일신보는 황군의 간부가 될 학도들은 솔선하여 '국가'(일본)에 충성할 중대책무가 있다고 강조했다.[24] 고이소 총독 역시 위 훈시에서 향후 학병에 대한 지도방침으로 "고등교육을 받은 자로서 무대(務待)와 책임(責任)을 자각하게 할 것"을 제시했다.

매일신보는 다른 이들보다 더 무거운 책임이 있는 조선인 학도의 황국신민으로서 자각과 확고한 실천 의지를 보여주고자 했다. 매일신보 지면에 실린 경성제대 법문학부 2학년에 재학 중인 금본광치(金本光治)의 수기는 황국신민으로서의 자각이 어떠한 것인지를 보여주기에 충분했다.

> 숨길도 가쁘게 겹겹이 싼 옷을 하나하나씩 벗어버리고 赤裸裸한 알몸으로 돌아와 참된 道義의 決戰場을 향하여 뛰어들지 않으면 안된다. 우리는 우리의 純潔한 血潮로서 새로운 歷史의 創造에 參加하지 않으려는가. 이것은 우리 젊은 靑年에게 賦與된 特權인 것이다.
> 一瞬一瞬 死에 直面하는 嚴肅한 마당에 서지 않고는 참으로 感激과 光榮의 皇民化의 精神을 體得할 수 없을 것이며 一個의 說敎師보다도 人生의 荒野에서 惡戰苦鬪하는 劍雷彈雨가운데 突入하여 비로서 平素보다 몇 十倍의 體驗을 얻을 수 있는 것이다. 우리 靑年學徒도 苛烈한 世紀의 試鍊道場에 뛰어들어 貴重한 體驗을 얻음으로서 半島民衆을 皇國臣民으로서의 水準에 끌어올려 참된 內鮮一體의 實現을 이루지 않으면 안된다.[25]

황국신민으로서의 자각은 부자연스러운 옷들을 벗어내고 알몸이 되는 과정에 비유되었다. 또한 이 수기에 따를 때, 내선일체는 오랜 세월 '인습과 낡은 사상에 얽매인 오욕의 역사'에서 해방되는 과정이었다. 이는 조선·조선인이라는 구형태에서 일본·일본인이라는 신형태로의 질적인 변태라는 점에서 적극적인 새역사의 창조 과정으로 묘사되었다.

---

24) 「社說 學徒의 出陣을 祝함」, 『每日新報』, 1943년 10월 24일, 1면.
25) 金本光治(城大 法文學部 2年), 「決戰場에 달리는 學徒의 熱情 ① 皇國大生命에 融合」, 『每日新報』, 1943년 11월 3일, 1면.

금본광치는 이 새 역사를 열 시대적 과업 수행을 위해 요구되는 진정한 황국신민 정신은 총알이 빗발치는 전장에서 죽음에 직면하는 순간순간에 체험할 수 있다고 했다. 즉 내선일체의 진정한 구현은 '순결한 피'를 통해 이루어질 것이고, 청년 학도만이 이와 같은 실천을 수행할 수 있다고 자신 했다. 요컨대 매일신보는 조선인 학생의 입을 빌려 학병 지원이 조선인의 일본인화와 조선의 황민화를 완수하겠다는 조선인 학도의 능동적인 실천 의지를 요구한다는 점을 전달했다.

이상 매일신보의 보도에 근거할 때, 일제는 학도지원병제에 특별한 의미 를 부여했다. 즉 학도지원병제는 조선인의 황국신민화를 지향한 내선일체 의 마지막 단계였다. 그리고 그 실현은 조선인 학도의 주체적인 순국 결단 과 실천을 통해서만 가능했다. 따라서 내선일체의 완성, 내선구별의 소멸은 조선인 학도의 손에 달려 있었다.

Ⅳ. 국민의 윤리적 의무로서 강제된 자기결정

학도지원병제의 실시가 예견되자 학도들은 학병 지원의 문제에 직면했 다. 학생들의 반응을 객관적으로 파악하기는 어렵지만 오노[大野] 학무국장 이 중추원 석상에서 한 다음과 같은 발언을 볼 때, 조선인 학생들의 학병 지원 의지는 그리 높지 않았다.

> 今般의 特別志願兵은 그 制度實施의 根本的 意義에 想到할 때 결코 '志願'의 文 字에 拘泥할 것이 아니라는 것을 누구나 豁然히 自覺할 것이다. 卽 皇國의 至 高한 要請에 어찌 日本臣民된 靑年들이 스스로의 恣意에 左右되어 이 無上의 光榮에 浴하는 機會를 놓쳐버릴 수 있을 것인가.[26]

위 학무국장의 발언에 따르면, 지원은 사전 그대로의 의미가 아니었다. 사전적으로 지원은 개인의 자율적인 의지에 따른 선택을 의미한다. 그러나 학무국장은 그 사전적 의미에 구애받지 말아야 한다고 강조하면서, 학도지원병제의 본질을 망각하고 자의적으로 해석하여 해도 그만 안 해도 그만이라는 학생들의 태도를 책망했다. 또한 매일신보는 "한 사람도 빠짐없이 지원을 해야 한다"는 조선군 보도부장의 말을 전했고,[27] 사설을 통해서도 모든 학도가 지원해야 한다고 거듭 강조했다.[28]

이처럼 학도지원병제는 법제상 지원제도였음에도 불구하고 적격 학도 개개인의 자유의사를 보장하지 않았다. 학무국장의 말을 빌리면 학도지원병제의 '근본적 의의' 때문이었다. 일제가 학도지원병제에 내선일체의 완성이라는 의의를 부여했다는 점을 상기시킬 필요가 있다. 이를 현실화하기 위해서는 학도들의 지지가 요구되었고, 그렇기 때문에 학병 지원의 당위성이 강조되었던 것이다. 결국 전원 지원을 실현하기 위해서는 법적인 '한계'를 극복해야만 했다. 즉 학도지원병제는 법령 외적인 요소에 의해 강제될 필요가 있었다.

> 같은 兄弟들이 戰火 가운데로 뛰어들고 있는 이때 自己의 個人事情, 또는 家庭의 事情 等을 理由로 自己에게 맡겨진 榮譽의 길을 헛되이 할 수 있을 것인가. 그것은 다만 個人의 事情에 不過하다. 그것은 國家目的이라는 至上命令에 依하여 解消될 조그마한 事情에 不過하다.[29]

위 글은 경성법학전문학교의 나츠야마 마사요시[夏山正義]가 쓴 수기의 일부이다. 이 수기에서 학병 지원은 '지상명령'이었다. 그리고 그것은 '국가

26) 「半島精氣를 滅敵에」, 『每日新報』, 1943년 11월 6일, 1면.
27) 「歸省者는 곳 學校로 가라 長屋朝鮮軍報道部長要望」, 『每日新報』, 1943년 11월 6일, 1면.
28) 「社說 빨리 志願하자」, 『每日新報』, 1943년 11월 8일, 1면.
29) 夏山正義(京城法學專門 1年), 「決戰場에 달리는 學徒의 熱情④ 國家잇고 個人도 잇다」, 『每日新報』, 1943년 11월 7일, 2면.

를 목적으로 한 것이었다. 즉 지원은 법률상의 명령이 아니라 국가에 속한 국민이라면 마땅히 지켜야 하는 윤리적 차원의 규범이었다.

국민의 윤리적 규범으로서 학병 지원은 다른 일본인 학생들의 학병 지원과 대조되면서 정당화되었다. 일본인 학생들이 국민의 도리를 다하기 위해 전장으로 출진하는 상황에서 같은 국민('같은 형제')으로서 조선인 학생들이 이를 회피하는 것은 부당하다는 논리였다. 즉 개인의 사정 혹은 가정의 사정이 국민 윤리의 규범에서 예외가 될 수 없다는 말이었다.

마사요시의 아버지인 나츠야마 시게루[夏山茂]는 한 인터뷰에서 일본 학생들이 전장에 나가는 속에서도 모른 척하는 행위는 '비열하고 의리부동'하다고 했다.[30] 즉 윤리적 차원에서 학병 지원 회피 또는 거부는 국가공동체의 같은 구성원으로서 허용될 수 없다는 것이었다. 또한 김산석원(金山錫源)[31] 중좌 역시 한 강연회에서 국가가 위기에 처한 현재 힘든 일을 타인에게 맡기고 자기만 편안하면 그만이라는사고 또는 내 자식이 안 해도 다른 이들이 할 것이라는 부모의 사고는 국민으로서 그릇된 것이라고 했다. 또한 이와 같은 그릇된 사고를 하는 이들은 '국민이 아니'라고 단언했다.[32]

한편 학병 지원을 망설이는 자는 '낙오자'[33]라고도 불렀다. 낙오자는 황국신민화의 정도에서 뒤처진다는 의미였다. 식민당국은 청년 학도의 황국신민화 정도의 완급을 허용하지 않았다.[34] 현재 적격 학도들은 '병합' 이후에 태어나 소학교부터 최고 학부까지 다니게 된 '천황의 은혜'를 온전하게 받은 이들로 국민된 적성을 실천하는 데 부족함이 없기 때문이었다.[35] 국

---

30) 「判斷하라 우리 榮譽 學徒의 갈길은 單하나」, 『每日新報』, 1943년 11월 5일, 3면.
31) 金錫源의 창씨명이다. 그는 육사 출신으로 중일전쟁 당시 중국 전선에 참전했고 지원병 및 학병 권유 활동을 전개했다. 해방 이후 한국군 제1사단장을 역임했다. 강덕상 지음, 정다운 옮김, 앞의 책, 403쪽.
32) 「죽엄을 두려워말라 盡忠報國의 赤城을 다하라」, 『每日新報』, 1943년 11월 12일, 2면.
33) '낙오자'는 11월 5일 기사에 처음 등장했다. 「法文系大學, 專門校長會議」, 『每日新報』, 1943년 11월 5일, 3면.
34) 「社說 빨리 志願하자」, 『每日新報』, 1943년 11월 8일, 1면.
35) 「하로바삐 決定하라 가느냐, 뒤지느냐 두 길뿐 大野 學務局長 學徒總蹶起促求」, 『每日新報』, 1943년 11월 6일, 3면.

민 윤리 규범을 체득하지 못할 이유가 없었던바, 아직도 깨닫지 못한 이들은 수준 미달의 '낙오자'였던 것이다.

요컨대 학병 지원은 윤리 규범의 영역에서 절대적이고 의무적이었다. 이에 따르면, 조선 학도들은 사적인 가정의 껍질을 떨쳐내고 일본 국가의 국민이라는 정체성과 국민으로서 마땅히 지켜야 하는 윤리 규범을 자각해야 했고 '자발적 지원'으로 깨우친 자각을 구체적으로 표현해야 했다.

앞의 나츠야마 시게루는 학도와 부모 모두 편협하고 사사로운 사랑에서 해방되어 일본국의 한 국민으로서 학병 지원을 주체적으로 결정하고 지지하는 '거대한 개인의 혁명'[36]을 일으켜야 한다고 강조했다. 혁명을 되돌릴 수 없는 단절[37]이라고 정의할 때, 조선·조선인의 정체성을 버리고 일본·일본인의 정체성을 체득하여 일본 국민으로서 새롭게 자각하고 실천해야 한다는 나츠야마의 주장은 조선인으로 살아온 오랜 세월과 철저한 단절을 전제한다는 점에서 '혁명적'이었다.

계속해서 매일신보는 학도의 굳은 결의를 부모에게 전해 허락을 받아 지원한 사례를 보도했다.[38] 이와 같은 사례는 종종 보이는데, 한 학생은 '일본 신민'으로서 '당연한 일'이라며 간단하게 자신의 결의를 말했다.[39] 대수롭지 않다는 식의 이와 같은 반응에 대한 보도는 학병 지원이 국민의 윤리적 의무라는 점을 잘 드러낸 편집이었다. 이는 가정에 구애받지 않고 그와 단절한 독립적인 주체로 선 바람직한 학도상의 표현이기도 했다.

다른 한편 매일신보는 부모가 직접 자신의 자식을 '나라에 바치겠다'고 맹세한 사례를 보도했다. 대전의 적격자 7명의 부모였고, 이 7명의 학생은 모두 지원서를 제출했다.[40] 이와 같은 사례는 학도들에게 가정의 우려나 반대를 극복할 수 있다 혹은 가정으로부터 지지받을 수 있다는 점을 전달했다.

---

36) 「判斷하라 우리 榮譽 學徒의 갈길은 單하나」, 『每日新報』, 1943년 11월 5일, 3면.
37) 데이비드 파커 외 지음, 박윤덕 옮김, 『혁명의 탄생』, 교양인, 2009, 30쪽.
38) 「率先, 志願兵을 志望 延專在學中의 豊川, 松原兩君이」, 『每日新報』, 1943년 11월 6일, 2면.
39) 「電報로 志願 中央安鍾錄君」, 『每日新報』, 1943년 11월 7일, 3면.
40) 「大田에서 7名 內地在學生父兄, 府尹에 決意披瀝」, 『每日新報』, 1943년 11월 8일, 2면.

이렇듯 학도들은 각 가정에 남아 있는 아들에 대한 사적 집착의 인습에서 벗어나 일본국을 구성하는 한 명의 국민으로서 주체적으로 결정하고 자발적으로 학병에 지원해야 한다는 윤리 규범을 강제받았다. 학도지원병제가 법률적 차원에서 강제성이 결여되어 있었다고 해도 학병 동원의 강제성은 법률의 영역 밖 윤리의 차원에서 작동되고 있었다. 따라서 학병 지원을 "지원자들의 분별력 있는 판단과 욕망이 개재된 복잡한 과정"[41]으로 지원자 개개인의 자율적인 결정의 결과로 한정하여 이해하는 것은 매우 성급하다.

이상에 따르면, 학병에 자발적으로 지원하는 자는 국민으로서 윤리 규범을 갖춘 자이고, 그렇지 못한 자는 의식수준이 낮은 이들이었다. 이러한 맥락에서 후자에 대한 교육과 계몽은 정당화될 수 있었다.

국민 의식·국민 윤리의 교육과 계몽은 '격려'의 형태로 사회 다방면에서 진행되었다. 가령 종로구 내 유지들(박흥식 등)은 '임시특별지원병제도 종로익찬위원회'를 열어 적격 학생들에 대한 권유문 발송, 가정방문, 각 정회 총대회, 적격 학생 및 부형들의 간담회 등을 시행하기로 결정했고,[42] 국민 총력연맹에서는 도별로 부형 간담회를 계획했다.[43] 각 지방행정 당국도 학병 지원 격려를 위해 분주해졌다. 황해도 해주의 경우 지방행정당국과 지역 유지들이 모여 간담회를 열었고,[44] 평양의 경우 '관민을 총동원'하여 '학생과 부형의 결의 촉진운동'을 시작했다.[45] 또한 학교는 학교대로 교직원이 가정방문을 하기도 했다.[46]

더욱이 일본에 유학 중인 학생들을 학병에 지원하도록 일본으로 파견할 '선배격려단'이 조직되기도 했다. 이들은 11월 20일 지원 마감일까지 일본에 체류하면서 학도들을 격려하겠다고 다짐했으며, "만약 한 사람이라도 특별

---

41) 정안기, 앞의 글, 108~109쪽.
42) 「適格者父兄懇談」, 『每日新報』, 1943년 11월 8일, 2면.
43) 「必勝의 決戰場으로! 學徒出陣을 말하는 座談會①」, 『每日新報』, 1943년 11월 8일, 2면.
44) 「特別志願兵募集 具體策討議코저 懇談會」, 『每日新報』, 1943년 11월 9일, 2면.
45) 「學徒決意促進 平壤서 有力者總蹶起」, 『每日新報』, 1943년 11월 10일, 3면.
46) 「普專職員이 總動 生徒家庭을 訪問激勵」, 『每日新報』, 1943년 11월 9일, 3면.

지원병의 취지를 이해하지 못하는 학도가 있다면 우리들은 정성껏 반도 민중의 기대와 희망을 피력하여 그들의 궐기를 촉진"시키겠다는 포부를 밝혔다.[47] 선배격려단은 학도지원병제의 본질을 설명하여 후배들이 지원하게끔 하겠다고 했다. 이처럼 결론은 학병 지원으로 정해져 있었다. 따라서 선험적으로 적격 학도의 지원 결의를 전제하고 그것을 '격려'한다는 표현이 가능했던 것이다. 그러나 정해진 답을 수긍시키기 위한 격려는 사실상 강요의 또 다른 이름이었을 뿐이다.

매일신보는 이와 같은 격려에 따라 '자발적 지원'을 한 사례들을 제시했다. 가령 앞의 해주 간담회의 모습을 보자. 11월 6일에 진행된 해주 지역 간담회에는 적격 학생들과 그들의 부형이 참석했고, 간담은 부윤, 내무과장을 비롯한 직원 및 경찰서장, 민간 유지 등이 임석한 가운데 진행되었다고 보도했다. 그리고 한 적격 학생의 아버지가 우리의 자식은 우리만의 자식이 아니라 '폐하의 적자(赤子)'라는 점을 깨달아야 한다는 점을 강조하면서 "우리의 자식들을 한 명도 빼지 말고 전장으로 보내자"고 연설하자, 한 적격 학생이 이에 동의하면서 지원 의사를 밝혔다고 전했다.[48]

매일신보는 이와 같은 사례를 통해 일본국의 국민이라는 정체성을 자각한 자기결정으로서 학병에 지원한 사례를 보여주고자 했다. 그러나 이 간담회는 행정관료 및 경찰관료의 통제하에서 진행되고 있었다. 현실적으로 자유로운 토론과 의사 개진의 폭이 넓지 않았으리라는 점은 충분히 짐작 가능하다.

이상 매일신보에 근거할 때, 일제는 윤리 규범을 활용하여 학도지원병제가 가지고 있는 법률상의 자율성을 침해했다. 학병 지원자는 국가공동체의 진정한 국민으로, 미지원자는 비열한 자 또는 낙오자 또는 비국민으로 대

---

47) 「서로 만나 激勵 在內地學生勸慂次父兄들 出發」, 『每日新報』, 1943년 11월 9일, 3면. '선배격려단'의 활동에 대해서는, 류시현, 앞의 글, 참조.
48) 「躊躇말고 愛子들을 戰場으로 보내자! 學徒志願兵採用懇談會盛大」, 『每日新報』, 1943년 11월 10일, 2면.

조되었고, 국민으로서 윤리 규범을 습득하지 못한 자에 대한 외적인 간섭과 개입은 보장되었다. 이로써 학도지원병제의 형식적 자율성은 윤리의 맥락에서 제한되었고, 학생들의 자유의사에 따른 판단과 선택은 '격려'라는 이름으로 침해되었다.

V. 대리 지원과 미지원자에 대한 응징 정당화

학병 지원은 법률의 영역이 아닌 윤리 규범의 영역에서 취급되었다. 지원 회피 역시 윤리적·도덕적 규범을 기준으로 다뤄졌다. 11월 12일 매일신보의 사설은 10일에 있었던 고이소 총독의 담화를 아래와 같이 인용하면서 적격 학도 전원이 지원해야 한다는 입장을 재확인했다.

志願하지 않는 者에 對해서는 勿論 徵用을 하는데 이 徵用이라는 것은 勞務提供이라고 생각하면 큰 잘못이다. 志願을 拒否하는 者는 結局 皇國臣民으로서의 修練이 不足한 것이니 徹底한 鍊成을 받아야 할 것을 아울러 覺悟하여야 된다.[49]

총독은 미지원자에 대해 징용하겠다고 했다. 그런데 징용은 처벌일 수 없었다. 법률상 강제적일 수 없었던 지원병제하에서 지원을 회피한다고 해서 법적으로 단죄할 수는 없었기 때문이다. 또한 국가에 봉공(奉公)하는 방법으로서 군무 대신 노무를 취하는 것도 아니라고 했다. 법제상 강제성이 없었던 지원이었기 때문에 일종의 대체 복무로서의 징용 역시 고려될 수 없었다. 즉 징용은 군무를 거부한 대가로 받는 형벌도 아니고 그것을 대신한 노무도 아니었다. 그것은 국민으로서 윤리 의식 결핍자에 대한 연성(鍊成)으로 일종의 재교육에 해당되었다.

---

49) 「社說 다시 適格學徒에게」, 『每日新報』, 1943년 11월 12일, 1면.

이와 같은 총독의 담화가 사설을 통해 전해진 이래 지원 마감일까지 매일신보는 지원 학도와 대조시키는 방식으로 미지원 학도들을 부도덕한 존재로 묘사했다. 가령 각 대학, 전문학교의 선배층은 각 도(道)로 격려단을 파견하면서, 지원을 주저하는 것은 결국 '죽음을 두려워하는 비겁'한 행위라고 단정했다.[50] 일본국 국민이 가져야 하는 윤리와 도덕규범은 죽음을 포용했다. 이는 전사한 군인 혼은 몸은 비록 죽었을지라도 그 정신이 만대에까지 광채를 잃지 않는데 인생의 가치가 있다"는 말로 부언되었다.[51] 순국이 삶의 가치를 높인다는 말로 죽음과 삶의 경계를 형해화 시키는 일본군의 생사일여(生死一如) 철학과 다름없었다.[52]

순국은 국민이라면 마땅히 감내해야 하는 규범으로 정당화되었다. 따라서 지원을 머뭇거리면서 회피한 자의 생(生)은 기본적인 규범조차 지키지 못하는 이의 치욕스러운 삶이었고, '호국영령'이 되어 세상에 이름을 떨친 이인석(李仁錫) 상등병의 영예로운 죽음과 대조되었다.[53]

마감일이 다가올수록 미지원자에 대한 도덕적 비난은 거세어졌다. 한 선배는 지원하라는 소리를 듣지 않는 자는 '거짓 황국신민'이며 '2천 5백만 [반도민중의-인용자] 적'이라고 비난했다.[54] 지원을 외면하는 것은 적과 마찬가지였다. 이처럼 비국민이라는 비난은 궁극적으로 싸워서 해쳐야 하는 적으로까지 규정되었다.

---

50) 「우리는 諸君을 믿는다」, 『每日新報』, 1943년 11월 13일, 3면.
51) 「社說 死生觀을 고치자」, 『每日新報』, 1943년 11월 15일, 1면.
52) 일본군의 생사관은 『戰陣訓』에 나와 있다. 이 텍스트는 1941년 1월 8일 육군대신 도조 히데키의 이름으로 간행되었고, '대의에 죽는 것'은 '대의에 사는 것'과 같다는 生死一如의 철학에 기반해 쓰였다. 이는 육체는 죽어도 혼은 야스쿠니 신사에서 계속 살아간다는 삶과 죽음을 초월한 철학이었다. 가타야마 모리히데 지음, 김석근 옮김, 『미완의 파시즘』, 가람기획, 2013, 292~294쪽.
53) 「어머니 座談會② 百番다시 사라나서 米英을 처부시고야 말자」, 『每日新報』, 1943년 11월 15일, 2면. 일제의 지원병 출신 중 첫 번째 전사자였던 李仁錫의 영웅화에 대해서는, 박수현, 「일제말 파시즘기(1947~1945) 『매일신보』의 대중 선동 양상과 논리」, 『한국민족운동사연구』 69, 2011, 256~259쪽; 박민선, 「전시체제기 일제의 육군특별지원병제도 선전과 조선인 전쟁영웅화 작업」, 『숭실사학』 42, 2019 참조.
54) 「精忠밧칠 굿은 覺悟 學徒先輩團幹事長 靑山信介」, 『每日新報』, 1943년 11월 16일자, 3면.

또한 한상룡은 지원 회피를 '천벌'을 면치 못할 일이라고 했다. 이 입장에 따르면, 형벌은 아니지만, 지원 기피 행위는 천벌을 받아 마땅할 정도로 부도덕하고 반윤리적인 일이었다. 또한 그것은 '일본혼에 사는' 선(善)의 길과 대조되는 악(惡)의 길로 비유되었다.[55]

매일신보는 전원 지원 사례들을 보도하면서 미지원자들을 파렴치한 존재로 몰고갔다. 지원 마감 직전 전원 지원의 사례·예견·제의 기사는 빈번하게 등장했다. 가령 일본에 간 선배격려단의 오사카 학생간담회의 경우를 보자. 당시 선배들의 이야기를 듣던 중 3명의 학생이 "우리들이 지금까지 지원을 망설이고 있었다는 것은 여간 수치스러운 것이 아니었다"고 자성하면서 "우리 이 석상에서 모두 지원하자"고 제의한 일화가 소개되었다.[56] 이 일화는 일본국의 국민이라는 정체성의 깨달음과 이를 통한 지난 '과오'에 대한 반성을 보여주면서 학병 지원의 당위성을 전달했다. 이 제의로 전원이 모두 지원한 것은 아니었다. 이 기사에 따르면, 51명의 출석자 중 31명이 지원했다고 한다. 그러나 이와 같은 '성과'는 전원 지원을 현실 가능한 것으로 보여지게 했다.

지역별 지원 현황도 전원 지원을 알리거나 곧 달성될 듯 보도되었다. 함경남도와 강화군 및 충청남도에서는 적격 학도 전원의 지원이 예상된다는 소식이 전해졌다.[57] 각 학교의 상황도 유사한 보도 패턴을 보였다. 보성전문학교에서는 '학병 궐기대회'를 열어 적격자 전원이 모두 지원하겠다는 결의를 했고, 이 대회 종료 뒤 지원 쇄도로 혼잡을 이룰 정도였다고 했다.[58]

---

55) 「亞細亞爲해 나서라 聯盟事務局總長 韓相龍 氏 激勵」, 『每日新報』, 1943년 11월 20일, 1면. 선악을 기준으로 한 지원 기피자에 대한 비난은 당시 적격 학도들을 자극했던 것으로 보인다. 盧玄燮은 "황국신민으로서 영광의 好機逸失의 惡을 犯하지 말라는 恐渴記事들이 다시 내마음을 괴롭힌다"고 회고한 바 있다. 1·20 학병사기간행위원회, 『1·20학병사기』 1, 1987, 121쪽.

56) 「勇躍31名 大阪激勵會場에서 蹶起」, 『每日新報』, 1943년 11월 12일, 3면.

57) 「咸南서 2百名」, 『每日新報』, 1943년 11월 17일, 3면; 「激勵隊兩氏活躍」, 『每日新報』, 1943년 11월 18일, 4면; 「忠南에서 150名」, 『每日新報』, 1943년 11월 19일, 3면.

58) 「普專學兵蹶起大會 남은 學徒도 遲滯말라」, 『每日新報』, 1943년 11월 18일, 3면; 「너도 나도 志願殺到」, 『每日新報』, 1943년 11월 18일, 3면.

한편 일본의 간사이 대학에서도 적격 학도 전원이 지원서를 제출[59]했고 중국 베이징 대학과 흥아학원(興亞學院)의 올해 졸업생 전원이 지원했다[60]는 소식도 기사화되었다.

조선 내 각 지역과 각 대학 및 일본과 중국의 대학에서 들려오는 전원 지원 혹은 곧 모두 지원할 것이라는 예상은 학병 지원의 정당성을 부여하면서 지원 회피자는 소수에 불과하다는 것을 보여주는 효과를 나타내기에 충분했고, 여전히 지원을 망설이는 자를 결단력이 부족한 자로 비춰지게 했다.

아울러 지원 마감일을 눈앞에 둔 이 시점에 부모의 허락을 구하지 않고 지원한 사례가 보도되었다. 부모를 설득하기보다는 부모와 무관하게 결정해서 지원서를 낸 경우였다. 부모를 일찍 여의고 친척의 손에 양육된 한 학생은 보호자와 상의하지 않고 지원한 후 편지로 그 뜻을 전했다고 한다.[61] 학병 지원의 결정은 부모(보호자)의 양해보다 당사자의 결의가 우선한다[62]는 메시지였다. 이와 같은 사례는 부모의 반대 혹은 부모와 상의하기 위해서 지원을 미룬다는 사정을 허용하지 않겠다는 식민당국의 의지이기도 했고, 미지원자 학도를 스스로 결정하지 못하는 비주체적인 존재로 내비치게 했다.

이 외에 전통적인 조선인의 가족문화를 극복한 사례가 다수 제시되었다. 대표적으로는 독자의 지원 사례였다. 한 가정의 4대 독자이고 보성전문학교 법학과 재학 중인 한 학생은 연로한 양친과 여든에 가까운 조모님을 설득하느라 애를 먹은 경우였다. 이 학생은 완고한 조모님에게 20일 넘게 설명을 거듭한 끝에 승낙을 얻는 데 성공했다고 한다. 그는 "집안 사정 같은 것은 넷째, 다섯째 문제"라면서 '출진'이 으뜸이라는 확신을 보였다.[63]

또 다른 사례는 중풍에 걸린 아버지가 외아들의 학병 지원을 청원하러 간 사례였다. 아래 인용문은 이 아버지의 이야기이다.

59) 「關大生도 全員志願 懇談會 席上서 67名이 出陣決意」, 『每日新報』, 1943년 11월 18일, 3면.
60) 「北京大學과 興亞學院 半島學生全員志願」, 『每日新報』, 1943년 11월 18일, 3면.
61) 「安崗君도 志願」, 『每日新報』, 1943년 11월 13일, 2면.
62) 「老父도 贊成 法大竹山君이 志願」, 『每日新報』, 1943년 11월 14일, 2면.
63) 「四代獨子도 出陣」, 『每日新報』, 1943년 11월 18일, 3면.

나는 원래 광주에서 농사를 짓고 있었습니다. 소화11년 봄에 강일 군이 경복 중학에 입학되었기 때문에 아들을 따라 서울로 올라왔습니다. 이 늙은 두 내외는 그 애를 전문학교까지 졸업시키려고 별별 짓을 다했지요. 나는 그날그날 노동을 하고 아내는 바느질품을 파는 등 무슨 일이 있더라도 그 애만은 훌륭한 사람을 만들려고 노력하였습니다. 그러나 불행히 작년 봄부터 중풍에 걸려 일할 수 없기 때문에 그동안 아내가 여러 가지로 고생하였지요. 그러나 반도 학도들에게도 제국 군인이 되어 대동아건설에 출진케 되었다는 소식을 듣고 나는 병석에서 감격에 넘쳐 몇 번이고 울었습니다. 그때에 내 아들도 반드시 이 영광스런 전렬에 끼이도록 빌었습니다. 그리하여 어제밤에는 본인의 결의도 들었기 때문에 변변치 못한 자식이나마 성전에 참가케 하여 달라고 병석에서 이러나 구장을 찾아간 것입니다.[64]

날품팔이 노동과 바느질로 학비를 마련해 전문학교 학업을 뒷바라지한 부모였다. 그런데 불행히도 중풍으로 일하기 어려워진 사정에 처해 있었다. 이 아들은 부모에 대한 미안함과 부양의 책임도 떠안고 있는 경우였다. 그럼에도 이 아버지는 힘들게 키운 아들이 군대에 입대하기를 바란다고 했다. 이 학생의 경우 독자였고, 전문학교 졸업 및 취업에 대한 부모의 기대를 한몸에 받고 있었으며, 부양책임이 있는 등 '가정 사정'이라고 할 때 대부분의 문제를 가지고 있었다. 그럼에도 학병 지원을 결의했고 그 부모도 '영광'으로 받아 안았다.

이와 같은 예시들은 조선인 가정에 남아 있는 아들 중심의 관념과 가족 부양의 책임이 부차적이고 학병 지원이라는 국가적 요청이 우선적이라는 '교훈'을 전달하는 역할을 했다. 이에 따를 때, 가정 사정을 이유로 지원을 회피하는 것은 분별력 없는 행위에 불과했다.

다음 사례는 건강이 허락되지 않음에도 굳은 결의로 지원한 경우이다. 축구 선수 출신으로 팔을 다쳐 불구의 몸이 된 한 학생이 팔이 불편해도 할 수 있는 일이 있을 것이라면서 경찰서로 찾아가 지원하게 해달라고 애원한

---

64) 「病軀를 이끌고서 獨子의 出陣을 志願한 아버지」, 『每日新報』, 1943년 11월 14일, 3면.

일이 보도되었다.[65] 한쪽 팔이 없는 몸이라면 전장에 가는 것은 불가능에 가까운 일이다. 그럼에도 지원을 갈망하는 이 모습은 순국을 '광영'으로 받아들이고 기꺼이 전장으로 달려갈 준비가 끝난 이상적인 '조국의 청년'상이었다. 이와 같은 사례는 개인의 건강을 이유로 한 지원 기피를 이기적일 뿐 아니라 부도덕한 것으로 판단할 근거로 작용할 수 있음을 보여주는 것이었다.

마지막으로 졸업 후 안정된 직장을 다니는 이들이 지원한 사례가 보도되었다. 이 중에는 '청년실업가'도 있었고,[66] 막 입사해 아직 첫 월급도 받지 않은 조선전업주식회사의 신입사원도 있었다.[67] 그는 이제 막 취업했을 뿐 아니라 결혼도 앞두고 있었다. 이 외에 고등문관시험 사법관에 합격한 이도 있었다.[68] 좋은 직장과 가정을 버리고 지원한 졸업생들의 사례는 지원을 '당연한 의무'로 이해하고 실천한 황민화의 우수 사례들이었다. 이와 같은 존재는 미지원자를 '당연한' 윤리적 의무를 외면하는 이들로 보이게 했다.

매일신보의 한 기사는 특히 어딘가로 은둔해서 지원 요청의 소리를 듣지 않고 있는, 연락조차 닿지 않는 학도들의 경우 윤리 규범을 계몽해 '바른길'로 선도하려고 해도 할 수 없는 상황에 있다고 한탄했다. 그리고 대안으로 숨어 있는 학도들 대신 부형이 지원할 것을 요구했다. 지금 대신 지원하고 당사자는 징병 검사 시기에 와도 좋다고 말이다.[69] 부형의 대리 지원은 적격 학생 개개인의 자유의사를 심각하게 침해하는 것이었다. 그러나 이와 같은 자율성 침해 행위는 국민이 지켜야 할 마땅한 윤리라는 이름하에 합리화되었다.

요컨대 매일신보는 지원 회피자들을 개인의 안전과 안정된 행복의 울타리를 넘어 황국이 요구하는 윤리의식 · 책임감 등을 깊이 깨닫고 군문 앞에

---

65) 「팔하나없는 不具몸이나 나도 軍門으로 간다 中央大學卒業生菊本君의 壯志」, 『每日新報』, 1943년 11월 16일, 3면.
66) 「金田君도 志願」, 『每日新報』, 1943년 11월 16일, 2면.
67) 「就職, 結婚은 나종」, 『每日新報』, 1943년 11월 18일, 3면.
68) 「高文通過는 保留코 城大卒業 栗山君 勇躍 出陣」, 『每日新報』, 1943년 11월 19일, 3면.
69) 「20日지나 後悔말라 그대만 뒤떨어지는가 速히 父兄이라도 대신 志願하라」, 『每日新報』, 1943년 11월 19일, 3면.

선 지원자들과 대조시키면서, 한 국가공동체의 규범상 용인하기 어려운 이기적이고 부도덕한 존재로 부각시켰다. 이는 이후 지원하지 않은 학생들을 '국체를 거부한 사상범'으로까지 간주해 '천황'에 대한 충성심을 기르는 정신교육과 강제노역에 혹사시키는 등 교육 이상의 '징벌적' 징용의 근거로 작용했다.[70)]

VI. 맺음말

이상 아시아태평양전쟁기 일제의 조선인 학병 동원 담론을 매일신보를 중심으로 살펴보았다. 매일신보는 딱 한 달이라는 짧은 동원 기간을 고려할 때 일제의 학병 동원의 기획과 의지를 파악하기에 적합한 자료이다.

일제는 학도지원병제에 특별한 의미를 부여했다. 그것은 내선일체를 완성시키는 제도로 학도 개개인의 능동적 실천을 통해서만 실현 가능한 일이었다. 즉 지원서를 작성하여 제출하는 지원 행위만이 내선일체 완성의 혹은 내선구별 소멸의 의식을 완결할 수 있는 것이었다.

따라서 지원은 사전 그대로의 의미일 수 없었다. 일제는 법률적 의무가 아니었던 지원을 강제하기 위해 윤리 규범을 동원했다. 즉 '지원'은 개인의 의사에 따라 선택할 수도 있고 거부할 수도 있는 자율성을 배제한 정언명령 격의 지당한 의무였다. 학도가 직접 지원서를 제출해야 하는 학도지원병제의 절차는 이 윤리적 의무 이행을 강요하는 것이기도 했다. 매일신보에 따르면, 학병 지원자는 국가공동체의 윤리 규범 자각을 바탕으로 일본군이 되겠다는 주체적인 결단을 하고 능동적으로 지원을 실천한 진정한 국

---

70) 학병 지원을 거부한 '應徵學徒'에 대해서는 이상의, 「태평양전쟁기 조선인 전문학생·대학생의 학도지원병 동원 거부와 '학도징용'」, 『역사교육』 141, 2017 참조.

민이었고, 미지원자는 그렇지 못한 비열한 자나 낙오자 또는 비국민이었다. 이와 같은 담론은 국민 윤리의 교육과 계몽을 위한 격려라는 형식의 간섭과 개입을 허용·권장했다.

지원 마감을 눈앞에 둔 시점, 매일신보는 지원 회피자들을 국가공동체에 용인하기 어려울 만큼 이기적이고 부도덕한 존재로 몰아갔다. 무수히 보도된 독자인 자, 부양가족이 있는 자, 장애가 있는 자 등 입대하기에 부적합한 이들의 지원 사례는 미지원자의 반윤리성을 보여주는 듯했다. 이는 대리 지원과 같은 개인의 자율성 침해를 합리화했을 뿐 아니라 지원 마감 기일 이후 미지원 학생들에 대한 '징벌적 징용'을 정당화하는 역할을 했다.

이처럼 일제는 적격 학도들을 혼자 두지 않았다. 전원 지원을 목적으로 학교, 지역사회, 행정관료 및 경찰, 친일 지식인 등 전사회를 가동시켜 국민 윤리에 따른 올바른 선택과 결단을 강요했다.

따라서 일제는 학도지원병제를 천명(天命)이자 '천황의 부르심'이라고 불렀다. '지원하고 싶다·하고 싶지 않다'는 선택 혹은 '지원하는 것이 옳은가·그른가'하는 판단을 배제하고 '해야만 한다'는 오직 하나의 생각만을 요구한 명명이었다.

한편 학병들은 훗날 학병 지원을 '운명'이라고 기록했다. 초월적인 힘에 굴복한 체념을 암시하는 운명이라는 표현은 개인의 자율적 의사와 무관하게 학병에 지원할 수밖에 없었던 당시의 역설적 상황을 적절하게 말해준다.

일제 말 학병 지원 적격 학생들이 놓인 환경은 이와 같았다. 이들 중 생존한 이들은 해방 이후를 살았고, 분단국가가 수립되고 국가적 기틀을 잡아가는 과정에 다양한 방식으로 참가했다. 그리고 일제 말 침략전쟁의 경험을 수기의 형태로 기록했다.

국가공동체의 윤리적 의무와 사회적 책임을 학병 '지원'의 형태로 강요받았던 이들의 경험이 해방 이후 어떻게 기억과 망각을 거쳐 변형되었고 분단국가 수립 과정에서 어떻게 작용했는가에 관한 문제는 추후 연구과제로 삼고자 한다. 본고에서 다룬 일제 말 학병 적격 학도가 처한 지원을 강요받았던 환경에 대한 이해는 해방 이후 이들의 기억과 망각, 경험의 재생 및 변형의 문제에 접근할 때 참고가 될 수 있으리라 생각한다.

▨ 참고문헌

1. 자료

『매일신보』

1·20학병사기간행위원회, 『1·20학병사기』 1, 1987.

2. 저서

가타야마 모리히데 지음, 김석근 옮김, 『미완의 파시즘』, 가람기획, 2013.

강덕상 지음, 정다운 옮김, 『일제 강점기말 조선학도병의 자화상』, 선인, 2016.

宮田節子 著, 李熒娘 譯, 『朝鮮民衆과「皇民化」政策』, 일조각, 1997.

다카시 후지타니 지음, 이경훈 옮김, 『총력전 제국의 인종주의』, 푸른역사, 2019.

데이비드 파커 외 지음, 박윤덕 옮김, 『혁명의 탄생』, 교양인, 2009.

류시현, 『한국 근현대와 문화 감성』, 전남대학교출판부, 2014.

앤터니 비버 지음, 김규태·박리라 옮김, 김추성 감수, 『제2차 세계대전』, 글항아리, 2017.

이영훈 외, 『반일 종족주의』, 미래사, 2019.

3. 논문

김건우, 「운명과 원한: 조선인 학병의 세대의식과 국가」, 『서강인문논총』 52, 2018.

김명섭, 「전쟁명명의 정치학: "아시아·태평양전쟁"과 "6·25전쟁"」, 『한국정치 외교 사논총』 30-2, 2009.

류시현, 「태평양전쟁 시기 학병의 '감성동원'과 분노의 기억」, 『호남문화연구』 52, 2012.

박민선, 「전시체제기 일제의 육군특별지원병제도 선전과 조선인 전쟁영웅화 작업」, 『숭실사학』 42, 2019.

박수현, 「일제말 파시즘기(1947~1945) 『매일신보』의 대중선동 양상과 논리」, 『한국 민족운동사연구』 69, 2011.

오제연, 「조선인 학병 출신의 기억과 망각」, 『사림』 57, 2016.

오태영, 「아시아-태평양전쟁과 조선의 위상 변동-인문사 편집부 편, 『대동아 전쟁 과 반도』를 중심으로-」, 『일본학연구』 34, 2011.

이상의, 「태평양전쟁기 조선인 전문학생·대학생의 학도지원병 동원 거부와 '학도 징용'」, 『역사교육』 141, 2017.

이형식, 「'내파'하는 '대동아공영권'」, 『사총』 93, 2018.

정명중, 「파시즘과 감성동원-일제하 '국민문학'에 대한 고찰-」, 『호남문화연구』 45, 2009.

조　건, 「일제 말기 한인 학병들의 중국지역 일본군 부대 탈출과 항일 투쟁」, 『한국독립운동사연구』 56, 2016.

표영수, 「일제말기 병력동원정책의 전개와 평양학병사건」, 『한일민족문제연구』 3, 2002.

중국 通州事件 및 歷史觀 문제

이병규(북경대학교)

Ⅰ. 서론: 通州事件 연구의 동기

가로로 보니 고개더니 옆으로 보니 봉우리라, 멀거나 가깝거나 높거나 낮거나 각각 다르구나(橫看成嶺側成峰, 遠近高低各不同)." 이는 중국 송대 문학가 蘇軾의 저명한 詩句이다. 이 시구는, 인간은 동일한 사물에 대해 서로 다른 견해를 가질 수 있으며 그 원인은 왕왕 각자가 선택한 입장에 따라 상이하다는 점을 설명하고 있다. 이와 유사하게 서로 다른 민족 혹은 국적의 학자들은 서로 다른 입장에 서서 동일한 역사적 사건에 대해 서로 다른 견해를 가질 수 있으며, 심지어 그 관점은 첨예하게 대립하거나 물과 기름처럼 섞이지 않을 수도 있다. 중・일 양국의 학자들은 1937년의 通州事件에 대해 서로 다른 견해를 가지고 있는데, 이것은 "가로로 보니 고개더니 옆으로 보니 봉우리라"라고 한 것처럼 입장이 다르기 때문일까? 아니면 쌍방의 歷史觀이 근본적으로 구별되기 때문일까? 이는 연구할 가치가 있는 문제이다.

현재 중·일 양국의 학자들은 기본적으로 1937년 7월 29일 "冀東防共自治政府" 保安隊가 통주 주재 일본 군정기구를 급습하여 최종적으로 "冀東政府"를 붕괴시키고 일본군인과 "僑民" 200여 명을 살해하였다는 사실에 대해서는 동의하고 있다. 그러나 오랫동안 일본 국내에서는 이 사건을 기동보안대의 "일본 교민 학살" 사건으로 인식하고 있다. 이러한 관점은 1937년 8월 2일에 최초로 나타나는데, 당시 上海 주재 일본대사관의 副武官은 陸軍省에 전보를 보내 蘆溝橋 事變 이래 일본군의 중국 국민 및 재중 외국 교민 살해로 인한 불리한 영향을 해소하기 위해 통주의 "일본 교민 살해" 사건을 중심으로 선전 공세를 전개할 것을 건의하였다.[1] 이후 기동보안대가 "일본 교민을 학살하였다"는 서사 논리는 장기간 사용되었다. 2016년 일본 국내의 일부 단체들이 통주사건 등의 기록물[檔案]에 대해 유네스코에 "세계기록유산" 등재 신청을 제출하여[2] 난징대학살 기록물이 "세계기록유산 명단"에 등재된 영향을 해소하려고 시도하였다. 최근 일본 국내에서는 통주사건에 관한 출판물이 갑자기 증가하고 있는데, 그 주요 논조는 여전히 "교민 살해"의 논리를 연용하고 있다.[3] 이와 대조적으로 중국학계에서는 오랫동안 통주사건을 "通州起義" 혹은 "通州反正"이라고 불러왔다. 1937년 9월 5일 중국 국민당 정부 군사위원회 부위원장 馮玉祥은 글을 지어 기동보안대 第一總隊長 張慶餘를 칭송하며 "장군은 충성스러움과 용맹함으로 나라를 보위하였으니 천년만년 칭송될 호걸이다"라고 하였다.[4] 이후 중국 학술계에서는 통주사

---

1) JACAR(アジア歴史資料センター) Ref. C04120102000·通州事件其他に關する報道の件(防衛省防衛研究所).

2) 藤岡信勝·三浦小太郎, 『通州事件: 日本人はなぜ虐殺されたのか』, 勉誠出版, 2017, "付錄", 1~2쪽.

3) 2016~2017년, 일본 "自由主義史館研究會"는 해당 사건과 관련하여 여러 종의 연구서를 출판하였는데, 예컨대 『通州事件: 目擊者の証言』(自由社, 2016), 『日本人が知らなくてはいけない通州事件: 80年目の眞實』(英和ムック·英和出版社, 2017) 등이 있다. 이외에 藤岡信勝과 三浦小太郎이 共編한 『通州事件: 日本人はなぜ虐殺されたのか』(勉誠出版, 2017) 등 역시 같은 종류에 속한다. 르포 작가 加藤康男도 『慟哭の通州: 昭和十二年夏の虐殺事件』(飛鳥新社, 2016)을 출판하였다. 상대적으로 廣中一成의 저작 『通州事件: 日中戰爭泥沼化への道』(星海社, 2016)은 시야가 비교적 넓고 입장이 상대적으로 객관적이다. 한 가지 아쉬운 점은, 이 책에서는 冀東保安隊의 태도 전향 등의 문제에 대한 연구는 충분하지 않다는 것이다.

4) 馮玉祥, 「張慶餘將軍」, 『抗戰三日刊』(上海) 第16號, 1937年 10月 9日.

건에서 기동보안대의 행동에 대해 기본적으로 긍정 혹은 칭송의 태도를 취하고 있다.[5]

만약 민족국가의 서사구조를 탈피해서 보면, 통주사건의 전반적인 역사적 사실은 무엇일까? 예컨대 일본 "교민"은 통주와 기동에 어떻게 유입[涌시되었을까? 그들은 어떤 직업을 가졌을까? 기동보안대는 왜 거사하였고 일본 "교민"은 또 왜 살해되었을까? 이러한 문제들에 대해 기존의 논저에서는 대체로 분명하게 밝히지 않고 있다. 이 글에서는 중·일 양국의 문헌자료를 바탕으로 통주사건과 관련된 역사적 사실을 초보적으로 재구성하고 아울러 중·일 양국의 학술적 관점 차이를 간단히 분석해 보고자 한다.

Ⅱ. 일본 "僑民"의 유입 및 그 구성

일본 "僑民"은 어떻게 冀東 및 通州에 유입[涌시되었을까? 그들은 모두 어떤 직업을 가지고 있었을까? 이는 통주사건을 연구할 때 우선적으로 분명히 해야 할 문제이다. 蘆溝橋 事變 발발 이전, 일본 "교민"은 중국에서 뚜렷한 유동성을 보이고 있었고, 일본 공관[使領館]에서도 "교민 천사[遷僑]"의 조치가 있었다. 통주사건에서의 일본 "교민"을 고찰하려면 冀東停戰區 및 그 주변의 정황을 언급하지 않을 수 없다.

---

5) 이 사건을 언급한 저술로는 孫自凱, 「"冀東防共自治政府"與通州起義」(北京市政協文史資料研究委員會 編印, 『文史資料選編』 25輯, 北京出版社, 1985, 117~135쪽); 郁曉航,「僞冀東防共自治政府的瓦解」(『歷史敎學』 1999-3); 封漢章, 「七七事變前冀東僞軍述評」(『抗日戰爭研究』 2007-2); 耿寒星, 「國際法 視野下的通州事件硏究」(『文史雜志』 2015-4); 于寧, 「通州事件與南京大屠殺關係硏究」(『日本侵華史硏究』 2016-2) 등이 있다.

1933년 4월~5월 일본 關東軍은 특무기관이 華北에서 획책한 "反蔣·親日·親滿" 운동을 엄호하기 위해 灤東作戰과 關內作戰을 개시하였다. 5월 말 일본군은 침략 작전을 마무리한 뒤 중국 측에 ≪塘沽協定≫을 받아들이도록 강압하였다.[6] ≪塘沽協定≫은 일본군의 "滿洲" 및 熱河 점령을 확인하고 아울러 일본군이 長城 연변 및 冀東停戰區를 실질적으로 통제하는 것을 사실로 만들었다. 일본의 일부 군관들은 河北의 "만주화"를 중지한 것에 대해 내켜 하지 않았지만, 奉天特務機關長 土肥原賢二, 天津特務機關長 板垣征四郎의 획책 공작이 상호 호응하며 화북친일정권의 수립을 한걸음 촉진시켰다. 1935년 5월 말 일본의 천진주둔군은 하북사건을 빌미로 중국측에 압력을 가하였다. 6월 11일 국민당 측은 ≪何梅協定≫을 받아들이도록 압박을 받았고 뒤이어 하북성 정부주석, 천진시장을 파면하고 국민당 당사, 헌병대, 중앙군을 하북성에서 철수시켰다. ≪塘沽協定≫및 ≪何梅協定≫이 달성된 뒤, 화북의 형세는 일본의 침략 확대를 위한 기회를 가져다주었고 동시에 적지 않은 일본 "교민"들로 하여금 이곳에서 "이권을 강탈하도록[攫金]" 유인하였다.

9·18사변 이전 平津 및 北寧鐵路 연변에는 이미 적지 않은 일본 "교민"이 거주하고 있었다. 9·18사변 이후, 중국에서 거대한 규모의 항일풍조가 출현하여 일본 "교민"의 유입 증가를 부분적으로 지연시키고 북평에서는 일본 "교민"의 귀국 풍조가 나타났다. 그러나 관동군이 빠르게 동북을 점령함에 따라 일본 "교민"의 화북 유입 속도는 빠르게 회복되었다. ≪塘沽協定≫과 ≪何梅協定≫이 체결됨에 따라 일본은 화북에서 부단히 군사침략·경제침략의 범위를 확대하였고, 일본 "교민"은 끊임없이 기동정전구에 유입되었다. 1935년 11월 24일 土肥原賢二 등의 책동 아래 殷汝耕 등은 기동 22현에 "중앙에서 이탈하여 자치를 선포하자"고 선포하였다. 이튿날 "冀東防共自治委員會"가 일본 관동군의 무장 보호 아래 설립되었다.[7] 괴뢰[僞] 기동정부가 통주에서 수립된 후 일본은 적지 않은 군사전문가·고문을 파견하였다.[8]

---

6) JACAR(アジア歴史資料センター) Ref. C12120054500·停戰に關する協定(陸軍省).
7) 張洪祥·高德福·張勵馨編,「冀東防共自治會成立」,『冀東日僞政權』, 北京: 檔案出版社, 1992, 2~3쪽.

이와 동시에 중형무기를 배치한 일본군이 끊임없이 關內로 진군하였다. 1936년 6월 일본주둔군은 증편을 거친 후 1개 군사령부, 1개 보병여단사령부, 2개 보병연대로 편제되었고, 이외에 주둔군전차대·기병대·포병연대·공병대 등이 있었다. 주둔군의 지휘를 받는 곳으로는 또 화북 주둔 항공대대, 각지 수비대 및 근 20개의 특무기관이 있었다.[9] 일본 주둔군 병력은 빠르게 확장되었고, 天津·山海關·北平·唐山·灤州·昌黎 등지에서의 병력 증강이 특히 뚜렷하였다.

화북에서 일본군의 병력이 증강됨에 따라 평진과 기동정전구의 일본 "교민"이 빠르게 증가하였다. 천진 주재 일본영사관 경찰서의 조사는 1936년 4월 1일까지 이 지역에 등록된 일본 교민이 도합 17,000여 명을 헤아린다는 것을 뚜렷이 보여준다. 해당 경찰서의 조사는 그 해 관할 구역 내의 상황은 분명 화북 형세의 영향을 받아 도항한 일본 "교민"이 빠르게 증가한 것이라고 한다.[10] 당대 사람의 관찰에 의하면, 천진에서 북평으로 가는 기차의 "2등칸에는 '우방국友邦' 인사가 태반을 차지하였는데, 그들은 소매가 넓은 겉옷을 입고 득의양양하였고 딱딱거리는 신발소리가 귀청을 때렸다. 식당칸에는 '일본식 스야키[東洋素燒]'가 준비되어 있었고 신문팔이의 수중에는 X자로 ≪平津日日新聞≫이 있었으며, 수시로 황색 제복과 붉은색 모자챙을 착용한 헌병경찰의 순찰이 있었다"고 한다.[11] 일본 영사관 천진경찰서의 조사에 의하면, 해당 영사관 관할 구역[領圖]에 새로 증가한 "교민"은 대부분 중국 침략 일본군 및 경제약탈과 관련된 회사 직원이었다고 한다.[12] 바꿔 말하면, 이들 새로 증가한 "교민"은 비록 육체노동이나 소상공업 등의 업계

8) 「嚴寬陳日方對僞冀東推薦大批日顧問之銑電」(1936年2月16日),『中華民國重要史料初編 對日抗戰時期』第六編 "傀儡組織(二)", 台北: 中國國民黨中央黨史委員會, 1981, 101쪽.
9) 徐勇, 「日本的華北擴軍及其全面戰爭序幕」,『抗戰史料研究』2012-1.
10) 日本駐天津總領事館警察署,『一九三六年駐天津總領事館警察事務狀況』, 金成民 主編,『戰時日本外務省 涉華密檔補編(二)』第34冊, 線裝書局, 2015, 302쪽.
11) 胡不歸, 「平津雜話」,『是非公論』1936-4, 10쪽.
12) 日本駐天津總領事館警察署,『一九三六年駐天津總領事館警察事務狀況』, 金成民 主編,『戰時日本外務省 涉華密檔補編(二)』第34冊, 302쪽.

에 종사하는 하층민이 적지 않았지만, 기본적으로 일본군 및 "화북 개발"의 기치를 내건 회사 직원을 위주로 하였고 이외에도 적지 않은 밀수, 마약판매, 선동 등의 불법행위자를 포함하고 있었다. 천진 주재 일본 총영사관의 분석에 의하면, 해당 영사관 관할 구역에 유입된 "교민"의 경우 "대부분의 도항자가 소자본으로 기동구에서 수입·특수무역에 종사하려는 자였고", "일확천금의 꿈을 가진 자, 생활이 빈곤한 불량배, 불법행위 종사자가 …… 상당수를 차지하였다"고 한다.13) 인용문에서 언급된 "수입" 및 "특수무역"은 밀수·마약제조 및 판매에 다름 아니다. 바꿔 말하면, 해당 영사관 관할 구역의 "교민"들은 대체로 하루아침에 벼락부자가 되려는 자들로, 일본이 침략을 확대하는 시기를 틈타 "전쟁 특수로 큰돈을 벌기"를 바랐던 자들이었다.

통주의 경우 ≪塘沽協定≫이 조인되고 얼마 지나지 않아 바로 일본 "교민"이 이곳에서 활동하였다. 기동정부 수립 이후, 해당 지역에는 일본군대의 관병, 특무인원을 제외하고 밀수·마약 판매·선동 등의 활동에 종사한 자가 적지 않았고, 또 교민 중에는 상품판매, 식당·여관, 윤락업소[色情陪護] 등의 서비스업에 전문적으로 종사한 경우도 있었다. 1936년 6월 통주에 왔던 여행객은 이 지역이 이미 제2의 "만주국"으로 개조되었고 하였는데, "곳곳에 일본 招記가 덧칠된 점포와 가옥이 있었고, 곳곳에서 게다를 끄는 남녀노소가 왕래하고 있었으며, 전차에 일장기가 게양되어 펄럭이는 것이 마치 '일상적인 일'인 듯 사람들은 어떤 이상한 느낌도 받지 않았다"고 하였다.14) 통주는 "만주화"의 색채가 농후하였는데, 이는 주로 일본군대, 특무기관 등 식민기구의 활동과 관련된 것으로 동시에 대량의 "일본 교민[日僑]" 유입과도 관련되어 있었다. 1936년 10월 1일, 천진 주재 일본 총영사관 북평 경찰서는 통주에 지서[分署]를 개설하였는데, 지서에는 서장 1인, 경사 6인을 두었다.15) 이후 통주 거주 일본 "교민"은 빠르게 증가하였다. 그 해 12월 조

---

13) 日本駐天津總領事館警察署, 『一九三六年駐天津總領事館警察事務狀況』, 金成民 主編, 『戰時日本 外務省 涉華密檔補編(二)』 第34冊, 293쪽.
14) 夏夢, 「太陽軍旗飄揚下豐台·通州: 兩日遊程簡記」, 『燕大周刊』 7-5, 1936.

사에 의하면, 당시 통주의 일본 "교민"은 총 151호, 290명이 있었다.[16] 일본 국내에서 온 통주 관할 구역 내의 "교민" 중 남성의 직업을 종사자의 수에 따라 나열하면 대략 다음과 같다. "고용인"(15인), "여관·음식점·극장"(13인), "요리사"(12인), "기동정부의 일본계 고문"(10인), "기타 자유업"(4인), "관리"(3인)이 있었고, 이외에도 "토목건축업", "일본어교사", "회사직원", "기호품제조업", "상수도 직원", "신문기자", "개업의", "우정·전신·전화 종사자" 등이 있었다. 기존의 통계에서는 "교민"에 왕왕 일본군인이 포함되었다.[17] 이에 따라 "고용인"은 주로 일본의 사병 혹은 그 고용인원을 가리킨다고 추단할 수 있다. 그리고 "기타 자유업", "기호품제조업"에는 분명 밀수무역, 마약 제조·판매 등의 업계에 종사하는 자가 적지 않게 포함되어 있을 것이다. 대체적으로 살펴보았듯이, 이상 일본 국내에서 온 이들 "교민"은 그 직업을 주로 세 가지로 나누어 볼 수 있다. 첫째 일본 침략 기관, 괴뢰 정권과 관련된 군정인원이고, 둘째 일본 침략 기관의 공작 인원을 위해 서비스를 제공하는 업계에 종사하는 인원이며, 셋째 밀수·마약 판매 등을 부정 축재 수단으로 하였던 인원이다. 이외에도 그 숫자를 알 수 있는 "교민"이 있는데, 상기 일본 "교민"들의 가족이다. 남성과 마찬가지로 비교하면 일본 여성 "교민"의 직업은 두 가지로 나뉜다. 첫째는 "仲居·女給·女中"(16인)이고,[18] 둘째는 "여관, 음식점, 극장"(1인)이다. 확실히 여관·음식·술접대·오락 심지어 윤

---

15) 日本駐天津總領事館北平警察署通州分署, 『一九三六年駐天津總領事館北平警察署通州分署警察事務狀況』, 金成民 主編, 『戰時日本外務省涉華密檔補編(二)』 第34冊, 258쪽; 「通縣日人立警察署」, 『大公報(天津版)』 1936年 11月 13日 第10版.

16) 日本駐天津總領事館北平警察署通州分署, 『一九三六年駐天津總領事館北平警察署通州分署警察事務狀況』, 金成民 主編, 『戰時日本外務省涉華密檔補編(二)』 第34冊, 257쪽.

17) 현재 조사한 바에 의하면, 일본이 "군인"을 교민에 포함시켰던 것은 1922년(다이쇼 11년)까지 거슬러 올라갈 수 있다. JACAR(アジア歴史資料センター) Ref. B10070541700·海外各地在留本邦人職業別人口表·大正11年6月現在 / 1922年(通_323)(外務省外交史料館) 참조.

18) 이 세 부류의 여성들은 대체로 다음과 같이 구분된다. "仲居"는 요식업계에서 서빙을 하거나 손님을 응접하는 여성(윤락 서비스 제공 가능), "女給"은 음식점에서 손님을 응접하거나 접대하는 여성(윤락 서비스 제공), "女中"은 요식업계에서 취사청소 혹은 기타 업무에 종사하는 여성(육체노동자)이다. 그러나 이러한 구분은 글자의 함의에 따라 구분한 것으로 실제 정황은 보다 복잡하였다.

락서비스를 제공하는 자가 여성 "교민" 중 매우 높은 비중을 차지하고 있다. 이 역시 독신 남성 위주의 군인이 일본 "교민" 중 다수를 차지하고 있었고 게다가 그들은 현지에서 절대적인 지배적 지위를 가지고 있었음을 설명해 주고 있다.

이상에서 알 수 있듯이, 일본 국내에서 온 "교민"은 중국을 침략한 일본 사병·관리·괴뢰 정부 고문 및 그들에게 서비스를 제공하는 자를 위주로 하였는데, 이외에 밀수·마약 제조 및 판매·도박장 등의 직업에 종사하는 자도 있었고, 당연히 육체노동이나 윤락서비스를 파는 하층민중도 있었다.

상술한 조사는 통주사건과 7~8개월의 시간적 간격이 있다. 이후의 인원 변동이 때때로 발생하였지만, 이 조사는 통주사건 전 일본 "교민"의 대체적인 구성을 분석하는 데에 참고가 된다. 주의해야 할 것은 노구교 사변 전 통주 지방의 일본 "교민"은 군인·관헌을 제외하고 모두 "日本居留民會" 혹은 "義勇隊"라는 이름의 조직에 편입되었다는 것이다. "일본인의 명색이나 지위가 어떻든지 관계없이 결국 그들 모두는 통주특무기관장의 지휘·감독을 받았다."[19] 그들은 조직성이 강하고 외부집단을 경계하는 특징을 지니고 있었다.

노구교 사변 전, 통주에는 비록 "친일 정권"이 수립되어 있었지만, "통주 지서[通州分署]"의 지서장 대리 日野誠直은 여전히 관할 구역에 대해 우려하였다. 그는 통주 외부에는 보편적인 "배일행위"가 존재하고 있다고 하면서 "(국민당 5차) 삼중전회 이후부터 최근까지 중국 측 관민의 교민을 겨냥한 (충돌)사건이 갑자기 증가하고 있다"라고 지적하였다. 그는 "이러한 (충돌) 경향은 순전히 그들의 배일의식에서 기원한 것"이라고 하면서도 일본 "교민"이 하는 행위와도 관련이 있다고 하였다. 그는 "교민의 자중이 가장 긴요한 일이라는 것을 통감하고 있다"고도 하였다.[20] 日野誠直의 이 말은 동

---

19) 『一九三七年華北領事館警察署(所)長會議狀況』, 金成民 主編 『戰時日本外務省涉華密檔補編(二)』 第 41冊, 198쪽.
20) 『一九三七年華北領事館警察署(所)長會議狀況』, 金成民 主編 『戰時日本外務省涉華密檔補編(二)』 第41冊, 200쪽.

료들에게 "교민"에 대한 관리 강화를 일깨우려는 뜻이었는데, 불리한 형세에 대처하기 위해 나온 것이었다. 일본의 침략 전쟁은 중국 항일운동 흥기의 근본 원인을 조성하였고, 日野誠直이 일본 "교민"에 대해 "자중"해야 한다고 일깨운 것은 중·일 "충돌" 발생의 근원을 간접적으로 말한 것이다. 상술한 日野誠直의 발언은 일본 화북영사관 내부 회의에서 나온 것으로, "직언을 꺼리지 않는" 혹은 "한 마디로 급소를 찌른"것이라고 할 수 있다. 그러나 상술한 "경고"는 통주 주재 일본 각 군정기관들로부터 관심을 받지 못하였고, 日野誠直도 이후 통주사건 와중에 목숨을 잃었다.

Ⅲ. 사건 발발 이전의 冀東保安隊

통주사건에 관한 연구에서 피할 수 없는 또 다른 집단은 괴뢰 기동정부 보안대이다. 1935년 5월 말의 ≪塘沽協定≫은 기동을 "정전구"로 구획하고, 아울러 해당 지구의 "치안"은 중국경찰기관이 담당하며 이 경찰기관은 "일본군의 감정을 자극할 수 있는 무력을 사용할 수 없는 단체"라고 규정하였다. 상술한 협정에 의하여 하북성 정부주석 于學忠은 동북군 옛 부대에서 병력을 차출하여 하북성특종경찰대 제1·2총대를 편성하고 대장은 각각 제51군의 단장 張慶餘(河北滄 縣人)와 張硯田(河北 遵化人)에게 맡게 하였다. 이외에 기동지구에는 또 일본군이 지원한 괴뢰군·잡군이 있었는데, 그 중 비교적 사람들의 주목을 끄는 것이 李際春(혹은 李濟春이라고도 하며 또 다른 이름은 丁强이다) 부대와 石友三 부대이다.[21] 관동군은 李際春의 부대 "3천

---

21) JACAR(アジア歴史資料センター) Ref. A03023806600·各種情報資料·陸軍省發表, 非戰區の李濟春石友三軍の軍紀は嚴肅である(國立公文書館); JACAR(アジア歴史資料センター) Ref. C14030585700·滿洲國暫編警備軍及軍事指導官一覽表(防衛省防衛研究所). 이외에 封漢章, 「七七事變前冀東僞軍述評」, 『抗日戰爭研究』2007-2. JACAR(アジア歴史資料センター) Ref. C14030271100·步10Ⅱ作命第481號~第484號(防衛省防衛研究所) 참조.

내지 4천을 保安隊로 개편하도록"하였고 아울러 "막료"를 파견하여 "찬조[襄助]"하도록 요구하였다.[22] 石友三 부대의 경우 일본군이 적극적으로 무기를 공급하여 해당 부대가 기동에서 세력을 확충하는 것을 지원하였다.[23] 이후 石友三 부대 약 900명은 개편되어 하북성특종경찰대에 편입되었다. 괴뢰군으로 특경대를 가득 채우는 동시에 관동군은 전문적으로 특무기관을 설립하여 막후에서 지도하며 이들 지구의 통제를 기도하기 시작하였다.[24] 일본 陸軍省의 정보에 의하면, 于學忠 부대는 한번도 일본을 상대로 작전하지 않았던 중국군대로, "기강이 엄정하고", "대일 감정이 양호하였다"고 한다.[25] 李際春·石友三의 두 부대는 "친일" 색채를 지니고 있었으며 항상 치안을 어지럽히고 백성에게 해를 끼쳐 "반란 획책을 꾀하는 일본군 비적"이라고 여겨졌다.[26] 1935년 말 "기동방공자치정부" 수립 시 이 군대는 명칭을 "기동방공자치정부군"("보안대"라고도 불린다)으로 개칭하였다. 1936년 8월 괴뢰 기동정부는 다시 이것을 4개 보안총대, 1개 교도대로 개편하였다. 1937년 2월 괴뢰 기동정부는 다시 "기동보안대보충총대"를 편성하였다.[27] 사실상, 이 군대는 고향이 점령된 동북인들 뿐만 아니라 고향이 점령될 위기에 직면한 하북인들로 이루어져 있었다. 그들이 "대일감정이 양호하였는지", "친일" 색채를 지니고 있었는지 여부는 상세히 연구해 봐야 할 것이다.

기동보안대는 왜 통주사건을 일으켰을까? 廣中一成은 선학의 연구를 다음과 같이 정리하였다. 첫째, 괴뢰 보안대는 국민당정부 공작인원의 "反正" 지령과 책동을 받았다. 둘째, 張慶餘는 암중에서 화북 지방의 실력파 宋哲元·馮治安 등에게 연락하여 쌍방이 북평 방면의 일본군에 대해 "협격"의 형세를 형성하기를 희망

---

22) 黃郛가 蔣介石에게 건 전화(1933年 6月 23日). 沈亦雲,『亦雲回憶』下册, 台北傳記文學出版社, 1980, 503쪽 수록.
23) JACAR(アジア歷史資料センター) Ref. C01003951300·昭和06年 「密大日記」第1册(防衛省防衛研究所); 劉紹唐 主編,『民國人物小傳』第4册, 上海三聯書店, 2014, 53쪽.
24) 土肥原賢二刊行會編, 天津市政協編譯組譯,『土肥原秘錄』, 中華書局, 1980, 39쪽.
25) JACAR(アジア歷史資料センター) Ref. A03023799000·北支の近況概要(國立公文書館).
26) JACAR(アジア歷史資料センター) Ref. A03023806600·非戰區の李濟春石友三軍の軍紀は嚴肅である(國立公文書館).
27) 封漢章, 「七七事變前冀東僞軍述評」,『抗日戰爭研究』2007-2.

하였다. 셋째, 국민당군통특무기관은 북평·하남 지부 기구를 통해 암중에서 張慶餘 등에게 책동을 진행하였다. 넷째, 중국공산당은 비밀당원을 파견하여 적극적으로 괴뢰 보안대가 항일 전선에 가입하도록 노력하였다.[28] 이상 4가지는 주로 보안대가 외부"모략"의 영향을 받았던 것에 치중하고 있는데, 이하에서는 주로 보안대가 직면한 여러 관계를 바탕으로 논지를 펼쳐 보도록 하겠다.

우선 주도자 및 내부관계에서 볼 때 기동보안대의 상태는 매우 불안정하여 여러 차례 "쿠데타" 사건이 발생하였다. 앞서 제시하였듯이, 이 군대에는 정규군이었던 동북군의 옛 부대, 또 李際春·石友三의 괴뢰군이 있었는데, 이외에도 토적들을 개편한 잡군이 있어서 각각의 관계가 복잡하여 견제를 피하기 어려웠다. "기동정부"의 내부자료에서는 이 군대는 "편제가 다르고 구성 분자가 복잡하여 통제가 어렵다"고 언급하고 있다.[29] 이 군대의 통제권과 지배권을 둘러싸고 "기동정부"의 장관 殷汝耕과 비서장 池宗墨은 이미 오랫동안 악투를 벌이고 있었다. 池宗墨은 암중에서 일본측에 유세하여 괴뢰 보안대를 지원해 줄 것을 로비하였는데, 권력을 다투는 과정에서 "실력파"의 지지를 얻기를 희망하였던 것이다. 殷汝耕은 일본측으로부터 힘을 빌려 "발본색원"하여 池宗墨과 관계가 밀접한 두 명의 총대장 李海天·趙雷에게 일본에 가서 "견학"(즉 참관학습)하게 하였다.[30] 괴뢰 기동정부 장관들 사이의 암투와 포섭은 이 군대의 "안정"에 "잠재적 위험"을 심어두었다. 신문 기사에 의하면, 1936년 11월부터 이듬해 연초까지 이 군대에서는 여러 사례 "쿠데타"가 발생하였다.[31] 1937년 초에는 張慶餘 부대가 "쿠데타"를 일으켰고,[32] 통주사건 전야의 7월 17일에는 李際春 부대가 "쿠데타"를 일으켰

28) 廣中一成,『通州事件: 日中戰爭泥沼化への道』, 98~112쪽. 이외에 于寧,「通州事件與南京大屠殺關系研究」,『日本侵華史研究』2016-2 참조.

29) 「冀東保安隊的建立」(1936년 12월),『冀東日僞政權』, 141쪽.

30) 「殷池兩逆暗斗日烈」,『大公報(天津)』1936年 10月 17日 第3版; JACAR(アジア歷史資料センター) Ref. C01004330700·昭和12年「密大日記」第6冊(防衛省防衛硏究所); JACAR(アジア歷史資料センター) Ref. C01004265700·昭和12年「密大日記」第3冊(防衛省防衛硏究所); JACAR(アジア歷史資料センター) Ref. C01004387100·昭和12年「密大日記」第12冊(防衛省防衛硏究所).

31) 「昌調赴唐山途中, 昨在洼裏嘩變」,『大公報(天津)』1936年 11月 21日 第3版;「戰區嘩變保安隊在遵玉 界奮戰」,『大公報(天津)』1936年 11月 24日 第4版.

다.[33] 외부로는 일본·괴뢰 만주국과의 모순이 존재하였고 내부로는 서로 다른 파벌 사이의 불화가 존재하였는데, 이러한 "불안정" 요소는 쉽게 기동보안대가 "의외의 사건"을 일으키도록 하였다.

다음으로 "冀東政權消解論"은 보안대의 "불안정" 상태를 격화시켰다. "기동정부"는 일본 특무기관이 薊密專員 殷汝耕을 책동하여 수립되었다. 일본군이 화북 지방에서 침략을 확대하고 보다 높은 수준의 괴뢰정권을 수립하려고 모색함에 따라 "기동정부"의 "지방화"추세는 피할 수 없었다. 노구교 사변 전 太原綏靖公署는 殷汝耕과 察北의 德王이 攻守同盟을 체결하였으며, 그 원인은 그들이 동시에 "지위가 불안정해 진다고" 느끼고 있었기 때문이라고 남경에 비밀리에 보고하였다.[34] 노구교 사변 이후 남경정부는 선전공작을 강화하였는데, 기동보안대는 동북군 于學忠 부대에서 부분 개편되었기 때문에 그들은 분명한 영향을 받았다. 동시에 남경정부에서 일본군이 전면적으로 패퇴하고 있고 중국군대가 연전연승하고 있다고 선전하면서 기동보안대의 군심을 크게 요동시켰다. 이러한 때에 "冀東政權消解論"의 거듭된 대두는 殷汝耕 및 기동보안대에 불가피한 영향을 끼쳤다.[35]

이외에 괴뢰 보안대의 "불안정"을 조성한 치명적인 요소에는 심각한 경비부족도 관련이 있다. 1936년 여름 기동보안대는 임금 체불 문제가 나타났는데, 이로 인하여 적지 않은 保安隊 병사들은 다른 살 길을 모색하지 않을 수 없었다.[36] 1937년 2월 "기동정부"는 원래 "華北防共討赤軍"을 수립할 계획이었지만, "재원이 없었기" 때문에 임시로 "冀東保安隊補充總隊"를 편성하였다. 아울러 "이 부대의 임금과 무기는 모두 기동의 현재 수입이 많지 않아 방법이 없었고", 관병의 임금 지급 시간을 연기하는 수밖에 없었다.[37] 경비

32) 「通縣保安隊被擊潰」, 『新聞報』 1937年 1月 15日 2쪽.
33) 「冀東保安隊一部嘩變」, 『大公報(天津)』 1937年 7月 17日 第3版.
34) 「太原綏署呈報德王與殷汝耕所訂防共協定及攻守同盟內容之有電」(1937年 6月 25日), 『中華民國 重要 史料初編 對日抗戰時期』 第六編 "傀儡組織(二)", 210쪽.
35) 宮田天堂, 『冀東政權大秘錄 通州事件一週年を迎へて』, 1938, 52쪽.
36) 「北平市警察局西郊區區署關於田◇携帶冀東保安隊執照行(形)跡可疑」, 北京市檔案館藏件, 卷宗號 J181-021-47013.

는 나올 곳이 없고 자금은 부족한 상황에 비추어 볼 때 이 보충총대는 "무기나 의복을 구입할 방법이 없었고" 오직 일본 관동군 부대의 소개를 통해 北戴河 밀수품세를 담보로 괴뢰 만주국은행에 500만을 빌려올 수밖에 없었다.[38] 경비문제는 기동보안대에 수많은 문제를 가져왔는데, "군심의 불안정"은 가장 중요한 문제에 속하였다. 통주사건 발발 전 기동보안대와 일본 "교민" 사이에는 때때로 "충돌"이 발생하였는데, 주된 원인은 "교민"이 밀수·마약 제조 및 판매·도박장과 기방 개설 등에 종사하는 행위가 "충돌"을 야기한 데에 있었고 중·일 간 외교적 분쟁이 출현하기에 이르렀다.[39] 그러나 일본측 사람들 대다수는 보안대가 돌연 거사할 것이라고 예상하지 못하였다. 북평 주재 일본 참사관 森島守人은, 당시 사람들이 "통주는 일본의 세력 범위 하에 있는 기동방공자치정부의 소재지로 친일파 殷汝耕의 코앞에 위치하기 때문에 어떤 사람도 이곳에서 사단을 일으킬 생각을 못하였고 심지어 어떤 사람들은 일부로 북경에서 이곳으로 피난오기도 한다"고 인식하고 있었다고 한다.[40] 사건 발발 전 통주의 경비로 볼 때 일본측은 확실히 보안대가 거사할 것이라고는 생각하지 못하였는데, 森島守人의 견해는 대표성을 지녔다고 할 수 있다.

그러나 제1총대장 張慶餘는 사건 발발 이후 그들에게는 일찍부터 거사를 일으키려는 뜻이 싹트기 시작하였다고 한다. 노구교 사변 이후 張慶餘는 은밀히 제29군 代軍長 馮治安에게 연통하였는데, 馮治安 역시 괴뢰 기동보안대의 힘을 빌려 일본군을 "협격"할 계획을 가지고 있었다. 7월 27일 일본군은 南苑으로 진군하고 북평을 폭격하였는데, 張慶餘·張硯田은 "전쟁의 기미가 이미 임박하였음을 알고" 공동으로 사건을 일으킬 것을 결정하였다.

---

37) 「天津方面以李寶章所成立之華北防共討赤軍改編定名爲冀東保安隊補充總隊致外交部電」(1937年 2月 14日), 『中華民國重要史料初編 對日抗戰時期』 第六編 "傀儡組織(二)", 172쪽.

38) 「天津方面以冀東向僞滿借款五百萬元電」(1937年 2月 15日), 『中華民國重要史料初編 對日抗戰 時期』 第六編 "傀儡組織(二)", 210쪽.

39) 「留守保安隊的暴行事件(駐山海關副領事原致外務大臣廣田)」(1936年 1月 12日), 金成民 主編, 『戰時 日本外務省涉華密檔補編』(二) 第34卷, 125~132쪽.

40) 森島守人 著, 趙連泰 譯, 『陰謀·暗殺·軍刀: 一個外交官的回憶』, 黑龍江人民出版社, 1980, 129쪽.

殷汝耕의 기밀담당비서 何複述은 기동정부보안대의 거사는 "평소의 원한이 깊어 하루아침에 터져 나온 것으로 저지할 수 없는 행동이었다"고 언급하였다.[41] 何複述은 괴뢰 기동정부의 업무에 깊이 참여하였는데, 그의 평가는 어느 정도 일리가 있는 것이다. ≪塘沽協定≫에서 구획된 "정전선"이 통주를 가로지르면서 이 지역을 중·일 쌍방의 군대가 모두 주둔하는 "최전선"으로 만들었다. "기동정부" 수립 이후 통주성에는 일본군이 있었고 또 보안대가 있었는데, 新城 남문 밖 寶通寺 등에는 제29군의 傅鴻恩 군영이 주둔하고 있었다.[42] 일본군은 傅鴻恩 군영의 존재를 중국이 ≪塘沽協定≫을 불이행한 행동으로 여겼다. 이에 따라 傅鴻恩 군영의 "괴뢰군화"를 극력으로 꾀함과 동시에 해당 군영을 "포위 토벌"하려는 계획을 포기하지 않았다.

노구교 사변 발발 이후 일본군이 이 사변을 해결하려던 초기 계획은 武淸·豊台·宛平·昌平을 제1선으로 하여 북평에 대한 포위 형세를 형성하고, 通縣·唐山 등을 제2선으로 하여 入關한 일본군 및 張慶餘·張硯田의 부대 및 海光寺의 일본군을 천진을 침공하는 주력으로 삼는 것이었다.[43] 7월 17일 기동보안대 제1·2·3총대 및 경위대대 약 7,000명은 殷汝耕의 명령을 받아 통주에서 모여 통주를 경비하는 임무를 맡았다.[44] 26일 廣安門 사건 및 廊坊 사건이 발생한 후 일본군은 중국군 부대에 대한 전면적 침공을 빠르게 추진하였다. 같은 날 통주 주재 일본 특무기관장 細木繁도 기회를 틈타 보조를 맞추어 傅鴻恩의 군영을 빠르게 해결하고자 하였다.

7월 27일 새벽 3시 일본군은 傅鴻恩의 군영을 포위공격하기 시작하였고

---

41) 王研石, 『被日寇囚系半載記』, 生活·讀書·新知三聯書店, 2014, 171쪽. 通州事件 발생 시간에 관하여 何複述의 기억은 분명 착오이다. 그러나 殷汝耕의 기밀 담당 비서로서 그의 괴뢰 冀東政府에 대한 관찰은 매우 세밀한데, 그의 사건 발생 이후의 분석은 근거할 만하다.

42) 劉向道, 「憶僞冀東保安隊起義」(王文寶 整理), 通州區政協文史資料委員會·通州區檔案館·通州區黨史 區志辦公室 編, 『烽火通州』, 中央文獻出版社, 2006, 251쪽.

43) 「嚴寬致何應欽密電」(1937年 7月 11日), 中國第二歷史檔案館編, 『抗日戰爭正面戰場』, 江蘇古籍出版社, 1987, 182쪽.

44) 張慶餘는 사건 발생 이후 괴뢰 冀東政府保安隊는 通縣에서 집결하였는데, 이는 일본 特務機關長 細木繁 의 명령이었다고 회고하였다. 일본측 사건 발생 이후의 기록에서는 괴뢰 保安隊를 소집하여 通縣에서 집결시킨 것은 殷汝耕의 명령이었다고 한다. 각각 張慶餘, 「冀東保安隊通縣反正始末記」, 『天津文史 資料』第21輯, 104쪽; JACAR(アジア歷史資料センター) Ref. C11111451200·通州戰跡の槪要 昭和16年 11月(防衛省防衛硏究所) 참조.

아울러 南苑·北苑 두 방면에서 북평으로 진군하였다. 傅鴻恩의 군영은 일본군의 포위를 돌파한 후 다시 일본군 비행기의 추격과 폭격을 받았다. 기동보안대의 부대 훈련소는 傅鴻恩의 군영이 주둔한 寶通寺에서 멀리 떨어져 있지 않았는데, 일본군 비행기가 傅鴻恩의 군영을 폭격할 때 보안대를 오폭한 사건이 발생하였다. 사건 발생 후 殷汝耕과 細木繁은 각별히 괴뢰보안대를 "위무"하였다.[45] 그러나 연이은 "오폭" 사건과 傅鴻恩 군영의 공격은 사람들로 하여금 일본군이 "중국군대"에 손을 쓰려고 한다고 쉽게 믿게 하였고, 이는 통주사건의 발생에 추동작용을 하였다.[46] 이외에 일본군 辻村 부대의 ≪陣中日志≫기록에 의하면 傅鴻恩 군영이 공격을 받을 때 "기동보안대는 아국에 협력하지 않았을 뿐만 아니라 도리어 방관적 태도를 취하였고 근심이 가득한 것처럼 보였다"고 한다.[47] 이러한 흔적들은 모두 통주사건의 발생과 밀접하게 관련되어 있다.

일본의 화북 주둔군 사령관 香月淸司의 원래 계획에 의하면, 27일 정오는 일본군이 전면적으로 중국군대를 향해 침공을 개시할 시간이었다. 그러나 북평의 일본 교민 집결이 지연되었기 때문에 일본군은 공격 시간을 28일로 연기하지 않을 수 없었다.[48] 이는 기동보안대가 일으킨 거사에 기회를 제공하였다. 통주 주둔 일본 병참사령부의 기록으로 볼 때 27일 저녁 무렵 萱島 부대 및 小山 포병부대는 통주에서 출발하여 南苑으로 가서 작전하였는데, 通州의 일본군 잔여 병력은 다음과 같았다. 통주 경비대 49명, 당일 천진에서 탄약을 운송해 온 山田 기차부대 53명, 통주헌병분견대 7명, 통주병참사령부 2명이 있었고, 이외에도 군병기부출장소 인원, 야전창고출장소

---

45) JACAR(アジア歷史資料センター) Ref. C11111441300·通州兵站司令部陣中日誌 辻村資料 昭和 12年 7月 24日~昭和12年 9月 10日(防衛省防衛硏究所).

46) 劉向道, 『憶僞冀東保安隊起義』(王文寶 整理), 通州區政協文史資料委員會 等編, 『烽火通州』, 251~252쪽 참조.

47) JACAR(アジア歷史資料センター) Ref. C11111441400·通州兵站司令部陣中日誌 辻村資料 昭和 12年 7月 24日~昭和12年 9月 10日(防衛省防衛硏究所).

48) 「中日戰爭回憶錄摘記 —香月淸司手記」, 孫祥滸 譯·由其民 校, 『近代史資料』 第85輯, 中國社會科學 出版社, 1994, 78~79쪽.

인원, 병마수용반 등의 비전투 인원 총 120명이 있었다.[49] 이와 비교하여 통주성 및 주변에 주둔한 기동보안대는 3개 총대와 1개 경위대대를 합쳐 도합 7,000명이었다. 전해지는 바로는 기동보안대에 배치된 무기는 우수하여 야전포 4문, 박격포 여러 문을 포함하고 있었고 이외에 비교적 많은 수의 중기관총, 경기관총이 있었다고 한다.[50] 그리고 통주성 내 일본군의 주둔방어에 공백이 발생하였는데, 이는 기동보안대의 거사에 좋은 조건이 되었다.

Ⅳ. 通州事件의 발생 및 후과

7월 29일 새벽, 張慶餘·張硯田이 인솔한 보안대 제1·2총대는 일본군을 급습하기 시작하였다. 일본군의 작전 기록에 의하면, 4시쯤 冀東保安隊가 동쪽, 남쪽 양 방향에서 일본군 병영을 공격하였다. 대략 2개 중대가 병영 및 창고 주변, 병마수용반, 山田 부대 주둔지를 포위하였다. 6시쯤 병마수용반 및 山田 부대가 점령되었다. 경비 임무를 맡은 藤尾 소대는 수류탄으로 보안대의 맹렬한 공격을 저지하였는데, 경비대장 藤尾心一은 관통상을 입어 그 자리에서 목숨을 잃었고 헌병분견소장(대장) 松村淸도 사살되었으며 이외에 통주 주재 일본 특무기관장 細木繁과 보좌관 甲斐厚도 사살되었다.[51] 동틀 무렵, 증원되는 기동보안대가 빠르게 증가하면서 일본 병영 및 창고는 겹겹이 포위되었다. 이때 야습을 받은 일본군은 그제야 도착한 자

49) JACAR(アジア歴史資料センター) Ref. C11111442300·通州兵站司令部 通州事件の戰鬪詳報 昭和12年 7月 29日~昭和12年 7月 30日(防衛省防衛研究所).
50) JACAR(アジア歴史資料センター) Ref. C11111451200·通州戰跡の概要 昭和16年 11月(防衛省防衛研究所).
51) JACAR(アジア歴史資料センター) Ref. C11111441500·通州兵站司令部陣中日誌 辻村資料 昭和12年 7月 24日~昭和12年 9月 10日(防衛省防衛研究所).

들이 제29군의 "잔병" 혹은 "원병"이 아니라는 것을 깨달았다.[52]

오전 11시 무렵 기동보안대 포병영은 일본군을 향해 포격을 시작하였는데, 소총과 경기관총에 의지하여 저항하던 일본군은 빠르게 열세에 빠졌다. 정오 12시 30분, 기동보안대의 포탄이 휘발유통 및 山田 기차대가 운송해 온 총기와 탄약에 명중하였는데, 휘발유가 거대한 폭발을 일으키자 17량의 기차 및 총기와 탄약에 불이 붙어 총알과 포탄이 사방으로 비산하며 처참한 지경에 이르렀고, 순식간에 일본군 병영은 불바다가 되었다. 오후 3시 일본군 측에서 야간 방어에 관한 명령을 하달하고 辻村 부대에 병영·창고를 엄중히 수비하도록 지시하였는데, 통주경비대는 병영의 직접 수비 임무를 담당하였고 山田 부대는 군량과 병기 및 각 창고를 엄격히 수비하였으며, 야전 우정 인원 및 재향군인 의용대는 직할 전신실 西室을 담당하였다.[53] 이 부대들로 볼 때 일본 "교민"으로 조성된 "재향군인 의용대"는 전투의 경비 및 방어에 참여하였다. 오후 4시 무렵 일본의 후속 지원 비행기가 기동보안대에 공격을 개시하면서 그 전체 전선에서 진격을 정지시키고 성 밖으로 철수하게 하였다.

이튿날 새벽 3시 萱島 부대가 하변에서 여단이 통주를 지원하라는 명령을 받았다. 30분 후 萱島高가 이끈 연대 주력이 통주 방향으로 출발하였다. 오후 4시 20분, 萱島 부대의 주력이 통주에 도착하였다. 이후 빠르게 각 성문을 점령하고 성내 통행, 성문 출입을 금지하고 통주성 내에서 "소탕"을 실시하였다. 일본군은 기동보안대에 대해 "보복"성 공격을 실시하였다. 8월 4일 정오 酒井 병단이 도착하면서 일본군은 기본적으로 완전히 통주를 통제하였다.[54]

---

52) JACAR(アジア歴史資料センター) Ref. C11111451200·通州戰跡の概要 昭和16年 11月(防衛省防衛研究所).

53) JACAR(アジア歴史資料センター) Ref. C11111441400·通州兵站司令部陣中日誌 辻村資料 昭和12年 7月 24日~昭和12年 9月 10日(防衛省防衛研究所).

54) JACAR(アジア歴史資料センター) Ref. C11111451200·通州戰跡の概要 昭和16年 11月(防衛省防衛研究所); 「嚴寬致何應欽密電」(1937年 7月 29日)·「宋哲元致蔣介石密電」(1937年 7月 30日), 中國第二歷史檔案館編, 『抗日戰爭正面戰場』, 203쪽. 程兆奇 主編, 『遠東國際軍事法庭庭審記錄 中國部分 全面侵華辯方 擧證』上冊, 上海交通大學出版社, 2014, 158쪽.

張慶餘 부대가 일본군을 급습하였을 때 일본 "교민"이 일본군의 군사행동에 참여하였는지 여부는 일본 교민의 사상과 관련된 중요요소이다. 張慶餘의 회상에 의하면, "내 부대의 營長 沙子雲은 내 명령을 받들어 부대를 이끌고 西倉의 일본군 병영을 공격하였다. 通縣에 주둔한 일본군 부대는 대략 300여 명이었는데, 헌병, 특경 및 일본 교민을 과 함께 대략 6,700명이 있었다. 우리 보안대의 起義를 듣고 쌍방의 수적 차이가 현저하여 힘으로 대적하기 어렵다는 것을 알고는 마침내 헌경과 일본 교민을 병영 내에 집합시켜 완강히 저항하여 외부 원조를 기다렸다"고 한다.[55] 이를 참고하면 일본군의 숫자에 대한 張慶餘의 판단은 실제의 120명과 비교적 큰 차이를 보이고 있음을 알 수 있다. 그러나 그가 언급한 "6,700명"에는 일본 헌병과 "교민"이 포함되어 있었다. 이것에 의거하면 일본 "재향군인 의용대"는 29일 밤의 수비임무에 참여하였음을 알 수 있다. "교민"이 군사행동에 참여하였다는 것은 기본적으로 辻村 부대의 작전일지의 기록과 부합된다. 동시에 기본적으로 "일본인의 명색 및 지위가 어떠하든지 관계없이"라고 하였던 日野誠直의 기록과도 부합하는데, 모두 통일적인 지휘와 감독을 받았고 非軍職 "교민"에 사상자가 나타난 것을 피하기 어려운 일이었다.

張硯田가 이끈 부대는 기동정부의 재정·건설·민정·교육 기관을 포위 공격하고 아울러 괴뢰 기동정부의 장관 殷汝耕을 생포하였다. 뒤이어 일본군의 추격과 일본 전투기의 폭격으로 張慶餘·張硯田는 후퇴한 괴뢰 보안대 500여 명과 함께 平通路를 따라 殷汝耕을 북평으로 압송하였다. 의외인 것은 殷汝耕이 도중에 탈주하였던 것이다.[56] 일본군은 사건 발발 이후 획득한 정보에 의하면 보안대의 패잔병 주력은 북평 방향으로 철수하였고 또 다른 일부가 통주 동북 방향으로 도망쳐 달아났다고 한다. 燕郊鎭에 주둔한 保安隊는 일본군의 급습을 받은 후 사방으로 흩어졌다. 그들은 三河·香河로 도망치는 도중에 "약탈" 현상이 나타났고, 아울러 총기를 팔아 돈을 마련하는

55) 張慶餘, 「冀東保安隊通縣反正始末記」, 『天津文史資料』 第21輯, 105쪽.
56) 王硏石, 『被日寇囚系半載記』, 生活·讀書·新知三聯書店, 2014, 171쪽.

사람이 적지 않았다. 사건 발발 이후 29군과 회합 시 대략 1,000명만 남아 있었다.[57] 한편 張硯田 부대 패잔병의 "자백"에 의하면, 이 부대는 당시 통주 동문 바깥에 주둔하고 있었는데, 사건 발발 전 "총대장 張硯田이 부하들을 소집하여 훈시하고는 전체 출발하여 일본군을 향해 발포하게 하였다"고 한다.[58] 일본측 자료로 보면 "기동정부"의 재산, 도구는 보안대에 "약탈"되었다.[59] 보안대의 병사들이 "집집마다 들어가" "가구·의복을 강탈해 갔고, 쌀·된장·찻잔을 가리지 않았고 심지어 어떠한 물건도 남기지 않고 약탈하였다. 사망자가 입고 있던 의복도 벗겨갔다."[60]

이외에 교도총대 제2구대장 沈維幹 부대에 관한 기록은 비교적 적은데, 하나의 견해가 널리 퍼져 있다. 즉 사건 발발 시 沈維幹이 이끈 부대는 경찰에 협력하여 주민 호적부에 따라 일본 "교민"을 수색하였고 일부 일본군인은 부대에 이 부대에 사살되었다는 것이다.[61] 어떤 문학작품은 이에 대해 한 걸음 더 나아가 해석하여 沈維幹이 일본 "교민"을 살육하는 행위에 대해 저지하는 행동이 있었지만 "원한"에 가득찬 보안대원을 억제하기 어려워 통주사건에 "학살" 현상이 나타났다고 한다.[62] 이 대목은 아직 확실하고 직접적인 사료의 뒷받침을 받지 못하였다. 萱島高가 도쿄에서 재판할 때 말한 바에 의하면, 萱島 부대가 통주에 도착하였을 때 "도처에 불행하게 피살된 일본 군민의 시체를" 발견하였고 "광경은 매우 처참하였다"고 한다.[63]

사건 중 "교민" 사망에 관한 辻村 부대의 기록은 30일 오후에 시작된다.

---

57) JACAR(アジア歴史資料センター) Ref. C11111451200·通州戰跡の槪要 昭和 16年 11月(防衛省防衛研究所).
58) 『北京市警察局偵緝隊關於冀東保安隊判(叛)警盧XX一案的呈』(1937年 10月), 北京市檔案館藏件, 卷宗號: J181-023-01142.
59) JACAR(アジア歴史資料センター) Ref. C11111451200·通州戰跡の槪要 昭和 16年 11月(防衛省防衛研究所).
60) 「通州事件」(駐北平參事官森島致外務大臣廣田電), 金成民 主編, 『戰時日本外務省涉華密檔補編(二)』 第38册, 162쪽.
61) 田廣志, 「張慶餘張硯田率部起義前後」, 『北京文史資料精選 通州卷』, 北京出版社, 2006, 144쪽.
62) 王梓夫·田廣智, 『仇城』, 百花文藝出版社, 1995, 154쪽.
63) 程兆奇 主編, 『遠東國際軍事法庭庭審記錄 中國部分 全面侵華辯方擧證』 上册, 158쪽.

그날의 작전 기록에는 통주의 일본 "교민"이 대부분 피살되었다고 언급되어 있다. 8월 1일 해당 부대에 등록된 전사자는 대략 다음과 같다. 통주 경비대장 藤原心一 및 이하 총 11인, 통주 헌병대장 松村淸 1인, 山田 기차부대 육군치중병 등의 병사 杉山勇 및 이하 총 7인, 군병기부출장소 기차 기관사 石河照雄 1인. 이상 합계하면, 일본군 전사자는 총 20인이다. 8월 2일 오후 일본 통주 병참기지에서 화장을 실시하였는데, 대략 다음과 같다. 8월 1일 辻村 부대에 등록된 전사자 20명, 順義 전사자 長穀川 부대 7인, 酒井 병단 林井 부대 3인, 일본 통주 특무기관 및 그 부속인원 11인. 이상 화장된 사람은 총 41명이다. 이로 볼 때 8월 2일 화장자는 전부 일본 군인 혹은 군대 고용 인원이었음을 알 수 있는데, 그 중에는 통주 특무기관장 細木繁과 甲斐厚가 포함되어 있었다.[64] 8월 4일 일본 통주병참기지에서는 재차 화장을 실시하였다. 기록에 의하면, 주로 일본의 통주 경찰지서의 장관, 경찰서 직원 및 그 가족으로 총 10명이었다. 살펴보면, 7월 31일 森島가 외무대신 廣田弘毅에게 보낸 전보에는 통주 경찰지서 "전원이 순직하였다"고 언급되어 있다.[65] 이외에 8월 2일 森島가 廣田弘毅에게 보낸 전보에 의하면 "千叫"과 "草場"2명이 천진에서 파견되어 증원된 자들로 그들도 통주사건에서 목숨을 잃었다고 한다.[66] 8월 4일 일본 통주 병참기지에서 화장을 실시하였는데, 총 164명이었다. 당시 신분과 성명을 판별할 방법이 없던 사람도 있었고 찾지 못하거나 식별하기 어려운 시체도 있었다. 辻村 부대의 기록으로 볼 때 이때 화장된 자들은 주로 일본 특무기관, "만철"등 기구의 고용인이 포함되어 있었고 동시에 일부 여성과 미성년자도 있었는데, 총 164명이었다.[67]

---

64) JACAR(アジア歷史資料センター) Ref. C11111441500·通州兵站司令部陣中日誌 辻村資料 昭和 12年 7月 24日~昭和12年 9月 10日(防衛省防衛研究所), 0814~0832쪽.

65) 『通州分署警察官殉職』(駐北平參事官森島致外務大臣廣田電), 金成民 主編, 『戰時日本外務省涉華密檔 補編(二)』 第38冊, 156쪽.

66) 『通州事件(駐北平參事官森島致外務大臣廣田電)』, 金成民 主編, 『戰時日本外務省涉華密檔補編 (二)』第38冊, 158쪽.

67) JACAR(アジア歷史資料センター) Ref. C11111441500·通州兵站司令部陣中日誌 辻村資料 昭和 12年 7月 24日~昭和12年 9月 10日(防衛省防衛研究所), 0858~0863쪽.

종합해 보면, 8월 2일과 8월 4일 이틀간 이 병참기지에서 화장 및 매장한 자는 총 205명이었다. 辻村 부대에서 성명을 알고 있던 자들은 경비대, 특무기관, 기차부대, 경찰지서, "만철" 등 기관의 인원 위주였다. 그러나 일본의 "末次情報研究所"에서 수집한 신문에는 통주사건에서 사망한 일본인 수는 194명이라고 한다.

통주사건에서 기동보안대 및 중국 민중의 사상자 통계는 보이지 않는다. 사건 발생 이후 일본 전투기의 폭격으로 기동보안대의 대부분은 북평 방면으로 철수하였다. 宋哲元의 군대가 이때 이미 대부분 남쪽으로 철수하였기 때문에 보안대는 북평 부근에서 심각한 전열이 붕괴되어 적지 않은 수의 패잔병이 성내에 이르러 숨어들거나 사방에서 살길을 찾았다. 통주성 내에도 일부 보안대원이 있었는데, 그들은 일본군대에 포위, 무장해제된 후 여러 곳을 천진을 경유하여 동북으로 압송되어 일본의 "만주 개발"의 노동자가 되었다.

8월 6일 일본군은 池宗墨을 신임장관으로 지원하고 아울러 唐山에 또 다른 "기동정부"를 조직하였다. 뒤이어 일본측과 "기동정부"의 교섭을 거쳐 池宗墨은 "기동정부의 대표는 일본정부에 깊은 사죄의 뜻을 표하고" 책임자・가해자를 엄벌하며, 사상자에게 조의금과 위로금을 지급하고 "위령탑" 건설 부지를 제공할 것을 약속하였다.[68] 23일 일본 천황과 황후는 "살해된 교민과 순직 경찰관"에게 "파격적으로 제수전[祭粢料]을 하사하였다.[69] "기동정부"의 배상 및 일본 천황과 황후의 하사는 통주사건으로 하여금 "교민 살해"의 외피를 걸치게 하였다.

---

68) 日本外務省東亞局, 『議會說明資料其一』, 金成民 主編, 『戰時日本外務省涉華密檔補編(二)』 第37冊, 397쪽.

69) 『通州事件(外務大臣廣田致駐北平參事官森島電)』, 金成民 主編, 『戰時日本外務省涉華密檔補編(二)』 第37冊, 125쪽.

V. 여론: 通州事件 관련 歷史觀 문제

제2차 세계대전이 종전된 지 이미 70여 년이 되었지만, 중·일 양국의 전쟁 인식에는 여전히 수많은 의견 차이가 존재한다. 일반적으로 말하면, 일본 국민의 전쟁 기억은 왕왕 도쿄 폭격·오키나와 전투·원자폭탄 투하 등 "피해를 입은" 경력과 관련되어 있고, 중국 국민의 전쟁 인식은 기본적으로 "침략-반항-승리" 중심의 논리구조로 전개된다.[70] 중·일 양국의 통주사건에 대한 인식과 평가도 여전히 그러할까? 그 속에서 표현되어 나오는 역사관은 연구할 가치가 있다.

일본 국내의 통주 사건에 관한 출판물은 주로 "교민 살해"의 논조를 중심으로 전개된다. 일본 "교민"의 구성, "살해"의 경위에 대해 대다수 출판물은 얼버무리거나 상세히 이야기하지 않는다. 전술한 내용에서 알 수 있듯이, 첫째 일본 "교민"의 기동 및 통주 유입은 일본의 화북 침략 확대와 불가분의 관계에 있다. ≪塘沽協定≫과 ≪何梅協定≫의 체결은 일본이 침략 확대의 결과이자 동시에 일본 "교민"의 유입에 근거를 제공하였다. 둘째, 기동정전구의 일본 "교민"에는 일본군인·괴뢰 정부의 "고문"·"만철" 회사 직원 등이 포함된다. 이는 일본 "교민" 중의 일부는 군사침략·경제침략을 추진한 주도자 혹은 참여자라는 것이고 그들과 통상적인 의미의 "무고한 시민"은 차이가 있다는 것을 의미한다. 셋째, 일부 일본 "교민"은 "일확천금"의 헛된 꿈을 가지고 있었고 일본이 침략전쟁을 확대하는 때를 기회로 밀수·마약 제조 및 판매 등의 행위에 종사하며 간접적으로 일본의 중국 침략의 공범이 되었다. 넷째, 일본 "교민" 중에는 육체노동·서비스업에 종사하는 하층민도 있었는데, 그들은 일본의 침략기구에 의존하며 서비스를 제공하였다. 이러한 사람들은 일본 침략전쟁의 직접적인 참여자가 아님에도 기동보안대에 살해되었는데, 이는 가장 사람들의 가슴을 아프게 하는 부분이다. 그러

---

70) 李秉奎, 「戰時圍繞盧溝橋事變的紀念活動與戰爭認識建構」, 『抗日戰爭研究』, 2018-4.

나 일부 일본 "교민"은 일본군의 경비와 반격에 참여 혹은 협력하였고 이 과정에서 사상자의 발생은 피할 수 없는 것이었다.

일본의 침략전쟁은 "무고한 자"의 사망을 초래하였기 때문에 책임 추구는 아마도 전쟁이 어떻게 일어났는지의 문제를 피할 수 없을 것이다. 이른바 "인도주의"의 입장에 선 비평은 시비곡직의 전제이므로 우선적으로 전쟁 발발의 유래를 분명히 밝혀야 할 것이다. 한 가지 지적해야 할 것은 일본군이 기동보안대에 반격하였을 때 그들도 마찬가지로 "보복성" 살상력에 제한을 가하지 않았다는 것이다. 7월 29일 國民黨軍統 인원이 何應欽에게 보낸 암호 전보에서는 특별히 당일 "오후 (괴뢰 보안대)가 일본군의 폭격에 의해 매우 처참한 상태이다"라고 언급하고 있다.[71] 당일 저녁 8시 辻村 부대에서 일본주둔군 참모장에게 보낸 전보에도 "오늘 폭격은 상당한 효과를 거두었다", "수비대는 이를 기회로 전과를 확대시켰고 공세로 전환하였다"고 언급하고 있다.[72] 이 두 개의 전보에서 알 수 있듯이, 일본군의 살상력도 지나치면 지나쳤지 못 미치지는 않았다. 일본군의 중국 침략은 사건 발생의 우선적인 전제였고, 이는 보안대 "反正"의 역사적 배경이었다. 巴金이 山川均에게 보낸 서신에서 시종 보안대의 "鬼畜性과 잔학성"을 비판하면서도 일본의 침략을 언급하지 않은 것처럼, 이는 "다른 사람 눈의 가시는 보면서 제 눈의 들보는 보지 못하는 것이다."[73]

기동보안대는 왜 통주에서 사건을 일으켰을까? 이는 또 하나의 피할 수 없는 문제이다. 대략적으로 보면, 보안대의 일본군에 대한 태도는 두 가지를 벗어나지 않는다. 첫째는 "始友終敵"이고, 다른 하나는 "虛友實敵"이다. 사건 발생 전 일본측은 于學忠의 옛 부대 및 李際春·石友三 부대에 대해 모두 "낙관적인" 태도를 가지고 있었는데, 그들은 대일작전에 참가하지 않았

71) 「嚴寬致何應欽密電」, 中國第二歷史檔案館編, 『抗日戰爭正面戰場』, 203쪽.
72) JACAR(アジア歴史資料センター) Ref. C11111539900·通州事件電報綴昭和12年 7月 29日~昭和 12年 8月 5日(陸軍省).
73) 巴金, 「給山川均先生」, 向愚編, 『抗戰文選』, 戰時出版社, 1937, 120쪽.

거나 태도가 "친일"적이었기 때문에 경계심을 늦추었던 것이다. 이러한 "낙관적인" 태도 하에서 7월 27일 萱島 부대 및 小山 포병대가 통주에서 南苑으로 가서 작전하였다. 통주성을 수비하던 일본군은 겨우 120명이었던 반면, 기동보안대는 7,000명 남짓이 있었다. 그러나 사건 발생 후 일본군 측은 다시 이전의 "낙관적인" 인식을 철저하게 뒤집었고 기동보안대는 "여러 차례 강렬한 배일사상의 영향을 받았다"고 여겼다. 사실상 일본측의 통주사건 전후의 태도는 기본적으로 괴뢰 보안대의 "虛友實敵"의 상투적인 전략에 빠진 것이다. 7월 30일 張慶餘·張硯田의 통신 중에도 기동보안대는 원래부터 "겉으로는 순종한 체 하지만, 치욕을 참으며 기회를 기다린 것이다"라는 것을 강조하고 있다. 일본 전투기가 傅鴻恩 군영을 폭격하였을 때, 호기가 왔음을 느끼고 태도를 바꿔 "리더의 명령에 따라" "눈물을 흘리며 출전의 맹세를 하였던 것이다."[74] 이 통신은 마찬가지로 사람들로 하여금 보안대의 대일 태도가 "虛友實敵"이라고 여기게 하였다. 사실 진상도 이러할까? 간단히 확정할 수는 없을 것이다. 그러나 통주사건 전 보안대를 둘러싼 일련의 요소들이 모두 "성숙"되어 있었고 국민당-공산당 쌍방의 노력, "冀東政府消解論", 화북 정국의 의 외재적 판단, 일본군의 "오폭" 사건 등의 여러 요소는 모두 보안대가 일으킨 통주사건과 밀접하게 관련되어 있다.

(번역: 곽뢰)

---

74) 「駐通縣保安隊張慶餘等反正通電」, 中共北京市委黨史研究室編, 『北京地區抗日運動史料彙編』 第三輯, 中國文史出版社, 1995, 224쪽.

▨ 참고문헌

1. 자료

『大公報(天津版)』, 『是非公論』, 『新聞報』, 『燕大周刊』

「嚴寬陳日方對僞冀東推薦大批日顧問之銑電」, 1936年 2月 16日.

宮田天堂, 『冀東政權大秘錄 通州事件一週年を迎へて』, 1938.

馮玉祥, 「張慶餘將軍」, 『抗戰三日刊』(上海) 第16號, 1937年 10月 9日.

JACAR(アジア歴史資料センター) Ref. A03023806600·各種情報資料·陸軍省發表, 非戰區の李濟春石友三軍の軍紀は嚴肅である(國立公文書館).

JACAR Ref. A03023799000·北支の近況概要(國立公文書館).

JACAR Ref. A03023806600·非戰區の李濟春石友三軍の軍紀は嚴肅である(國立公文書館).

JACAR Ref. B10070541700·海外各地在留本邦人職業別人口表·大正 11年 6月 現在 /1922年(通_323)(外務省外交史料館).

JACAR Ref. C01003951300·昭和06年「密大日記」第1冊(防衛省防衛研究所).

JACAR Ref. C01004265700·昭和12年「密大日記」第3冊(防衛省防衛研究所).

JACAR Ref. C01004330700·昭和12年「密大日記」第6冊(防衛省防衛研究所).

JACAR Ref. C01004387100·昭和12年「密大日記」第12冊(防衛省防衛研究所).

JACAR Ref. C04120102000·通州事件其他に關する報道の件(防衛省防衛研究所).

JACAR Ref. C11111441300·通州兵站司令部陣中日誌 辻村資料 昭和12年 7月 24日~昭和12年 9月 10日(防衛省防衛研究所).

JACAR Ref. C11111441400·通州兵站司令部陣中日誌 辻村資料 昭和12年 7月 24日~昭和12年 9月 10日(防衛省防衛研究所).

JACAR Ref. C11111441500·通州兵站司令部陣中日誌 辻村資料 昭和12年 7月24日~昭和12年9月10日(防衛省防衛研究所).

JACAR Ref. C11111442300·通州兵站司令部 通州事件の戰鬪詳報 昭和12年 7月 29日~昭和12年 7月 30日(防衛省防衛研究所).

JACAR Ref. C11111451200·通州戰跡の概要 昭和16年11月(防衛省防衛研究所).

JACAR Ref. C11111451200·通州戰跡の概要 昭和16年 11月(防衛省防衛研究所).

JACAR Ref. C11111451200·通州戰跡の概要 昭和16年 11月(防衛省防衛研究所).

JACAR Ref. C14030585700·滿洲國曆編警備軍及軍事指導官一覽表(防衛省防衛研究所).

JACAR Ref. C14030271100·步10Ⅱ作命第481號~第484號(防衛省防衛研究所).
JACAR Ref. C12120054500·停戰に關する協定(陸軍省).

2. 저서

加藤康男,『慟哭の通州: 昭和十二年夏の虐殺事件』, 飛鳥新社, 2016.
廣中一成,『通州事件: 日中戰爭泥沼化への道』, 星海社, 2016.
藤岡信勝·三浦小太郎,『通州事件: 日本人はなぜ虐殺されたのか』, 勉誠出版, 2017.
金成民 主編,『戰時日本外務省涉華密檔補編(二)』第34册, 線裝書局, 2015.
劉紹唐 主編,『民國人物小傳』第4册, 上海三聯書店, 2014.
北京市政協文史資料研究委員會 編印,『文史資料選編』25輯, 北京出版社, 1985.
森島守人 著, 趙連泰 譯,『陰謀·暗殺·軍刀: 一個外交官的回憶』, 黑龍江人民出版社, 1980.
孫祥漵 譯·由其民 校,『近代史資料』第85輯, 中國社會科學出版社, 1994.
沈亦雲,『亦雲回憶』下册, 台北傳記文學出版社, 1980.
王研石,『被日寇囚系半載記』, 生活·讀書·新知三聯書店, 2014.
王梓夫·田廣智,『仇城』, 百花文藝出版社, 2016.
自由主義史館研究會,『通州事件: 目擊者の証言』, 自由社, 2016.
自由主義史館研究會,『日本人が知らなくてはいけない通州事件: 80年目の眞實』, 英和ムック·英和出版社, 2017.
張洪祥·高德福·張勵聲編,「冀東防共自治會成立」,『冀東日僞政權』, 北京: 檔案出版社, 1992.
田廣志,「張慶餘張硯田率部起義前後」,『北京文史資料精選 通州卷』, 北京出版社, 2006.
程兆奇 主編,『遠東國際軍事法庭庭審記錄 中國部分 全面侵華辯方擧證』上册, 上海交通大學出版社, 2014.
中國國民黨中央黨史委員會,『中華民國重要史料初編 對日抗戰時期』第六編 "傀儡組織(二)", 1981.
土肥原賢二刊行會編, 天津市政協編譯組譯,『土肥原秘錄』, 中華書局, 1980.
通州區政協文史資料委員會 等編,『烽火通州』, 中央文献出版社, 2006.

3. 논문

耿寒星,「國際法 視野下的通州事件研究」,『文史雜志』, 2015-4.
封漢章,「七七事變前冀東僞軍述評」,『抗日戰爭研究』, 2007-2.

158 ▌ 1부__ 아시아-태평양전쟁기 제도와 문화현상

④徐勇,「日本的華北擴軍及其全面戰爭序幕」,『抗戰史料研究』, 2012-1.
于寧,「通州事件與南京大屠殺關系研究」,『日本侵華史研究』, 2016-2.
郁曉航,「偽冀東防共自治政府的瓦解」,『歷史敎學』, 1999-3.
李秉奎,「戰時圍繞盧溝橋事變的紀念活動與戰爭認識建構」,『抗日戰爭研究』, 2018-4.

방법으로서의 '관전사(貫戰史)'*

임성모(연세대학교)

I. 전후 일본의 단절/연속 논쟁과 '관전사'

최근 일본의 '전후사(戰後史)' 연구에서 '관전(貫戰)' 혹은 '관전기(貫戰期)'
라는 용어가 자주 사용되고 있다. 이들 용어는 후술하듯이 영어 'transwar'를
번역한 것이다. 보통 접두사 'trans'는 횡단(across), 초월(beyond), 관통
(through) 등 다양한 함의를 갖는다. 횡단과 초월이 transborder(跨경/越경),
Trans-Pacific(環태평양), transnational(超국가적)처럼 주로 공간적 함의를 갖
는 반면, 관통은 transwar의 경우처럼 전쟁과 같은 특정 시간대에 걸쳐져 있
다는 함의가 강하다. 이때 trans는 '관(貫)'이나 '통(通)'으로 번역될 수 있겠
다.[1] 물론 transwar에 공간적 함의가 없다는 말은 아니다. 오히려 공간적 측

[1] 'transwar'를 '통전기(通戰期)'로 번역한 사례들이 있다. 김우영은 앤드루 고든(Andrew Gordon)
  의 저작(『현대일본의 역사』, 2005)을 번역할 때 이 용어를 사용했다. 정지희는 「통전기 일본의
  라디오 방송과 대중문화의 정치」(동양사학회 동계연구발표회 요지, 2015), 「점령기 일본의 진

면까지 중시해야 한다는 것이 이 글의 강조점이기도 하다.

요컨대 '관전사(貫戰史)'란 '전쟁을 관통해서 이전(전전/전시)과 이후(전후)를 연속적으로 조망하는 역사서술'이다. 그리고 이때의 '전쟁'은 '아시아태평양전쟁'을 가리킨다. 1990년대부터 사용되기 시작한 '관전사'라는 용어는 아직 학계의 시민권을 얻었다고 단정 지을 수는 없다. 그러나 이즈음의 사용 빈도를 보자면, 특히 영미권의 경우 거기에 근접해 가고 있는 것이 분명해 보인다.[2]

패전 이후 연합국 점령으로 시작되는 일본 '현대사'를 '관전사(transwar history)'의 관점에서 접근한다는 것이 지니는 의미는 무엇일까? 그 방법론적 문제의식을 구체적으로 살펴보기에 앞서서 먼저 관전사적 방법론이 대두하게 된 연구사적 맥락을 간단히 이해할 필요가 있을 것 같다. 무엇보다 'transwar'라는 것은 'postwar'의 역사상을 전제로 이를 재해석하기 위해 제안된 새로운 개념/방법이기 때문이다. 이 연구사적 맥락에서 시발점에 해당하는 것이 바로 일본 전후사의 '단절/연속 논쟁'이다.

일본경제사 연구자 모리 다케마로(森武麿)가 정리했듯이 전후의 '단절/연속 논쟁'은 1970년대와 1990년대에 걸쳐서 2단계로 진행되었다.[3] 1970년대 논쟁이 '전전(戰前, prewar)'과 '전후'의 단절/연속에 주목했다면, 90년대 논쟁에서는 '전시(戰時, wartime)'와 '전후(postwar)'의 단절/연속에 초점이 맞추어졌다.

상 폭로 미디어: 미일 합작의 진실 찾기와 역사 다시 쓰기」(『일본비평』 22, 2020) 등에서 사용했다. 참고로 정지희의 박사논문 제목은 "Radio Broadcasting and the Politics of Mass Culture in Transwar Japan"(2010)이다.

[2] 최근의 워크숍 사례만 보더라도 Su Yun Kim, "Transwar Continuities of Colonial Intimacy: Korean-Japanese Relationships in Korean Cinema in the 1960s", Harvard-Yenching Institute Lunch Talk, 2019.10.10; "Tenkō in Trans-War Japan: Politics, Culture, History", An international Workshop at the University of Leeds, 2017.6.30.~7.2; Miriam Kingsberg, "Fieldwork and Empire: The Making of Japan's 'Transwar Generation' of Human Scientists", Yale MacMillan Center CEAS Colloquium, 2015.9.29. 등이 있다.

[3] 森武麿, 「戦前と戦後の断絶と連続: 日本近現代史研究の課題」, 『一橋論叢』 127-6, 2002.

먼저 1970년대의 논쟁은 당시까지 주류였던 강좌파(講座派)의 전후혁명론에 대한 노농파(勞農派)/우노파(宇野派)의 비판, 즉 전후개혁/반동론이라는 형태로 전개되었다. 이른바 '8월 혁명'설로[4] 대표되듯이, 전후의 주류적 담론은 패전을 경계로 그 이전은 전쟁과 군국주의/파시즘, 그 이후는 평화와 민주주의가 대비되는 역사상으로 구성되었다. 전후민주주의의 획기성을 강조한 이 담론의 대표적 사례는 야마다 모리타로(山田盛太郎)의 점령기 농지개혁 평가였다. 1930년대 『일본자본주의발달사 강좌』의 편집자로서 '일본자본주의 논쟁'을 주도했던 야마다는 점령기에 중앙농지위원회 위원으로 농지개혁에 직접 관여한 바 있었다. 그는 GHQ(연합군 총사령부)의 농지개혁이 메이지유신 이래 존속해온 군사적·반봉건적 일본자본주의의 경제적 기초인 지주제를 해체시킨 혁명적 조치로서 전전과 전후의 결정적 단절을 상징한다고 평가한 것이다.[5]

이러한 농지개혁 혁명설에 대해서 우노파의 농업경제학자 오우치 쓰토무(大内力)가 반론을 제기했다. 그는 야마다가 말하는 '반봉건성'이란 제국주의 발전단계의 지체에 따른 '후진성'에 불과하며, 일본자본주의는 이미 1931년 관리통화제의 성립 이래 국가독점자본주의 단계에 돌입해 있다고 보았다. 농지개혁은 이 현실에 맞지 않게 전전 시기 소농보호 정책의 연장선상에 서있는 조치로서 경영규모의 확대를 저해할 뿐인 퇴행적/반동적 조치였다는 것이 오우치의 견해였다. 현대자본주의의 특징이 주기적 공황을 관리통화제 하의 인플레이션 금융정책으로 대처하는 데 있다고 본 그에게 전전과 전후는 단절이 아니라 연속이었다.[6]

1930년대 일본자본주의 논쟁의 핵심이 메이지기 지조개정이었다면 70년대 논쟁의 초점은 농지개혁이었던 셈이다. 당시 경제사학계를 포함해서 역

---

4) 제국헌법에서 신헌법('평화헌법')으로의 전환이 지니는 혁명적 의미를 강조했던 헌법학자 미야자와 도시요시(宮沢俊義)의 주장으로서 전후민주주의론의 공통분모였다.

5) 山田盛太郎, 「農地改革の歴史的意義」(1949), 『山田盛太郎著作集 第4卷』, 岩波書店, 1984.

6) 大内力, 「農地改革後の農業の発展」, 東京大学社会科学研究所編, 『戦後改革 6 農地改革』 東京大学出版会, 1975.

사학계의 주류는 아직 1945년의 단절성을 강조하는 입장이었으나,[7] 전전, 특히 전시와 전후의 연속성에 대한 관심은 커져가고 있었다. 냉전체제의 해체와 거품경제의 붕괴가 이에 박차를 가했다. 1940년체제론, 총력전체제론, 전시전후체제론 등 다양한 '연속론'들이 1990년대에 등장했다.

'1940년체제론'이란 전시경제가 고도성장을 달성한 현대일본 경제시스템의 '원류'라는 파악방식이다.[8] 오카자키 데쓰지(岡崎哲二) 등은 전시에 형성된 '일본형' 시스템의 특징은 재벌주주에서 경영자로의 기업 지배구조 변동, 직접금융에서 간접금융으로의 금융구조 변화에 있으며, 이 변화는 노사관계 등 경제시스템 전반으로 확대되고 전후까지도 연속되었다고 파악했다.

한편 '총력전체제론'은 다렌도르프(R. Dahrendorf)가 주장했던 나치의 '의도치 않은 사회혁명' 테제를[9] 발전시킨 논의였다. 야마노우치 야스시(山之内靖) 등은 전시동원체제 하에서 국가가 계급적 갈등과 사회적 배제의 메커니즘에 개입해 '강제적 균질화(gleichshaltung)'='사회적 평준화'를 꾀함으로써 국민의 '자발성'을 이끌어내면서 '현대화' 효과를 낳았고 이는 패전 이후로도 지속되었다고 보았다. 아울러 종래 전시기의 세계사를 파시즘과 뉴딜체제(스탈린체제)의 대립 구도로 파악하는 역사상을 비판하면서 두 체제 모두 총력전체제(total war system)의 하위체제로 자리매김하여 비교사적 시각의 필요성을 강조하기도 했다.[10] 아메미야 쇼이치(雨宮昭一)의 '전시전후체제론'은 '총력전체제론'의 연장선상에서 일본정치사의 흐름을 세 시기로 조명한다. 1920년대의 자유주의체제, 1930-40년대의 총력전체제, 1950년대 과도기를 거친 1960년대의 고도성장 전후체제로 나누고 40년대의 총력전과

---

7) 예컨대 역사학연구회의 제2차 일본역사강좌 시리즈는 현대의 기점을 패전으로 잡고 있었다. 朝尾直弘 外 編, 『岩波講座日本歷史 22 現代1』, 岩波書店, 1977.

8) 岡崎哲二·奧野正寛 編, 『現代日本経済システムの源流』, 日本経済新聞社, 1993(Susan Herbert, trans., The Japanese Economic System and its Historical Origins, Oxford University Press, 1999).

9) Ralf Dahrendorf, Gesellschaft und Demokratie in Deutschland, Deutscher Bücherbund, 1965(랄프 다렌도르프, 이종수 역, 『분단독일의 정치사회학』, 한길사, 1986).

10) 山之内靖 外 編 『総力戦と現代化』, 柏書房, 1995; Yasushi Yamanouchi, J. Victor Koschmann, et al. eds., Total War and 'Modernization', Cornell University, 1995.

60년대의 고도성장을 '강제적 균질화'의 차원에서 연속적으로 파악했다.[11]

이들 연속론의 특징 중 하나는 종래와 달리 역사학 '외부'의 개입이 확대되었다는 점이다. 경제학은 물론 사회학, 정치학, 문화연구 분야의 연구자들이 학제적으로 다수 참여했다. 그리고 이에 대한 비판은 주로 역사학 쪽에서 제기되었다. 70년대처럼 대대적인 논쟁은 펼쳐지지 않았으나 『연보 일본현대사』 등의 지면을 통해 전후개혁의 획기적 성격을 다시 강조하는 반론들이 나왔다.

'1940년체제론'의 경우 오카자키의 논리를 대중화했던 노구치 유키오(野口悠紀雄)에게 비판이 집중되었다.[12] 40년 체제의 동맥경화를 강조함으로써 당시 진행중이던 신자유주의적 규제완화의 논리를 정당화하려 했기 때문이다. 하라 아키라(原朗)는 패전에 의한 전시경제의 전면적 붕괴와 점령기의 경제구조 변혁을 전제로 고도성장이 가능했음을 강조해, 1940년대와 90년대를 직결시키는 노구치를 비판했고, '전후개혁' 대신 '전후변혁'이라는 표현을 씀으로써 단절의 측면을 강조했다.[13] '총력전체제론'에 대해서는 파시즘과 뉴딜체제의 공통점에 대한 지적, 전시총동원체제를 둘러싼 종합적 파악의 필요성 같은 문제의식 자체에는 공감하는 편이었다. 그러나 '현대'를 '근대'로 단일화하면서 파슨스적 '시스템 사회'로 규정한다거나 동원의 '강제적 균질화' 효과를 '사회적 평준화'로 안이하게 연결시키는 야마노우치의 주장에 대해서는 위화감이 표출되었다.[14]

이상에서 간략히 정리한 1990년대의 '논쟁'에서는 앞서 지적한 바와 같이 70년대와 달리 전시-전후의 연속성 쪽으로 무게중심이 옮겨왔다.[15] 그렇다면 21세기에 등장한 '관전사'의 시각은 이들 선행 논의에 입각하면서 어떤 방법론적 '혁신'을 추구했던 것일까?

---

11) 雨宮昭一, 『戦時戦後体制論』, 岩波書店, 1997.

12) 野口悠紀雄, 『1940年体制: さらば「戦時経済」』, 東洋経済新報社, 1995(노구치 유키오, 성재상 역, 『1940년 체제: 여전히 전시체제하에 있는 일본의 경제구조』, 비봉출판사, 1996).

13) 原朗, 「戦後50年と日本経済」, 『年報·日本現代史 1 戦後50年の史的検証』, 現代史料出版, 1995.

14) 赤沢史朗·高岡裕之·大門正克·森武麿, 「総力戦体制をどうとらえるか: 『総力戦と現代化』を読む」, 『年報·日本現代史 3 総力戦·ファシズムと現代史』, 現代史料出版, 1997.

15) 좀 더 자세한 연구사는 가라시마 마사토의 다음 책을 참조하라. 辛島理人, 『帝国日本のアジア研究: 総力戦体制·経済リアリズム·民主社会主義』, 明石書店, 2015, 9-44쪽.

Ⅱ. 일본 '관전사'의 방법론적 문제의식

'관전사'의 방법론을 가장 먼저 명시적으로 제기한 역사학자는 미국 하버드 대학의 앤드류 고든(Andrew Gordon)과 일본 히토쓰바시 대학의 나카무라 마사노리(中村政則)였다. 여기서는 고든-나카무라의 '미-일 합작'으로 탄생한 '관전사'의 개념규정과 문제의식을 고든의 논의를 중심으로 살펴보기로 한다.

"관전사라는 개념은 1980년대 이후 영미권의 일본 연구자들 사이에 사용되어 왔다. 일본에서는 최근 나카무라 마사노리가 전후일본통사를 서술할 때 이 용어를 썼다. 시기적으로 길게는 제1차 세계대전부터 1960년대, 짧게는 1930년대부터 1950년대에 걸치는 전쟁과 부흥의 시대를 가리킨다. 종래는 정치경제 분야, 예컨대 공업사, 재벌 재편, 제조업과 하청회사 네트워크, 노사관계, 노동시장에서 여성 지위의 변화, 농지개혁 등의 분석에서 관전이라는 개념이 사용되어왔다. 이 개념을 일상생활, 오락과 소비라는 영역까지 확대해서 사용하는 일은 가능하고도 중요할 것이다. '관전사' 개념은 단순한 시기구분이 아니다. 정치·문화·사회 변화의 과정과 역동성을 가리키는 개념이다. 전후질서의 중요한 요소는 점령개혁의 산물이라고 생각하기 쉽지만, '관전기'를 길게 잡든 짧게 잡든, 실제로는 전전·전중·전후라는 시대를 통해 공황·전쟁·부흥으로 급속히 계속된 사안들에 대응해 만들어지고 실현되었던 것이다. 전후질서의 중요한 요소가 전쟁을 거치며 만들어졌다고 하는 이해가 관전사의 중심적인 특징이다."(강조는 인용자. 이하 같음)[16]

고든은 일본의 국가주도적 경제정책의 흐름을 전전 상공성→전시 군수성→전후 통산성(MITI)으로 이어진 것으로 분석한 차머스 존슨(Chalmers Johnson)의 기념비적 연구를[17] 들면서 '정치경제 분야'에서 '1980년대 이후'

---

16) アンドルー·ゴードン, 「消費, 生活, 娯楽の「貫戦史」」, 成田龍一 外, 『岩波講座アジア·太平洋戦争 6 日常生活の中の総力戦』, 岩波書店, 2006, 123-124쪽(이 글의 영어판은 "Consumption, Leisure and the Middle Class in Transwar Japan", *Social Science Japan Journal*, 10-1, 2007).

'관전사' 개념이 사용되었다고 했다. 그러나 존슨이 전전-전시-전후를 관통해 현대사를 파악하려 했던 것은 맞지만 'transwar'라는 용어 자체를 사용한 적은 없다. 내가 아는 한 'transwar'는 고든의 2000년 논문에[18] 처음 등장한다. 그 논문에서 고든은 다음과 같이 지적하고 있다.

> "1945년 8월의 내적 경험과 점령개혁이라는 외적 강제는 모두 '전후 일본'을 너무나도 분명하게 확실한 시발점이 있는 일관된 역사적 시기로 만든다. 그러나 '부활'이라는 일본의 기억과 '위로부터의 혁명'이라는 미국 중심의 서사를 분석틀로 수용해 버리면 전후일본사의 경험을 이해하는 시각이 제한된다. 여러 면에서 1940년대 말과 50년대의 일본 사회는 전전·전시와 비교해서 거의 변하지 않았다. 1950년대 말과 1960년대 이후에나 전후 일본의 새로운 사회 패턴들이 생겨났다는 것은 반세기 뒤에 알게 된 사실이다. (아시아태평양) 전쟁을 가로지르는 20세기 한복판의 수십 년은 역사의 관전 국면(transwar phase)으로 구별되는 시기이자 사람들이 통칭하는 진정한 전후 상황(postwar condition)의 서곡이다."[19]

고든은 2년 뒤에 펴낸 근현대 일본 통사에서 관전사 개념을 적용했으며,[20] 또 처음 인용했던 2006년 논문에서 개념 규정을 강화했다. 한편 2000년에 객원교수로 하버드대학을 방문한 나카무라 마사노리를 통해 'transwar'는 '貫戰(期)'으로 일본에 '도입'된다. 두 사람의 2003년 『세카이』 대담에서도 '관전사'는 화두로 제시되고 있다.[21] 그 연장선상에서 나카무라의 전후일본

---

[17] Chalmers Johnson, *MITI and the Japanese Miracle: the growth of industrial policy, 1925-1975*, Stanford University Press. 1982(차머스 존슨, 김태홍 역, 『통산생과 일본의 기적』, 우아당, 1983).

[18] Andrew Gordon, "Society and Politics from Transwar through Postwar Japan", Merle Goldman and Andrew Gordon, eds., *Historical Perspectives on Contemporary East Asia*, Harvard University Press, 2000.

[19] Andrew Gordon, 같은 글, 273쪽.

[20] Andrew Gordon, *A Modern History of Japan: from Tokugawa times to the present*, Oxford University Press, 2002(앤드루 고든 지음, 김우영 역, 『현대일본의 역사』, 이산, 2005).

[21] 中村政則, アンドルー・ゴードン, 「日本の近現代史を再考する: アメリカの日本研究との対話」, 『世界』 718, 2003, 131-132쪽.

통사가 집필됨으로써[22] 미-일 합작의 개념인 '관전사'가 '트랜스퍼시픽'한 형태로 일본사 학계에 모습을 드러내게 된 것이다. 고든은 '미싱'을 소재로 일상생활과 소비문화의 관전사를 저술한 바 있다.[23]

　2000년대 이후 미-일 일본사 연구에서 'transwar(history)' - '관전(기/사)' 개념은 확산되고 있다. 다만 영미권에서는 준정착 단계로 다용되고 있는[24] 데 비해서 일본의 경우에는 아직 제한적으로만 사용되고 있는[25] 차이를 보인다.

---

[22] 中村政則, 『戰後史』, 岩波書店, 2005(나카무라 마사노리, 유재연·이종욱 역, 『일본 전후사』, 논형, 2006). 이 책에 대한 본인의 설명으로는 中村政則, 「『貫戰史』が描き出す戰後日本とは」 (戰後60年特別企画インタビュー 戰後精神の航跡(下)), 『世界』 744, 2005 참조.

[23] Andrew Gordon, *Fabricating Consumers: the sewing machine in modern Japan*, University of California Press, 2012(アンドルー・ゴードン, 大島かおり 訳, 『ミシンと日本の近代: 消費者の創出』, みすず書房, 2013).

[24] 'transwar'를 표제나 키워드로 한 최근의 영미권 연구를 간추려 보면 다음과 같다. Jonathan E. Abel, *Redacted: The Archives of Censorship in Transwar Japan*, University of California Press, 2012("Pages crossed: tracing literary casualties in transwar Japan and the United States", Princeton University Doctoral Dissertation, 2005); Ethan Mark, "Asia's Transwar Lineage: Nationalism, Marxism, and 'Greater Asia' in an Indonesian Inflection", *Journal of Asian Studies* 65-3, 2006; Alan Tansman, The Aesthetics of Japanese Fascism, University of California Press, 2009; Janis Mimura, *Planning for Empire: reform bureaucrats and the Japanese wartime state*, Cornell University Press, 2011(제니스 미무라, 박성진 역, 『제국의 기획: 혁신관료와 일본 전시국가』, 소명출판, 2015); Mark Williams, "Expedient conversion?: Tenko in transwar Japanese literature", Rachael Hutchinson and Leith Morton, eds., *Routledge Handbook of Modern Japanese Literature*, Routledge, 2016; Hiromu Nagahara, *Tokyo Boogie-Woogie: Japan's pop era and its discontents*, Harvard University Press, 2017; Charlotte Eubanks, *The Art of Persistence: Akamatsu Toshiko and the Visual Cultures of Transwar Japan*, University of Hawaii Press, 2019; Miriam Kingsberg Kadia, *Into the Field: Human Scientists of Transwar Japan*, Stanford University Press, 2019; Pei-yin Lin, Su Yun Kim, eds., *East Asian Transwar Popular Culture: Literature and Film from Taiwan and Korea*, Palgrave Macmillan, 2019.

[25] ミツヨ・ワダ・マルシアーノ, 「(再)定義される労働力: 貫戰史でのサラリーマン映画 」, 『「戰後」日本映画論: 一九五〇年代を読む』, 靑弓社, 2012; 岸佑, 「「貫戰」期日本におけるモダニズム建築の言説·表象·実践, 国際基督教大学 博士論文, 2014; 黒川伊織, 「海港都市神戸における文化運動の貫戰史的展開」, 『アリーナ』 16, 2016; 20世紀メディア研究所 編, 『インテリジェンス』 18(特集 <貫戰期>の日中映画), 同研究所, 2018; 小林聡明, 「M.L.オズボーンの捕虜教育工作と「貫戰史」としての心理戰」, 『インテリジェンス』 19, 2019; 20世紀メディア研究所 編, 『インテリジェンス』 20(特集 貫戰期のヴィジュアル·メディア), 2020.

Ⅲ. 일국적 '관전사'에서 지역적 '관전사'로

일본사에서 '관전사'의 방법론과 그 문제의식은 미-일 양국에서 약간의 온도차를 보이면서도 확대되고 있는 상황이다. 이에 비해 한국에서는 '관전사'에 대한 반응이 거의 없다고 해도 과언이 아니다. 여기에는 우선 1945년 해방이라는 사건의 획기성이 두드러지기 때문이기도 하고, 또 '관전'으로 호명하는 '전쟁'이 한국의 경우 아시아태평양전쟁이 아니라 한국전쟁이라는 점도 중요하게 작용한다고 여겨진다. 그러나 좀 더 생각해 보면 이들 '전쟁', 그리고 '전장'의 상호연관성을 어떻게 보느냐에 따라서 '관전사'는 한국에서도 시사점이 클 수 있다. 아울러 일국적 관전사가 애당초 가능한 것인가 하는 의문에 대해서도 답을 제공할 수 있다고 본다.

한국현대문학 연구자 한수영은 나카무라 마사노리의 '관전사' 개념을 빌려와 전후세대의 한국전쟁 기억을 재해석하는 흥미로운 시도를 한 바 있다.[26] 여기서 '관전'은 두 개의 전쟁, 즉 '일제말의 전쟁'과 한국전쟁을 관통하는 양상으로 그려진다. 이런 접근법이 일본 '관전사'의 구도와 어긋난다는 점은 저자 자신도 인지하고 있다. 중요한 것은 한국 전후세대 일반의 망각과는 달리 두 전쟁의 연관성/연속성을 기억하려는 작가와 작품들을 분석함으로써 전후세대의 상실된 주체성을 문제 삼고 있다는 점이다. 한국전쟁의 기억과 아시아태평양전쟁의 망각, 이것이 한국 전후세대의 주체성 상실과 연결된다면, 일본의 경우는 정반대로 아시아태평양전쟁의 과도한 기억('세계유일의 피폭국')과 한국전쟁의 망각이 전후책임 문제의 근원에 자리잡고 있다. 벡터는 반대지만 양상은 동일하다. 국경을 넘어서는 전쟁/전장의 상호연관성을 드러내는 방식으로 '관전사'의 방법을 적용하는 작업은 가능하고 또 바람직해 보인다.

---

26) 한수영, 「관전사(貫戰史)의 관점으로 본 한국전쟁 기억의 두 가지 형식: 선우휘의 「불꽃」과 하근찬의 「수난이대」를 중심으로」, 『어문학』 113, 2011.

이와 관련해서 주목할 만한 것이 고바야시 소메이(小林聡明)의 문제 제기
다.[27] 일본의 '한국사' 연구자인 고바야시는 한국전쟁 시기 일본과 한국에
서 포로교육이라는 심리전을 담당했던 한 미군의 경험을 분석하면서 한국
전쟁 이전/이후의 경험과 연결시켰다. 즉 아시아태평양전쟁 시기 중국에서
의 대일심리전 경험, 그리고 베트남전쟁 시기 류큐·베트남에서의 홍보/심
리전 경험을 함께 고찰함으로써 '시간적 연속성과 공간적 확대'를 조명하려
한 것이다. 이를 통해 미국의 심리전이라는 아직도 '끝나지 않은 전쟁'을[28]
계속 추궁하는 작업이 가능하다는 그의 지적은, 지역사적(trans-Asia, trans-
Pacific) '관전사'의 가능성을 시사해 준다.[29]

지역적 관전사를 구축하려 할 때 또 한 가지 유의할 것은 표면에 드러나
지 않는 '심층'의 존재까지 시야에 두어야 한다는 점이다. 심리전은 공식적/
가시적인 경우도 있지만 반대의 경우도 많으며, 검열, 첩보, 밀수 등은 비공
식/비가시 영역의 전형적 사례일 것이다. 테사 모리스-스즈키(Tessa Morris-
Suzuki)는 저 유명한 독일의 게렌(Reinhard Gehlen) 기관과 유사한 일본 점
령기의 비밀첩보조직, 캐논 기관(the Canon unit)의 전후 활동을 고찰한 바
있다.[30] 그는 여기에 '관전기 레짐(transwar regime)'이라는 표현을 사용했는
데, 공식적 '전후 레짐(postwar regime)'의 이면에 그들에 의해 재생된 전전/

---

27) 고바야시 소메이, 「M.L. 오즈본의 포로 교육 경험과 貫戰史(Trans-War History)로서의 심리
전」, 『이화사학연구』 56, 2018.
28) 고바야시의 이 표현은 나카무라 마사노리가 말한 일본 전후의 이중구조를 떠올리게 한다.
나카무라는 "오키나와 반환, 오일 쇼크, 선진국 서미트 참가와 함께 1970년대에 종식된
전후와, 전시하의 과거에 대한 일본의 책임을 받아들이는 노력이 실현되기까지 지속될 전
후"라는 의미에서 '전후의 이중구조'를 말한 바 있다. アンドルー·ゴードン, 「中村政則と日
本の環太平洋史·貫戰史」, 『歷史学研究』 960, 2017, 24쪽.
29) 전후 동아시아학이 일본학을 구심점으로 해서 '미-일의 트랜스퍼시픽한 공범성'을 토대로 구
축되었다는 장세진의 지적에 주목할 필요가 있다. 장세진, 「라이샤워(Edwin O. Reischauer),
동아시아, '권력 지식'의 테크놀로지: 전후 미국의 지역연구와 한국학의 배치」, 『상허학보』
36, 2012.
30) Tessa Morris-Suzuki, "Democracy's Porous Borders: espionage, smuggling and the making of
Japan's transwar regime(Part1)/(Part 2)", The Asia-Pacific Journal, Vol. 12, Issue 40, No. 4,
October 6, 2014/Vol. 12, Issue 41, No. 2, October 13, 2014; テッサ·モーリス=スズキ(谷川舜
訳), 「民主主義の境界は隙だらけ: スパイ活動 密輸などで形成された日本の貫戰期レジーム」, Intelligence
16, 2016.

전시 시스템의 요소들이라는 함의가 담겨 있다.[31]

　이처럼 기존 연구들이 시사하는 바만 염두에 둔다고 하더라도 국경을 뛰어넘는 지역적/세계적 '관전사'의 가능성은 충분히 크고 판단된다. 앞으로 한국에서도 '관전사'적 역사서술이 풍부하게 생산되기를 기대해 본다.

---

[31] 731부대에서 활동했던 세균학자 후타키 히데오 같은 경우도 이 '관전기 레짐'으로 포괄할 수 있을 것이다. 加藤哲郎, 『「飽食した悪魔」の戦後: 731部隊と二木秀雄「政界ジープ」』, 花伝社, 2017.

▨ 참고문헌

고바야시 소메이, 「M.L. 오즈본의 포로 교육 경험과 貫戰史(Trans-War History)로서
　　의 심리전」, 『이화사학연구』 56, 2018.

노구치 유키오, 성재상 역, 『1940년 체제: 여전히 전시체제하에 있는 일본의 경제구
　　조』, 비봉출판사, 1996.

랄프 다렌도르프, 이종수 역, 『분단독일의 정치사회학』, 한길사, 1986.

장세진, 「라이샤워(Edwin O. Reischauer), 동아시아, '권력 지식'의 테크놀로지: 전후
　　미국의 지역연구와 한국학의 배치」, 『상허학보』 36, 2012.

정지희, 「통전기 일본의 진상 폭로 미디어: 미일 합작의 진실 찾기와 역사 다시 쓰
　　기」, 『일본비평』 22, 2020.

한수영, 「관전사(貫戰史)의 관점으로 본 한국전쟁 기억의 두 가지 형식: 선우휘의
　　「불꽃」과 하근찬의 「수난이대」를 중심으로」, 『어문학』 113, 2011.

20世紀メディア研究所 編, 『インテリジェンス』 18(特集 <貫戦期>の日中映画), 同
　　研究所, 2018.

20世紀メディア研究所 編, 『インテリジェンス』 20(特集 貫戦期のヴィジュアル·メ
　　ディア), 2020.

アンドルー·ゴードン, 「消費, 生活, 娯楽の「貫戦史」」, 成田龍一 外, 『岩波講座アジ
　　ア·太平洋戦争 6 日常生活の中の総力戦』, 岩波書店, 2006.

アンドルー·ゴードン, 「中村政則と日本の環太平洋史·貫戦史」, 『歴史学研究』 960, 2017.

テッサ·モーリス=スズキ(谷川舜 訳), 「民主主義の境界は隙だらけ: スパイ活動, 密
　　輸などで形成された日本の貫戦期レジーム」, Intelligence 16, 2016.

ミツヨ·ワダ·マルシアーノ, 「(再)定義される労働力: 貫戦史でのサラリーマン映画」,
　　『「戦後」日本映画論: 一九五〇年代を読む』, 青弓社, 2012.

加藤哲郎, 『「飽食した悪魔」の戦後: 731部隊と二木秀雄「政界ジープ」』, 花伝社, 2017.

岡崎哲二·奥野正寛 編, 『現代日本経済システムの源流』, 日本経済新聞社, 1993.

大内力, 「農地改革後の農業の発展」, 東京大学社会科学研究所編, 『戦後改革 6 農地
　　改革』 東京大学出版会, 1975.

山田盛太郎, 「農地改革の歴史的意義」(1949), 『山田盛太郎著作集 第4巻』, 岩波書店,
　　1984.

山之内靖 外 編, 『総力戦と現代化』, 柏書房, 1995.

森武麿, 「戦前と戦後の断絶と連続: 日本近現代史研究の課題」, 『一橋論叢』 127-6, 2002.

小林聡明, 「M.L.オズボーンの捕虜教育工作と「貫戦史」としての心理戦」, 『インテリジェンス』 19, 2019.

辛島理人, 『帝国日本のアジア研究: 総力戦体制·経済リアリズム·民主社会主義』, 明石書店, 2015.

岸佑, 「「貫戦」期日本におけるモダニズム建築の言説·表象·実践, 国際基督教大学 博士論文, 2014.

野口悠紀雄, 『1940年体制: さらば「戦時経済」』, 東洋経済新報社, 1995.

雨宮昭一, 『戦時戦後体制論』, 岩波書店, 1997.

原朗, 「戦後50年と日本経済」, 『年報·日本現代史 1 戦後50年の史的検証』, 現代史料出版, 1995.

赤澤史朗·高岡裕之·大門正克·森武麿, 「総力戦体制をどうとらえるか:『総力戦と現代化』を読む」, 『年報·日本現代史 3 総力戦·ファシズムと現代史』, 現代史料出版, 1997.

朝尾直弘, 外 編, 『岩波講座日本歴史 22 現代1』, 岩波書店, 1977.

中村政則, アンドルー·ゴードン, 「日本の近現代史を再考する: アメリカの日本研究との対話」, 『世界』 718, 2003.

中村政則, 『戦後史』, 岩波書店, 2005.

黒川伊織, 「海港都市神戸における文化運動の貫戦史的展開」, 『アリーナ』 16, 2016.

Alan Tansman, The Aesthetics of Japanese Fascism, University of California Press, 2009.

Andrew Gordon, "Society and Politics from Transwar through Postwar Japan", Merle Goldman and Andrew Gordon, eds., *Historical Perspectives on Contemporary East Asia*, Harvard University Press, 2000.

Andrew Gordon, *A Modern History of Japan: from Tokugawa times to the present*, Oxford University Press, 2002.

Andrew Gordon, *Fabricating Consumers: the sewing machine in modern Japan*, University of California Press, 2012.

Chalmers Johnson, *MITI and the Japanese Miracle: the growth of industrial policy, 1925-1975*, Stanford University Press. 1982.

Charlotte Eubanks, *The Art of Persistence: Akamatsu Toshiko and the Visual Cultures of Transwar Japan*, University of Hawaii Press, 2019.

Ethan Mark, "Asia's Transwar Lineage: Nationalism, Marxism, and 'Greater Asia' in an Indonesian Inflection", *Journal of Asian Studies* 65-3, 2006.

Hiromu Nagahara, *Tokyo Boogie-Woogie: Japan's pop era and its discontents*, Harvard University Press, 2017.

Janis Mimura, *Planning for Empire: reform bureaucrats and the Japanese wartime state*, Cornell University Press, 2011.

Jonathan E. Abel, *Redacted: The Archives of Censorship in Transwar Japan*, University of California Press, 2012.

Mark Williams, "Expedient conversion?: Tenko in transwar Japanese literature", Rachael Hutchinson and Leith Morton, eds., *Routledge Handbook of Modern Japanese Literature*, Routledge, 2016.

Miriam Kingsberg Kadia, *Into the Field: Human Scientists of Transwar Japan*, Stanford University Press, 2019.

Pei-yin Lin, Su Yun Kim, eds., *East Asian Transwar Popular Culture: Literature and Film from Taiwan and Korea*, Palgrave Macmillan, 2019.

Susan Herbert, trans., The Japanese Economic System and its Historical Origins, Oxford University Press, 1999.

Tessa Morris-Suzuki, "Democracy's Porous Borders: espionage, smuggling and the making of Japan's transwar regime(Part1)/(Part 2)", *The Asia-Pacific Journal*, Vol. 12, Issue 40, No. 4, October 6, 2014/Vol. 12, Issue 41, No. 2, October 13, 2014.

Yasushi Yamanouchi, J. Victor Koschmann, et al. eds., *Total War and 'Modernization'*, Cornell University, 1995.

2부
한국전쟁기 제도와 문화현상

6·25전쟁기 「전시생활개선법」과 후방의 '생활동원'*

강창부(공군사관학교)

Ⅰ. 머리말

"후방은 전선의 5할 이상을 담당한다." 이것은 스탈린의 말이다. (…) 이는 후방과 전선과의 불가분리(不可分離)한 관계를 말한 것이려니와 전쟁에 있어 항상 있을 수 있는 후방에 대한 경시(輕視)를 엄계(嚴戒)한 것이요 전선과 후방과의 일체를 강조한 것이다. 현대의 전쟁이 이러한 총력전의 양태를 띠고 있으므로 지금 우리가 싸우고 있는 이 전쟁도 예외가 될 수 없다. 그러므로 우리가 이 전쟁의 승리를 기필(期必)하려면 전선과 후방은 반드시 일체가 되지 않아서는 안 될 것이다.[1]

---

* 강창부, 「6·25전쟁기 「전시생활개선법」과 후방의 '생활동원'」, 『민족문화연구』 86권, 2020의 일부를 수정한 것임.
[1] 「사설─전선과 후방」, 『동아일보』, 1951.2.15.

현대전은 기본적으로 '총력전'으로서의 특징을 지닌다. 원칙적으로 총력전은 전투원과 비전투원 간의 전통적인 구분에 얽매이지 않으며, 그 연장선상에서 전선과 후방의 구분 또한 인정하지 않는다. 후방도 '후방전선(Home Front)'이라는 이름으로 또 하나의 전선을 형성하며, 그렇기 때문에 후방의 시민들도 군사작전의 '합법적'인 표적이 될 수 있다. 결과적으로 총력전에서 후방은 전장(戰場) 그 자체가 될 뿐 아니라 그러한 전쟁을 수행하는 핵심적 주체가 되기도 한다. 그러므로 총력전 체제 아래서 후방은 전선에 못지않은 중요성을 가지며, 후방의 '전투력'과 '전투의지', 그리고 그 역량은 총력전의 성과 전반을 좌우하는 결정적인 요소로 작용하기도 한다.

그러다 보니 총력전을 제대로 이해하려면 후방에 대한 지식 또한 충분해야 한다. 후방이 전쟁을 어떻게 받아들이고 그에 반응하는가에 충분한 주의를 기울이지 않고 전쟁수행의 군사적 측면에만 집중하여 총력전을 조명하고자 하는 것은 결국 '외눈으로 전쟁 보기'일 수밖에 없다. 그런 면에서 우리나라가 정부 수립 후 경험했던 첫 현대 총력전이었던 6·25전쟁에 대한 조명이 오랜 기간 국제정치적이거나 군사적인 면에 치중하여 이루어져 왔던 점은 아쉬운 일이 아닐 수 없다. 전쟁연구나 군사사학을 주도하고 있는 영·미 학계에서는 '전쟁에 임하는 사회'와 '전쟁이 사회, 그리고 사회가 전쟁에 미친 영향'을 추적하여 전쟁의 실체에 한 발 더 가까이 다가서고자 하는, 이른바 '전쟁과 사회'의 접근법이 튼튼하게 뿌리를 내리고 있다. 반면에 국내 학계에서 전쟁은-최근 들어 사회사적·사회학적 접근법이 활발하게 그 지평을 확대해가고 있지만-여전히 국제정치의 파국적 사건 또는 군사적 행위로 머물러 있다.

그동안 국내 학계에서 '사회'를 통해 6·25전쟁을 읽고자 하는 시도는 주로 학살, 점령, 피란, 여성, 그리고 전쟁이 향후 한국사회(사회구조, 의식과 문화 등)에 미친 영향의 맥락에 초점을 맞추어 왔다. 특히 김동춘의 『전쟁과 사회』는 6·25전쟁을 정치사회학적으로 읽어낸 고전적 연구라 할 수 있다. 이 연구에서 저자는 피란, 점령, 학살의 맥락에서 민중의 전쟁 경험과 전쟁이 그들에게 남긴 것들을 추적하였다. 이를 통해 전투가 아니라 민중의 경험과 기억이라는 프리즘을 통해 전쟁을 드러냈다.[2] 특히 구술사적·인류학적 연구방법론의 적용은 6·25전쟁의 사회사적 연구가 확장되는 데 결정적으로 기여했다.[3] 이러한 연구들은 전쟁에 대한 이해의 폭을 확대하여 한국현대사의 결정적인 한 사건의 실체에 한 발짝 더 가까이 다가설 수 있게 해주고 있다. 특히 '아래로부터의 역사 보기'를 시도함으로써 이전의 연구들에서 소외되었던 사람들에게 잃어버린 목소리를 되찾아주고, 적어도 학문적 영역 내에서는 그동안 우리 사회에서 금기시되었던 여러 주제를 표면 위로 끌어올리는 데 유효하게 기여하고 있다.

그러나 이러한 성과에도 불구하고 총력전을 수행하는 국가의 전반적인 '전쟁노력(war effort)'에 후방이, 또는 그 구성원들이 자의적·타의적으로 스스로를 적응시켜갔던 이야기는 여전히 학문적 관심의 주변부에 머물러 있다. 원칙적으로 총력전은 후방까지 전장으로 삼기 때문에 후방 또한 '전시체제'로 전환할 것을 요구한다. 그것은 '전선과 후방의 일체화'를 실현하기 위한 선결요건이 되며, 결국에는 총력적인 전쟁의 수행 전반에까지 심대한 영향을 미치기 때문이다.

그런데도 기존의 사회사적 접근법에서는 후방이나 그 속의 민중이 전쟁의 참화로 거의 일방적인 피해를 당하는 존재로 그려지고 있다. 거칠게 요약하자면, 그들은 학살의 희생자요 피란민이고 전쟁의 미망인이다. 총력전 체제하에서 전선의 장병들 못지않게 '전쟁수행자'로서 역할을 요구받고 이를 감당해가는 존재로서의 후방 민중은 그 모습을 찾아보기가 여간 어려운 게 아니다. 물론 전시의 후방 동원에 대한 일부의 연구가 있기는 하나 이들

---

2) 김동춘, 『전쟁과 사회』, 돌베개, 2000.
3) 윤택림, 『인류학자의 과거여행』, 역사비평사, 2003; 박찬승, 『마을로 간 한국전쟁』, 돌베개, 2010; 김귀옥, 『월남민의 생활경험과 정체성』, 서울대 출판부, 1999; 이임하, 『전쟁미망인, 한국현대사의 침묵을 깨다』, 책과 함께, 2010 등을 참조할 것.

은 대부분 동원을 위한 제도의 정비나 자원이나 물자, 혹은 인력 동원에 초점을 두었다.[4] 그 결과, 이러한 연구들에서도 후방과 그곳의 민중은 여전히 강제된 충성과 동원의 희생양으로 그려지기 일쑤였다. 이러한 구도는 6·25전쟁에는 '후방전선'이 없거나 미약하고, 후방은 전선의 전황에 거의 일방적으로 영향을 받는 존재인 양 그리는 일에 가깝다.

총력전을 수행하는 '후방전선'은 곧 '동원전선'이다. 동원은 전선의 병력이 원활하게 전쟁을 수행할 수 있는 인적·물적 기반을 제공해주는, 총력전 수행에서 결정적으로 중요한 전쟁활동이다. 그러나 후방전선에서 동원은 인적·물적 자원만을 대상으로 하지는 않는다. 시민들의 '감투(敢鬪)정신', 즉 전쟁을 지속하고자 하는 의지 또한 적극적인 동원의 대상이 된다. 이러한 동원은 우선적으로 시민들에게 전쟁수행에 적합한 생활방식과 의식을 강제하려는 노력으로 발현된다. 가히 '생활동원'이라 할 수 있을, 이러한 노력은 사회생활 전반에 대한 보다 엄격한 통제체제를 적용하려는 시도로 확장되고 강화되곤 한다. 문제는 '생활동원'은 국가가 시민들의 기본권과 사적인 영역에까지 관여해야 하는 사항이라는 특성상 강제적 수단만으로는 온전한 성과를 달성하기 어렵다는 점이다. 시민들의 '아래로부터'의 자발적인 협조가 바탕이 되지 않는 한 그러한 동원은 난관에 부딪히기 쉽다. 그래서 이러한 동원에는 '타의적 강제'와 '자발적 협조'의 측면이 혼재한다.

'국민생활을 혁신·간소화하여 전시에 상응하는 국민정신을 앙양하기 위해 1951년 11월 18일에 공포되어 약 12년 뒤인 1963년 11월 5일에 공식적으로 폐지된 「전시생활개선법(戰時生活改善法)」(법률 제225호, 이하 「생활법」이라 칭함)은 국민생활을 전시체제로 전환시키기 위한 노력의 결과물이었다. 그것은 한국판 '생활동원'의 시도였다. 일반적으로 법률화된 정책은 국가주도의 성격을 매우 강하게 갖기 마련이나 「생활법」의 제안과 제정, 그

---

4) 김동춘, 앞의 책, 248-257면과 전상인, 「한국전쟁과 국가건설」, 『아시아문화』 제16호, 한림대 아시아문화연구소, 2000, 32-37면; 이임하, 「한국전쟁 전후 동원행정의 반민중성: 군사동원과 노무동원을 중심으로」, 『역사연구』 제12호, 역사학연구소, 2003을 참조할 것.

리고 시행 과정은 민간 부문과의 상당한 역학관계를 포함하고 있었다. 때문에 그것은 국민생활을 '전시체제'로 전환시키기 위한 보다 다층위적인 노력과 접근법들을 보여주는 유용한 사례였다. 그럼에도 그동안 「생활법」은 진지한 학문적 조명의 대상이 되지 못했으며, 다만 제1공화국의 여성정책이나 6·25전쟁기의 행정법의 맥락에서 소략하게 다루어진 게 전부였다.[5] 「생활법」을 정면으로 다룬 유일한 연구도 그것을 해방 직후부터 시작된 '신생활운동'의 일환으로 규정하고, 특히 가정개량론과 소비통제의 관점에서 조명하였다. 그러나 이러한 접근법은 전쟁 발발 전의 '신생활운동'과 「생활법」의 연속성 또는 유사성을 과도하게 부각함으로써 전쟁 발발 후의 노력이 갖는 고유한 성격과 특징은 충실히 드러내지 못한다. 더욱 중요하게는, 「생활법」을 '근대국가를 건설하고 대중의 일상을 근대적으로 개조하기 위한 위로부터의 '근대화' 운동'으로 단순화하여 규정함으로써 「생활법」 논쟁의 보다 미묘한 메커니즘과 역동성 또한 놓치고 말았다.[6]

이 연구는 「생활법」의 제정과 시행을 둘러싼 사회적 논쟁과 그 적용의 결과들을 고찰함으로써 6·25전쟁기 한국 사회가 미증유의 총력적인 전쟁을 수행하기 위해 스스로를 적응시켜 가는 과정을 그리는 것을 목적으로 한다. 특히 이 법률이 애초에 의도했던 성과를 달성하지 못했던 배경을 드러냄으로써 후방을 전시체제로 전환시키고자 하는 노력이 감당해야 하는 여러 난제들을 실체적으로 드러낼 수 있을 것이다. 성공적인 '생활동원'을 위해 주목해야 할 몇 가지 교훈 또한 도출할 수 있을 것이다. 아울러 이 연구가 총력전 하에서 '또 하나의 사수(死守)해야 할 전선'인 '후방전선'의 다면적인 모습을 6·25전쟁기 한국 사회의 맥락에서 미력이나마 그려낼 수 있기를 기대한다.

---

5) 정현주, 『대한민국 제1공화국의 여성정책』, 한국학술정보, 2009, 158-168면과 박정훈, 「6·25 전시 하의 행정법」, 『서울대학교 법학』 제41권 2호, 서울대 법학연구소, 2000, 93-94면을 참조할 것.

6) 김은경, 「1950년대 신생활운동 연구—가정개량론과 소비통제를 중심으로」, 『여성과 역사』 제11호, 한국여성사학회, 2009.

Ⅱ. 전시 국민생활 실태와 「생활법」의 제정

1. 「생활법」의 제안

사실 「생활법」은 전쟁 발발로 인해 조성된 특수한 환경에 전적으로 기인한 것은 아니었다. 오히려 그것은 1948년의 대한민국정부 수립 후에 '국민생활의 합리화와 간소화'를 위해 전개되었던 '신(新)생활운동'에 뿌리를 둔 것이었다. 생활개선을 '신생국가의 중요한 사명'으로 인식한 정부는 문화교육부 문화국 내에 생활개선과를 설치하고 이를 적극적으로 추진하였다. 이 운동에는 문맹 퇴치와 계몽 운동을 비롯하여 의례(儀禮), 도덕, 의복, 음식, 주택의 문제에 이르기까지 광범위한 분야가 포함되었다.[7] 특히 생활개선의 문제에서는 여성들이 개선의 대상이자 주체가 되기도 함을 고려하여 보건후생국 부녀국과의 긴밀한 협력이 추진되었다. 서울시(시장: 윤보선)도 한국이 세계의 열강 제국(諸國)과 동등한 '문화민족'이 되기 위해서는 그 생활양식과 의식주의 개선이 시급하다는 문제의식을 바탕으로 생활개선국을 설치하고, 이 문제에 대한 전문위원회의 구성 또한 도모했다.[8]

국민 의식(衣食)생활 개선 실천요항(문교부) 주요 내용[9]

▲ 국민 식생활
- 1일 2식 중 조석(朝夕)은 주식 외에 부식을 3품 이내로 하고 1품은 반드시 종합요리로 할 것. 그리고 더운 음식은 폐지할 것.
- 놋그릇은 점차 사기(沙器)로 고치고 가족이 각상(各床)에서 식사하는 폐를 없애 공동식탁을 쓸 것.

---

7) 「생활개선 급속 실시, 어떠한 각오와 방법으로 할 것인가?」, 『경향신문』, 1948.11.28.
8) 「생활 합리화 도모, 市서 一大 운동을 전개」, 『동아일보』, 1949.3.18.

- 주간 음주를 금지할 것.
- 손님이 찾아왔을 때 주식(酒食)을 베풀어 접대하는 습관을 없애고 간소한 다과 정도로 할 것.

▲ 국민 의복
- 남자 공무원은 원칙적으로 건국복을 착용하고 (…) 이전부터 가지고 있던 (…) 양복을 입을 때에는 겨울 이외에는 와이셔츠, 넥타이를 폐지하고 노타이 셔츠를 입을 것.
- 남녀가 같이 개선할 점은, (1) 반드시 색복(色服)으로 할 것 (…)
- 학생용 신발은 소·중학생은 운동화, 대학생은 자유롭게 택할 것.
- 기타: (1) 국산품을 애용할 것 (…)

정부의 소관 부서나 일부 시 당국이 개선요강을 제시하고 계몽운동의 전 개에 적극성을 보이기는 했지만 기본적으로는 민간의 자발적인 실천에 의 존하던 '신생활운동'은 1950년 들어 좀 더 정부 주도의 운동으로 확장되고 강화되었다. 1950년 2-3월에 정부는 국무회의에서 '국민생활개선실천운동 긴급 전개에 관한 건'을 의결하였다. 정부수립 후 쌀값의 폭등으로 상징되 는 지속적인 경제 악화와 민생고에도 불구하고 오히려 심화하여가던 사치 풍조가 이러한 조치의 배경이 되었다. 우선 정부는 경제의 충실이 '정치의 안정, 국방의 완실(完實), 민심의 안도(安堵)'를 이룰 수 있는 토대임에도 물 자의 수급이 원활하지 못하고 인플레이션이 팽창하여 민생고가 가중되고 있는 엄중한 현실에 대해 언급하였다. 아울러 이러한 국가의 당면 '위국(危 局)'에도 사치에 힘쓰고 유행을 좇는 경향이 오히려 악화하고 있음을 지적 하면서, 제반 생활을 긴축하는 일대(一大) 국민운동을 전개하여 사치를 엄 계(嚴戒)하고 '간난결핍(艱難缺乏)'을 감내할 수 있는 풍조를 형성해야 할 필 요성을 역설했다. 이를 위해 정부는 복장·식생활·주거의 간소화와 국산 품 애용과 외국상품의 수입 제한, 도보(徒步) 이동 권장, 허례(虛禮) 폐지, 자원 애호와 물자 절약, 저축 권장 등에 대해 구체적인 실천요령을 제시하 였다.[10]

---

9) 「국민 衣食생활 개선, 문교부서 실천요항 결정」, 『동아일보』, 1949.8.27에서 발췌.

전쟁의 발발은 국민생활을 개선하기 위한 일련의 노력을 더욱 시급하고
도 강력하게 전개해야 할 필요성을 각인시켰다. 북한의 기습적인 침공으로
국가의 운명이 위중해진 상황은 모든 면에서 총력전 수행에 적합한 국민생
활로의 전환을 요구했다. 특히 1951년은 그 노력의 필요성이 어느 때보다
절감(切感)되는 시점이었다. 전쟁을 수행하는 국민들의 의식과 의지가 현저
하게 악화할 수 있는 위험성이 사회의 곳곳에서 심각하게 드러났다. 1950년
9월의 인천상륙작전이 성공하며 UN군이 반격과 북진을 거듭한 이후 남한
의 대부분 지역은 다시금 직접적인 전장이 되는 일을 경험하지 않았다. 38
선에서 멀리 떨어진 지역일수록 전쟁에 대한 체감도는 급격하게 저하되기
시작했다. '나(또는 우리)의 전쟁'은 '그들의 전쟁'으로 바뀌고 있었다. 38선
인근에서 치열하게 전개되던 고지쟁탈전도 '먼 전장'에서 벌어지는 '군인들
의 일'에 지나지 않았다. 1951년 7월부터 시작된 휴전회담도 곧 전쟁이 끝날
지 모른다는 기대감을 조성하여 '전시생활체제'를 뒤흔드는 데 일조했다. 38
선 인근에서는 하루에도 몇 번씩 고지의 주인이 뒤바뀌는 치열한 교전 끝
에 전선이 '교착'되어가고 있던 시점에 후방에서는 사치생활과 이완된 생활
방식이 '고착'되고 있었다. 그야말로 전선과 후방은 괴리되어가고 있었다.
　　이에 정부와 국회는 1951년 들어 국민생활을 전시태세로 전환시키기 위
한 노력을 본격적으로 전개하기 시작했다. 언론의 지원은 필수적이었다.
유력한 한 매체는 사설에서 정부가 전시체제에 적합한 생활을 확립하려 하
는 것을 환영했다. 특히 국민들의 자각과 자율적인 협력이 없는 현실에 비
춰 보다 강력한 정부의 대책을 요구했다.

> (…) 전시생활 답지 않은 전시생활을 하고 있는 자가 적지 않은 것은 한심한
> 일이다. 더욱이 피난민으로서 남하한 자들 중에 피난민이라기보다 유람객 같
> 은 인상을 주위에 던지고 있는 자가 있는가 하면, 집 떠날 때 가진 돈을 다
> 쓰고 소지품까지 다 팔아먹고 피난민 급식소의 신세를 지고 있다고는 하나 그

---

10) 「국민생활개선실천운동 긴급 전개에 관한 건」(BA0135050), 국가기록원, 1950.2.22.

나마도 재수가 좋은 날은 두 끼니 죽을 얻어먹고 그렇지 못한 날은 전혀 굶고 혹한에 노숙하는 분들로 적지 않다. 이러한 양극의 생활상이 일선 장병들의 사기에 좋지 못한 영향을 줄 것은 물론이려니와 간절히 전 국민의 정신적 일치단결이 지금보다 더 간절히 요청된 때가 없는 오늘 그 정신적 일치단결을 이간함과 같은 결과를 초래할 수도 있다는 점을 생각할 때 전시생활의 확립은 단순한 국민도덕의 확립 문제가 아니라 필승을 거두기 위해서 반드시 해결되어야 할 문제인 것이다.[11]

부산을 기반으로 하여 발행하던 한 일간지는 당시 부산의 실태를 이렇게 전했다.

▷衣 - (…) 결전을 앞둔 이때 눈에 띄는 것은 여성들의 화려한 의상과 얼굴의 화장이다. 무려 십 몇 만원이나 하는 비로도 치마 등을 아무 염치없이 척 두르고는 붉은 입술을 요부 모양으로 쑥 내밀고 후방에서 요리조리 아양을 떠는 꼴이란 정말 혈투를 거듭하는 제 일선장병들이 한번 보았다면 통곡해도 시원찮을 것이다. 이건 비단 무자각한 여성배들에 대한 경종만이 아니라 창백한 신사들의 꼴사나운 고급 양복 등을 입고 있는 이들은 엄숙한 민족의 비판을 받아야 할 것이다.

▷食 - (…) 生이냐? 死냐? 모든 청춘의 향락을 희생하고 조국이 부르는 곳으로 마구 달리고 있는 멸공전사들은 안락한 후방에서 술 마시고 미친 듯이 취하라고 고귀한 피를 흘리지는 않았을 것이다. 흥청대는 저녁거리의 요정에 넘치는 인파는 있어도 따뜻한 정신에서 우러난 한 장의 위문문 · 위문대를 한아름 부여안고 군 당국에 달리는 구국의 행렬이 보기 드묾은 웬일인가!

▷住 - 방 한 칸에 선세가 7 · 8만원에서 3 · 40만대를 호가하는가 하면 귀속재산 임대차권을 악용하여 무리한 요구를 자행하는 가옥 모리배가 도량(跳梁)한다는 등 당국에서도 누차 경고한 바는 기억에 새로운 바이며 (…)[12]

11) 「사설—전시생활의 확립을 위하여」, 『동아일보』, 1951.1.16.
12) 「결전시국 하 총력전 생활자제 호소」, 『민주신보』, 1951.1.21.

앞서 언급한 것처럼, 전시에 적합한 생활방식에 대한 요구는 '전선과 후방의 일체화'와 전시경제에서 '내핍(耐乏)생활'의 실천에 대한 요구로 확장되었다.

> 이처럼 썩고 또 썩은 후방과 전선 군인들의 용전을 대조할 때 오로지 신의 가호(加護)에 감사하지 않을 수 없다 (…) 적탄(敵彈)이 이곳에 떨어지지 않는다고 해서 "전쟁이 어디 있더냐" 식의 생활을 하는 자는 전선과 후방을 이간시키는 자요 후방을 난파괴(亂破壞)하는 자다. 이런 행위는 그 동기는 어떠하든지 간에 결과에 있어서는 이적행위임이 틀림없으며 스탈린의 주구적(走狗的) 행위와 다름없으니 차제에 절대로 용납될 수 없다.[13]

> 그러면 전시경제체제를 어떻게 갖추어야 할까? 먼저 그 방향부터 말하면 수출산업의 진흥이라고 말할 수 있다. 즉 수출을 많이 함으로써 무기를 수입하자는 것이다. (…) 그러나 우리가 내핍을 하지 않고서는 수출진흥이란 불가능한 것이다. 지금과 같이 술 많이 먹고 떡 많이 먹고 고기를 많이 먹으면서도 수출을 진흥할 수 있는가? 수출이 진흥된다고 하더라도 만일에 수입되는 물자가 소비재라고 하면 산업이 건설될 수 있는가? (…) 우리는 내일의 번영을 건설하기 위해서 오늘은 철저한 내핍을 강행해야만 한다.[14]

허정(許政) 사회부 장관도 4월 말에 기자단과 회견하고 국민의 전시생활 확립에 관한 담화를 발표하였다. 여기에서 허 장관은 일선의 UN군과 우리 장병이 전진(戰塵) 속에서도 적은 급료에서 갹출하여 국가를 위해 헌금까지 하는 상황에서 일부 지도층은 말로만 애국하고 우리 전쟁을 '남의 전쟁같이 방관하고' 있는 현실을 통탄했다. 동시에 하루속히 자숙하고 내핍하는 전시생활을 확립하여 전승(戰勝)을 위해 전 국민이 총진군해야 함을 강조했다.[15] 한편 8월에 사회부는 차관회의에 「전시국민생활 실천요강」을 제안했

---

13) 「사설—전선과 후방」, 『동아일보』, 1951.2.15.
14) 「사설—전시경제체제의 지표」, 『동아일보』, 1951.4.10.
15) 「승리 위해 자숙내핍, 허 장관 전시생활 확립 강조」, 『동아일보』, 1951.4.28.

다. 8월 당시 물가는 전쟁 발발 직전보다 8.8배 상승하고, 통화발행고는 8배 증가한 상태였으며, 봉급 3만 1,500원을 받는 공무원의 경우를 기준으로 하였을 때 생활비는 봉급의 6배에 달하고 있는 실태였다.[16] 이에 요강은 현대전이 총력전임에 비추어 '전선과 후방의 호흡이 한 가지로 긴장하여' 전시체제로 돌아가야 함을 강조하였다. 특히 '총후(銃後)생활이 전시화 하여야만 전시에 이길 수 있으며 호국의 영령이나 일선 장병에게도 면목이 설 것'이라고 주장했다. 이에 식생활, 의생활, 주택뿐 아니라 국민도덕, 전시체제운동, 폐풍(弊風) 교정에 관해서도 세부적인 요강을 제시했다. 다만 그 실천은 법적제재에 의하지 않고 '국민 각자의 애족애국 정신과 전시 하 국민 각자 생활의 반성에 의하여' 추진하되, 선전과 계몽에 입각하여 '전시국민생활개선운동주간'을 운영하는 방안 등에 의존하기로 했다. 특히 차관회의에서는 정부 소관 부처가 부산시장, 경남도 내무국장뿐 아니라 '대한청년단, 국민회 대표 등 민간 측'과도 협의하여 실천방안을 결정하기로 했다.[17]

그러나 국회 사회보건위원회는 '법제화'의 관점에서 전시생활개선의 문제에 접근하여 「전시국민생활개선법」을 발의했다. 이 법안은 전시 중 오후 5시 이전에는 주류를 음용할 수 없게 하고, 주류 판매를 주로 하는 음식 영업을 전면적으로 금지하며, 사치품의 수입과 판매 또한 금할 뿐 아니라 이를 위반하면 50만 원 이하의 벌금을 부과할 수 있게 하는 내용을 골자로 했다.[18] 사회보건위원장(박영출)은 1951년 7월 초에 열린 제1독회에서 국민운

---

16) 「통화량 증대로 물가 등귀」, 『경향신문』, 1951.8.23.

17) 「전시국민생활실천요강」(BA0085309), 『차관회의록』 제35차, 국가기록원, 1951.8.4. 정현주는 전쟁에 직면한 정부가 한편으로는 「전시생활개선법」, 다른 한편으로는 「전시국민생활실천요강」을 동시에 추진한 것으로 파악하고 있으나 이는 법안의 발의 주체나 전후 맥락에서 타당하지 않은 것으로 사료된다. 국회 제1독회에서 사회보건위원장은 이 법안이 사회보건위원회에서 제안된 것임을 분명히 했으며, 여전히 국민운동의 방법으로 호소하고자 하는 정부의 접근법에 국회가 '법률화'라는 다른 접근법을 취한 것으로 파악하는 게 더 적절하다.

18) 독회 과정을 거친 이 법안은 「전시생활개선법」으로 명칭이 수정되었다. 초안은 10월 11일에 최종 통과되는 법률안과 많은 부분 유사한 내용이었으나, 독회 과정에서 초안은 규제범위의 과도함과 조항의 모호함 등으로 인해 수정되었다. 초안 전문은 『국회임시회의속기록』 제11회-제19호, 1951.7.7, 10면을 참조할 것.

동의 전개나 행정조처가 아니라 법제화의 방법을 선택한 사유를 설명했다. 그는 이 문제를 행정조처로 해결하려던 그간의 시도가 소기의 목적을 달성하지 못한 점과 국민운동으로는 이 문제가 해결될 수 없으므로 입법부가 강력한 조처를 마련해 달라는 20여 애국단체의 호소가 있었던 점을 거론했다.[19] 그러나 이 법안의 필요성은 국회 안팎에서 적지 않은 논쟁을 불러왔다.

2. 「생활법」을 둘러싼 찬반(贊反) 논쟁

전시의 비상적(非常的)인 요구에 부응하는 국민생활의 실천을 법률로 강제하고자 하는 이들은 국민운동이나 행정조처로는 더 이상 국민생활의 실질적인 개선을 기대할 수 없다는 인식을 공유하고 있었다. 법안 제1독회에서 대한국민당 소속 한 의원은 오랫동안 국민운동을 실시해 왔지만 실패했으니 이제는 강력한 법을 제정하여 '오늘날 싸우고 있는 총후국민의 생활을 정화하지 아니하면' 안 된다고 역설했다.[20] 그러한 운동에 중심이 되었던 애국단체들이 국회에 법제화를 요구하면서 강제적 접근법은 그 입지를 한층 공고히 할 수 있었다. 특히 이 법안을 발의한 사회보건위원회의 위원장은 자율적 실천에 의존하는 국민운동에는 태생적인 한계가 있을 뿐 아니라 행정조처 자체도 법적 근거가 없어 시행에 애로가 많았음을 지적했다.[21]

특히 총력전의 수행을 위해서는 '전선과 후방의 일체화'가 절실히 요구된다는 점과 후방의 이완이 전선의 장병들에게 심리적인 악영향을 준다는 점이 집중적으로 주장되었다. 강력한 법률로써 국민생활을 '정화'해야 할 필요성을 역설했던 앞의 의원은 자신의 단호한 입장이, 전선과 후방의 괴리가 장병의 사기는 물론 종국적으로는 그들의 전투력에 미칠 악영향에 대한 염려에서 추동된 것이었음을 분명히 했다.

---

19) 『국회임시회의속기록』 제11회-제19호, 1951.7.7, 10면.
20) 『국회임시회의속기록』 제11회-제21호, 1951.7.9, 1-2면.
21) 『국회임시회의속기록』 제11회-제19호, 1951.7.7, 14면.

전선을 다녀온 보고를 들으면 싸우고 있는 병정들은 헐벗고 굶주리고 말할 수 없는 고통을 받아가면서도 싸우고 있다는 말씀을 들었습니다. 그 반면에 일부 특수층에 속하는 그들은 어떠한 생활을 하고 있는가? 마음껏 호의호식(好衣好食)하고 전선에서 싸우고 있는 그들과는 정 반비례의 생활을 하고 있다는 것을 우리가 알 수 있는 일이올시다. 혹은 일선에서 부상을 입고 돌아온 상병군인(傷病軍人) 말을 들으면 그들이 전선에서 싸울 때에는 총후에 있어서 자기들과 지지 않게 적극적으로 전쟁을 이기기 위해서 추진을 해주는가 생각했더니 와서 보니까, 그들의 생활은 도저히 자기네들이 일선에서 상상치도 못했든 그러한 생활을 볼 때에 대관절 누구를 위해서 싸우고 있는 것인지 모르겠다는 한심스러운 호소를 하는 것을 들을 때에 더욱이 오늘날 우리의 생활은 법적 조치를 해서라도 강력히 정화하지 아니하면 안 되겠다고 생각나는 것입니다.[22]

무소속 한 의원도 후방의 이완이 일선 장병들의 사기에 미치는 해악을 크게 염려하며 법안의 필요성에 동조했다.

며칠 전에도 모 장교가 나에게 말하기를 일선에서 연락병으로 후방에 보내면 후방에 와서 모든 상태를 보고 가서 딴 장병에게 그것을 설명하면, 거기서는 이제까지 원기 백배 싸우든 군인들이 총을 버리고서 이와 같이 하여 무슨 일이 되겠느냐? 우리는 누구를 위하여 싸우는 것이냐 하면서 한탄하는 것이 한두 번이 아니라고 생각합니다.[23]

10월에 이어진 독회에서도 무소속 한 의원은 동일한 취지로 법안이 국회에 상정된 안(案)보다 오히려 더 강력해야 할 필요성이 있다고 주장했다.

후방에 와 보면 일선에 갈 용기가 조금도 나지 않는다고 해요. 누구를 위해서 싸우느냐 말이에요. 악질 모리배를 위해서 싸우느냐, 그렇지 않으면 탐관오리를 위하여 싸우느냐? 기생을 실고 다니는 고급 자동차를 볼 때에 또는 후방에 있는 장병들이 어여쁜 색시를 군용차에다가 실고 다니는 이 현상을 볼 때에

---

22) 『국회임시회의속기록』 제11회-제21호, 1951.7.9, 2면.
23) 『국회임시회의속기록』 제11회-제21호, 1951.7.9, 5면.

참 눈에서 눈물이 나고 가진 피스톨이 있으면 쏘고 싶은 마음이 여러 번 났다는 것을 듣고 있습니다. 이것이 정말 우리 국가뿐만 아니라 부끄러운 한 정상(情狀)이라고 봐요. 그렇게 하고 전쟁을 완수하느냐 말이에요.[24]

한편 이역만리(異域萬里)에서 대한민국을 구하기 위해 분투하고 있던 UN군이나 외국의 시선을 염려하는 마음도 법안의 제정을 재촉했다. 10월 초에 계속된 제1독회에서 사회보건위원장은 한국 전선을 방문한 우방국 요인들이 후방의 국민생활이 전시체제화 하지 못한 것에 대해 유감으로 생각할 수 있으므로 국제 우방들의 기대를 고려해서라도 신속한 법안 통과가 필요하다고 주장했다.[25] 그는 제2독회에서도 '외국 사람의 안목'을 염려했다.

외국 사람이 지방에 다니면서 그들의 안목에 좋지 못하게 생각하는 바는 마치 도시에 무위도식하는 사람들이 고등 요정에 있는 것이나 촌에 가서 도시에 무위도식하는 것과 비슷한 농사 안 짓는 사람이 주점에 앉아서 술 취한 그 꼴은 대한민국 전쟁 수행에 외국 사람의 안목에 절대 좋지 못할 뿐 아니라 400만 석의 외국 식량을 획득하는 데 중대한 문제이기 때문에 이 법안을 낸 것입니다.[26]

그러나 법제화에 대한 반대 의견 또한 만만치 않았다. 먼저 국민의 생활에 관한 사항을 법률로 강제하는 게 적절한지가 논쟁되었다. 국회 내에서도 법안을 제안한 사회보건위원회와는 달리 내무위원회는 국민들이 자각을 통해 전시에 적합한 생활로 스스로 전환해갈 수 있는 여지가 여전히 다분하므로 행정조치나 국민운동으로도 충분하다고 보았다. 특히 그 위원장은 사생활이나 개인생활까지 전적으로 법률로 제한하는 것은 그 이익보다 국민생활의 위축을 가져오게 될 것이라고 경고했다.[27] 대한국민당 소속 한 의원도 자발적으로 근검절약하며 외화 획득에 노력을 결집했던 일본의 사

---

24) 『국회임시회의속기록』 제11회-제70호, 1951.10.8, 14면.
25) 『국회임시회의속기록』 제11회-제70호, 1951.10.8, 6면.
26) 『국회임시회의속기록』 제11회-제75호, 1951.10.17, 16면.
27) 『국회임시회의속기록』 제11회-제19호, 1951.7.7, 11-14면.

례를 언급하며, 국민생활에 법률로써 강제력을 행사하는 것은 온당하지 아니하며, 그 개선도 국민의 정신을 변화시키기 위한 운동에 의존할 수 있을 뿐이라고 주장했다.[28] 민주국민당의 다른 한 의원도 '국민의 도의심'에 맡길 것을 주문했다.[29] 대한청년단 소속의 한 의원은 제안된 법안이 헌법 제28조[30]에 위배되는 것이라 주장했다. 나아가 그는 생활개선법안이 민주주의를 지향하고 자유를 수호하기 위하여 수행 중인 전쟁의 목적에도 역행하는 것이라 강조했다.[31] 한 중앙일간지도 전시생활을 강제하는 것이 '헌법정신을 배반'하는 '괴현상'을 유발할 위험성이 있다는 반대의 목소리를 전했다.

> 전시생활 자체가 실시가 극난(極難)한 것이요 이것을 강제로 실시한다면 틀림없이 헌법정신을 배반하는 자유세계에서는 볼 수 없는 괴현상이 나타날 것이다. 그 인간이 평민이건 관공리건 사생활은 자유일 것이다. 한복을 입건 양복을 입건, 법을 먹건 떡을 먹건, 혹은 술을 마시건 간에 사회는 악(惡)만 끼치지 않는다면 법은 간섭할 권한이 없는 것이다. 사회에 끼치는 악도 객관적, 물질적인 것이어야지 주관적인 것을 가지고는 기준을 찾을 수 없는 것이다.[32]

법안 제정의 시기적 적정성의 문제도 제기되었다. 이미 1951년 7월부터 협상이라는 방법을 통해 전쟁을 정치적으로 해결하려는 노력이 시작된 시점에서 그러한 부류의 법안이 굳이 제정될 필요가 있겠느냐는 게 문제의식이었다.[33] 사실 이 문제는 실행가능성의 문제와도 닿아있는 것이었다. 법

---

28) 『국회임시회의속기록』 제11회-제70호, 1951.10.8, 16면.
29) 「후방의 결전 태세 낙제, 전시생활 개선안 국회에 상정」, 『자유신문』, 1951.10.4.
30) (당시 헌법) '국민의 모든 자유와 권리는 헌법에 열거하지 아니한 이유로서 경시되지 아니한다. 국민의 자유와 권리를 제한하는 법률의 제정은 질서유지와 공공복리를 위하여 필요한 경우에 한한다.'
31) 『국회임시회의속기록』 제11회-제21호, 1951.7.9, 2면.
32) 「여적(餘滴)」, 『경향신문』, 1952.9.23.
33) 이 문제에 대해 사회보건위원장은 설령 정전이 된다 해도 전후 복구에 있어 이러한 법안은 전쟁 기간 이상으로 필요할 것이라고 주장했다. 『국회임시회의속기록』 제11회-제19호, 1951.7.7, 10-11면. 무소속의 한 의원은 조만간 휴전이 될 가능성이 있을 뿐 아니라 장기간에 걸친 전후 복구의 과정에도 법안이 지속적으로 필요할 수 있으므로 법안의 제목에서 '전시'라는 표현을 삭제할 것을 주장했다. 『국회임시회의속기록』 제11회-제19호, 1951.7.7, 12면.

안의 위헌성을 지적했던 의원은 제정을 시도하고 있는 법률이 실행의 가능성이 없는, '공문화(空文化)'된 법률로 전락하여 법적인 가치를 얻지 못하게 될 뿐 아니라 나아가 법의 존엄성도 모독하는 신세가 되고 말 것이라고 주장했다.[34] 이러한 실행가능성의 문제는 제안된 법안의 불완전성에 기인한 것이기도 했다. 국회에서 제1독회가 시작되었을 때부터 국민생활의 세부적인 사항을 규정하는 법안의 민감성에 어울리지 않는 내용적인 불완전성이 반복적으로 지적되었다. 예를 들면, 사치의 여지가 가장 큰 관혼상제의 경우에 대해서는 정작 규정된 바가 없는 점, 음주에 대해서도 특례를 정해 놓지 않은 점, 사치품의 기준이 모호한 점 등이 언급되었다.[35]

약 3개월간의 독회에서 토의와 수정을 거친 「생활법」은 1951년 10월 19일에 국회 제79차 본회의에서 통과되어 11월 1일자로 행정부에 이송되었으며,[36] 같은 달 18일에 공포되었다.

전시생활개선법 [법률 제225호 / 제정·시행: 1951. 11. 18.]

제1조 본법은 전시 또는 사변(以下 戰時라 稱한다)에 있어서 국민생활을 혁신 간소화하여 전시에 상응하는 국민정신의 앙양을 목적으로 한다.

제2조 전시생활의 개선에 관한 사항을 조사심의하기 위하여 전시생활개선위원회를 둔다. 전시생활개선위원회는 학식과 덕망이 있는 인사로써 구성한다. 전시생활개선위원회에 관하여 필요한 사항은 대통령령으로 정한다.

제3조 전시에 있어서 하오 5시 이후가 아니면 음식점에서 주류를 판매 또는 음용할 수 없다. 단 탁주는 예외로 한다.

제4조 전시에 있어서는 특수음식점 영업을 경영할 수 없다. 특수음식점영업의 범위는 대통령령으로 정한다.

---

34) 『국회임시회의속기록』 제11회-제21호, 1951.7.9, 3면.
35) 『국회임시회의속기록』 제11회-제21호, 1951.7.9, 12-14면.
36) 「전시생활개선법안 이송의 건」(BA0587726), 『국회 및 국무회의 관계서류철』, 국가기록원, 1951.11.4.

제5조 전시에 있어서 음식점에서 노역에 종사하지 아니하고 접객만을 주로
　　하는 부녀자를 사용할 수 없다.
제6조 전시에 있어서 음식점에서 가무음곡을 행할 수 없다.
제7조 전시에 있어서 정부가 필요하다고 인정할 경우에는 전시에 상응하지
　　아니하는 복장의 착용을 제한 또는 금지할 수 있다.
제8조 전시에 있어서 정부가 필요하다고 인정할 경우에는 국민생활에 직접
　　필요하지 아니하는 사치품의 수입, 제조 또는 판매를 금지할 수 있다.
제9조 전2조에 규정된 복장 또는 사치품은 전시생활개선위원회의 구신(具申)
　　에 의하여 대통령이 지정한다.
제10조 제3조 내지 제8조의 규정에 위반하는 자는 50만 원 이하의 벌금,
　　구류 또는 과료에 처한다. 제8조의 규정에 위반하여 수입, 제조 또는
　　판매한 물품은 몰수한다.
제11조 법인의 대표는 법인 또는 개인의 대리인, 사용인 기타 종업자가 그
　　법인 또는 개인의 업무에 관하여 본법에 위반하는 행위를 하였을 때
　　에는 행위자를 처벌하는 외에 그 법인 또는 개인도 처벌한다.
제12조 본법에 규정한 사항을 단속할 직책을 가진 자로서 본법에 위반한 사
　　실을 지득(知得)하고 차(此)를 묵인 또는 방임하였을 때에는 1년 이하
　　의 징역 또는 50만 원 이하의 벌금에 처한다.

부 칙
제13조 본법은 공포일로부터 시행한다.
제14조 전시의 종료는 정부의 선포하는 바에 의한다.

Ⅲ. 「생활법」의 시행과 한계

1. 「생활법」의 시행

국회에서 「생활법」의 제정을 논의하기 시작함에 따라 생활개선에 대한 정부의 접근법 또한 보다 강경한 방향으로 선회하지 않을 수 없었다. 국회에서 제1독회를 시작하는 시점에 맞춰 정부는 우선 고급요정의 폐지를 추진하였다. 1951년 7월 초에 열린 국무회의에서 국무총리는 '접대부를 사용하는 요정은 폐지한다는 원칙' 아래 국회에서 심의 중인 전시생활개선 관련 법안을 참작하여 구체적인 안을 마련하도록 내무부에 지시하였다.[37] 같은 해 후반기에 '유흥의 도시' 부산에는 고급요정 20개소, 고급요정과 여관을 경영하는 호화호텔 40개소가 영업을 하고 있었다. 10실 이상을 갖춘 '갑종 요정'이 60개소, 4실 이상의 '을종요정'이 4,080개소에 달하고 있었다.[38] 9월 초 국무회의에서는 갑종요정은 폐지하고 을종요정은 대중식당으로 전환시킨다는 방침이 정해졌다.[39] 법무부, 내무부, 보건부가 연합하여 마련한 구체적인 안은 '고급요정 및 유흥영업 임시조치의 건(안)'이라는 이름으로 같은 해 10월 12일의 국무회의에 상정되어 원안대로 가결되었다.[40] '현 전국 (戰局) 하 저속한 유흥과 불필요한 낭비를 방지하여 국민생활의 안정과 국가 결전태세의 완벽을 기함'을 목적으로 명시한 이 안은, 고급요정을 폐쇄한다는 방침 아래 '요식영업으로서 접대부를 두고 상(床)단위의 요리와 주류를 객에 제공하고 유흥을 주로 하는 과거의 갑종 을종의 요리점(카페, 빠) 등 및 그 유사업태'를 그 대상으로 명시했다. 제공할 수 있는 음식과 영

---

37) 「고급요정 폐지에 관한 건」(BA0135067), 『국무회의록』 제80차, 국가기록원, 1951.7.6.

38) 「정부와 국회의 노력으로 부산의 유흥업소 업종 전환 모색」, 『자유신문』, 1951.10.23.

39) 「고급요정 폐지에 관한 건」(BA0587754), 『국무회의록』 제97차, 국가기록원, 1951.9.4.

40) 「고급요정 및 유흥영업 임시조치의 건」(BA0587754), 『국무회의록』 제109차, 국가기록원, 1951.10.12.

업시간, 접대부를 제한하는 방침도 포함했다.[41] 이러한 조치는 국회가 주도하여 논의 중이던 법안에 대한 정부 차원의 임시조치로 마련된 것이었으며, 이를 바탕으로 11월부터 단속이 시작되었다.[42]

「생활법」의 공포에 따라 정부가 가장 먼저 취한 조치는 법률(제2조)에서 규정한 '전시생활개선위원회'를 구성하는 것이었다. 1952년 첫 국무회의에서 의결되어 관보에 공표된 「전시생활개선위원회규정」은 위원회를 사회부 산하에 두고 사회부 장관을 위원장으로, 사회부 · 내무부 차관과 위원 중 위원장이 위촉하는 1인이 부위원장을 맡는 것으로 정했다. 위원은 학식과 경험이 많은 자 중에서 위원장이 위촉하는 것으로 했으며, 필요한 경우 분과위원회를 둘 수 있도록 했다.[43] 실제로 이 규정에 따라 도의(道義) · 의례(儀禮), 의복, 음식, 주거, 감시, 선전 등 6개 분과위원회가 구성되었다.[44] 예를 들어 도의분과위원회는 '공민 자질'의 향상과 인습(因襲)의 혁신을 위한 '생활실천요강'을 마련하는 일에 착수했으며,[45] 의복을 관장하는 분과위원회는 남녀국민에 대해 사치품을 금할 것과 장려할 의장(衣裝)의 종류를 결정했다.[46]

보건부는 12월 1일을 기해 헌병대, 경찰, 법무부 등과 협조하여 특별검찰대를 조직하고 법령을 집행하는 행정조치와 위반자에 대한 단속을 시행했다. 예를 들어 12월 2일에 경남경찰국에서 시내의 3개 경찰서를 동원해 시내 각 음식점을 단속한 결과 「생활법」 위반으로 수백여 명이 적발되기도 했다.[47] 1952년 5월에 부산에서 실시된 단속에서는 1,200여 건이 적발되기도 했다.[48] 같은 달 인천에서도 「생활법」 제3조를 어기고 오후 2시경에 소

---

41) 「고급요정 및 유흥영업시간 조치의 건」(BA0084187), 『국무회의상정안건철』, 국가기록원, 1951.10.11.
42) 「국무회의, 고급요정 및 유흥영업임시조치안 의결」, 『자유신문』, 1951.10.16.
43) 「전시생활개선위원회규정안」(BA0085166), 『국무회의록』 제1회, 국가기록원, 1952.1.4; 『관보』, 1952.1.20.
44) 「전시생활개선위 6개 분과위를 설치」, 『자유신문』, 1952.2.5.
45) 「민족적 긍지를 잃지 말자, 전시개위(戰時改委)서 도의요강 발표」, 『동아일보』, 1952.2.14.
46) 「전시생활 의장(衣裝) 결정. 여름엔 "노타이", 여자는 활동복」, 『경향신문』, 1952.2.27.
47) 「구벽(舊癖) 청산 못한 업태부(業態婦), 3서(署) 적발 건수만 50명」, 『동아일보』, 1951.12.4.

주를 판매한 음식점주와 음용자가 적발되었다. 이들은 서울지방법원 인천 지원의 약식명령에 따라 각각 벌금 2만 원에 처해졌다.[49]

이듬해 6월에는 도시와 지방에 위생검찰대를 파견하여 단속을 한층 강화한 결과, 6월부터 10월까지 부산에서만 1,166건의 영업취소와 2,219건의 영업중지가 단행되었다. 뿐만 아니라 4,317건에 대해서는 고발 조치하고, 152건에 대해서는 기물을 압수함으로써 5개월간 부산에서만 총 7,854건이 단속되었다.[50] 예를 들어 12월에 경남 의령군에서는 오전 11시경에 손님에게 주류와 돈육을 판매한 음식점주가 벌금 10만 원에 처해졌다.[51] 나아가 이듬해 3월 부산지방법원에서는 다른 노역에 종사하지 않는 접대부 2명을 고용하여 연회석에서 접객을 하도록 한 음식점주가 5일간 구류의 처분을 받기도 했다.[52]

그런 가운데 1952년 5월에 정부는 그와는 별도로 「전시국민생활개선촉진에 관한 건」을 국무회의에서 의결했다.[53] 이 안은 전쟁의 승리가 일선 장병의 전투력에만 의존하는 것이 아니라, 후방 국민생활 일체를 전투태세로 완비하며 '일선과 후방의 호흡이 일치되는 국민응원'을 확립하는 데 달려있음을 강조하였다. 이에 정부는 중요 도시가 급속하게 전시체제로 전환하도록 유도하고자 함을 분명히 했다. 이에 따라 전국 각 중요 도시의 음식점을 대폭 축소하고, 사치품의 수입·제조·판매를 금하며, 흥행을 목적으로 하는 극장의 주간 개관을 금하고, 매월 1일을 '국민정신생활개선일'로 운영하는 등의 내용이 담겼다.[54] 사회부와 공보처가 공조하여 전국 중요 도시에서 '전시국민생활촉진주간'을 운영하며 강력한 '선전계몽전'을 전개하기도 했다.[55]

---

48) 「위생검찰 철저히, 강조주간 연기코 업자 등 적발」, 『경향신문』, 1952.5.31.
49) 「전시생활개선법위반」(BA0064764), 『약식명령문』, 국가기록원, 1952.
50) 『국회임시회의속기록』 제14회-제15호, 1952.11.27, 7-8면.
51) 「전시생활개선법위반」(BA0025276), 『판결문』, 국가기록원, 1952.
52) 「전시생활개선법위반」(BD0097938), 『형사사건부』, 국가기록원, 1953.
53) 「전시 국민생활개선 촉진에 관한 건」(BA0085166), 『국무회의록』 제42회, 국가기록원, 1952.5.23.
54) 「전시생활개선을 촉진. 음식점을 대폭 정비」, 『마산일보』, 1952.5.25.

2. 「생활법」의 한계와 폐지

그러나 법안의 시행은 이내 적지 않은 혼란과 저항에 직면했다. 이는 법안의 시행을 점점 더 어렵게 하고 의도한 효과의 달성을 요원하게 만들었다. 우선 법안의 불완전성이 실제적인 문제로 대두되었다. 가장 민감한 문제는 법안에서 규정한 '전시에 상응하지 아니하는 복장'이나 사치품에 해당하는 물품이 구체적으로 어떤 것인지, 그리고 그에 해당하는 물품의 경우 과거부터 소장하던 것까지도 착용이 금지되는 것인지의 여부였다. 법안 자체의 불완전성과 더불어 국회에서 독회의 과정을 거치면서 이미 지적되었던 사치품 제조업자나 접대부의 업종 전환, 법 집행으로 인한 '유흥음식세' 적자 발생 가능성, 법 집행 조직의 미비 등과 같은 실행적 문제들도 계속하여 거론되었다.

이와 같은 문제들은 집행 현장에서 무차별적인 법률 적용을 불러왔다. 예를 들어 사치품의 기준에 대한 명확한 규정이 없는 가운데 수입품 전반에 대한 포괄적인 '몰취(沒取)'의 관행이 이어졌다. 과세증이 부착되지 않은 양복지나 양품 주류에 대한 강력한 몰취는 이를 주로 판매하는 시장이나 일반상가에 타격을 가했다. 국내산업의 실정과 소비자들의 현실적 요구를 고려하지 않고 이루어지는 외래 필수품에 대한 제지도 국민들의 원성을 샀다.[56]

이에 1952년 들어 정부는 국민생활을 실질적으로 전시체제화 할 보다 세부적인 지침을 마련하기 위한 일련의 노력에 착수했다. 우선 5월에 의결했던 「전시국민생활개선촉진에 관한 건」에서 규정한 '일절 흥행을 목적으로 하는 극장은 주간 흥행을 금지한다'는 조항에 관한 세칙(細則)을 마련하여 하달했다. 이로써 '흥행을 목적으로 하는 극장'은 '영화, 연극 등 일반대중에게 공개 흥행'하는 극장으로, '주간'은 '일출로부터 하오 4시까지'로 규정되었다.[57] 6-7월간에는 「생활법」 제7조와 제9조에서 규정한 '전시에 상응하지

---

55) 「전시국민생활촉진주간 실시」, 『경향신문』, 1952.6.2.
56) 「전시생활개선법 시행세칙 부재 및 무차별적으로 적용」, 『평화신문』, 1953.7.4.
57) 「주간 興行遂 금지, 전시 흥행 관계 세칙 시달」, 『경향신문』, 1952.6.4.

아니하는 복장'과 수입·제조·판매가 금지되는 사치품을 대통령령으로 지정하고자 했다. 7월 초에 국무회의에서 의결된 안은 외국산 양단, 벨벳, 하부다에(はぶたえ)[58] 등으로 된 의류를 착용할 수 없게 했으며, 스프링코트와 모피 목도리 혹은 귀금속이나 보석으로 된 단추, 반지, 팔찌, 귀고리, 목걸이, 브로치도 착용을 금지했다. 제조가 금지되는 항목으로는 위에서 언급한 제반 물품들과 귀금속이나 보석으로 된 넥타이핀, 귀후비개, 파이프, 식기나 화병이 적시되었다. 아울러 특별한 사유에 의하여 정부에서 수입하는 경우를 제외하고, 의류지(衣類地)와 그 제품, 앞에서 열거된 귀금속 또는 보석제품, 모자와 양산과 핸드백, 화장품, 주류, 연초(煙草) 등이 수입금지품목에 포함되었다.[59]

그러나 시행상의 제반 문제들은 결국 시행령이나 시행세칙의 부재에 기인한 바가 컸다. 이에 정부는 1952년 6월 말부터 차관회의에서 시행령 제정에 관한 논의를 시작하였다. 그 결과 8월 29일 국무회의에서 의결된 시행령은 앞서 7월에 의결했던 '전시생활개선법 제9조의 규정에 의한 복장과 사치품 지정의 건'의 내용을 근간으로 한 것이었다. 시행령은 외국산 복지(服地)와 모자·양산·핸드백, 외국산 화장품·주류·음료수·과자·청과물, 외국산 담배·권연(卷煙)용품·완구, 14K 이상의 귀금속 등의 착용·판매·수입을 일절 금지하고, 이를 위반할 경우 가해질 수 있는 처벌에 대해 규정하였다. 설령 규제 대상에 해당한다고 할지라도 현재 가지고 있는 의복에 대해서는 그 착용을 허용하였다.[60]

그러나 시행령은 국무회의에서 공식적으로 의결되었음에도 공포와 시행에 이르지는 못하였다. 어처구니없게도 국무회의 의장인 이승만 대통령이

---

58) 곱고 보드라우며 윤이 나는 순백색 비단을 의미한다.
59) 「전시생활개선법 제9조의 규정에 의한 복장과 사치품 지정의 건」(BA0085167), 『국무회의록』 제55회, 국가기록원 , 1952.7.4; 「전시생활개선법 제9조의 규정에 의한 복장과 사치품 지정의 건(案)」(BA0084190), 『국무회의상정안건철』, 국가기록원, 1952.
60) 「전시생활시행령 금명 공포, 외국산 복지 등 일정 착용 금지」, 『동아일보』, 1952.8.30; 「국무회의, 전시생활개선법 시행령 의결」, 『대구매일』, 1952.8.31.

최종 결재를 거부했던 것이다. 이 대통령은 국민의 개인적인 생활에 관한 사항에 대해서는 관권을 발동시켜 그 위반자를 즉각적으로 처벌하는 방법보다 '국민운동에다가 호소해 가지고 자숙자계(自肅自戒)를 우선하도록 하는 것'이 좋다는 입장을 견지했다.[61] 결재가 보류된 채 대통령 관저에 몇 달간 방치되어 있던 이 시행령은 결국 각하되어 차관회의에서 보고되었다.[62] 시행령의 제정이 여의치 않게 되면서 정부는 다시 강조주간을 별도로 설정하여 운영하는 등의 방법으로 국민운동에 활력을 불어넣고자 했다. 그러나 그 한계는 분명했다. 이에 대한부인회, 대한여자청년단 등 5개 여성단체는 전시생활개선의 실천을 강조하는 운동을 전개함에 있어 강력한 법적 조처를 가할 수 있는 방안을 반드시 마련해 달라는 건의문을 대통령, 부통령, 대법원장, 국회의장, 국무총리와 사회부 장관에게 전달하기도 했다.[63]

그러나 「생활법」의 효과적인 시행을 가로막은 가장 큰 장애물은 시행령의 부재가 아니었다. 국회에서 의원의 질의에 답하면서 법제처장이 밝힌 것처럼, 「생활법」 전체가 시행령의 제정·공포가 완결되어야만 집행할 수 있게 되는 것은 아니었다. 앞에서 언급한 실례(實例)들의 경우처럼 시행령이 공포되지 않은 가운데서도 법의 집행은 불완전하게나마 이루어지고 있었다. 정작 가장 큰 장애물은 법의 제정에 앞장섰던 사회계층(특히 국회의원, 공무원, 검찰과 경찰)의 비협조와 여전한 위법행위였다. 이들의 행태는 「생활법」이 공포된 초기부터 국민들의 원성(怨聲)과 언론의 집중적인 포화의 대상이 되었다. 마치 호화찬란한 '특수지구'와도 같았던 부산의 "송도구락부"에는 여전히 밤 10시가 넘어서도 고급자동차들이 드나들었다. 위생검찰대조차도 감히 손을 대지 못하던 이 업소의 행태는 시민들의 원성을 사기에 충분했다.[64] 부산의 유흥 중심지대에 대한 단속에서는 주연(酒宴)을

61) 『국회임시회의속기록』 제14회-제15호, 1952.11.7, 11면.
62) 「전시생활개선법시행령은 대통령 각하께서 수 3일전 각하되였다」(BD0161691), 『차관회의록』 제12회, 국가기록원, 1953.5.14.
63) 「전시생활법 시행령 공포 촉구, 부인회 등 각 여성단체서」, 『동아일보』, 1952.10.15.
64) 「화려한 松島俱樂部 遂말성', '특수지구이냐?」, 『경향신문』, 1952.1.26.

펼치고 있던 세무직원들과 외자관리청 보건과원, 그리고 은행 임원들이 적발되어 보도되었다.[65]

특히 국민들의 집중적인 성토는 법안을 만든 국회의원들을 향했다. 법률이 공포되기도 전부터 국민들은 국회의원들에게 전시생활에 관한 법률을 입안할 자격이 있는지를 신랄하게 물었다.

> 출석률이 좋지 않아 개회가 늦는 것은 물론 유회(流會)도 가끔 하는 무성의한 국회가 겨우 생각해낸 것이 가장 애국자인 체 생색이라도 내보자는 전시국민 생활개선법. 기생, 요정을 폐지하면 내일이라도 세상이 깨끗이 정화되고 국민의 사기가 앙양될 것이라는 얼빠진 국회의원들의 고갈된 돌대가리에는 새삼스러이 경탄치 않을 수 없다. 이에 감히 제언하노니 국회의원 자신이 출입하는 유명 기생, 무허가 요정과 국회의원 자신이 몸에 걸친 사치품에 대해서 심심(深甚) 연구하시라고. (…) 그리고 도대체 이러한 국민생활운동이란 법적인 강화로써 실현되는 것이 아니라, 예를 들면 국회의원 같은 지도계급에 계신 분들이 먼저 실천으로써 솔선수범해야만 자연발생적인 좋은 결과가 난다는 것을 알아야 합니다.[66]

「생활법」이 공포된 지 한 해가 지난 뒤에도 국회의원들에 대한 성토는 전혀 누그러지지 않았다. 삼척의 한 시민은 유력한 일간지에 실린 '교활의 교착(交錯)'이라는 제목의 기고문에서 '위정자'들의 위선을 성토했다.

> 우리의 선배 선량들의 정부를 보라. 국난을 혼자만이 맡은 체 하고 애국도 스스로만이 큰 존재인 체 하면서 무엇을 하고 있는가? 사욕(私慾)과 참소(讒訴)를 쫓으며 허탈(虛脫)의 밑바닥을 긁고 있으면서 위정자인 체 애국자인 체 분장하고 인민을 속이려고만 한다. 전시생활체제를 입술에 바르고 기안(起案)만 하여 놓고 실천은 누구더러 하란 말인가? 야속한 군상(群像)들아 이기욕(利己慾)도 그럴 듯하나 국난을 어이 보는가?[67]

---

65) 「유흥가 검찰에서 외자관리청, 은행 관계자들이 주로 적발」, 『서울신문』, 1952.2.21.
66) 「자유제언—생활개선과 국회」, 『자유신문』, 1951.10.14.

한편, 법률을 집행하는 책임을 맡은 공무원들도 국민적인 성토를 비껴갈 수 없었다. 광주의 한 시민은 현상(現狀)을 천정부지의 추세이던 인플레이션을 완화하기 위한 정부의 화폐개혁과 그에 이은 일련의 조치들로 '근근 명맥만을 유지하여오던 국내 중소생산업은 총파탄의 위기에 봉착'한 형국이라고 진단했다. 아울러 농촌은 '초근목피로 연명하다 못 해 유리걸식할 수밖에 없어' 이농(離農)하는 농민이 속출함으로써 도시나 농촌이나 할 것 없이 생활고로 자살하는 수가 급증하고 있다고 썼다. 그 속의 공무원들에 대해서는 다음과 같이 적었다.

> 현하(現下)의 실정을 보면 어느 관공서에서든지 전시체제는 볼 수 없고 문서 처리가 지체될 뿐만 아니라 직원의 3분의 2는 놀고먹는 현상이니 공무원 생활 보장의 요결은 공무원의 법정 배치수를 현재의 3분의 1로 축소하여 그들의 생활을 보장케 하면서 각각 당일에 처리할 사무건명을 기록하여 매일 보고하게 할 것이며 부정행위가 있는 자는 해직시킬 것은 물론이려니와 절대로 재차 등용치 말아야 할 것이다.[68]

공무원에 대한 이러한 국민적 반감은 정부 내에서도 꽤 심각하게 받아들여졌다. 1952년 5월 말에 열린 국무회의에서 막 취임한 장택상 국무총리는 '장·차관도 요정 출입을 사양'하도록 지시했다. 그는 이 자리에서 그러한 지시가 '대통령의 분부'에 따른 것임을 분명히 했다.[69] 한편 같은 해 10월에 있었던 차관회의에서 내무부 차관은 '전쟁완수를 위하여 정계 요인, 부유층, 공무원 등이 솔선하여 전시생활에 철저하여야 할 것'을 강조했다.[70] 몇 달 뒤 열린 국무회의에서도 박현숙 무임소장관은 '양연(洋煙), 백반(白飯)금지 등 전시생활 여행(勵行)에 관하여 정부고관 측의 솔선궁행'을 촉구했다.[71]

---

67) 「조류(潮流)—교활의 교착」, 『동아일보』, 1952.12.17.
68) 「「조류(潮流)」에 반영된 선량(選良)과 정부에의 민성(民聲)」, 『동아일보』, 1953.3.16.
69) 「장·차관 요정 출입 사양 건」(BA0085166), 『국무회의록』 제42회, 국가기록원, 1952.5.23.
70) 「전쟁완수를 위하여 정계요인, 부유층, 공무원 등이 솔선하여 전시생활에 철저하여야 할 것이다」(BA0587756), 『차관회의록』 제37차, 국가기록원, 1952.10.9.

부분적이나마 「생활법」으로 폐업되거나 업종을 전환하도록 강제되는 인원들에 대한 후속조치가 미비한 점도 법률의 효과적인 집행을 가로막았다. 사실 이 문제에 대한 정부의 인식은 사뭇 안일했다. 「생활법」이 공포된 직후에 허정 국무총리 서리는 중앙정부기자단과 회견하여 당면문제에 대해 문답한 자리에서 '통계에 의하면 실직하게 되는 접대부는 없으며 대중식당으로 전업'하고 있다고 답했다. 아울러 그들이 사창(私娼)으로 전업할 경우 발생할 수 있는 문제에 대해서도 '접대부에 대해서는 주 2회 정기검진을 실시하고 있고 여자경찰로 하여금 단속과 지도를 하게' 하고 있다고 답했다.[72] 한편 그 후임인 장 총리는 이듬해 7월에 기자단과 회견한 자리에서 '요정, 다방, 택시, 사치품상 정비에 따르는 실업대책이 없다고 하나 나로서는 이러한 업자들이 실업하는 데 대하여 조금도 동정하고 싶은 생각을 가지고 있지 않다'고 밝혔다.[73] 그러나 이 문제는 익히 예견되었던 것으로서, 국회에서는 「생활법」을 제정하기 위한 독회의 과정에서부터 특단의 대책이 마련되어야 할 필요성이 강조되곤 했다. 예를 들어 제1독회에서 대한노동총연맹 소속의 한 의원은 공창(公娼)제도를 폐지함에 따라 사창이 성행했던 과거 사례를 환기하며 고급요정의 폐지가 그 전철을 밟게 되어 오히려 사회적 혼란을 가중할 가능성에 대해 경고했다.[74] 같은 회의에서 다른 의원은 사치품으로 지정된 금·은이나 비단 공장에 대한 보상이나 직업전환을 위한 대책이 필요함을 역설했다.[75]

예견된 것처럼 그 결과는 위장 또는 위법적인 영업의 성행이었다. 단속의 대상이 되는 고급요정들 중 상당수는 대중식당으로 간판만 변경하여 영업을 계속하였으며, 여관으로 가장하는 경우도 적지 않았다.[76] 뿐만 아니

71) 「양연(洋煙), 백반(白飯)금지 등 전시생활 여행(勵行)에 관하여 정부고관 측의 솔선궁행을 요망」(BA0085168), 『국무회의록』 제5회, 국가기록원, 1953.1.16.
72) '정부 양곡 수납 촉진, 공보처에 선전국 신설, 허 총리서리 담(談)', 『동아일보』, 1951.12.13.
73) 「重石弗 輸入穀肥 정부 방침대로, 전시생활개선은 鳳頭龍尾 格, 장 총리 회견 談」, 『동아일보』, 1952.7.18.
74) 『국회임시회의속기록』 제11회-제19호, 1951.7.7, 14면.
75) 『국회임시회의속기록』 제11회-제19호, 1951.7.7, 13면.

라 영업허가 취소에도 공공연하게 영업을 계속하는 경우도 빈발했으며, 위생검찰대에서 그 업자를 재차 고발하여 구속되어도 결국 아무런 법적 처벌을 받지 않고 석방되는 경우도 드물지 않았다.[77]

「생활법」에게 휴전은 또 하나의 치명적인 전환점이었다. 무엇보다도 전쟁의 극심한 여파로 최저한의 '의식주적인 생존'조차 보장되지 않는 현실이 생활개선운동을 '비현실적인 공상적인 작희(作戱)'로 전락하게 만들었다.[78] 아울러 이 법을 집행하는 '관(官)'에 대한 불신은 한층 더 심화되었다. 1954년에도 전후 국가재건을 위해 '전시생활체제 확립 강조주간'을 운영하며 7개 역점 사항의 구현에 심혈을 기울였지만, 국민들은 특히 '물자절약, 사치 배격, 국산품 애용'에서 '관직자(특히 고위층)'의 솔선수범을 효과적인 운동의 선결조건으로 바라봤다.[79] 설상가상으로 같은 해 10월에는 사회부에서 차관회의에 상정한 '전시생활 간소화 주간 설정의 건'이 부결되는 사태가 발생하고 말았다. 이 안(案)은 대통령의 지시에 따라 공무원들과 그 가족들이 '국민내핍생활'을 추진함에 있어 모범을 보이기로 하는 내용을 담았는데,[80] 차관회의에서 '행정적 조치로 하되 위반 시는 징계한다.'는 구속적 조문이 반대에 봉착해 부결되고 말았던 것이다. 이로써 「생활법」과 그에 기초한 차후의 행정적 조치들은 사실상 '공문화'되고 말았다.[81] 한 일간지의 글은 공무원들이 솔선하여 따르지 않는 법률이 만들어낸 모순적 세태(世態)를 드러내기에 충분한 것이었다.

---

76) 「폐쇄된 요정 다시 부활, 여관 가장코 신판(新版) 영업」, 『동아일보』, 1952.8.4.
77) 「사바사바 위생검찰? 폐쇄된 요정은 의연 영업」, 『동아일보』, 1952.9.22.
78) 「사설─생활개선운동을 우선 개선하라」, 『경향신문』, 1953.9.3.
79) 「사설─전시생활은 관(官)에서부터」, 『동아일보』, 1954.10.27.
80) 주요 내용으로는 양복은 국산지 사용, 관용차 사용 제한, 고급요정 출입 금지, 국산 이외의 연초 금흡(禁吸), 무도장 출입 엄금, 혼상(婚喪)에서 관용차 일정 사용 불가 등이 포함되었다.
81) 「官은 "전시생활"이 싫어? "강조주간 설정"을 차관회의서 부결」, 『동아일보』, 1954.10.28; 「사설─공무원의 생활검소화 운동」, 『동아일보』, 1955.1.19. 결국 「생활법」은 5·16군사정변 이후인 1963년 9월 6일의 제91회 각의(閣議)에서 의결되어 '앞으로 시행될 개정헌법의 정신으로 보아 그 실효성과 타당성이 없게 되었으므로' 폐지되었다(시행: 1963.11.5.). 「전시생활개선법폐지에 관한 법률」(BA0085246), 『각의록』 제91회, 국가기록원, 1963.9.6.

"생활개선위원회"에서는 때때로 국민생활의 개선을 부르짖고 국민은 그때마다 "코웃음"질 - 그것도 그럴 것이 가난한 국민대중에게는 현재 걸치고 있는 옷이 단벌이고 보니 생활개선의 여지가 없고 부유층이나 또는 솔선수범해야 할 공무원들은 더욱 사치스러워만 가니 그저 그렇고 그렇고 (…) 그래도 "위원회"에서는 공무원에게나 실시해보자 하여 오래전 "국민생활검소화 요강"을 만들어 차관회의에 부의하였으나 가장 중요한 법적 구속력 적용 조항은 삭제되고 "양담배", "낮술금지", "요정출입금지" 등 조항을 내용으로 한 요강이 겨우 통과되었을 뿐이었겠다?[82]

Ⅳ. 맺음말: '생활동원'의 교훈 찾기

현대 총력전은 전선(戰線, Front)에서의 선전(善戰) 못지않게 '후방전선(Home Front)'의 효율적인 '전시체제화'와 '전의(戰意)'의 고양(적어도 '유지')을 절실하게 요구한다. '후방전선'은 전선이 힘과 에너지를 회복하는 근원으로 기능한다. 그런 면에서 총력전에서 '후방전선'은 전선보다 오히려 더한 실질적 · 상징적 중요성을 갖는다고 이야기되기도 한다.

그러나 6 · 25전쟁기 한국사회를 고찰하는 기존의 연구들은 '후방' 그 자체에 집중하고 있었을 뿐 '후방전선'은 온전히 그려내지 못해왔다. 그 속에서 후방은 주로 전쟁의 참화로 거의 일방적인 희생을 강요당하는 대상에 지나지 않았다. 많은 경우 학살과 점령, 그리고 착취의 희생양에 가까웠다. 그러나 총력전인 6 · 25전쟁을 치르는 한국사회는 분명 또 하나의 '전선'이었다. 후방의 한국사회를 구성하는 각자는 원칙적으로는 비전투원이지만 총력전의 낯익은 메커니즘에 따라 또 다른 얼굴의 전투원으로 전선에서 설 수밖에 없었다. 그들은 '후방전선'에서 자신들 몫의 전쟁을 수행하는 주체

---

82) 「국민생활개선」, 『동아일보』, 1955.5.1.

였다. 때문에 그들은 전쟁을 수행하기에 적합하도록 자의적·타의적으로 스스로를 적응시키고 개조해가야 했다. '생활동원'은 바로 그러한 노력의 발현이었다. 그것은 국민들로부터 총력전 수행에 적합한 의식과 의지를 동원하는 출발점이었다.

문제는 '생활동원'은 '후방전선'이 가장 일반적으로 감당해야 하는 물자와 인력 동원보다 성공하기 어렵다는 점이다. '생활동원'은 사회구성원 개인의 내면적인 의식과 생활이라는 매우 사적인 영역으로 동원체제를 확장해가기 때문에 높은 수준의 공감대 형성과 그것에 기초한 자발적 협조가 없이는 가시적인 성과를 담보할 수 없기 마련이다.

6·25전쟁이 한창이던 1951년에 제정되어 전후 상당한 기간까지도 그 생명을 연장시켰던 「전시생활개선법」은 한국판 '생활동원'의 시도였다. 그러나 이 법률은 시행 초기의 일시적인 효과에도 불구하고 결국 그 목적을 달성하는 데는 실패하고 말았다. 이 법률을 둘러싼 첨예한 사회적 논쟁과 그것의 결과적인 운명은 '생활동원'이 결코 성공하기 쉽지 않다는 점을 보여주었다. 아울러 성공에 이르기 위해서는 몇 가지의 선결요건이 존재한다는 점 또한 보여주었다.

우선, '생활동원'은 행정적·법적 강제성과 국민적 자발성이 조화를 이루어야 한다. 전시생활의 개선이 성공에 이르기 위해 국민운동, 행정조치, 사법적 강제라는 3가지의 선택지 중 어느 것을 취해야 할지를 놓고 첨예하고도 지속적으로 진행되었던 논쟁은, 사실 3자 간의 균형이 최선의 해법이라는 점을 보여주는 또 다른 방식이었다. 「생활법」의 사례는 국민적 자발성을 충분히 확보하지 못하고 행정적·법적 조치를 중심으로 하는 '생활동원'이 갖는 한계를 여실히 보여주었다. 한편 국민적 자발성을 확보하는 데는 동원을 위해 이루어지는 각종 행정적·법적 조치들에 대한 '국민적 수용성'이 결정적으로 중요하다. 그런가 하면 '국민적 수용성'은 '국민적 공감대'가 형성된 수준을 반영할 수밖에 없다. '국민적 공감대'를 형성하기 위해서는 언론이나 관련 사회단체를 비롯한 시민사회의 여러 부문으로부터 충분한 협조를 확보하는 게 중요하다. 국무회의에서 의결된 시행령을 대통령이 거부하였던 사례에서 보듯 국가지도부의 각 층위 간, 행정부-입법부-사법부 간 충분한 공감대를 형성하는 게 '국민적 공감대'를 형성하고자 하는 노력에 선행되어야 함도 「생활법」의 사례가 던지는 교훈이었다.

한편 「생활법」의 결과적인 실패에는 법의 제정과 집행에 주요한 역할을 했던 국회의원, 각급 공무원, 기타 사회지도층의 비협조가 결정적이었다. 이러한 사실은 전시 '생활동원'의 성공이 '상부주도식(top-down) 강제'가 아니라 '상부주도식 실천'에 달려있다는 점을 교훈한다. 다른 부문에 대한 동원과는 달리 '생활동원'은 인간의 기본권과 가장 사적인 영역까지 제약할 수 있기 때문에 그럴수록 '상부주도식 실천'이 선결되어야 한다.

'생활동원'을 위해 이루어지는 각종 조치들(특히 사법적 조치)은 그 제도적 완결성 또한 중요하다. 특히 「생활법」은 전시라 할지라도 국민의 기본권을 제약할 수 있는 각종 규제의 범위와 기준을 분명하고도 합리적으로 설정하는 일이 무엇보다도 중요하다는 점을 여실히 보여주었다. 이것이 선행되지 않으면 오히려 사회적 혼란을 가중하고 결국은 조치의 실패를 재촉할 수 있다. 아울러 규제의 대상에 대해 적극적으로 차후 대책(보상 또는 전환 대책)을 강구함으로써 공적 영역에서의 각종 규제 조치가 사적 영역으로의 은신과 위장을 조장하지 않도록 해야 할 필요성 또한 그 교훈으로 삼을 수 있을 것이다.

6·25전쟁 동안 이루어진 '생활동원'을 위한 노력이 전쟁기나 그 직후의 시대를 살았던 사람들의 삶과 의식에 미친 영향과 유산에 관해서는 이 연구보다 다면적이고 장기적인 추적과 분석이 필요하다. 한편, 6·25전쟁기 후방에 대한 동원은 직·간접적으로 일제강점기 조선에 대한 전시동원과 맞닿아 있는 부분도 분명 발견된다. 동원의 방법이나 이를 위해 동원되는 수사(修辭)의 면에서 특히 그렇다. 이 또한 이 연구가 확장될 수 있는 방향

일 것이다. 그런가 하면 총력전 아래서 이루어지는 '생활동원'의 진정한 교훈은 성공과 실패의 여러 사례들을 교차적으로 비교하여 분석함으로써 얻을 수 있다. 예를 들어 제1차 세계대전 발발 직후 영국에서는 '공공안전의 확보를 위해' 「국토방위법(The Defence of the Realm Act ; DORA)」이 제정되어 영국 후방전선의 모든 측면에 영향을 미쳤다. 이것과의 비교는 두 사회의 '생활동원' 시도에 존재하는 특성을 드러내어 더 깊이 있는 교훈을 도출할 수 있게 해줄 것이다.

▨ 참고문헌

『경향신문』, 『관보』, 『동아일보』, 『마산일보』, 『민주신보』,
『서울신문』, 『자유신문』, 『평화신문』

「고급요정 및 유흥영업시간 조치의 건」(BA0084187), 『국무회의상정안건철』, 1951.10.11.
「국민생활개선실천운동 긴급 전개에 관한 건」(BA0135050), 국가기록원, 1950.2.22.
「전시생활개선법안 이송의 건」(BA0587726), 『국회 및 국무회의 관계서류철』, 국가
　　기록원, 1951.11.4.
「전시생활개선법위반」(BA0064764), 『약식명령문』, 국가기록원, 1952.
「전시생활개선법위반」(BA0025276), 『판결문』, 국가기록원, 1952.
「전시생활개선법위반」(BD0097938), 『형사사건부』, 국가기록원, 1953.
「전시생활개선법 제9조의 규정에 의한 복장과 사치품 지정의 건(案)」(BA0084190),
　　『국무회의상정안건철』, 국가기록원, 1952.

『각의록』 제91회(BA0085246), 1963.9.6.
『국무회의록』 제80차(BA0135067), 1951.7.6.
『국무회의록』 제97차(BA0587754), 1951.9.4.
『국무회의록』 제109차(BA0587754), 1951.10.12.
『국무회의록』 제1회(BA0085166), 1952.1.4.
『국무회의록』 제42회(BA0085166), 1952.5.23.
『국무회의록』 제55회(BA0085167), 1952.7.4.
『국무회의록』 제5회(BA0085168), 1953.1.16.
『국회임시회의속기록』 제11회-제19호, 1951.7.7.
『국회임시회의속기록』 제11회-제21호, 1951.7.9.
『국회임시회의속기록』 제11회-제70호, 1951.10.8.
『국회임시회의속기록』 제11회-제75호, 1951.10.17.
『국회임시회의속기록』 제14회-제15호, 1952.11.27.
『차관회의록』 제35차(BA0085309), 1951.8.4.
『차관회의록』 제37차(BA0587756), 1952.10.9.
『차관회의록』 제12회(BD0161691), 1953.5.14.

김귀옥, 『월남민의 생활경험과 정체성』, 서울대 출판부, 1999.

김동춘, 『전쟁과 사회』, 돌베개, 2000.

김은경, 「1950년대 신생활운동 연구—가정개량론과 소비통제를 중심으로」, 『여성과 역사』 제11호, 한국여성사학회, 2009, 203-240면.

박정훈, 「6·25 전시 하의 행정법」, 『서울대학교 법학』 제41권 2호, 서울대 법학연구소, 2000, 79-106면.

박찬승, 『마을로 간 한국전쟁』, 돌베개, 2010.

윤택림, 『인류학자의 과거여행』, 역사비평사, 2003.

이임하, 「한국전쟁 전후 동원행정의 반민중성: 군사동원과 노무동원을 중심으로」, 『역사연구』 제12호, 역사학연구소, 2003, 39-67면.

_____, 『전쟁미망인, 한국현대사의 침묵을 깨다』, 책과 함께, 2010.

전상인, 「한국전쟁과 국가건설」, 『아시아문화』 제16호, 한림대 아시아문화연구소, 2000, 19-56면.

정현주, 『대한민국 제1공화국의 여성정책』, 한국학술정보, 2009.

미국 매카시즘과
한국의 반공체제*

강성호(순천대학교)

Ⅰ. 머리말

매카시즘(McCarthyism) 현상은 미소 사이에 냉전이 형성되기 시작한 초기 1950년부터 1954년까지 본격적으로 진행되었다. 정부에 비판적인 정계, 학계, 언론계 인사들을 공산주의자로 공격한 미국 상원의원 매카시(Joseph R. McCarthy)는 미국 전체 사회를 반공주의 열풍에 몰아넣었다.

매카시즘은 미국사회 내부뿐만 아니라 미국의 아시아 대외정책과 미국 영향력 하에 있는 일본, 대만, 한국 같은 국가들에도 큰 영향을 주었다. 매카시즘은 미국의 한국전쟁 참전에도 강한 영향을 미쳤을 뿐만 아니라 한국의 전후 사회형성에도 깊은 영향을 미쳤다. 한국전쟁 이후 반공체제가 전 사회적으로 체계적으로 강화되었고, 최근에도 매카시즘적 현상이 지속되고

* 이 글은 2017년 대한민국 교육부와 한국연구재단의 지원을 받아 수행된 연구임(NRF-2017S1A5B8057496).

있다.[1] 1990년대 중반 김일성 조문사태 이후 현재에도 한국의 보수세력과 보수언론들이 진보 진영이나 중도세력을 '친북좌파'나 '종북좌파' 등으로 몰아세우고 있다는 점에서 이를 확인할 수 있다.

매카시즘의 성격에 대해서는 출현 당시부터 다양한 논쟁적 해석이 존재한다. 매카시즘에 대한 연구는 미국에서 최근 활발하지 않다.[2] 메카시즘을 '전체주의 운동'으로, '보수주의운동'으로, '인민주의를 계승한 것'으로, 그리고 '우파인민주의 운동'으로 보는 견해들이 존재한다.[3] 안윤모는 매카시즘 해석을 소개하면서 우파인민주주의 운동으로 보는 것이 옳다고 주장한다.[4]

한국에서도 1990년대 중후반에 매카시즘에 대한 연구가 부분적으로 진행된 후 더 이상 진척되지 못했다. 또한 매카시즘과 한국전쟁의 상호관계에 대한 연구도 본격적으로 이루어지지 못했다. 따라서 여기에서는 매카시즘에 대한 연구성과를 살펴보고, 매카시즘이 한국전쟁과 전후 한국사회에 미친 영향 등을 집중적으로 살펴보고자 한다.

Ⅱ. J. 매카시와 매카시즘

미국에서 매카시즘과 같은 공산주의 적대운동은 매카시 이전부터 확대되고 있었다. 매카시 이전에 트루먼 대통령은 '행정명령 9835'를 통해 '충성

---

1) 박태균, 「탈냉전 이후 한국적 매카시즘의 탄생」, 『역사와 현실』, 93 (2014). 204~205쪽.
2) Thomas C. Reeves, "McCarthyis: interpretations since Hofstadter," The Wisconsin Magazine of History, 60, 1(Autumn, 1976); Ellen W. Schrecker, ,"Archival Sources for the Study fo McCarthyism," The Journal of American History; Donn Debats, "Reflecting on Newly Available Insights Into Senator Joseph McCarthy's Time and Methods: Remembering Institutions As Well As Individuals," Australisian Journal of American Studies, 22, 2(December 2003).
3) 안윤모, 「매카시즘 해석의 문제」, 『미국사연구』 3(1995), 243~244쪽.
4) 안윤모, 「매카시즘 해석의 문제」, 『미국사연구』 3(1995); Brandon High, "The Recent Historiogrphy of American Neoconservatism," The Historical Journal, 52. 2(Jun., 2009).

심사국'을 설치하여 정부에 비판적인 성향을 지닌 연방공무원들을 해고할 수 있도록 하였다. 또한 미국 의회도 하원에 '비미국적 활동조사위원회(House Commitee of Un-American Activities, HUAC)를 설치하여 공산주의자들을 찾아내려고 하였다.[5]

기존의 반공산주의 운동이 매카시즘으로 확대 발전된 데에는 몇 가지 배경과 계기가 있다.[6] 첫째, 미국 국민들이 1917년 소련 사회주의 혁명 이후 지녔던 공산주의에 대한 공포가 1947년 이후 빠르게 커졌다. 1947년 3월 트루만 독트린으로 미소 냉전이 본격화되고, 1949년 10월 모택동이 장개석을 물리치고 중국을 공산화하였다. 또한 소련이 1949년 8월 핵실험에 성공함으로써 미국의 핵 패권이 무너졌다.

이러한 상황에서 미국 보수주의 세력은 반공주의를 두 가지 측면에서 추진하였다. 하나는 제2차 세계대전 당시 동맹국가였던 소련을 미국 안보를 위협하는 적으로 미국 국민들에게 인식시켰다. 다른 하나는 1930년대 이후 성장한 뉴딜주의자, 노동조합, 반전평화주의자, 사회주의자들로 구성된 미국 내 진보평화 세력을 소련의 동조세력으로 몰아 제압하고자 하였다.[7]

둘째, 공화당은 1946년 의회에서 다수의석을 차지한 후 노동문제와 공산주의 문제를 이용하여 트루만 정부를 비판하였다. 1948년 대통령 선거에서 트루먼에게 역전패 당한 공화당 보수주의자들은 반공주의가 민주당에 대한 정치공세에 이익이 된다고 판단하였다.[8] 매카시가 반공주의를 강화하여 공화당과 대중의 주목을 받고자 했던 것은 이러한 배경에서 이해할 수 있다.

셋째, 미국 주요 보수 언론들이 공산주의의 위협을 과대 선전한 포퓰리즘적인 언론보도를 확산하였다. 당시 극우 성향을 지닌 매코믹(McCormick),

5) 손세호, 「사상적 문화적 '홀로코스트'-'매카시즘」, 『역사비평』 (1994), 299쪽.
6) 박인규, 「매카시의 등장과 미국정치의 암흑시대」, 『프레시안』 (2019.8.10.).
7) 박인규, 「매카시즘, 미 노동인구의 20%를 사상검증」, 『프레시안』 (2019.8.3.).
8) 안윤모, 「적색공포와 매카시즘」, 『인문논총』 6, 1994, 117쪽.

허스트(Hearst)계열 신문들이 공산주의에 대한 위협을 강화하는 기사들을 대량으로 게재하였다.9) 매코믹과 허스트 계열의 신문들은 뒤에 매카시를 강하게 지지하였고, 매카시와 자료까지 공유하는 상부상조 관계를 지속하였다.10)

매카시즘은 1950년 2월 9일 미국 웨스트버지니아 주 휠링의 여성공화당원 클럽에서 행한 조셉 매카시 연설에서부터 시작되었다. 당시 매카시는 미국의 대외정책을 담당하고 있는 국무부에 공산당에 충성하는 205명의 명단을 가지고 있다고 주장하면서 언론의 주목을 크게 끌어냈다.

> 나는 가장 중요한 정부 부서 중의 하나인 국무부가 공산주의자들로 가득 차 있다고 주장하는 바입니다. 내 손에는 공산당원 증을 소지하고 있거나 틀림없이 공산당에 충성할 것으로 드러날 사람이면서도 아직 우리나라의 대외정책을 형성하는 데 일조를 하고 있는 205명의 명단이 있습니다.11)

한 달 뒤 1950년 3월 초에『워싱턴포스트』시사만평가 허버트 블록(Herbert Block, 1909~2001)이 '매카시즘(McCarhyism)'이라는 용어를 처음으로 사용하였다. 그는 매카시즘의 특징으로 "선동, 근거없는 비방, 인신공격(demagoguery, baseless defamation, and mudslinging)"을 들었다.12) 매카시는 매카시즘을 '소매를 걷어 붙인 미국주의(Americanism with its sleeves rolled)'로 재규정해서 사용하였고, 『매카시즘: 미국을 위한 투쟁(McCarthyism: The Fight For America)』(1952)을 출판하여 매카시즘을 체계화하고자 하였다.13)

---

9) 손세호, 「사상적 문화적 '홀로코스트'-'매카시즘」,『역사비평』(1994), 300.
10) 강준만, 「왜 언론은 매카시즘의 공범이 되었는가?:조지프 매카시」,『인물과 사상』222(2016. 10), 55쪽.
11) 손세호, 「사상적 문화적 '홀로코스트'-'매카시즘」,『역사비평』(1994), 294.
12) 강준만, 「왜 언론은 매카시즘의 공범이 되었는가?: 조지프 매카시」, 42.
13) Patric J. Maney, "Joseph McCarthy: Reexaming the Life and Legacy of America's Most hated Senator by Arthur Herman," *The Wisconsin Magazine of History*, 85, 3(Spring, 2002); Nolan, William A.,"Senator Joseph McCarthy," *The Irish Monthly*, 83, 970 (Jun.,1954).

매카시는 극단적 반공주의 물결을 이용해 상원의원 재선에 필요한 전국적인 정치적 지명도를 얻는 데 성공하였다. 그는 전국적 정치가로 주목받으면서 반공주의를 상징하는 대표적 정치인이 되었다.[14] 그러나 매카시즘과 반공주의는 구별해서 볼 필요가 있다. 매카시즘은 반공주의를 구실로 한 정적 파괴 공작이고 인권탄압이기 때문이다.[15] 따라서 매카시즘에 대한 반대가 '용공주의'가 아니라는 강준만의 주장은 주목할 만하다.

매카시는 '공산주의의 계급구조와 경제구조' 같은 공산주의 자체를 비판했다기보다는 민주당이 정부안에 있는 공산주의자들을 방치하고 있다는 사실을 '정치적'으로 부각시키는 데 주력하였다.[16] 그는 이러한 사실을 폭로하여 미국 대중들의 힘으로 공산주의자들을 축출할 수 있다고 생각했다. 따라서 신문, 라디오, 텔레비전 등 대중매체를 적극적으로 활용하여 정부를 비판하는 것이 그의 목적 달성 수단이었다.[17] 다양한 언론매체를 활용하여 매카시는 트루만 대통령, 애치슨 국무장관, 마셜 장군 등 민주당 정부의 핵심적 인사들이 미국을 배반하였다고 강하게 비판하였다. 안윤모는 매카시의 이러한 방식을 미국 우파 인민주의 성격을 띤다고 평가하였다.

> 매카시는 공산주의자들을 패배시키려는 생각에서 대중에게 직접 호소했다. 그는 미국 정부 안에 공산주의자들의 음모가 최고조에 달했다는 것을 대중에게 직접 알리는 것이 그들을 축출하려는 유일한 방법이라고 생각했다. 그는 대중운동을 통하여 목적을 달성하려했다. 그는 대중이 자기 편에 있으며, 대통령, 의회, 군대, 국무부가 아닌 대중이 자기의 주장이 진실인가, 아닌가를 결정해야 한다고 주장했다. 그러므로 그는 라디오 연설, 텔레비전, 여론 조사, 신문 등 대중 매체를 통해 자기의 주장을 밝히고 상대편을 비난했다. 이러한 매카시의 태도에서 우파 대중주의의 일면을 엿볼 수 있다.[18]

---

14) 차상철, 「매카시즘과 스탈린주의 그리고 냉전의 심화」, 243.
15) 강준만, "왜 언론은 매카시즘의 공범이 되었는가?: 조지프 매카시」, 68.
16) 안윤모, 「적색공포와 매카시즘」, 『인문논총』 6, 1994, 122; Eleen W. Schrecker, "McCarthyism: Political Repression and the Fear of Communism," Social Research, 71, 4(Winter, 2004).
17) 안윤모, 「적생공포와 매카시즘」, 『인문논총』 6, 1994, 123.
18) 안윤모, 「전후 미국 우파 인민민주주의의 성격(1949~1979)」, 『이대사원』, 28(1995); 안윤모,

이러한 안윤모의 주장과 비교해서 홉스태터(Richard Hofstadter)의 견해를 참고할 필요가 있다. 홉스태더는 "반공주의의 히스테리컬하고 비이성적인 측면을 강조하면서, 매카시즘을 시민의 자유를 억압한 대중 정치의 최악의 상태"로 보았다.[19]

매카시는 1953년~1954년 미국사회에서 반공주의를 상징하는 인물로 주목받았으며 대중여론의 지지를 받았다. 미국 갤럽 여론조사에 따르면 1953년 4월에 미국인의 19%가, 8월에는 34.42%가, 1954년 1월에는 50%가 매카시를 지지했다.[20] 1954년 말 매카시가 미국 상원에서 견책을 당했을 때 백만 명 이상의 지지자들이 그를 위해 청원하기도 하였다. 이를 보면 매카시가 당시 공산주의에 대한 공포를 두려워하는 미국대중들에게 잘 어필했던 것으로 보인다.

매카시는 반공주의를 강하게 추진하는 과정에서 합법적이지 못한 방법을 자주 사용하였고, 심지어 민주당뿐만 아니라 공화당 고위층들까지 공격 대상으로 삼았다. 매카시의 이러한 행태로 인해 민주당과 보수당 모두가 크게 반발하였다. 마침내 1954년 12월 2일 미국 상원에서 67대 22의 표결로 매카시에 대한 '비난(condemn)' 결의가 이루어졌다. 이 결의는 매카시가 폭언과 모독 등으로 상원 클럽의 규칙을 지키지 않았다는 점을 비난했을 뿐 매카시즘 자체를 부정한 것은 아니다. 따라서 메카시의 전성시대는 끝났지만, 매카시즘마저 바로 역사무대에서 퇴장했다고 보기는 어렵다.[21] 매카시가 징계당한 후 아이젠하워 대통령이 언급한 "매카시즘은 이제 과거의 매카시즘이 되었습니다(McCarthyism in now McCarthyism)"는 표현은 있는 그대로 받아 들여서는 안되고, 매카시 퇴장에 대한 '수사적' 언급으로 이해할 필요가 있다.

「매카시즘의 우파 대중주의적 성격」, 『미국사연구』 8(1998), 294.

19) 안윤모, 「적색공포와 매카시즘」, 『인문논총』 6, 1994, 123; Thomas C. Reeves, "McCarthyis: interpretations since Hofstadter," The Wisconsin Magazine of History, 60, 1(Autumn, 1976), 44~45.

20) 안윤모, 「적색공포와 매카시즘」, 『인문논총』 6, 1994, 112.

21) 강준만, 왜 언론은 매카시즘의 공범이 되었는가?: 조지프 매카시」, 54.

한국전쟁이 끝날 무렵에 미국에서 반공주의가 민주당과 공화당 사이에 초당적으로 자리 잡으면서, 미국 내 '급진주의-자유주의' 블록은 무너지고, '자유주의-보수주의' 블록이 형성되게 되었다[22]. 매카시즘은 메카시가 사라진 후에도 미국 사회에 공산주의에 대한 공포를 내면화시키는 데 기여했다. 미국은 1950년대와 1960년대에 소련에 비해 실제적으로 경제력과 군사력 등 거의 모든 측면에서 압도적 우위를 점하고 있었다. 이런 사실에도 불구하고 소련 공산주의에 대한 공포는 미국의 내부 보수주의와 대외적 군사주의를 유지 확대하는 주요 원천의 하나가 되었다.[23]

Ⅲ. 매카시즘과 한국전쟁

한국전쟁은 공산주의의 위협에 대한 미국인의 공포를 증대시키면서 매카시즘이 미국 사회전역에 확산되는 데 중요한 전환점이 되었다.[24] 한국전쟁이 지속되면서 14만여 명의 미국 군인이 희생되면서 미국인의 좌절감은 분노로 변해갔다.[25] 특히 제2차 세계대전에서 승리했던 미국이 한국전쟁에서 끌려다니는 것으로 보이는 상황은 공산주의에 대한 미국인의 두려움 확산에 기여하였다.

매카시의 등장과 몰락이 한국전쟁의 발발과 휴전과 일치한다는 점에서 매카시즘과 한국전쟁은 밀접한 관계를 지닌다.[26] 한국전쟁이 발발하자 매카시는 공산주의에 공포심을 지니고 있던 많은 미국 시민들에게 더 대중적

22) 박인규, 「매카시즘, 미 노동인구의 20%를 사상검증」, 『프레시안』(2019. 8. 3).
23) 박인규, '인류 역사 최강자 미국, '빨갱이 공포'를 내면화하다,' 『프레시안』(2019. 9. 14).
24)Larry W. Blomstedt, "The Forgotten Attempts to End the forgotten war-congress Korea and MacCarthyism," *The Historian*, (2010).
25) 이지연, 「1950년대 미국의 매카시즘 형성」, 상명대학교 대학원 석사학위논문, 1996, 17.
26) 안윤모, 「적색공포와 매카시즘」, 『인문논총』 6, 1994, 114.

으로 부각되었다. 그는 1950년 8월 위스콘신 주 밀워키 연설에서 트루먼 정부 고위관리들이 공산주의에 더 충성하고 있어서 많은 미국 청년들이 한국에서 사망하고 있다고 주장하였다.[27]

한국전쟁과 관련한 매카시의 트루먼 정부에 대한 독설은 매카시의 대중적 인기를 올리는 데 크게 기여하였다. 1951년 4월 트루먼대통령(Harry S. Truman, 1884~1972)이 미국 극동군 총사령관 겸 유엔군 총사령관 더글러스 맥아더(Douglas McArthur, 1880~1964) 해임하였다. 이러한 조치를 매카시는 공산주의자들에게 승리를 주는 행위라고 강하게 비판하였다. 그는 트루먼 대통령에게 '개새끼(the son of a bitch)'라고 막말을 사용하면서 탄핵까지 주장하였다.[28] 다른 한편으로 맥아더 장군이 해임되고 환영받으면서 미국에 귀환했던 상황들이 매카시즘 확산에 큰 도움을 주었다.[29]

한국전쟁은 미국의 반공체제 강화와 보수진영 강화의 중요한 계기가 되었다. 반공주의가 강화되면서 미국 의회는 1951년에 트루먼 정부의 반대를 제치고 국가보안법(Internal Security Act, McCarran Act)을 제정하여 언론과 결사의 자유를 제약하였다. 한국전쟁은 반공주의와 매카시즘을 강조하는 공화당의 의원선거와 대통령 선거 승리에도 크게 기여하였다. 매카시즘 확산으로 미국 중간선거에서 한국전쟁에 소극적이었던 미국 민주당에 대한 비판 여론이 크게 일어나 민주당이 상원 5석, 하원 28석을 잃는 패배를 경험하였다. 민주당이 공산주의에 강력하게 대처하지 못한다는 점을 부각시킨 매카시즘은 1952년 공화당이 대통령 선거에서 승리하는 데도 기여하였다. 새로 등장한 아이젠하워 행정부는 1953년 4월 '행정명령 10450'을 발표하였다. 이에 따라 연방공무원 고용에 "명백하게 국가안보에 부합해야 한다"는 조항이 추가되어 미국의 반공체제가 더 강화되었다.[30] 이 조항에 따

---

27) 강준만, 「왜 언론은 매카시즘의 공범이 되었는가?:조지프 매카시」, 44.
28) 강준만, 「왜 언론은 매카시즘의 공범이 되었는가?:조지프 매카시」, 44.
29) 차상철, 「매카시즘과 스탈린주의 그리고 냉전의 심화」, 247~248.
30) 손세호, 「사상적 문화적 '홀로코스트'-'매카시즘」, 296.

라 1953년에 1,456명이, 1954년에 2,200명의 연방공무원들이 해고되었다.

한국전쟁은 매카시즘 확산 분위기 형성에 결정적인 역할을 하였다. 한국전쟁동안 강화된 매카시즘은 한국전쟁 이후 미국과 소련, 미국과 중국 사이의 긴장완화를 어렵게 만들었다.[31] 매카시즘의 극단적인 반공논리와 냉전적 사고는 미국의 아시아 대외정책에 타격을 주었다. 매카시즘의 여파로 마우쩌둥의 승리를 예측했던 국무부 극동극장 빈센트(John Carter Vincent)와 중국문제 전문가 데이비스(John Paton Davies)가 파면되었다. 이후 미국의 아시아 외교정책이 유연하게 진행되기 어렵게 되었다.[32] 미국과 중국 사이의 국교 정상화에는 한국 전쟁이후 20년이 넘는 시간이 걸렸다. 결국 매카시즘은 미국의 대아시아 외교정책을 어렵게 만들었을 뿐만 아니라, 이로 인해 한국전쟁 이후 한반도 내부와 외부의 긴장완화와 갈등해소를 어렵게 만드는 주요한 원인이 되었다.

IV. 한국전쟁 후 반공체제와 매카시즘

미국사회에서의 매카시즘은 1970년대 반전운동과 수정주의 비판이 본격적으로 진행되면서 수그러들었다.[33] 이에 비해 한국에서 매카시즘은 미소 냉전이 끝난 현 시점까지도 지속적으로 영향을 미치고 있다.[34] 한국에 매카시즘이 계속 작동하고 있는 것은 '또 하나의 냉전'이 지속되는 한반도 상

---

31) 차상철, 「매카시즘과 스탈린주의 그리고 냉전의 심화」, 260.
32) 차상철, 「매카시즘과 스탈린주의 그리고 냉전의 심화」, 『미국사연구』, 10(1999), 239.
33) 박인규, 「매카시즘, 미 대외정책을 동결시키다」, 『프레시안』(2019.8.16.); Larry Ceplair, "Mccarthyism Revisited," *Historical Journal of Film, Radio and Television*, 28, 3(August 2008).
34) Robert Jervis, "The Impact of the Korean war on the cold war," *The Journal of Conflict Resolution*, 24, 4(Dec., 1980); William White, "McCarthyism in Korea," *American Speech*, 40, 4(Dec., 1965); Charles Kraus, "American Orientalism in Korea," *The Journal of American-East Asian Relations*, 22, 2(2015).

황에서는 이상한 일이 아니다.[35]

박태균은 미소 냉전이 종식된 '탈냉전' 이후시기에 '한국적 매카시즘'이 탄생했다고 주장한다. "이와 함께 주목할 점은 세계적으로 탈냉전이 진행되는 과정에서 한국에서는 매카시즘적 현상이 나타났다는 사실이다. 즉, 미국과 서구에서의 매카시즘이 냉전이 시작되는 시점에서 나타났다면, 한국에서의 매카시즘은 냉전이 끝나는 시점에서 시작되었다."[36]

박태균은 소련이 해체되면서 세계적 냉전도 해체되었다고 본다. 이는 전통적인 유럽중심주의적 냉전관이다. 권헌익의 주장처럼, 미소 중심의 유럽중심의 냉전은 해소되었지만 '제3세계'의 '또 하나의 냉전'은 '냉전'도 아니었고 아직도 진행되고 있다. 따라서 가장 대표적인 '또 하나의 냉전'지대인 한반도에서 '탈냉전'을 계기로 시기를 나눌 필요는 없다고 본다.

이 책의 주된 주장은 냉전은 하나의 충돌로 존재하지 않았다는 것이다. 20세기의 양극화된 인류공동체는 지역과 사회에 따라 전혀 다른 방식으로(즉 일관성 있는 하나의 개념적 전체에 억지로 욱여넣을 수 없는 방식으로) 정치적 갈림(bifurcation)을 경험했다. 유럽 및 북미 국가들의 경우, 냉전은 이전 시기와는 구분되는 '오랜 평화'를 의미했다. 그들은 이전 시대에 두 차례의 세계대전을 비롯한 대량살상을 경험했다. 하지만 여타 지역의 많은 탈식민 신생독립국가들의 경우, 냉전의 시작은 잔인한 내전과 예외적 형태의 정치폭력을 특징으로 하는 '억제되지 않은 현실'의 시대로 들어서는 것을 의미했다. 전자의 의미에서 냉전은 '이념적 의견일치'와 '실존적 불안'의 문화로 귀결되었던 반면, 후자의 의미에서 냉전은 조르조 아감벤이 '예외상황'이라 부른 것(정치질서의 원칙으로서의 법치의 유예)과 유사한 영속적인 조건을 초래했다. 세계 일부 지역에서는 냉전의 시작이 제국주의 식민지배의 끝과 시기적으로 일치했던 반

---

35) Andrew D. Grossman, "The Early Cold War and American Political Development: Reflections on Recent Research,"International Journal of Politics, Culture, and Society, 15, 3(Spring, 2002); K. P. Fabian, "A Southern Point of View: some Aspects of Post-Cold War World," World Affairs: The Journal of International Issues, 3, 1(June 1994).

36) 박태균, 「탈냉전이후 한국적 매카시즘의 탄생」, 『역사와 현실』, 93 (2014. 9), 180; 「걱정스런 '매카시' 선풍」, 『한겨레신문』, (1994.7.14.)

면, 다른 지역에서는 두 시대의 정치형태가 불안하게 얽혀서 사실상 떼어 놓을 수 없는 것이 되어버렸다.[37]

박태균은 미국의 매카시즘 현상을 '통제를 위한 제도와 법률'이 없는 상황에서 '사상적 통제'를 가할 수 있는 상황이라고 본다.[38] 따라서 박태균은 반공법이나 국가보안법이 강력하게 작용하고 있던 한국의 1987년 체제 이전 시기 현상을 매카시즘적 현상이 아니라고 본다.

> 이러한 관점에서 본다면 반공법이나 국가보안법이 강력하게 작동하고 있었던 민주화 이전의 시기, 즉 1987년 이전의 시기에 나타났던 현상을 매카시즘 현상이라고 할 수 없다. 이 시기에도 역시 '반공'이라는 '국시(國是)' 하에서 객관적인 근거 없이 수많은 조작이 일어났고, 그러한 조작에 대해 공적 영역의 역할이 그다지 힘을 얻지 못했던 것은 사실이지만, 사상적 통제는 법률과 물리적 수단을 통해서 강제적으로 이루어지고 있었기 때문이다. 이로 인해서 사회적으로 광범위한 공감대를 얻기보다는 공적 영역 또는 시민사회로부터의 비판이 제기되는 악순환이 계속되었다.
> 이러한 의미에서 본다면, 한국 사회에서 매카시즘의 현상이 나타난 것은 오히려 사상통제를 위한 법률과 제도가 정통성을 잃고, 자유주의와 민주주의라는 이념하에서 공개적으로 작동하기 어려운 시기였다고 할 수 있다. 이는 역설적으로 민주화 이후에 가서 매카시즘적 현상이 나타났다는 것을 의미한다.[39]

한국전쟁 이후 1987년 이전까지 한국 사회에 매카시즘 현상이 본격적으로 출현하지 않았다는 박태균의 주장에 동의하기 어렵다. 왜냐하면 이러한 주장은 매카시즘 광풍 속에서 1951년에 미국에서 국가보안법이 의회에서 통과되었고, 1954년에 '공산주의자 통제법(Communist Control Act)'이 제정되었다는[40] 역사적 사실과 대치된다. 따라서 1987년 체제 이전의 한국사회에

37) 권헌익, 『또 하나의 냉전』, 민음사(2013), 17.
38) 박태균, 「탈냉전이후 한국적 매카시즘의 탄생」, 179.
39) 박태균, 「탈냉전이후 한국적 매카시즘의 탄생」, 179-180.
40) 이지연, 「1950년대 미국의 매카시즘 형성」, 22.

국가보안법과 반공법이 존재했다는 이유로 매카시즘 현상이 한국 사회에 존재하지 않았다고 보기는 어렵다.

미소 냉전체제가 해체되고, 한국사회의 민주화가 어느 정도 진척된 1990년대 초 이후에 진행되는 매카시즘적 현상에 대한 박태균의 강조는 의미가 있다. 87년 체제 이전에는 보수주의 세력이 제도와 언론 등 모든 면에서 압도적 위치에 있었기 때문에 반정부활동이나 의견을 손쉽게 '반공주의' 프레임에 집어넣을 수 있었다. 그러나 1990년대 초 이후에는 '김일성 조문사건'이나 '박홍총장 주사파' 발언처럼 일반 사회여론을 동원하여 '반공주의 프레임'에 넣으려 했다는 점에서 차이가 있다.[41] 특히 박근혜 탄핵국면 이후 민주당이 집권한 이후에 한나라당이나 뉴라이트 진영이 극우 성향의 대중활동에 기초한 새로운 매카시즘 현상의 출현에 주목할 필요가 있다. 앞으로 이러한 부분들에 대한 보다 집중적인 연구를 더 진행할 필요가 있을 것이다.

V. 맺음말

매카시즘은 한국전쟁 시기뿐만 아니라 이후에도 미국사회와 한국사회에 깊은 영향력을 미쳤다. 미국에서 매카시즘과 같은 공산주의 적대운동은 매카시 이전부터 시작되었다. 기존의 반공산주의운동이 매카시즘으로 확대된 배경으로는 1917년 소련 사회주의혁명 이후 확산된 공산주의에 대한 미국민의 공포, 미국 공화당의 집권을 위한 반공산주의의 정치공세, 미국 보수언론의 반공산주의 포퓰리즘적 언론보도 등을 들 수 있다.

매카시즘은 1950년 2월 9일 미국국무부가 공산당의 위협을 받고 있다고 주장하는 매카시 연설에서부터 시작되었다. 1950년 3월 허버트 블록이 '매

---

41) 박태균, 「탈냉전이후 한국적 매카시즘의 탄생」, 201~205쪽.

카시즘'이라는 용어를 처음으로 사용하였다. 매카시는 극단적 반공주의 물결을 이용해 전국적 명성을 얻어 상원의원 재선에 성공하였다. 그는 공산주의 자체에 대한 비판보다는 민주당이 공산주의자를 방치하고 있다는 정치적 공세에 집중하였다. 그는 1953년 ~1954년 미국 사회에서 반공주의를 상징하는 인물로 부각 되었고 높은 대 중여론의 지지를 얻는 데 성공하였다. 매카시는 반공주의를 추진하는 과정에서 비합법적 방법을 자주 사용하였고 민주당과 공화당을 가리지 않고 모두 공격하였다. 1954년 12월 미국 상원이 매카시에 대한 '비난' 결의를 가결하면서, 매카시의 정치인생은 막을 내리게 되었다. 매카시는 정치무대에서 사라졌지만 매카시즘은 존속하여 미국사회와 한국사회 등에 큰 영향을 미쳤다.

매카시의 등장과 몰락이 한국전쟁의 발발과 휴전과 일치한다는 점에서 매카시즘과 한국전쟁은 밀접한 관계를 지닌다. 한국전쟁은 공산주의의 위협에 대한 미국인의 공포를 증대시켜 매카시즘이 확산되는 데 중요한 전환점이 되었다. 또한 한국전쟁을 통해 미국의 반공체제와 보수진영이 강화되었다. 1951년 언론과 결사의 자유를 제약하는 '국가보안법'이 제정되었다. 1953년 4월 연방공무원 채용과정에 '국가안보' 관련 스크린을 법제화한 '행정명령 10450'이 미국 의회에서 통과되었다. 한국전쟁 시기에 강화된 매카시즘은 한국전쟁 이후 미국과 소련, 미국과 중국 사이의 긴장 완화를 상당기간 동안 어렵게 만들었다.

미국에서 매카시즘은 1970년 반전운동과 수정비판이 본격적으로 진행되면서 수그러들었다. 그러나 한국에서 매카시즘은 미소 냉전이 끝난 현 시기에도 지속적으로 영향을 미치고 있다. 박태균은 미소냉전이 종식된 '탈냉전' 이후 시기에 '한국적 매카시즘'이 탄생했다고 본다. 그러나 권헌익의 주장처럼 한반도의 냉전은 미소 냉전과 다르게 아직도 진행되고 있기 때문에 '탈냉전'을 시기 구분 점으로 사용할 필요는 없다. 박태균은 한국전쟁 이후 1987년 이전까지 한국사회는 반공법이나 국가보안법을 통해 반공주의를 충분히 실현할 수 있었기 때문에 매카시즘이 출현되지 않았고, 1987년 이후에 비로소 매카시즘이 확산되었다고 본다. 그러나 미국사회에서 '국가보안법'(1951년)과 '공산주의자 통제법'(1954년) 제정된 이후에도 1970년대까지 매카시즘이 작동되었기 때문에 1987년 이전에 한국사회에서 매카시즘이 작동하지 않았다고 보기는 어렵다.

▨ 참고문헌

강준만, 「왜 언론은 매카시즘의 공범이 되었는가?: 조지프 매카시」, 『인물과 사상』 222, 2016.

권헌익, 『또 하나의 냉전』, 민음사, 2013.

박도연, 「1940-50년대 미국의 매카시즘의 기원과 형성」, 경북대학교 석사학위논문, 2002.

박태균, 「탈냉전 이후 한국적 매카시즘의 탄생」, 『역사와 현실』 93, 2014.

소병철, 「리영희의 지리산 토벌전 체험과 반공주의 우상파괴의 역정」, 『남도문화연구』 34, 2018.

안윤모, 「적색공포와 매카시즘」, 『인문논총』 6, 1994,

안윤모, 「매카시즘 해석의 문제」, 『미국사연구』 3, 1995.

안윤모, 「전후 미국 우파 인민주의의 성격(1949~1979)」, 『이대사원』 28, 1995.

안윤모, 「매카시즘과 노동자문제, 1946~19540, 『미국사연구』 6, 1997.

안윤모, 「매카시즘의 우파 대중주의적 성격」, 『미국사연구』 8, 1998.

이지연, 「1950년 미국의 매카시즘 형성」, 상명대학교 대학원 석사학위 논문, 1997.

진방식, 『분단한국의 매카시즘』, 서울 형성사, 2004.

차상철, 「매카시즘과 스탈린주의 그리고 냉전의 심화」, 『미국사연구』 10, 1999.

Blomstedt, Larry W., "The Forgotten Attempts to End the forgotten war-congress Korea and MacCarthyism," *The Historian*, 2010.

Ceplair, Larry, "Mccarthyism Revisited," *Historical Journal of Film, Radio and Television*, 28, 3(August 2008).

Debats, Donn, "Reflecting on Newly Available Insights Into Senator Joseph McCarthy's Time and Methods: Remembering Institutions As Well As Individuals," *Australisian Journal of American Studies*, 22, 2(December 2003).

Grossman, Andrew D., "The Early Cold War and American Political Development: Reflections on Recent Research," *International Journal of Politics, Culture, and Society*, 15, 3(Spring, 2002).

Fabian, K. P., "A Southern Point of View: some Aspects of Post-Cold War World," *World Affairs: The Journal of International Issues*, 3, 1(June 1994).

High, Brandon, "The Recent Historiogrphy of American Neoconservatism," *The Historical Journal*, 52. 2(Jun, 2009).

Jervis, Robert, "The Impact of the Korean war on the cold war," *The Journal of Conflict Resolution*, 24, 4(Dec, 1980).

Kraus, Charles, "American Orientalism in Korea," *The Journal of American-East Asian Relations*, 22, 2(2015).

Maney, Patric J.,"Joseph McCarthy: Reexaming the Life and Legacy of America's Most hated Senator by Arthur Herman," *The Wisconsin Magazine of History*, 85, 3(Spring, 2002).

Nolan, William A., "Senator Joseph McCarthy," *The Irish Monthly*, 83, 970 (Jun., 1954).

Reeves, Thomas C., "McCarthyis: interpretations since Hofstadter," *The Wisconsin Magazine of History*, 60, 1(Autumn, 1976).

Schrecker, Eleen W., "McCarthyism: Political Repression and the Fear of Communism," *Social Research*, 71, 4(Winter, 2004).

Schrecker, Ellen W., "Archival Sources for the Study fo McCarthyism," *The Journal of American History*,

White, William, "McCarthyism in Korea," *American Speech*, 40, 4(Dec., 1965).

여순사건 이후 한국군의 변화와 '정치화'*

노영기(조선대학교)

I. 머리말

한국현대사에서 군대만큼 권력에 밀착하며 오랜 기간 정권을 장악했던 집단도 찾기 힘들다. 1961년 5월 16일 군사쿠데타로부터 시작된 군부정치는 1992년 2월 문민정부가 출범할 때까지 거의 30여 년 동안 계속됐다.[1] 군이 정치에 개입하거나 장악함으로써 한국 사회의 인권과 민주주의, 평화와 통일은 질식됐다. 그로 인해 수많은 사람들이 희생되거나 고통 받았다. 한국전쟁 전후한 시기나 1980년 5·18 등에서의 군에 의한 폭력과 학살 등은 군에 의해 저질러진 국가폭력의 대표적 사례이다. 이렇듯 군의 정치 개입은 국민들의 생존과 직결되는 문제이기 때문에 매우 중요한 문제이다. 일

---

* 「여순사건 이후 한국군의 변화와 '정치화'」, 『사총』 100권, 2020의 일부를 수정한 것임.
[1] 1979년 10·26사건 직후 최규하 국무총리가 권한대행과 대통령이었으나 12월 12일 신군부의 군사반란 이후 사실상 실권 없는 '식물 대통령'이나 다름없었다.

반적으로 한국군의 '정치화'는 1961년 5·16군사쿠데타로부터로 이해되고 있다.[2] 이러한 인식과 평가가 잘못됐다고 볼 수는 없겠지만 전면 동의하기는 힘들다.

왜 한국군이 맡겨진 임무를 팽개치고 병영을 벗어나 정치권력과 밀착하고 결국에는 정권을 장악했을까? 이 글은 한국군이 '정치화'된 배경을 검토하려는 게 주된 목적이다. 그리고 한국군의 '정치화'의 전제로서 한국군 창설기에 육군이 어떻게 변화하며 정치에 개입하고 있는가를 검토해보겠다.

Ⅱ. 여순사건 이후 군의 재편과 변화

1948년 10월 19일 터진 여순사건을 겪으며 군은 내부외부에서 부각된 문제들을 하나씩 해결해갔다. 정부 수립을 전후하여 많은 연대가 만들어지고 이 과정에서 무분별한 모병이 진행되고 있었다. 정부 수립 직전인 1948년 6월 2일 국방경비대 총사령부(현 육군본부. 인용자) 작전교육과장 강문봉 중령은 "사령부에서는 약 1개월 전부터 남조선 각지의 연대 혹은 중대를 통하여 모병을 하고 있는데 예정 인원 ○○명에 달하기까지 계속 모집할 것이다. 현재까지의 성적을 보면 남조선 각지의 일주일 평균 응모자 수는 약 2만 여명에 달하고 있다"고 했다.[3] 미군 통계에는 2주에 2, 3천여 명 정도 모병되었다는 것으로 보아 위의 발언은 과장이 섞여 있다. 그러나 다소 과장된 발언이기는 하지만 그만큼 새로운 정부의 수립을 앞두고 국방경비대의 모병이 활발하게 진행되고 있었으며, 청년들의 모병을 독려하는 의미로 해석될 수 있다.

---

2) 강창성, 『(일본/한국)군벌정치』, 해동문화사, 1991; 한용원, 『한국의 군부정치』, 대왕사, 1993.
3) 『대한일보』, 1948. 10. 2.

그러나 여순사건은 정부 수립을 전후한 시기에 급속하게 전개된 모병의 단점과 한계를 분명하게 드러낸 사건이었다. 이 때문에 군 내부뿐 아니라 외부에서도 모병 문제를 제기했다. 10월 29일 열린 국회 본회의에서 박해정 의원은 "경북의 10·1 폭동사건(1946년 10월 항쟁. 인용자 주)에 가담한 자들이 도피할 곳이 없으면 전부 국방경비대로 갔"고, "지금 남한에 있는 사태를 수습하는 데에 제일 포인트는 국방경비대 안에 있"다고 지적했다. 그러므로 "국방경비대에 이러한 불순분자를 숙청하지 아니하고 그냥 놔둘 것 같으면 38이남에 어느 때에 어느 곳에서 이 사건이 날지 예측할 수 없"다며 국방부에 강력한 숙군(肅軍)을 주문했다.[4]

우익 청년단체들은 다른 각도에서 모병 문제의 대안을 제시했다. 이미 정부 수립 전부터 우익 청년단체들은 자신들이 군대 창설의 주역이 되어 군대를 재편하겠다고 주장했다.[5] 서북청년회는 국군 1개 사단을 모병할 수 있는 권한이 보장되어 2,000명의 신상명세서를 국방부에 제출했다. 대동청년단과 조선민족청년단 단원들은 국군이 창설되면 참가할 준비를 하고 있었다. 대한민국 정부가 출범한 뒤에 서북청년회는 103,000명의 회원을 군에 제공하겠다고 제안했다. 그중 3,000명은 장교가 될 것이며 나머지는 사병으로 입대할 계획이었다. 장교 후보생으로 선발된 사람들은 9월에 훈련을 시작할 예정이며, 이 훈련이 끝난 뒤에는 서북청년회가 제공한 사병들을 훈련하는데 이용될 계획이었다.[6]

그러나 우익청년단체들의 요구는 정부 수립 직후 국방경비대와 해안경비대가 각각 육군과 해군으로 전환함으로써 실현되지 못했다. 오히려 9월 18일 국방부에서는 일체의 군사단체를 인정하지 않겠으니 (청년단체는. 인용자) 해산하며 불법행위는 단호히 처벌하겠다고 경고했다.[7] 여순사건이

---

4) 국회 사무처, 『제1회 국회 속기록』 제91호, 1948. 10. 29.
5) 서북청년회는 위원장 선우기성의 주도 아래 육사5기에 지원했다고 한다. 이경남, 『분단시대의 청년운동』 상, 삼성출판, 1989, 124쪽.
6) HQ, USAFIK, G-2 Periodic Report No. 905, 1948. 8. 6~8. 7.; HQ, USAFIK, G-2 Periodic Report No. 926, 1948. 8. 31~9. 1.

터지자 우익청년단체들은 다시 군의 재편을 주장하며 정부에 무기 대여를 요청하고 국방부도 청년단체를 포섭시키는 방안을 계획했다.[8] 국방부와 6개의 청년단체는 국방부 참모총장실에서 회담을 가졌는데, 우익청년단체 간부들은 호국군을 포함한 군대에 청년단체 성원들의 입대를 제안했고 국방부가 이를 법제화 이후 추진하겠다고 했다.[9]

군에서도 여순사건 직후 모병 방식을 바꾸었다. 이전과 다른 방식으로 모병이 진행됐다. 11월 20일 강원도에서는 도지사와 군경의 고위 간부, 그리고 우익청년단체들 대표들이 모인 연석회의가 열렸다. 이날의 민관회의에서 군경의 모집에 대해 논의했는데, 군에서는 청년단체 책임자의 추천자를 우선 선발할 것을 결의했다.[10] 12월 20일 200명의 서북청년회 회원들이 비밀리에 대전의 제2연대에 입대했다. 이것은 제2여단 참모장과 서북청년회 부단장 간의 비밀 회합에서 결정됐다.[11] 또한 여순사건 이후 우익청년단체에서 추천하는 자들로 사병들을 선발하는 신원보증제를 실시했다. 즉 군은 이전의 향토연대 창설과정에서 나타난 '길거리 모병'을 폐기하고 우익청년단체가 신원을 보장하는 세력들을 받아들였다. 1948년 12월 부산 제5연대는 사병들을 모집했는데, 그 지원 자격으로 '18~30세까지 국민학교(초등학교) 졸업 이상의 학력에 민족정신 위대하고 신체 건강한 자'로 규정하고, 구비서류로 "읍면장의 신원조사서, 경찰청장의 신원증명서, 지방 유지의 보증서' 등을 요구했다.[12] 여순사건 이후 각계각층에서 주장한 군대 개

---

7) 『국제신문』, 1948. 9. 19.

8) 『동아일보』, 1948. 11. 16.

9) 『한성일보』, 1948. 11. 12.

10) 『강원일보』, 1948. 11. 23. 그런데 이날 제8연대 대표로 참석한 제1대대장은 표무원 대위였다. 그는 경비사관학교(육사의 전신: 인용자) 3기 출신으로 1949년 5월 제8연대 제1대대 병력을 이끌고 월북한 인물이다. 표무원 외에도 강태무도 1개 대대 병력을 이끌고 월북했고, 여순사건의 핵심인물로 제14연대 반군을 이끌며 빨치산 투쟁을 지휘한 김지회와 홍순석도 육사 3기 출신이다. 이와 반대로 숙군을 주도한 김창룡도 육사 3기 출신이다.

11) United States Army Forces In Korea Headquarters Counter Intelligence Corps, Counter Intelligence Corps Monthly Information Report, No. 8, 1949. 1. 12.(정용욱 편, 『해방직후 정치·사회사 자료집』 9권, 다락방, 1994, 655쪽에서 재인용).

12) 『부산신문』, 1948. 12. 7.

편을 정부가 수렴한 모병 방식이었다. 국방부와 우익청년단체 간부들의 잠정적인 합의가 진행되고 있었다. 한편 특정단체만 모집하겠다는 소문이 떠돌자[13] 11월 15일 국방부는 "금번 국방부 모병에 잇서서 항간에는 모모청년단체만을 상대로 하고 그 외는 제외하는 양설이 떠돌고 있는데 … 모든 애국청년단체를 포섭할 방침…"이라며 부인했다.[14]

우익청년단체 성원들의 입대는 군의 성격을 변화시켰다. 서북청년회 회원들이 비밀리에 입대한 제2연대는 1948년 12월 제주도에 파견됐다. 이 중 제3대대는 대부분 서북청년회 회원들로 구성됐다. 이들은 '특별중대(elite company)'로 활동하며 제2여단 내에서 반대자를 색출하는 최선봉으로 활동했다. 또 서북청년회 출신들로 구성된 이른바 '서청대대(서북대대)'는 제주도에서 수많은 민간인 학살을 저질렀다. 1949년 1월 제주도에서 발생한 '북촌사건'은 '4.3항쟁'의 진압 과정에서 발생한 가장 큰 규모의 민간인 학살이었다. 이 사건은 제주도에 배치된 제2연대의 '서청대대'가 벌인 학살이었다.[15]

그러나 호국군이 창설되며 주민들에 대한 모병이 강요되는 등의 문제가 발생하자 국방부는 1948년 12월 17일 무분별한 모병을 금지시키는 다음의 경고문을 공포했다.

전에도 응모강요에 대하여는 이를 경고하는 동시에 군 당국의 진의를 천명한 바 있지만 아직 징병령이 실시되고 있지 않은 이 때 응모여부는 절대로 자유인 것이다. 현재로 호국군 요원을 모집 중에 있으나 그 모집에 있어서 강요하는 일이 있다면 자진 응모하려던 청년은 도리어 응모를 기피하게 되는 결과를 초래할 것이다. 또한 사상적으로 불순하다고 지목 받는 청년을 강제 응모시킨다면 군의 역량을 약화시킬 뿐더러 일단락 짓게 된 숙군(肅軍)을 무효화시키는 결과가 될 것이다. 군으로서는 아직 그러하게 지나친 모병을 하지 않아도 국토방위와 국가 주권옹호·국민보호에 지장이 없다는 것을 밝혀 두는 동시

13) 국방부장관 이범석이 조직한 조선민족청년단인 듯싶다.
14) 『독립신문』, 1948. 11. 17.
15) 서청대대는 다음을 참고. 양봉철, 「제주4·3과 '서북대대'」, 『4.3연구』 8, 제주4·3연구소, 2008.

에 이 기회에 동지여러분께 부탁코자 하는 것은 어디까지나 군의 의도를 오해치 말고 애국심을 그릇되게 발휘하지 말아 주며 또한 우리 국군의 역량을 절대 신뢰하여 줄 것을 바라마지 않은 바이다.[16)]

즉 국방경비대의 확대과정에서 나타난 무분별한 모병과 같은 현상이 나타나는 것을 경계하며 호국군의 모병을 제한하고 있다.

다음으로 미군정기 내내 계속되고 여순사건의 원인 중 하나이던 군경의 대립을 해소해나갔다. 미군정기에 군경은 영암사건과 같이 총격전을 벌이기도 했고, 여순사건이 발발할 때 좌익세력들이 '경찰이 쳐들어 온다'고 선동했다. 그렇기에 여순사건 직후 군대와 경찰의 최고 책임자들이 함께 진압작전을 전개하던 군경을 방문했다. 국무총리 겸 국방부장관과 내무부장관은 1948년 10월 26일 전남 광주의 제5여단사령부와 제8관구경찰청을 연달아 순시했다. 11월 13일 정부 대변인 김동성 공보처장은 "여순사건의 원인이 군경 대립이라는 것은 낭설"이라고[17)] 발표했다. 국방부는 '국방부 훈령 제3호'를 발표해 군경간의 협력을 강조했다. 군경간의 화해와 협력에 대한 중요성은 미군도 인식했다. 11월 1일 주한미임시군사고문단 단장 로버츠 준장은 이범석 국방장관에게 보낸 비망록에서 군경은 최고위층뿐 아니라 낮은 수준에서도 협력해야 한다고 제안했다.[18)]

곧이어 군경협력을 강조하는 행사가 이어졌다. 11월 27일 서울에서는 이승만 대통령을 비롯한 정부 관료들이 참관한 군경 합동의 시가행진이 있었다. 이날 행사에는 군인 3,000여명과 경찰 1,000여명이 동원되어 육해군과 경찰의 순서로 시가행진이 진행됐다. 이날 오전 11시에 서울역에서 출발한 군경의 대열은 시청 앞을 지나 세종로에서 이승만 대통령과 이범석 국무총리, 윤치영 내무부장관 등에게 사열한 뒤 중앙청을 거쳐, 종로 화신백화점,

---

16) 『한성일보』, 1949. 1. 6.
17) 『대동신문』, 1948. 11. 13.
18) 『로버츠 준장(주한미군사고문단장)이 국방부장관에게 보내는 비망록』, 1948. 11. 1.

동대문을 거쳐 을지로를 지나는 경로였다. 시가행진을 마치고 덕수궁으로 들어가 군경의 취주악대 합동공연을 하고 오후 4시경에 마쳤다.[19] 이범석 국무총리 겸 국방부장관은 "지금 공산분자는 군경 내부에 침투하여 군경 이간의 모략을 꾸미고 있는데, 군경은 상호 이해와 협조로써 공산분자의 모략을 분쇄"해야 한다며, 앞으로 군경친목행사를 전국으로 확장할 예정이므로 군경이 국가를 보위하는 데 같이 노력해달라고 훈시했다.[20]

　군경의 합동행사는 서울 뿐 아니라 지방에서도 추진됐다. 대구에서는 12월 19일에 제6연대와 제5관구 경찰의 합동 시가행진과 문화행사(음악회, 연극 등) 및 간담회 등이 있었고,[21] 경기도 경찰국에서는 1949년 3월에 전남 순천지구를 담당하는 8관구경찰청을 통해 위문금 25만 원과 함께 "군경은 형제와 같은 사이이며 상호 협력하여 치안에 매진하고 있다"는 입장을 밝혔다.[22]

　군경 화해의 시도는 얼마 지나지 않아 성과로 나타났다. 여순사건 이후 전군에서 강력하게 진행된 숙군 과정에서 경찰은 관련 자료를 제공하거나 수배자들을 검거하는 데 협조했다. 1948년 11월 29일 국방부는 숙군의 공로로 육군본부 정보처와 군기대(헌병대의 전신: 인용자)를 표창하며 수도경찰청 사찰과도 함께 표창했다.[23] 그리고 군경이 합동으로 빨치산 진압작전을 펼쳤다. 1949년 4월 1일 육군 제5사단(사단장: 원용덕)과 경찰의 합작부대가 빨치산 토벌작전을 목표로 출동했다.[24] 빨치산의 주력부대가 있었던 지리산 지역에서도 군경합동작전이 전개됐다. 4월 9일 경남도경찰국에서는 함양, 산청 등지의 군경합동작전 결과로 많은 빨치산들을 사살했으며, 그중 한 명이 여순사건 이후 반군을 이끌던 홍순석 중위로 판명됐다고 발표했다.[25]

19) 『수산경제신문』, 1948. 10. 28.
20) 『한성일보』, 1948. 11. 28.
21) 『대구시보』, 1948. 12. 21.
22) 『자유신문』, 1949. 4. 2.
23) 『자유신문』, 1949. 11. 30.
24) 『자유신문』, 1949. 4. 2.
25) 『민주중보』, 1949. 4. 10.

여순사건 직후 숙군(肅軍. red purge)의 추진 등에 대한 안팎의 요구에 대해 11월 11일 육사 졸업식을 마친 뒤 이루어진 기자회견에서 이범석 국방부장관은 "군대는 사상과 명령계통이 모다 일치했어야 하며 이에 위반되는 군대는 단연히 용서치 않을 것이다. 과거 공산분자가 군대 내에 침입하여 뿌락치적 활동으로 많은 청년 장교들 그릇된 길로 이끌었던 것이며, … 이번 숙군은 장병을 합해 5백에서 6백에 미칠 것이며 지역별로 다소 차이는 있으나 전체적으로 단행할 것이다. 앞으로는 모병과 생도 입학에 엄밀한 주의를 하며 정보기관을 맹렬히 활동시켜 불순분자는 근치해 버릴 것이다. …"며26) 국방부의 단호한 입장을 밝혔다. 이미 숙군은 이전부터 전개됐으나 여순사건 이후 위의 회견과 같이 전 부대에서 그 대상을 가리지 않고 철저하게 진행됐다.27) 수사는 구타는 기본으로 하여 심지어 전기고문까지 진행됐고, 그 대상자들은 자신이 왜 잡혀왔는지도 모른 채 수사 받는 뒤 군법회의에 회부됐다. 육사 5기 출신의 한 구술자는 휴가를 다녀와 부대에 복귀했다. 부대에 도착한 그는 육군본부의 출두 명령에 따라 육군본부에 도착하자 곧바로 정보국에 연행되어 수사를 받은 뒤 군법회의에 넘겨졌다. 그는 수사를 받으며 구타와 전기고문을 당했으며, 몇 분 걸리지 않은 군법회의에서 실형을 선고받고 투옥됐다고 했다.28)

자연 숙군과 대북공작을 주도하던 육군본부 정보국이 점차 확대됐다. 육군본부 정보국 건물은 원래 명동에 있었으나, 그 활동과 규모가 커지자 남산에 새로운 건물을 짓고 옮기고 그 예산은 보병 1개 사단보다 많았다고 한다.29) 1949년 6월 16일 국회에 제안된 정부의 추가 예산 중 국방비는 총 26억

---

26) 『대한일보』, 1948. 11. 13.

27) 숙군은 다음을 참고. 노영기, 「陸軍 創設期(1947~1949년)의 肅軍에 관한 硏究」, 성균관대학교 대학원 사학과 석사논문, 1998.

28) 박윤진(육사 5기 출신. 1949년 체포되어 서대문형무소에 투옥. 1950년 한국전쟁 발발 이후 서대형무소 파옥 이후 도일(渡日). 일본 중앙대 졸업. 2010년 2월 21일. 일본 동경.

29) 김재춘(육사 5기 출신. 1949년 육군본부 정보국 보급실장, 중앙정보부장, 5·16민족상 이사장 역임. 2009년 12월 2일 5·16민족상 사무실. 구술자: 아. 사단보다 많아야지. 사단보다 많지 않으면 그걸 움직일 수가 있나요. 면담자: 그렇죠. 구술자: 어. 면담자: 대략적으로 액수는 어느 정도? 구술자: 아 액수는 내가 기억이 안 나는데. 기억이 안 나요, 액수는.

6천여 만 원이었다. 국방본부와 육군, 해군의 의량(衣糧)비가 압도적으로 많았으나 병력 보충비가 1억 원이었던 반면 정보비로는 10억이 책정됐다.[30] 적어도 다른 보병부대의 예산보다는 많음을 추정할 수 있는 통계이다.

내외부의 문제를 해결하는 것과 동시에 육군은 1949년 상반기에 38선 경비부대인 제1연대와 8연대를 제외한 모든 연대의 주둔지가 변경되었다. 미군정기 국방경비대는 각 도에 근거한 향토연대이므로 각 지방 주둔지에서 모병과 훈련을 진행하고 중앙에서는 장교 파견과 예산을 배정했다. 이것은 국방경비대 창설 때 입안된 '뱀부계획'에 따른 편제였다. 각 연대의 하사관들은 부대 창설 때부터 계속 근무하며 때로는 신설 연대의 창설을 주도했다.[31] 정부수립 직후에 하사관들이 주도하고 사병들이 호응하는 여순사건과 대구사건이 연달아 발생했다. 그렇기에 향토연대의 특성을 무너뜨리려는 목적에서 군부대의 주둔지를 이동시켰다. 부대의 주둔지 이동은 모병과 정치적 목적에서 진행됐다. 새로운 연대에서도 지역에 근거한 모병이 이루어지기는 했으나 이전과는 다른 까다로운 모병 절차를 거치며 진행됐다.[32]

여순사건 이전의 부대 이동은 제주도 파병에 한정됐다. 제11연대는 수원에서 제주도로 이동했다. 그 외 1946년 '10월 항쟁'이나 일부 소요 지역에 국방경비대가 출동한 사례가 있었으나 진압이 일단락된 뒤에는 원대 복귀했다. 그러나 여순사건 이후의 부대 이동은 소요와 같은 상황에 대처하려는 정치적인 목적에서 진행됐다. 국방부는 대구사건에 대처하며 제6연대를 해체시켜 제22연대로 재편하는 것과 함께 '문제를 일으키는 도시(trouble-making town)'인 대구의 폭동에 대처하려는 목적에서 제3여단 본부를 부산에서 대구로 옮길 것을 계획했다. 결국 1949년 2월 25일 제3여단은 여단 본부를 부산에서 대구로 이동했다.[33]

---

30) 『연합신문』, 1949. 6. 18.
31) 여순사건을 일으킨 제14연대 창설을 광주의 제4연대 1대대 병사들이 주도했는데, 14연대의 창설 요원들 중에는 여순사건을 일으킨 김지회를 비롯한 하사관들이 포함됐다.
32) 윤시원, 『한국 징병제의 제도화와 국민개병주의의 형해화 1945~1964』, 성균관대 대학원 사학과 박사논문, 2019, 50~51쪽.

부대 이동의 또 다른 목적은 북쪽으로의 전진배치였다. 아마도 북한과의 대립을 염두에 둔 배치였을 것으로 추정된다. 미국과 소련이 38도선에서 철수한 뒤 남북한은 38선을 경계로 대치했고, 1949년 진지구축의 과정에서 38선상의 갈등이 시작됐다. 서로 유리한 고지를 구축하기 위한 작업이 욕설로 시작해 사격전으로 전개됐다. 때로는 사소한 분쟁이 결과적으로 사단 병력이 출동하는 전투까지 확대되기도 했다.[34] 당시 부대 이동은 이러한 38도선 충돌에 대비한 북쪽으로의 전진 배치였다. 여순사건 이전에 경기도(서울 포함)와 강원도에 총 3개 연대가 주둔했던 반면, 1949년에는 총 6개의 연대가 경기도와 강원도에 배치됐다. 즉 38도선 부근 지역에 배치된 병력이 2배 정도 증가했다.

Ⅲ. 군의 반공화와 대민통제

한국군은 여순사건 이후 점차 극우반공체제의 물리기구로 재편됐다.[35] 그중에서도 미군정기에 형식적으로나마 유지되던 군의 '정치적 중립'이 무너져갔다. 사실 미군정이 강제한 군의 '정치적 중립'도 선택적이었다. 미군정은 해방 직후 건군운동을 전개하던 세력들을 흡수시킨 뒤 통제하려는 의도가 강했기 때문이다. 그러나 군의 '정치적 중립'은 여순사건 이후 아예 폐기시켰다.

1948년 12월 12일 국무총리 이범석은 미군사고문단에 제출한 보고서에서 "이 사건들(여순사건과 대구사건: 인용자)이 대한민국 군대에 '지울 수 없는

---

33) Department Of National Defense, Supreme C/S DND To Chief, KMAG (1949. 2. 15); 국방부 전사편찬위원회, 앞의 책, 1968, 320쪽.
34) 정병준, 『한국전쟁: 38선 충돌과 전쟁의 형성』, 돌베개, 2006.
35) 이 시기 극우반공체제 형성은 다음을 참고. 서중석, 『한국현대민족운동연구 2, 1948~1950 민주주의·민족주의 그리고 반공주의』, 역사비평사, 2002.

오점'을 남겼으나 이를 계기로 '반공'을 강화 하겠다"고 했다.[36] 이전부터 이미 진행되고 있던 군의 반공화를 확인한 것이었다. 그리고 이범석 국방부장관의 입장은 자연스레 정부의 입장으로 표방됐다. 국방부 보도과는 여순사건 직후인 11월 3일 '전국 동포에게 고함'의 벽보를 제작, 전국에 살포했다. 이 벽보는 여순사건 직후 앞으로 군이 나아가야 할 방향성을 제시하고 있다. 아래는 이날 발표된 선언문이다.

금반 전남폭동은 민족적 양심을 몰각한 공산도당의 조직과 명령을 통하여 세계적 지지와 대한민족의 지상 명령으로 수립된 대한민국 정부를 파괴함으로써 소련 제국주의의 태평양 진출정책을 대행하려는 공산당 괴뢰정권의 음모이다. 그들이 소위 무산대중의 계급혁명을 부르짖는 것은 전 인류가 요망하는 자유와 평화를 파괴함으로써 조국을 독재자의 철쇄에 예속케 하고 3천만 자유민족을 소련의 지배하에 떨어뜨리는 상투적 모략인 것이다. 공산주의 도배는 이 목적을 달성하며 기개(幾個)분자의 정권에 대한 허영을 충족시키기 위하여서는 인정도 피도 눈물도 모르며 갖은 거짓과 모략 그리고 선동을 삼고 있는 것이다. 친애하는 동포 여러분! 그리고 민족의 활력이요 꽃인 청소년 학생 제군! 또한 국토를 보위하고 치안을 담임한 군경 제관! 놈들이 조출(造出)한 죄악상을 보라 그들은 여수·순천·보성 등 일대에서 3·4천명의 동포를 학살하였다. 그 살인방법의 잔인무도함을 보라. 천진난만한 아해도 무고 선량한 가정 부녀도 학살하였다! 소살하였다! 난살(亂殺)하였다.
또한 어이 그것뿐이랴? 철모르는 중학생에게 무기를 주어 국군에 대항케 하고 양민을 도살케 하였다. 그리하여 그들의 선동에 빠진 중학생들은 토벌부대의 본의 아닌 총탄에 희생된 것이다. 그들은 유달리 가난한 조국의 재화와 건물을 파괴하였고, 수 십만 동포를 노두(路頭)에 방황케 하고, 기한(飢寒)과 공포와 그리고 비애의 나락 속에 울게 하고 있다. 그들은 이것도 부정하여 아직도 도처에서 음모·약탈·폭행·살육을 자행하고 있는 것이다.
이것이 백일청천하(白日晴天下)에 폭로된 그들의 목적이요, 노선이요, 정체였다. 국군이 이들 반도를 진압하는 것은 힘드는 일은 아니다. 다만 무고히 희

36) AMERICAN MISSION IN KOREA, *Report on Internal Insurrection After April, 1948, made by Minister of National Defense, Lee Bum Suk*(1948. 12. 14).

생되는 양민과 그리고 재화의 파손을 염려하고 있을 뿐이다.

우리는 충심으로 애국동포 여러분께 요망한다. 여하한 감언과 선동에도 속지 마라. 여하한 사태에도 망동하지 마라. 오직 정부와 국군을 신뢰하고 지방치안 당국의 지시를 준수하라. 그리고 합심협조하여 선동자의 정체를 폭로하고 그들을 고발하라. 이들 공산주의 열광자를 철저히 근절시켜야만 여러분이 희망하는 행복한 번영이 올 것이요, 만일 그렇지 않으면 암흑과 전제와 재화와 불행이 있을 뿐이다. 또한 이것은 자기의 신명을 자멸할 뿐만 아니라 국가민족에게 해독을 주는 것이다.

국군은 민주주의 원칙에 의하여 수립된 정부를 옹호하고 그 부과된 사명을 충실히 수행할 것을 천명하는 동시 군경민 일체 협력하여 조국건설에 일로 매진하여 주기를 요망하는 바이다.[37]

이 선언문은 앞으로 군이 반공의 전사로 행동하겠다는 구상을 대외적으로 공표한 것이었다. 이 선언문은 정부수립 직후인 9월 24일 열린 연대장과 각지 사령관 회의에서 군 수뇌부가 채택하여 이승만 대통령에 전달한 '충성선서문'과 비교해면 군의 지향이 어떻게 바뀌었는가를 확인할 수 있다. 다음은 정부 수립 직후에 만들어진 '충성선서문'이다.

대한민국 국방군은 시조 단군의 건국혼을 본받아 정부를 봉대하고 최고 통수자이신 대통령 명령을 지성으로 받들어 충과 성으로써 국과 주권을 옹호하고, 민족을 애호함은 열과 힘을 다함으로써 국군으로서의 천직을 완수하여 장래 우리 국가 발전을 위하여 분투 노력할 것을 삼가 각하 앞에 엄숙히 선서하나이다.

국방차관 최용덕

단기 4281년 9월 24일 육해공군 장병 전체를 대표하여 삼가 선서하나이다.[38]

---

37) 『평화일보』, 1948. 11. 3.
38) 『대한일보』, 1948. 9. 26.

위의 '충성선서문'은 앞의 선언문과 달리 헌법상 군 통수권자인 대통령의 명령을 따르며 국가와 주권을 지키고, 민족을 사랑하여 국가발전에 기여하겠다는 내용이다. 특별할 것이 없는 지극히 일반적인 내용의 선서문으로 평가할 수 있다. 이 같은 분위기는 여순사건을 거치며 반공이라는 뚜렷한 목표가 설정되며 변화했다. 여순사건 직후 열린 국방부장관과 문교부장관의 합동 기자회견에서 이범석 국방부장관은 "군은 사상, 의사, 행동, 명령계통 전부가 선명히 일치되어야 한다. 이에 위반되는 군의 존재라는 것은 절대로 불가"하다며 숙군의 강화와 함께 "불순분자의 유입을 방지하며 과거와 같이 추천인이 불책임한 일을 함이 없도록 주의 하겠다"며 반공과 숙군, 그리고 군 입대의 신원보증제의 시행을 예고했다.[39]

이후 국방부장관 이범석과 육군참모총장 이응준 대령이 정치적 중립을 폐기하고 군의 반공화를 적극 추진했다. 두 사람은 일제시기에 각각 광복군 간부와 일본군 고급 장교로 복무하며 대척점에 있었으나 정부수립 이후, 보다 더 엄밀하게는 여순사건 이후 국방부장관과 육군참모총장이라는 상하관계에서 '군의 반공화'를 적극 추진했다. 육군은 이전까지 공개적으로 드러내지 않았던 반공 이념으로 제도로 정착시켰다. 1948년 11월 20일에 육군참모총장으로 임명된 이응준은 아래의 '사병훈'을 채택해 육군에 보급시켰다.

士兵訓
우리는 대한민국의 진정한 군인이 되자.
진정한 군인이란
1. 군기가 엄정하여 상관의 명령에 충심(衷心)으로 복종할 것이며, 상관을 존경하고 부하를 사랑하여 화목단결할 것이며,
3. 각자 맡은 책임에 성심성의 사력을 다하여 이것을 완수할 것이며,
4. 나라와 백성을 사랑하여 그들로부터 애(愛)를 받을 것이며,

---

39) 『독립신문』, 1948. 11. 13.

5. 공직에 용감하고 사투에 겁내며 특히 음주폭행을 엄금할 것이며,

6. 정직결백하여 부정행위가 전무할 것이며,

7. 극렬파괴분자를 단호 배격하여 그들의 모략선동에 엄연(嚴然) 동치 말 것
이다. 이러한 군인이라야 비로소 우리 대한민국의 간성이 될 것이며 우리 동
포의 옹호자가 될 수 있는 것이다.

앞의 선언문이 추상적인 수준에서 반공을 지향하고 있다면, 사병훈 이를
구체화시킨 것이다. 그중에서 "극렬파괴분자"는 이후 군이 추진하는 정책
과 연관시키면, 여기에는 좌익 또는 중도 성향의 군인들까지 포괄한다.

1949년 12월 1일 총 91명의 희생자들에 대한 여순사건토벌작전 전몰장병
합동위령제가 열렸다. 이날의 행사에 이승만 대통령 이하 각부 장관, 국회
의장 및 국회의원, 육해공군 장병, 경찰, 그리고 각 학교 학생, 사회단체와
일반 시민들이 참여했다.[40] 이 자리에서 이범석 국방부장관은 아래의 '국
군 3대 선서'를 선포하여 전 부대에 반포시켰다.[41]

國軍 三大 宣誓

一, 우리는 선열의 혈적(血跡)을 따라 주검으로써 민족국가를 지키자.

二, 우리의 상관 우리의 전우를 공산당이 죽인 것을 명기하자.

三, 우리 군인은 강철같이 단결하여 군기를 엄수하며 국군의 사명을 다하자.

국군 3대 선서는 군의 지향점이 무엇인지 명확히 했다. 즉 군의 '정치적
중립'을 폐기하고, 군인들에게는 목숨을 걸고 대한민국을 지키는 '반공의
전사'가 될 것을 강조했다. 육군은 사병훈과 국군 3대 선서를 각 소(분)대장
들에게 인쇄물로 배포해 매일 아침 낭독하며 실천토록 했다. 마치 일제 말
기 식민지 조선에서 시행된 '황국신민서사' 낭송을 연상시키는 대목이다.

---

40) 『서울신문』, 1948. 12. 2.

41) 『서울신문』, 1949. 8. 15; 육군본부, 『육군발전사 제1집』, 1955, 19쪽. 서울신문은 1년 뒤
군경의 발전을 보도하며 무훈을 세운 대표적인 예로 '육탄 10용사'를 일본군의 '육탄 3용
사'보다 낫다고 평가했다.

여순사건 이후 두드러진 변화 중 하나는 군이 민간사회를 직접 통제한 것이다. 계엄령이 선포된 지역을 당연하겠지만[42] 이외에도 군이 민간에 대한 사찰을 강화했다. 국방부는 해외무역과 남북교역업자들 중 간첩을 막겠다며 이들의 여행권과 수출입·반출입 허가 신청서' 외에도 경찰서장의 신원보증서, 그리고 상공부에 허가신청을 하기 전에 국방부 정보국의 사전심사와 경유증을 받도록 강제했다.[43] 또 체육교사들을 군에서 훈련시킨 뒤 중등학교에 1949년 2월 20일부터 배속 장교로 배치했다. 그런데, 일제시기 각 중등학교의 배속장교를 연상시키는 이들은 학교에서 일관되지도 않고 폭력적인 교육을 실시함으로써 많은 물의를 일으켰다.[44]

군 사찰기관은 공공연하게 민간인 사찰을 확대, 강화시켰다. 그 중에서도 헌병사령부와 육군본부 정보국이 민간인 사찰을 주도했다. 헌병사령부와 육군본부 정보국은 숙군과 함께 좌익세력을 색출한다며 국회의원, 공무원 및 일반 국민들을 무차별 연행했다. 그러나 헌병사령부와 육군본부 정보국 등 군 사찰기관의 민간인 사찰 및 연행은 명백한 불법이었다. 대한민국 헌법 제9조는, 모든 국민은 신체의 자유를 가지며 법률에 의하지 않고는 체포, 구금, 수색, 심문, 처벌과 강제노역을 받지 않으며, 체포 구금 수색은 법관의 영장을 제시하도록 규정했다.[45] 군 사찰기관의 민간인 사찰과 구금은 법관의 영장 없이 진행된 초헌법적 불법행위이다.

계속된 불법행위로 인해 많은 문제가 발생하자 군에서도 이의 시정을 검토했다. 1949년 4월 13일 헌병대 사령관 장흥은 헌병대가 민간인들을 취체(取締) 또는 구인(拘引)하는 것은 불법월권(不法越權行爲)이며, 이를 엄격히 금지하겠다는 담화를 발표했다.[46] 5월 25일 기자회견에서 신성모 국방부장관도 "앞으로는 헌병대라도 일반 민간을 구속 감금하지 못하게 할 예정"이

---

[42] 제주도와 여순사건 직후 전남북 지역에 계엄령이 선포됐다.
[43] 『조선일보』, 1949. 3. 6.
[44] 『독립신보』, 1948. 12. 16; 『경향신문』, 1949. 3. 10.
[45] 『대한민국 헌법』, 제9조.
[46] 헌병사편찬위원회, 『한국헌병사』 제2편, 1953, 11~12쪽.

라고[47) 답변한 것처럼 군은 이후로도 민간사찰은 계속했다. 오히려 제3사단(사단장: 최덕신)은 6월 1일 제3사단 산하 군경의 정보기구-사단 정보처, 각 헌병대, 방첩대, 22연대 정보과 및 각 경찰서, 철도경찰-를 통합한 군경 합동정보처를 신설했다.[48) 즉 사단에서 직접 민간 사찰을 조장하는 결정이 이루어졌다.

헌병대와 마찬가지로 육군본부 정보국도 민간 사찰을 멈추지 않았다. 1949년 4월 1일부터 6월 30일까지 육군 제5사단 정보처는 남로당 전남도당에 대한 수사를 진행해 총 188명을 검거했다. 이들 중 군과 관련된 사람은 43명이었고 나머지는 민간인들이었다. 1949년 8월 북한과 관련된 청우당을 적발하고 남로당 군사부 책임자 이재복과 남로당 간부 이중업 등을 검거한 것은 육군본부 정보국 소속의 김창룡이었다.

육군 정보국의 민간인 사찰과 연행이 계속되자 정보국을 사칭하는 등 많은 문제가 발생했다. 이에 따라 육군본부 정보국장 이용문 대령은 '가짜 정보원을 단속하겠으니 민간은 속지 말'라는 담화를 발표했다.[49) 이후로도 가짜 정보원들이 횡행하며 위협, 공갈, 금품 강요 등을 자행하자, 9월 20일 육군본부 보도과는 한 달 동안 가짜 정보원으로 검거된 사례가 70여 건에 달하며 '금전 강요와 무전취식 및 부녀자 강간, 불법감금' 등의 사례를 나열하며 가짜 정보원에 속지 말도록 당부하는 담화문을 발표할 정도였다.[50) 일련의 군 담화문에서 공통으로 나타나듯이 군에서도 군의 민간인 사찰, 연행 등을 불법으로 인식하고 있을 정도로 심각했다.

경북 대구에서 열린 군관연석회의에서 좌익 학생들 순화한다는 의도에서 '학생교화원'을 설치키로 결정하고 그 비용은 학부형들에게 전가했다. 그리고 자수증을 발급하겠으니 이를 증명하는 자백서를 경찰서(지서)나 합

---

47) 『자유신문』, 1949. 5. 26.
48) 『영남일보』, 1949. 6. 15.
49) 『동광신문』, 1949. 10. 12.
50) 『동아일보』, 1949. 9. 21.

동정보국(임시 3사단 정보처),[51] 또는 교장이 통합한 자백서(자수서)는 제22연대 정보과에 제출하도록 했다.[52] 좀 더 검토가 필요하겠지만 그 취지나 운영 방식은 '국민보도연맹'과 유사하다. 다만, 학생교화원은 군이 주도하고 민간이 협력하는 방식이었다는 점이 차이이다. 이 학생교화원이 이후 국민보도연맹과 어떻게 연관되는지 검토가 필요하다.

1949년 10월 8일 민간인 사찰과 관련된 부서인 국방부, 내무부, 법무부는 연석회의를 열어, 사찰기관을 일원화하며 군은 민간사건을 취급하지 않기로 결정했다. 그리고 이 결정을 보장한 법안을 제정했다. 11월 1일 열린 국무회의는 헌병과 군 정보기관의 일반인(민간인: 인용자 주) 수사는 불가하며 수사기관을 일원화 하는 '헌병 및 국군정보기관의 수사한계에 관한 법률안'을 의결했고, 정부의 법안은 국회를 통과했다. 12월 8일 헌병사령관이 군에서 발행한 일체의 증명서-신분증명서, 문감증(門鑑証)-를 반납하라고 경고했다.[53] 정부는 1949년 12월 19일부로 헌병대와 방첩대 대원은 군인과 군속만을 수사하고 일반인들에 대한 긴급 구속은 불가하다는 법안을 공포했다.[54]

관련 법안이 국회를 통과했음에도 불구하고 군의 민간사회에 대한 감시와 통제가 근절되지 않은 채 계속되고 여론의 비판이 높아졌다. 그러자 1950년 1월 12일 육군참모총장 대리 신태영 소장은 기자회견에서 방첩대 기구 개편을 묻는 질문에 대해 다음과 같이 답했다.

군의 사명을 달성키 위한 기관은 언제든지 필요한 것이나, 종래의 방첩대는 민폐가 많다 하여 일반 국민의 비판이 있었고 또 정보국 기구에도 불비(不備)한 점이 있었으므로 이를 해체하고, 이번에 그 기구에 일대 혁신을 기하여 정

---

51) 합동정보국은 사단 정보처, 각 헌병대, 방첩대, 22연대 정보과 및 각 경찰서, 철도경찰 등으로 조직됐다. 『영남일보』, 1949. 6. 15.
52) 『영남일보』, 1949. 5. 26.
53) 『충청매일』, 1949. 12. 12.
54) 『동아일보』, 1949. 12. 20.

보활동을 유기적으로 하는 한편 국민에게는 폐단이 없도록 할 것이다. 종래와 같이 군 정보원을 표방하고 여러 가지 행동을 하는 자는 합법적이거나 비합법적을 막론하고 이는 假정보원으로 취급하여 엄중히 단속할 것이다. 따라서 지방 각 단체나 개인을 막론하고 이 취지를 깊이 양해하여 주기 바란다.

육군참모총장이 직접 나서서 방첩대의 기구를 개편하겠다는 입장을 밝힐 정도로 군 사찰기관의 민간 사찰과 감시가 심각하고 많은 문제들이 발생했다. 그러나 방첩대 개혁을 주장한 신태영 육군참모총장이 사퇴하고 한국전쟁이 발발하자 방첩대 개혁은 흐지부지 됐다. 동시에 군의 민간인 사찰은 멈춰지지 않았다.

이 무렵 군은 민간에 대한 감시와 통제만이 아니라 민간인들에 대한 사법권까지 행사했다. 계엄령 선포지역이 아니라도[55] 공안사건이 군법회의에 회부됐다. 군 형법이 만들어지기 전까지 군 형법으로 기능한 국방경비법 또는 국군조직법에 민간인들을 군사재판에 회부하는 조항은 없다. '국방경비법' 제1조(군법 피적용자)는 "장교, 병사(하사관), 지원병, 사관후보생, 군속(軍屬. 군무원. 인용자), 군법회의 판결에 의하여 복형(服刑) 중인 자"로 규정했고, 제3조(민간재판소와 군법회의와의 재판권의 관계)는 군법회의보다 민간의 사법권을 우선시 하고 있었다. 또 '국군조직법' 제20조는 군인에 대한 조항만 있을 뿐 민간인에 대한 처벌 규정이 없다. 그럼에도 군이 민간인들을 연행하여 군법회의에서 회부하는 일이 빈번해졌다.

민간인을 사찰하고 체포해 군법회의에 회부하는 것은 여순사건 이후의 변화였다. 여순사건 이전에는 군이 민간인들을 직접 수사하지 않았다. 경찰이 민간인들을 검거해 수사한 뒤 군과 관련된 경우에만 그 정보를 군에 제공했다. 여순사건 이후 민간인들에 대한 수사 및 재판 회부가 완전히 바뀌었다. 민간인들이 군과 관련된 사건에 연루되면 군이 연행, 수사한 뒤 고

---

55) 계엄령 선포된 지역에서 군과 경찰은 주둔 지역의 주민들에게 커다란 부담(great burdens) 이었다. 주한미사절단(서울)이 국무부장관(워싱턴)에게, 1949. 2. 11. (895.00/2-1149).

등군법회의에 넘겼다. 군과 관련된 사건 때문에 군인과 민간인이 함께 재판을 받는 경우도 있었으나, 민간인만으로 군사재판이 열린 경우도 있었다. 고등군법회의에 회부된 민간인들은 상대적으로 군인들보다 높은 형량을 받았으며, 이들의 죄목은 국방경비법 제32조(이적행위죄)와 제33조(간첩죄) 위반이 많았다.

군법회의에 회부된 민간인 중에는 남로당 군사부 책임자로 알려진 이재복이 있다. 그는 여순사건 이후 무력으로 대한민국을 전복하려 했다는 혐의로 현상금이 걸린 채 수배됐다. 1948년 12월 28일 김창룡과 육군본부 정보국 소속 방첩대 요원 및 국방부 차관 경호원들이 서울시 신당동의 은신처에서 이재복을 체포했다.[56] 이재복은 1949년 1월 20일 고등군법회의에 회부되어 간첩죄로 사형선고를 받고, 1949년 5월 26일 최남근 중령 등과 함께 수색에서 총살됐다.[57]

민간인을 군법회의에 회부한 대표적인 사례는 서울시경 사찰과 '김호익 경감 암살사건'과 '남로당 문화공작대'이다. 1949년 8월 12일 서울시경 사찰과 김호익은 남로당원 이용운의 저격을 받아 사망했다. 이 사건은 발생 장소(서울시경 사찰과 별실)와 피의자 신분(민간인)을 볼 때 군법회의에 회부될 사안이 아니었다. 그렇다고 서울은 계엄지구도 아니었다. 그러나 이용운은 고등군법회의에 넘겨졌고, 기소 당시 그에게 적용된 법률은 국방경비법이었다. 이 사건의 배후 수사는 서울시경 사찰과에서 진행하고 검찰이 피의자를 기소했다. 이 때문에 재판정에서 이용운은 "나는 지방인(민간인. 인용자)이니 군법회의에 회부될 아무런 이유도 없으니 이 공판에 응할 수 없다"며 군법회의 자체를 거부했다. 재판정에서 그의 주장은 무시됐고, 이용운은 고등군법회의에서 사형을 선고 받았다.

민간인들의 군법회의 회부에 대한 비판 여론이 일자 재판장 원용덕은 "이번 사건을 군법회의에 회부한 것은 이적행위와 작전지구 등에서 간첩행

---

56) 『자유신문』, 1949. 1. 19.
57) 『육군고등군법회의명령』 제50호, 1949. 5. 20.

동을 했기 때문이고, 준엄한 판결을 내리게 되는 것은 피고 9명은 전부가 아직도 매국노의 탈을 못 벗고 개준(改悛)할 의사가 없으므로 단호한 처단을 내리게 된 것"이라며 민간인의 군법회의 회부와 선고를 정당화 했다.[58] 10월 1일 열린 선고 공판에서 재판장은 "본 군법회의에 있어서 군법이라는 것에 의의가 있는 것이며 또한 군인이 재판함으로써 피고들의 입장과 우리 군인의 입장은 초연히 구분되는 것이다. 그대들이 직접 혹인 간접으로 애국적인 행동이라고 믿고서 감행한 행동은 우리의 많은 병사들을 희생시키었으며 앞으로도 대한민국에 있어서 생명과 재산에 상당한 피해를 받을 것이며, 이러한 자오 같이 한 땅에 살 수 없으며 도저히 용서할 수 없는 것이다. 나는 피고들이 회개한 것을 발견치 못하였으며 또한 남북노동은 그들로 하여금 전향을 못하게 하는 조직이라는 것을 알고 있다"며 이용훈과 유진오, 김태준 등 총 9명에 대해 사형을 선고했다.[59]

여순사건 이후 군대의 위상이 높아지며 군경의 위상이 역전되자 군 출신들의 경찰들의 입대가 늘어났다. 군사영어학교를 졸업한 뒤 경찰로 이직했던 정래혁과 문용채는 다시 육사를 거쳐 임관했다. 만주군 출신으로 해방 후 경찰에 있다가 헌병 소령으로 특별 임관한 인물 중에는 안익조가 있다. 그의 행태를 보면 여순사건 이후 역전된 군경의 위상을 반영한다. 그는 1949년 6월 헌병 소령으로 임관한 뒤 9월 제2사단 헌병대장에 임명됐다. 입대 전까지 대전경찰서 부서장이던 그는 시민들이 자신의 부임을 환영하지 않은 것에 격분해 8월 15일 행사를 준비하는 군경합동회의에서 대전경찰서장의 따귀를 때렸다. 이 소동으로 원래 예정된 군경합동행사가 취소됐다.[60]

---

58) 『동아일보』, 1949. 9.28~30.
59) 『호남신문』, 1949. 10. 2.
60) Hq, KMAG, G-2 Periodic Report Report No. 180, 1949. 9. 12.~9. 13.

Ⅳ. 친일파 청산과 군의 정치 개입

해방 이후 친일파 처단에 대한 각계의 요구가 높아져, 정부 수립 후 국회에서는 반민족행위처벌법(이하 반민법)을 통과시켜 1949년 반민특위가 발족했다. 반민법 통과에 앞서 8월 16일 국회에서는 "정부 안의 친일파 숙청을 건의"하는 긴급동의안을 통과시켰다.[61] 국회의 압박에도 불구하고 정부의 친일파 등용은 멈춰지지 않았다.

반민특위의 출범에 대응하여 1949년 1월 중순 국방부는 일제시기 고등경찰이나 헌병으로 근무한 자는 이유 여하를 막론하고 채용하지 않겠다는 공표했다.[62] 친일파 청산을 요구하는 사회적 분위기를 받아들인 고육지책이었다. 그러나 이 같은 국방부의 입장은 대외 선전용일 뿐이었다. 이미 육군의 최고 지휘부는 일본군과 만주군 출신들이 대부분을 차지하고 있었기 때문이었다. 육군 참모총장을 비롯한 주요 부대의 지휘관들이 일본군 출신들이었다. 또 일본 관동군 헌병대 오장 출신의 김창룡은 육군본부 정보국 제3과(방첩과)에 근무하며 숙군을 주도하고 있었다. 뿐만 아니라 이미 그전에 친일 군인들 대거 받아들였다. 1948년 11월 국방부는 군사 경력자들을 받아들인다며 친일파로 비판 받는 인물들을 대거 받아들였다. 1948년 11월 20일, 11월 24일, 12월 10일 임관한 인물들 중에는 다수의 일본육사와 만주군 출신들, 그리고 전봉덕과 같은 친일경찰들이 포함됐다.

12월 23일 국방부 총참모장 채병덕 대령은 기자회견에서 과거 군사경력자들을 고급장교와 장교 하사관 등으로 군사훈련 시키고 있으며, 1949년 1월에도 이러한 조치는 계속될 것이라는 발표했다. 특별훈련 뒤에 9명의 고급 간부에는 이준식(중국군 출신, 민족청년단 단장 대리), 김석원(일본육사 출신, 일본군 대좌, 육해공군출신동지회 회장), 안춘생(광복군 출신, 민족청년단

---

[61] 국회 사무처, 『제1회 국회 속기록』 제44호, 1948. 8. 19.
[62] 『자유신문』, 1949. 1. 16.

훈련부장), 안병범(일본육사, 일본군 중좌), 김정호(만주군 경리 소좌), 유승렬(일본군 대좌), 김성호(중국군), 오광선(신흥무관학교, 광복군동지회, 민족청년단), 백홍석(일본육사, 일본군 대좌) 등이었다.[63] 9명 중 5명이 일본육사 출신이며 나머지는 이범석의 조선민족청년단 출신이다. 유승렬은 유재흥의 부친, 백홍석은 채병덕의 장인, 안병범은 안광수(일본육사, 군사영어학교 출신, 외무부 관료)의 부친이다. 이들은 1949년 1월 1일 임관한 육사 8기 1차에 포함됐다.

1949년 1월 24일 육사 8기 2차로 소위 임관한 사람들 중에도 일본군 헌병조장 출신의 경력자들이 상당수 포함됐다. 과거 일본군 헌병 조장이나 준위 등을 지낸 인물들이 임관했는데, 일본군 헌병으로 최소 5년 이상 근무했을 것이다. 장준식과 최승화는 각각 7년과 6년을 일본군 헌병으로 근무해 해방 당시 헌병대 조장이었다. 이들의 군번이 한꺼번에 부여되고 특별 2반으로 임관한 것으로 보아 이들 외에도 일본군 헌병 출신들은 더 많았을 것이다. 육사 8기 2차로 특별임관한 사람들 중 이덕수와 노엽이 있었는데, 이덕수는 일제시기 독립군 활동을 하다 노엽에게 체포됐다고 한다. 그러나 사실을 밝힌 이덕수를 노엽이 풀어줬으며 그 인연으로 정부수립 후 육사에 함께 입학했다고 한다. 국방부는 대외적으로 일본군 헌병으로 근무한 자들을 채용하지 않겠다는 방침을 밝혔으나 내부적으로 과거 일본군 헌병 출신들을 특별 임관시키고 있었으며 이들은 육군본부 정보국이나 헌병대와 같은 군 사찰기관에 집중 배치됐다.

반민법에서는 '군경찰의 관리로서 악질적인 행위로 민족에게 해를 가한 자'와 '일본 치하에서 고등관 3등급 이상, 훈(勳) 5등급 이상을 받은 관공리 또는 헌병, 헌병보, 고등경찰의 직에 있던 자는 공무원에 임명될 수 없다'고 규정했다. 반민법에 따르면 군 수뇌부, 그중에서도 육군 수뇌부의 상당수가 그 직위를 유지할 수 없었다. 육군참모총장인 이응준, 채병덕, 신태영(대리)

---

63) 『평화일보』, 1948. 12. 24.

등은 모두 일본육사를 졸업한 일본군 고급 장교 출신이었으며, 38선 서부 지역을 경계하던 제1사단장 김석원도 마찬가지였다. 특히 육군참모총장 이 응준과 제1사단장 김석원은 일제 말기 학병권유연설을 다녔으며, 김석원은 중일전쟁기에 중국군을 물리친 공적을 인정받아 훈포장까지 받은 전형적 인 황군 출신이었다. 이들 외에도 일본이 만주의 항일빨치산을 진압하기 위해 만들었던 특수부대인 간도특설대 출신 장교(김백일, 백선엽 등), 일본 군이나 만주군 헌병대 대대장 출신의 정일권 등은 반민법의 처벌 대상자였 으며, 육군본부 정보국에서 숙군의 실무를 담당하던 김창룡도 관동군 헌병 출신이었다.

미국도 반민특위의 조사가 군에 미칠 파장을 염려했다. 1949년도에 들어 서 반민특위 특경대가 20여 명의 친일파를 체포하자 주한미사절단(American Mission in Korea)에서는 1949년 2월 초순까지는 일본군 장교 출신들이 공격 받지 않았으나 반민특위 위원장이 일본군 장교 출신들에게 면죄부를 약속 하지도 않았으며, 친일파 숙청이 계속된다면 과거 일본군 대좌(대령, 인용 자)이던 육군참모총장 이응준이 어려움에 처할 것으로 예상했다.[64]

1949년 1월 29일 반민특위의 김상덕 부위원장은 "일제 때 고등경찰관, 군 인으로 우리 동포를 못 살게 한 분자가 아직도 경찰이나 국군에 침투하였 다면 이들은 물론 처벌법에 해당되지 않는다고 떠들고 있는 것은 순전히 자기방어를 위한 것이"라며[65] 군경의 친일파를 청산하겠다는 입장을 밝혔 다. 그러나 2월 2일 이승만 대통령은 "반공투쟁이 격렬할 때 이들의 기술이 필요하므로 장공속죄(將功贖罪, 장차 공을 세워 죄를 면제받다: 인용자)토 록 하라"는[66] 요지의 담화를 발표해 친일 경찰과 군인들의 숙청에 강력 반 대했다. 다음날 김상덕은 다시 "치안 문제, 정부위신 문제, 인심수습 등을 예고하였으나 악질 반민자 처단에 있어 국군이나 경찰에 추호도 동요될 것

---

64) 주한미사절단(서울)이 국무부장관(워싱턴)에게, 1949. 2. 9.(895.00/2~949).
65) 『동광신문』, 1949. 1. 2.
66) 『자유신문』, 1949. 2. 2.

이 없으며, 동시에 인심 수습에 있어서는 반민특별법을 철저히 운영함에만 있는 것을 또 언명한다"며[67] 친일 경찰과 군인들을 숙청하겠다는 입장을 밝혔다.

반민특위의 활동이 성과를 올리며 그 예봉이 점차 자신들에게 향하게 되자 국방부와 육군의 최고 수뇌부에는 그에 따른 위기감이 높아졌다. 일본 육사 출신의 육군참모총장 채병덕 대령은 원용덕, 정일권 등과 의논해 자신이 육군참모총장을 그만두면 원용덕, 정일권 등 군 수뇌부가 모두 물러나겠다는 뜻을 정부에 전달했다. 결국 이들은 군을 정치에서 독립시키는 데 협력하겠다는 약속을 받아내며 '친일파 숙청'을 무력화 시켰다.[68]

정부는 반민특위와 타협하며 군과 경찰의 반민법 대상자의 조사를 무마시켰다. 국무총리 이하 국무위원들이 김상덕 등 반민특위 위원들과 '합동좌담회'를 개최하여 정부가 정부, 군경 등에서 반민법 해당자 숙청을 주관한다는 것이었다. 결과적으로 정부가 주관한 조사와 처벌은 거의 이루어지지 않았다.[69] 오히려 친일 경찰 출신들 중 일부가 군, 그중에서도 막강한 권한을 행사하던 헌병대로 입대했다. 6월 29일부로 전직 경찰 간부이던 이익흥, 홍순봉, 안익조 등이 헌병 소령으로 특별 임관됐다. 이들 외에도 김정빈, 김홍걸, 백원교, 박경후 등이 헌병 대위로 특별 임관됐다.[70]

일반적으로 반민특위의 활동이 경찰에 미치자 친일 경찰 출신들이 헌병대에 입대한 것으로 알려졌다. 전봉덕과 같이 반민특위의 활동이 시작되기 전에 미리 군에 입대한 자들도 있다. 하지만, 많은 친일 경찰 출신의 경찰 고위 간부들이 헌병대에 입대한 시기는 반민특위가 경찰의 습격을 받은 1949년 6월 6일 이후이다. 이들이 뒤늦게 헌병대에 입대한 것은 광복군 출신 장흥이 헌병대 사령관으로 있었기 때문이다. 장흥이 헌병대 사령관에서

---

67) 『자유신문』, 1949. 2. 4.
68) 고정훈, 『비록 군』, 동방서원, 1967, 98~101쪽.
69) 이강수, 『반민특위연구』, 나남, 2003, 201~203쪽.
70) 육군본부, 「특별명령」 제131호 ; 「장교임관순대장」.

면직된 날은 김구가 암살된 6월 26일 직후였다. 후임으로 일제 시기 경기도 경찰국 수송보안과장 출신의 부사령관 전봉덕이 임명됐는데, 그는 1948년 11월에 군기사령부(헌병대사령부. 인용자)의 총무과장에 임명됐다.[71] 동시에 친일 경찰들이 대거 헌병대로 입대했다.

육군참모총장 채병덕 대령이 반민특위의 활동을 무력화시키며 내세웠던 군의 '정치적 독립(정치적 중립. 인용자)'은 지켜지지 않았다. 1949년 6월 13일 육군참모총장 채병덕은 다음과 같은 담화문을 발표했다.

> 대한민국의 번영을 위한 거족적 단결은 국가지상 법령으로써 군경관민(軍警官民)의 골육적(骨肉的)인 일체를 이 기회에 다시 한번 엄중히 요청하는 바이다. 군은 국방력 강화와 정신무장을 위하야 쟁화(爭化)와 숙군을 게을리 하지 않었으나 전반적으로 다른 기관 안에 잠입 준동하는 불순분자(不純分子)와 파괴분자(破壞分子)가 아직도 남어 있음은 유감이다. 군은 대한민국의 발전을 저해하는 일체의 파괴행동에 대하야 단호 용서치 않이 할 방침이니 전 애국민의 협력 지원이 있기를 바라는 바이다.[72]

위의 담화는 앞으로 군이 정치에 개입하겠다는 내용을 암시하고 있다. "전반적으로 다른 기관 안에 잠입 준동하는 불순분자와 파괴분자가 아직도 남아 있음은 유감이"라며 군이 용서하지 않겠다고 했다. 마치 국회프락치 사건을 예고하는 선전포고문이다.

육군참모총장 채병덕 대령으로 대표되는 군 최고 수뇌부가 정치에 개입한 것은 친일파 처벌에 반대하는 입장 때문이었다. 육군참모총장 채병덕 대령을 비롯한 군 핵심부는 반민특위 활동을 '눈에 가시'와 같이 인식했을

---

71) 『대한일보』, 1948. 11. 27. 한 가지 이상한 점은 그는 특임 5기로 임명됐으며, 임관일자는 12월 10일이다. 특임 5기 중에는 김창규, 신태영, 이형석, 김정호, 최창식, 박임항, 장흥, 박영준, 문용채, 송면수, 김홍일 등이 포함됐다. 아마도 먼저 임용한 뒤 특임으로 임관시켰을 가능성이 높다. 『육군 장교 임관순 대장』. 일본육사 출신의 김창규도 서울대 강사를 하고 있었으나 채병덕 등 일본육사 선배들의 권유로 군에 입대했다고 구술했다.
72) 『자유신문』, 1949. 6. 14.

것이다. 이승만 대통령은 공공연하게 반민특위 활동을 비난하고 있었다. 그러므로 이승만 정권이 '6월 공세'에 나설 때 군, 그중에서도 특히 헌병대가 적극적으로 정치에 개입했다.

1949년 6월 21일 헌병대는 서울시경 사찰과의 협조 아래 국가보안법 반대와 주한 미군 철수를 주장하던 소장파 국회의원들의 검거에 착수했다. 헌병대는 김병회, 김옥주, 박윤원, 강욱중, 노일환 의원을 체포했고, 6월 25일 국회 부의장 김약수 의원을 체포했다.[73] 그런데 이 사건을 수사한 주체가 헌병대였다. 헌병대 사령관 장흥은 이 사건을 법원에 넘기라고 했으나 육군참모총장 채병덕 대령의 명령으로 부사령관 전봉덕이 직접 수사본부장으로 수사를 지휘했다. 6월 25일 기자회견에서 전봉덕은 "오늘 아침 김약수 국회부의장을 체포하였으므로 이제 영장을 내린 자는 모조리 체포 수감되었다. 그러나 아직 일단락 지은 것이 아니라 조사 진전에 따라서는 더욱 확대할지 모르겠다. 이들은 남로당원이면서 한민당의 탈을 쓰고 국회에서 자기 자신의 정견으로 행동한 것이 아니라 남로당 지령으로 파괴공작을 꾀하고 왔던 것이다. 이 체포에 대하여는 군경이 합작하였으나 이후의 조사 및 처리 일체는 헌병사령부에서 하게 될 것이다"라고[74] 발표했다. 이후로도 헌병사령부는 경찰에 앞서 관련자들을 체포해 검찰에 송치했다.[75]

민간인 수사 권한이 없는 군이 헌법에 면책특권이 보장된 현역 국회의원들을 연행했다.[76] 헌병대가 직접 민간인, 그것도 현직 국회의원의 수사 주체로 활동했다는 점에서 주목된다. 이 사건은 단순 형사사건이 아닌 '야당 탄압'을 목적으로 조작된 공안사건이었다. 즉 군이 정치적 목적을 의도하며 직접 정치에 개입한 대표적인 사례이다. 이 사건은 군 헌병대와 서울시경

---

73) 『자유신문』, 1949. 6. 23과 『자유신문』, 1949. 6. 26.
74) 『조선일보』, 1949. 6. 26.
75) 이 사건을 수사하고 이후 남로당원에게 암살당한 서울시경 사찰과 김호익의 일기가 출간 됐는데, '검사 기소문'에 앞서 '헌병사령부의 송국의견서'가 첨부됐다. 김호익, 『한국에서 최초로 발생한 국제간첩사건 — 일명 김호익 수사일기』, 삼팔사, 1949.
76) 국회프락치사건은 다음을 참고. 김정기, 『국회프락치사건의 재발견』 1-2, 한울, 2008.

사찰과가 공동으로 수사했다. 이 시기에 군은 대한민국을 수호한다는 명분을 내세우며 반민특위를 주도하던 국회의원들을 연행함으로써 반민특위 활동을 무력화 시켰고, 친일파 청산을 요구하던 이승만 정권의 반대세력을 제거하는데 앞장선 정치적 사건이었다. 그 정점에 정치에 개입하는 군대가 있었다.

군은 김구 암살에도 적극 개입했다.[77] 육군참모총장 채병덕이 지시하고 만주군 출신의 포병사령관 장은산이 주도했다. 그는 주로 서북청년회 출신들로 구성된 암살조를 포병사령부 내에 조직하여 김구 암살을 훈련시켰다. 이후 암살조는 여러 차례 백범 암살을 시도했으며, 암살조 조원들 중 한 명인 안두희가 1949년 6월 26일 경교장에서 김구를 암살했다. 김구 암살사건은 김구로 대표되는 통일세력 대 이승만 대통령로 대표되는 극우반공세력과의 대립에서 나온 사건이었다. 김구 암살사건이 발생하자 헌병대는 기다렸다는 듯이 곧바로 현장에 나타나 안두희를 연행했다. 광복군 출신의 헌병대 사령관 장흥은 다음날인 6월 27일부로 사령관에서 면직되어 헌병학교장으로 발령났으며, 일제 경찰 간부(경기도 수송보안과장) 출신의 전봉덕이 헌병사령관에 임명됐다. 군 보도과에서는 피습 경위를 발표하며 이 사건과 관련된 언론의 기사를 검열, 통제했다. 헌병대사령부는 7월 1일에 이 사건과 관련한 전반적인 문제에 대한 세간의 의혹은 모략선동이며, 일반민들은 이러한 모략에 넘어가지 말라는 담화를 발표했다. 헌병대에 연행됐다가 6월 27일 육군본부 정보국 방첩과로 넘겨진 안두희는 육군본부 정보국 방첩과 김창룡이 보호했다. 당시 방첩과장 김창룡 소령은 안두희에게 "안의사, 수고했"다며 칭찬했다고 전해진다. 이렇듯 육군 최고 수뇌부에서부터 군 사찰기관인 헌병대와 육군본부 정보국, 그리고 포병사령부 등이 조직적으로 김구 암살에 적극 관여했다. 그리고 백범 김구의 죽음은 남북한 정부 수립 이후 민족분단이 법제화 된 가운데 이것에 마침표를 찍는 사건이었다.

---

77) 이하 백범 암살에 대해서는 다음을 참고. 백범김구선생전집편찬위원회 편, 『백범김구전집 ─ 제12권 「암살」 진상』, 대한매일신보사, 1999.

Ⅴ. 맺음말

1949년 군 수뇌부가 '국회프락치사건'과 '김구암살' 등 정치적 사안에 적극 개입한 것은 몇 가지 이유 때문이다. 무엇보다도 당시 군 핵심부를 차지했던 친일파 출신 군 수뇌부의 조직적 반발이었다. 비록 초대 국방부장관 이범석과 국방부 차관 최용덕이 광복군 출신이었고, 광복군 출신들이 군에 입대했으나 군 수뇌부는 '친일파 집합소'에 지나지 않았다. 이들에게 제헌의회 소장파 의원들의 활동은 자신들에게 비수를 겨누는 것이나 다름없었다. 특히 다른 부대보다도 헌병대와 육군본부 정보국이 이 사건에 관여한 것은 두 부대의 간부들 중 상당수가 친일파로 처벌받을 가능성이 높았기 때문이다. 전봉덕 헌병대 부사령관과 김창룡 육군본부 정보국 방첩과장 등은 반민법의 규정에 따르면 처벌 대상이었다.

민족분단이 법제화된 이후 통일운동을 전개하던 김구 역시 이승만 정권에 '눈에 가시'같은 존재였다. 여순사건 이후 반공을 이념으로 정착시키며 극우반공체제의 물리기구로 기능하고 있던 군과도 대립할 수밖에 없다. 국회 소장파 의원들과 김구는 군의 지향과는 정반대로 활동했다. 결과적으로 이들의 활동에 대한 이승만 정권의 총반격이 1949년 '6월공세'였고, '6월공세' 기간에 군은 이승만 정권의 물리적 도구로서 기능했다. 그리고 군의 정치 개입의 중심에는 '친일파'로 비판받던 군 최고 수뇌부에서부터 친일 경찰 출신의 헌병대 부사령관 전봉덕 그리고 일본군 헌병 출신의 육군본부 정보국 방첩과장 김창룡 등이 관련됐다. 하지만, 아직 군은 직접 정치를 주도할 만큼 확대되지 못했다. 38도선을 둘러싼 남북한의 충돌이 계속되고 있었으며, 아직 충분하게 민간 정부를 무너뜨리고 정권을 장악할 만한 역량에 도달하지 못했다. 이런 가운데 군은 1950년 6월 25일 한국전쟁을 맞이했다. 한국전쟁은 한국군의 정치화에 분수령이 된 사건이었다. 무엇보다 북한의 침략에 맞서 '구국의 영웅'으로 자리매김 하며, 양적으로나 질적으로나 전쟁 이전과는 비교할 수 없을 정도로 성장했다. 그리고 이 같은 한국군의 성장은 이후 정치권력과 밀착하며 종국에는 1961년 5·16쿠데타로 귀결됐다. 한국군의 '정치화'는 초창기부터 반공을 매개로 배태된 상태였다.

▨ 참고문헌

1. 사료

국회 사무처, 『제1회 국회 속기록』 제91호, 1948. 10. 29.

『강원일보』, 『국제신문』, 『대구시보』, 『대동신문』, 『대한일보』

『독립신문』, 『동아일보』, 『민주중보』, 『부산신문』, 『서울신문』, 『수산경제신문』

『연합신문』, 『자유신문』, 『조선일보』, 『평화일보』, 『한성일보』, 『호남신문』

정용욱 편, 『해방직후 정치,사회사 자료집』 9권, 다락방, 1994.

「로버츠 준장(주한미군사고문단장)이 국방부장관에게 보내는 비망록」, 1948. 11. 1.

「AMERICAN MISSION IN KOREA, Report on Internal Insurrection After April, 1948,
　　　　made by Minister of National Defense, Lee Bum Suk」, 1948. 12. 14.

「Department Of National Defense, Supreme C/S DND To Chief, KMAG」, 1949. 2. 15.

「주한미사절단(서울)이 국무부장관(워싱턴)에게」, 1949. 2. 11.

김재춘, (육사 5기 출신. 1949년 육군본부 정보국 보급실장, 중앙정보부장, 5·16민족
　　　　상 이사장 역임). 2009년 12월 2일 5·16민족상 사무실.

박윤진, (육사 5기 출신. 1949년 체포되어 서대문형무소에 투옥. 1950년 한국전쟁
　　　　발발 이후 서대형무소 파옥 때 도일(渡日). 일본 중앙대 졸업. 2010년 2월
　　　　21일. 일본 동경.

육군본부, 『육군발전사 제1집』, 1955.

헌병사편찬위원회, 『한국헌병사』 제2편, 1953.

육군본부, 「육군고등군법회의명령철」, 1948~1950.

육군본부, 「특별명령철」, 1948~1950.

육군본부, 『육군 장교 임관순 대장』.

김호익, 『한국에서 최초로 발생한 국제간첩사건 - 일명 김호익 수사일기』, 삼팔사,
　　　　1949.

2. 논저

강창성, 『(일본/한국)군벌정치』, 해동문화사, 1991.

고정훈, 『비록 군』, 동방서원, 1967.

김정기, 『국회프락치사건의 재발견』 1-2, 한울, 2008.

백범김구선생전집편찬위원회 편, 『백범김구전집 - 제12권 「암살」 진상』, 대한매일
　　　　신보사, 1999.

서중석,『한국현대민족운동연구 2, 1948~1950 민주주의·민족주의 그리고 반공주의』,
  역사비평사, 2002.
양봉철,「제주4·3과 '서북대대'」,『4·3연구』8, 제주4·3연구소, 2008.
윤시원,『한국 징병제의 제도화와 국민개병주의의 형해화 1945~1964』, 성균관대 대
  학원 사학과 박사논문, 2019.
이강수,『반민특위연구』, 나남, 2003.
이경남,『분단시대의 청년운동』상, 삼성출판, 1989.
정병준,『한국전쟁: 38선 충돌과 전쟁의 형성』, 돌베개, 2006.
한용원,『한국의 군부정치』, 대왕사, 1993.

한국전쟁기 전남지역 빨치산 활동과 지역민*

임송자(순천대학교)

I. 머리말

이 글은 한국전쟁이 전남지역에 미친 영향을 탐색하려는 시도에서 비롯
되었다. 한국전쟁이 일어나기 전 발생한 여순사건은 전남 동부지역을 뒤흔
들어놓았으며, 이후 제14연대 봉기군과 지방좌익은 지리산과 인근 산악지
대로 입산하여 빨치산 활동을 전개했다. 이로 인해 빨치산과 군경과의 교
전이 지속되었던 전남지역은 '준전시' 상태였다. 따라서 전남지역 대부분의
지역민은 정부수립 이후 얼마 되지 않은 시점부터 한국전쟁기까지 장기간
의 전쟁을 겪었다고 볼 수 있다.

---

* 임송자, 「한국전쟁기 전남지역 빨치산 활동과 지역민」, 『동북아역사논총』 67권, 2020의 일
부를 수정한 것임.

한국전쟁은 국군·유엔군과 조선인민군·중공군 사이에 벌어진 무력적인 대결뿐만 아니라 상대방에게 자신의 체제를 강요하고 억압하는 형태의 사상전으로 전개되었다. 이로 인해 지역민에게 미친 영향은 컸다. 더욱이 한국전쟁은 '톱질전쟁'으로 얘기되듯이 점령과 퇴각, 퇴각과 수복이 반복되었기 때문에 지역민은 생존을 위한 체제 선택의 모험을 감수해야 했으며, 집단적 희생의 대상이 되기도 했다.

점령지 점령정책 실시와 더불어 빨치산의 유격전은 사상전의 대표적인 예이다. 한국전쟁이 발발하기 전, 빨치산 세력은 유격전을 수행하지 못할 정도로 극히 미약했다. 이들이 심기일전하여 활동의 기반을 넓힐 수 있는 기회를 제공한 것이 바로 한국전쟁 발발이었다. 뒤늦게 전쟁 발발을 인지하고 활동을 개시한 빨치산은 각지에서 조선인민군을 지원하고 후방을 교란하는 활동을 전개했다.

한국전쟁기 빨치산의 활동은 조선인민군이 후퇴한 시기에 규모가 상당히 확대된 형태로 전개되었다. 빨치산은 '제2전선'을 형성하여 이승만 정부와 국군, 유엔군에 심대한 타격을 가했으며, 이들이 거점지역의 지역민에게 미친 물리적·심리적인 영향력도 상당했다.

이 글에서는 한국전쟁기 전남지역의 빨치산 활동과 전쟁 과정에서 지역민이 겪게 되는 고통의 실상을 살펴보고자 한다. 지금까지 빨치산에 대한 연구는 여러 편이 나왔지만,[1) 한국전쟁기 전남지역의 빨치산 활동을 중점적으로 다룬 연구는 여전히 미흡한 편이다. 김영택은 9·28후퇴 후 전남총사령부와 6개 지구의 조직 구조와 활동 그리고 백야전사 토벌작전 이후 조직 정비 등을 중심으로 살펴보았으나 한국전쟁 초기 조선인민군 점령 과정

---

1) 이선아, 「한국전쟁 전후 빨찌산의 형성과 활동」, 『역사연구』 13, 2003.12; 김영택, 「한국전쟁기 남한 내 적색 빨치산의 재건과 소멸(1950.10.5~1954.4.5) - 전남 총사령부와 6개 지구를 중심으로」, 『한국근현대사연구』 27, 2003.12; 김종준, 「한국전쟁기 서부경남지역 빨치산의 조직과 활동: 1950년 10월~1951년 6월을 중심으로」, 동아대학교 교육대학원 석사학위 논문, 2006; 이선아, 「여순사건 이후 빨치산의 활동과 그 영향」, 『역사연구』 20, 2011.6; 이선아, 「지리산권 빨치산의 형성과 활동-6·25전쟁 직후부터 1951년 '남부군' 결성을 중심으로」, 『지리산의 저항운동』, 선인, 2015.

에서부터 한국전쟁 전 시기에 걸친 빨치산 활동을 다루지는 않았으며, 지역적으로도 전남 서부지역 위주로 서술하고 있어 전남지역의 전모를 파악하는 데 한계가 있다. 또한 한국전쟁 과정에서 빨치산 활동이나 빨치산에 대한 군 진압작전으로 지역민이 어떠한 처지로 내몰렸는지에 대한 연구는 거의 이루어지지 않았다. 따라서 전남지역의 빨치산 활동과 전쟁 과정에서 겪게 되는 지역민에 대해서 보다 전면적이고 구체적으로 탐색할 필요가 있다.

이 글에서는 먼저 한국전쟁기의 전남지역 빨치산 활동을 두 시기, 즉 조선인민군이 전남지역을 점령한 시기와 인민군 후퇴 이후의 시기로 나누어서 파악하고자 한다. 조선인민군이 남진하여 전남지역을 점령하는 과정, 조선인민군 진격을 지원하기 위한 빨치산의 활동, 조선인민군 후퇴 이후 전남 각지에서 전개된 빨치산 활동, 그리고 군경 진압작전에 의해 빨치산 세력이 약화되는 과정 등을 검토하고자 한다. 다음으로 한국전쟁기 지역민이 겪게 되는 고통의 실상을 다루고자 한다. 전남지역은 조선인민군의 진주 과정이나 연합군의 수복 과정에서 격렬한 전투가 일어나지 않은 지역이지만 다른 지역과 마찬가지로 한국전쟁으로 인한 피해는 실로 컸다. 특히 전남지역은 빨치산 활동이 활발했던 관계로 군경이 지역에 주둔하여 빨치산을 진압하는 과정에서 겪는 지역민의 고통이 극심했다. 따라서 민간인 학살사건, 여러 유형의 동원 실태, 군경에 의해 자행되던 민폐의 심각성 등을 탐색하고자 한다. 이밖에도 지역민을 고통의 나락으로 떨어뜨린 중요한 요인 중의 하나가 바로 빨치산 진압을 위해 폭넓게 이루어진 마을 소개(疏開)를 들 수 있다. 이에 대해서는 차후의 연구과제로 미루고자 한다.

Ⅱ. 한국전쟁기 전남지역 빨치산 활동과 지역민

1. 조선인민군의 전남지역 점령과 빨치산 활동

1950년 6월 25일 새벽을 기하여 조선인민군이 38도선 경계를 넘어 남으로 진격했다. 전쟁이 발발하자 육군본부(육본)는 광주의 제5사단에 지급전보로 용산으로 이동할 것을 명령했다. 육본의 명령에 따라 제5사단은 즉시 용산으로 이동하여 의정부, 문산 방면에 투입되었고, 사단장 이응준(李應俊)은 사단사령부 장병들을 인솔하여 미아리 방면으로 들어가 패퇴병 수습과 방어임무를 맡았다.[2]

조선인민군은 파죽지세로 밀고 내려와 26일에 의정부, 28일 새벽에는 서울을 점령했으며, 7월 초에 남진을 계속했다. 한강을 도하한 조선인민군은 7월 5일에는 오산, 20일에는 대전을 점령했다. 조선인민군의 주병력은 낙동강전선으로 이동했으며, 7월 13일 예산을 출발한 제6사단(사단장 방호산(方虎山))은 공주 금강을 건너 호남지방에 진입하여 순식간에 호남지방을 장악해나갔다.[3]

제5사단이 서울로 이동하여 수도방위에 나섰기 때문에 호남지구의 방비는 허술할 수밖에 없었다. 조선인민군 제6사단의 작전계획은 온양-예산-장항-군산-이리-전주-광주-목포의 코스로 진격하는 것이었다.[4] 육본은 7월 8일 전남과 전북에 각각 편성관구사령부를 설치했는데 전북편성관구사령관으로 신태영(申泰英) 소장, 전남편성관구사령관으로 이응준 소장을 임명했다.[5] 그러나 조선인민군을 상대하기에는 역부족이었다. 기간병력 대부분이 차출

---

2) 李應俊, 『回顧 90年』, 汕耘記念事業會, 1982, 278~279쪽.
3) 전남일보 광주전남현대 기획위원회, 『광주전남현대사』, 실천문학사, 1991, 213쪽.
4) 金赫學·林鍾明, 『光復 30年』 3, 전남일보사, 1975, 41쪽.
5) 金赫學·林鍾明, 위의 책, 42쪽. 이응준은 1950년 7월 27일 서남지구전투사령관 채병덕이 하동전선을 시찰하던 중 전사하자 그 후임으로 직책을 승계했다. 李應俊, 앞의 책, 291쪽.

된 호남지역에서 잔여 병력과 신병, 그리고 학도병으로 구성되어 제반 병기를 제대로 갖추지 못했기 때문에 T-34전차와 자주포, 야포 등을 앞세운 조선인민군과 제대로 대적할 수 없었다.[6] 육본은 전선이 계속 남하하자 7월 12일 전남편성관구사령부와 전북편성관구사령부를 광주지구편성관구사령부, 전주지구편성관구사령부로 개칭하고 각 사령관에게 지역방어임무를 부여했다.[7] 이어서 7월 17일에는 전주지구편성관구사령부를 전북편성관구사령부로, 광주지구편성관구사령부를 전남편성관구사령부로 개편했으며, 신태영 소장을 서해안지구전투사령관에 임명하여 이들 두 개의 편성관구사령부를 통할하도록 했다.[8]

서해 방면으로 진입하여 목포와 여수항을 점령하고, 마산을 공격하라는 지시를 받은 제6사단은 7월 19일 별다른 저항을 받지 않고 금강을 도하했으며 오후 늦게 만경강 지역까지 진출했다. 이어서 20일 새벽 김제를 점령하고, 오전 11시 무렵에는 전주를 점령했다. 이로 인해 서해안지구전투사령부는 남원으로 이동했다. 7월 22일 저녁 7시 무렵에는 영광 방면으로 진격한 제15보병연대가 고창을 점령했다.[9] 이러한 가운데 정부는 7월 22일 전라남북도에 계엄령을 선포했다.[10]

조선인민군의 공격을 지원하기 위해 빨치산은 후방 교란활동을 전개했다. 전쟁을 개시한 다음 날 밤에 군사위원회 위원장 김일성은 평양 라디오방송을 통해 '해방전쟁'의 승리를 위한 남북한 주민들의 총궐기를 호소했다. 그리고 남한지역 빨치산을 향하여 "유격운동을 한층 맹렬히, 더욱 용감히 전개하며 … 해방구를 확대하며 또는 창설하며 적의 후방에서 적들을 공격, 소탕하고 적의 작전 계획을 파탄시키며 적의 참모부를 습격하고 철

6) 전라남도지편찬위원회, 『全羅南道誌』 제9권, 전라남도지편찬위원회, 1993, 140쪽.
7) 국방부 전사편찬위원회, 『韓國戰爭史』 제2권(개정판), 국방부, 1979, 731~732쪽.
8) 국방부 전사편찬위원회, 위의 책, 735~736쪽.
9) 국방부 군사편찬연구소, 『소련 군사고문단장 라주바예프의 6·25전쟁 보고서』 I, 2001, 209~210쪽.
10) 大韓民國國防部政訓局戰史編纂會, 『韓國戰亂一年誌』, 대한민국국방부정훈국전사편찬회, 1951, B20쪽. 정부는 1950년 7월 8일 전라남북도를 제외한 전국에 비상계엄령을 선포했다. 國防軍史硏究所, 『占領政策·勞務運用·動員』, 국방군사연구소, 1995, 240쪽.

도, 도로, 교량과 전신전화선 등을 절단, 파괴하며 각종 수단을 다하여 적의 전선과 후방연락을 차단하고 도처에서 반역자들을 처단하며 인민위원회들을 복구하고 인민군대에 적극 협조해야 한다"고 강조했다.[11]

김일성의 연설에 경남북·호남 지구의 몇몇 유격대가 반응을 보였다.[12] 빨치산은 퇴각하는 국군과 경찰을 교란하면서 활동영역을 넓혀나갔다. 지리산지구의 한 부대는 7월 13일 새벽 1시경 산청군 오부면 오천리 신기마을에 진주했고, 이에 앞서 함양지구 인민유격대의 유력한 한 부대는 12일 밤 함양군 서상면 대남리 일대를 기습했으며, 대남리 일대에 잠복 중인 경찰부대와 교전을 벌이기도 했다.

빨치산 활동은 전남지역에서도 비교적 활발하게 전개되었다.[13] 인민유격대의 한 부대는 영광군 염산면 봉남리에 진주하여 인근 지역을 장악한 후 봉남리에 잠복하고 있던 경찰기동부대 100여 명을 공격하여 다수를 사살했다. 또한 화순군 한천면 고시리에서도 조선인민군 진격을 지원하는 활동을 전개했다.[14] 14일에는 장성지구 빨치산의 유력한 한 부대가 경찰지서를 공격했고, 같은 날 순천지구 빨치산의 한 부대는 순천군 상사면 쌍지리를 급습하여 잠복 중인 경찰을 사살했다. 화순지구 빨치산은 14일 밤 이서면 경찰지서를 습격하여 경관 다수를 사살한 후 동복면 방면으로 진격하여 15일에는 경관과 우익인사를 사살했다. 구례지구 빨치산은 간전면 중대리로 진격하였다. 함평지구 빨치산과 영광지구 빨치산 부대가 연합하여 15일 오전 10시경 영광군 염산면 축동리로 진격하여 주둔 중인 경찰대와 장시간

---

11) 김남식, 『남로당 연구』 I, 돌베개, 1984, 443쪽.

12) 김남식에 따르면, 김일성의 평양방송에 대해 지리산을 비롯한 경남북·호남지구의 몇 개 유격대를 제외하고는 별다른 반응이 없었으며, 심지어 6월 초에 남파된 정치공작원들도 '민중봉기'를 일으키지 못했다. 김남식, 위의 책, 444쪽.

13) 정관호에 따르면, 전남도당 산하 빨치산은 조선인민군이 진격해 들어올 때 적 후방 교란 작전을 펼치지 못했는데, 그 이유는 재산 세력이 얼마 남지 않았기 때문이라고 한다. 마지막까지 남은 재산세력은 도당부 약 30명, 광주지구 약 10명, 구례·광양 약 20명, 보성·순천·장흥 등지에 소수가 살아남아 70~80명에 불과했다고 한다. 정관호, 『전남 유격투쟁사』, 선인, 2010(초판 2쇄), 33쪽.

14) 「慶南 全南 빨찌산들 猛攻擊. 傀儡警察 大部隊를 掃蕩」, 『조선인민보』 1950.7.17.

교전을 벌였다.[15] 7월 17일 장흥, 담양, 화순, 광주, 광양 등지에서도 유격투쟁을 전개했다.[16] 7월 23일 빨치산 50명이 순천의 주암지서를 습격했다가 송광사 입구 쪽으로 후퇴하기도 했다.[17] 이날 장흥에서도 빨치산의 유격투쟁이 벌어졌다. 장흥에서 경찰을 제외한 각급 기관이 후퇴를 서두르고 있을 무렵인 오후 4시경 유치산을 거점으로 활동하던 200여 명의 빨치산이 읍내를 기습했다.[18]

  이승만 정부는 전남경찰국장을 지리산지구 경찰대장으로 임명하고 각 지방의 경찰을 동원했다. 그리고 지리산 일대의 장수, 임실, 남원, 순창, 곡성, 구례, 거창, 합천, 함양, 산청, 담양, 장성 등 각처에 배치하여 빨치산의 진격을 저지하고자 했다.[19] 그러나 정부의 빨치산 저지활동은 속수무책이었다. 7월 22일 제26연대가 장성에서 제대로 전투를 치르지도 못한 채 퇴각했다. 장성을 포기한 군경은 조선인민군 진격을 다소 지연시키고자 광주 입구 산동교를 폭파하고 물러났기 때문에 일반국민들은 이때부터 크게 동요하기 시작했다. 이후 박철수 전남지사를 비롯한 주요 인사들이 광주를 빠져나갔고, 지역민들은 뒤늦게 피난 대열에 합류했다. 화순 너릿재와 나주로 빠지는 광주-목포 간 도로는 피난 인파로 인산인해를 이루었다. 산동교에서 최후로 광주 방어작전을 펼쳤던 군경유격대가 조선인민군에 밀려 쫓기자 피난민의 행렬은 더욱 증가했다.[20] 전남편성관구사령부 사령관 이응준과 제5사단장 이형석 대령은 조선인민군이 광주로 돌입하기 직전에 광주를 벗어나 화순을 경유하여 벌교로 이동했다. 이날 밤 이응준 소장은 구례와 순천의 방수(防守)가 시급하다고 판단하고 지휘소를 광주에서 순천으로 이동했다.[21]

---

15) 「全南地區 빨찌산들의 傀儡警察 掃蕩戰 熾烈」, 『조선인민보』, 1950.7.18.
16) 「전남인민유격대 적 후방을 교란」, 『해방일보』, 1950.7.23.
17) 金甦學·林鍾明, 앞의 책, 70~72쪽.
18) 金甦學·林鍾明, 위의 책, 92쪽.
19) 「지리산인민유격대 괴뢰경찰을 소탕」, 『해방일보』, 1950.7.24.
20) 金甦學·林鍾明, 위의 책, 139쪽; 전라남도지편찬위원회, 앞의 책, 140쪽.
21) 국방부 전사편찬위원회, 1979, 앞의 책, 768쪽, 772쪽.

7월 23일 방호산 지휘하의 조선인민군이 광주를 점령했다. 조선인민군 제6사단이 전라도의 남서부를 빠르게 점령할 수 있었던 이유는 다음과 같다. 첫째, 제6사단은 방호산 지휘하의 정예부대였다. 방호산은 중국 내전에서 대부분 한국인으로 구성된 중국 인민해방군 제166사단을 지휘했는데, 그 부대가 바로 제6사단이었다. 둘째, 남한 경찰이 재빠르게 철수했기 때문에 전라도를 신속히 평정할 수 있었다. 셋째, 현지 유격대의 측면 지원활동도 제6사단의 전라도 점령에 유리한 환경을 조성했다.[22]

조선인민군의 광주 점령에 이어 김선우를 비롯한 빨치산 간부들이 24일 입성했다. 또한 전쟁이 일어나기 전 북에서 남파된 김백동, 김상하 등의 선견대가 합류했다.[23] 광주를 점령한 조선인민군은 광주형무소 감방문을 열어 300여 명의 재소자를 석방시켰으며,[24] 일부 병력만 남기고 곧 목포로 향했다. 24일 조선인민군은 목포지역에 무혈입성했다. 대부분의 전투부대가 전남지역을 포기하고 부산으로 철수했기 때문에 손쉽게 점령할 수 있었다. 목포를 점령한 조선인민군은 1개 소대병력만 남겨둔 채 낙동강전선에 투입되었다.

7월 24일 남원을 점령한 조선인민군은 순천, 구례, 여수를 비롯한 그 밖의 지역도 손쉽게 점령했다. 순천과 구례는 조선인민군의 동진을 위한 요충지였기 때문에 국군의 입장에서는 필사적으로 방어해야 하는 최후의 거점이었다. 그렇지만 이들 지역의 방어태세는 허술하기 그지없었다. 7월 25일 순천이 인민군 수중으로 들어간 데 이어 7월 26일에는 여수가 점령되었다.[25] 장흥은 7월 29일 무렵에 조선인민군이 진주했다. 따라서 전남지방의

---

22) 브루스 커밍스 지음·조행복 옮김, 『브루스 커밍스의 한국전쟁: 전쟁의 기억과 분단의 미래』, 현실문화, 2017, 241쪽.
23) 정관호, 앞의 책, 35쪽.
24) 金奭學·林鍾明, 앞의 책, 145쪽.
25) 「麗水·順天을 完全 解放! 朝鮮民主主義人民共和國 人民軍總司令部의 報道」, 『조선인민보』 1950.7.29; 「순천 려수 해방 만세! 조선민주주의인민공화국 인민군총사령부의 보도」, 『해방일보』 1950.7.29; 大韓民國國防部政訓局戰史編纂會, 앞의 책, B21쪽; 국방부 전사편찬위원회, 1979, 앞의 책, 775~777쪽.

조선인민군 진주는 7월 23일 광주 입성부터 7월 29일 장흥 입성까지 1주일 밖에 소요되지 않았다고 볼 수 있다.[26]

　조선인민군이 진출한 지역에서는 당 건설 및 인민위원회 건설사업이 실시되었다. 당 조직 복구를 위해 북조선 노동당 중앙위원회는 북에서 교육받은 요원들을 남한에 파견했다. 중앙(서울)에는 남한의 당 사업을 총체적으로 지도하는 중앙당 지도부 격인 '서울지도부'를 두었다.[27] 남로당 중앙위원이었던 이승엽이 '서울지도부'의 총책으로 임명되어 인민군 점령 지역에서 당 재건과 건설을 총지휘했다. 당은 하향식 방식으로 중앙과 도, 군, 면 순위로 조직되었다. 조선인민군이 전남지방을 점령하자 전남도당은 광주지방법원 건물을 접수하고 당과 행정기구를 편성하는 일에 착수했다. '구빨치'를 기간(基幹)으로 급히 부서를 편성했으며, 그러던 중 8월 초에 도당 위원장으로 박영발(朴永發)이 부임하고,[28] 이후 각 부서 책임자들이 연이어 부임했다. 주요부서의 책임자는 대개 이남 출신이 맡고, 부(副)책임자는 이북에서 파견된 간부들로 충당했다. 시·군당 위원장과 부위원장도 같은 방식으로 임명했다.[29] 직업동맹, 농민동맹, 문화단체총동맹, 여성동맹, 민주

---

26) 전라남도지편찬위원회, 앞의 책, 141쪽.

27) 권영진, 1990, 「한국전쟁 당시 북한의 남한 점령지역 정책에 관한 연구」, 고려대학교 정치외교학과 석사학위논문, 43쪽; 國防軍史硏究所, 앞의 책, 20~22쪽; 김남식, 앞의 책, 446쪽. 점령지역이 확대되면서 '서울지도부'의 일부 성원을 대전에 파견하여 '대전지도부'를 구성했다.

28) 박영발은 일제 때 토건노동자로 활동했으며, 해방 후 '전평' 산하 토건노조 위원장, 전평 서울시평의회 조직부장, 서울시당 노동부 부부장, 전평 조직부 부장, 남로당 중앙당 노동부 지도원을 거쳐 월북했다. 박헌영의 추천으로 모스크바 고급당학교에 입교하여 3년 수료 후 한국전쟁 때 전남도당책으로 파견되었다. 김남식, 위의 책, 466쪽.

29) 전남도당 임원은 다음과 같다. 위원장 박영발, 부위원장 김선우(외곽단체 담당)·김인철(당 실무 담당), 조직부장 박찬봉, 조직부 부부장 염형기, 선전선동부장 선동기, 선전선동부 부부장 유운형, 노동부장 오금일, 간부부장 정귀석, 농림부장 이방휴, 경리부장 김오동, 기요과장 이○균, 당증과장 김원배. 각 시군당 위원장은 다음과 같다. 광주시당 김상종(가명 하종호, 하동/하산 직후 김채윤), 목포시당 김용우(가명 김용원, 나주), 구례군당 양순기(구례), 곡성군당 조영길(구례), 광양군당 이봉옥(광양), 영광군당 김채광(광양), 함평군당 김용범(함평), 장성군당 김병억(장성/후에 이성세), 나주군당 박정현(나주), 광산군당 고윤석(광산), 담양군당 권상술(구례), 여수군당 유목윤(여수), 순천군당 정호연(구례), 고흥군당 김종채(고흥), 화순군당 박갑출(화순), 보성군당 박춘석(보성), 장흥군당 이재만(장흥), 강진군당 윤국현(강진), 해남군당 김대원(해남), 영암군당 황병택(영암), 무안군당 정상렬(구례), 진도군당 김용길(순천), 완도군당 조형표(완도). 정관호, 앞의 책, 36~38쪽.

청년동맹, 소년단 등 대중단체도 속속 복구되었는데, 이들 대중단체 중에서 북한당국은 농민동맹과 민주청년동맹에 역점을 두어 조직했다.[30]

또한 점령지에서는 당 재건과 함께 임시인민위원회가 복구되었다. 서울시 임시인민위원회를 비롯하여 도, 군, 면, 리에 임시인민위원회가 조직되어 행정기관 역할을 했다. 그런데 이 조직은 임시적인 조직에 불과했기 때문에 선거를 통해 합법화할 필요가 있었다. 따라서 7월 14일 최고인민회의 상임위원회는 선거 실시에 관한 '정령'을 발표하였으며, 7월 15일부터 9월 13일까지 각 점령지에서 선거가 실시되었다. 전투 중에 있는 경상북도 8개 군과 경남의 9개 군, 제주도를 제외한 지역에서 선거가 실시되었다는 중앙선거지도부의 발표로[31] 미루어보아 전남지역의 거의 모든 지역에서 선거가 실시된 것으로 보인다.

점령지역 내에 조직된 인민위원회는 국민의 주권 및 소유권 보호, 사회질서 유지, 상급기관이 공포한 법령·정령·결정·지시 등을 실행하는 행정기관이었다. 이 밖에도 인민위원회는 토지개혁과 노동법 실행, 농업생산량 증산계획 수립, 산업시설과 수송시설 유지 등의 임무가 부여되었다.[32] 김백동은 조선인민군의 광주 점령 후 도인민위원회와 각 시·군 인민위원회 조직을 서두르고, 도인민위원장에는 국기열, 시인민위원장에는 강석봉을 임명했다.[33] 국기열은 건국준비위원회 총무부장을 지냈으며, 전남지방 보도연맹 간사장을 맡기도 했다. 한국전쟁이 발발하면서 자행된 국민보도연맹원에 대한 무차별 학살에서 벗어난 그는 조선인민군이 진주하면서 전남인민위원장으로 선임되었다.[34] 강석봉은 일제시기 조선공산당에 참여하여

---

30) 권영진, 앞의 논문, 51~52쪽. 농민동맹에 역점을 둔 것은 당시 남한 인구의 80%가 농민이고, 농촌의 반봉건적 토지 소유관계를 청산하는 것이 주요한 과업이었기 때문이다. 그리고 구질서 타파를 위한 대중의 선봉대이며 새로운 질서 창출을 위한 후비대로서 청년을 장악하는 것이 중요한 사업의 하나로 인식되었기 때문에 민주청년동맹 조직을 중시했다.
31) 김남식, 앞의 책, 448쪽.
32) 國防軍史研究所, 앞의 책, 24~28쪽.
33) 김백동이 도인민위원장을 맡았고 국기열은 부위원장이었다는 견해도 있다. 金奭學·林鍾明, 앞의 책, 146쪽.
34) 안종철·최정기·김준·정장우, 『근현대 형성과정의 재인식』(1), 중원문화, 2010, 201~202쪽.

전남도당을 조직하고 도당 책임비서, 중앙위원을 지낸 인물이다. 일제의 탄압을 피해 일본에서 6년 동안 생활했으며, 해방 후 건국준비위원회 부위원장을 지냈다. 그는 보도연맹에 가입하여 한국전쟁 시기 보도연맹원에 대한 검속을 피해 은신생활을 하다가 조선인민군이 광주에 입성하면서 광주시 인민위원장에 선출되었다.[35] 그러나 강석봉과 국기열은 북한군과 함께 들어온 김영재에 의해 4일 만에 해임되고 형무소에 수감되었다. 이들이 국민보도연맹에 가입하여 전향했다는 전력이 문제가 되었기 때문이다.[36]

여순사건의 중심지였던 여수에서도 여수인민위원회가 조직되었다. 여순사건 이후 지리산에 입산했던 빨치산이나 다른 지역으로 도피했던 좌익세력이 다시 여수로 돌아와 활동에 나서기도 했다. 인민위원회 위원장으로 선출된 사람은 건국준비위원회 치안부장을 지낸 김수평이다. 김수평과 더불어 인민위원회에서 주도적인 역할을 했던 인물은 이창수이다. 이창수는 전남 순천 출신으로 순천지역 청년운동, 농민운동을 전개했으며, 조선공산당에 입당하여 활동하다가 1931년 1월에 여수지역으로 활동기반을 옮긴 인물이다.[37] 남로당 여수시당도 조직되었는데, 이때 시당위원장으로 선출된 인물은 유목윤이었다. 그는 여순사건 발발 이후 백운산에 입산했다가 전쟁이 일어나자 하산했다.[38]

2. 조선인민군 후퇴 이후 빨치산 활동과 군 진압작전

유엔군의 인천상륙작전으로 전세가 역전되었다. 9월 28일 서울에서 격렬한 전투가 계속되었으며, 밤이 되어서야 조선인민군 부대들이 도시를 포기하고 동북쪽으로 철수했다. 유엔군과 국군은 9월 29일 아침에 38선까지 진출했다.[39] 이에 앞서 1950년 9월 25일 당 중앙위원회 정치위원회는 모든 당

---

35) 안종철·최정기·김준·정장우, 위의 책, 26~28쪽.
36) 金甁學·林鍾明, 앞의 책, 147쪽.
37) 임송자, 「여순사건과 순천지역 좌우익 세력의 동향」, 『역사학연구』 73, 2019.2, 172쪽.
38) 전라남도지편찬위원회, 앞의 책, 144쪽.

조직을 지하당 기구로 개편하라는 특별지시를 내렸다. 특별지시에 따라 바로 당일 전남도당 조직위원회를 개최했다. 그리고 27일 각 시·군당 위원장 연석회의를 열어 당 중앙위원회 정치위원회에서 내린 특별지시를 전달했다. 이러한 지시가 말단 하부조직까지 하달되기에는 하루 이상이 소요되었다. 9·28후퇴로 인해 추진하던 업무가 중단되고 급속히 빨치산 투쟁으로 전환되었다.[40]

전라도 지역은 9월 말, 10월 초에 수복되었기 때문에 약 두 달 동안 조선인민군이 점령한 셈이다. 10월 1일 전남 경찰은 마산에 총집결하여, 그곳에서 병력을 둘로 나누어 심형택 경찰국장이 인솔하는 병력은 육로로 하동을 거쳐 광주를 수복하고, 김성복 경무과장이 지휘하는 병력은 해로로 여수에 상륙하기로 결정했다.[41] 이러한 결정에 따라 10월 1일 마산을 출발한 심형택 국장 지휘하의 경찰부대는 하동을 경유하여 구례에 도착했다. 그러나 광주의 상황을 모르는 상황에서 더 이상 진격하지 못하고 병력을 분산시켜 곡성·순천·광양의 경찰서를 탈환했으며, 이어서 10월 3일 광주에 진주할 수 있었다.

조선인민군과 지방좌익은 다시 산악지대로 잠입했다. 퇴로를 차단당한 조선인민군이나 지방좌익, 그리고 조선인민군의 점령정책에 협력했던 자들이 대거 입산했다. 지리산이나 백운산을 비롯하여 광주 인근의 무등산이나 영광의 불갑산, 장흥 유치 일대의 산악지방, 화순의 백아산과 모후산, 화학산 등으로 입산했다. 광양의 백운산에는 여수, 여천, 순천, 승주, 보성, 고흥 등지의 전남 동부지역에서 활동하던 빨치산들이 속속 집결했다.[42] 고흥의 팔영산, 천등산, 운암산 등지로도 입산하여 그곳을 근거지로 삼아 활동을 전개하기도 했다.[43]

---

39) 국방부 군사편찬연구소(2001), 앞의 책, 235쪽, 238쪽.
40) 정관호, 앞의 책, 39쪽.
41) 광양군지편찬위원회, 『光陽郡誌』, 광양군지편찬위원회, 1983, 340쪽.
42) 광양군지편찬위원회, 위의 책, 340쪽.
43) 고흥군사편찬위원회, 『高興郡史』, 고흥군사편찬위원회, 2000, 634쪽.

전남도당은 당 기구를 지하당으로 개편하라는 당 중앙위원회 정치위원회 지시에 따라 지도부를 광주 무등산 중심사를 거쳐 화순 백아산 새목[鳥項]으로 옮겼다.44) 이미 모든 조직과 구성원이 노출되었기 때문에 전면적 지하 개편은 사실상 불가능했다. 따라서 일부 조직원들만 잠복시키고 대부분의 역량을 무장유격투쟁으로 전환시켰다.45) 이들은 전쟁이 계속되고 있는 제1전선에 대해 '제2전선' 형성을 목표로 전열을 정비했다.

10월 5일 전남도당 조직위원회는 회의를 열어 지하당 사업을 추진하기 위한 중요사항을 토의하고, 전라남도 유격대 조직과 총사령부 개설을 결정했다. 그리고 총사령부 본부를 새목마을로 정하고 도당 부위원장 김선우를 총사령관으로 임명했다.46) 도당 조직위원회는 각 시·군당과 지역사령부를 원활히 관리하기 위해 6개 지역에 '지구'를 설치했다. 도당 산하 지구조직은 ① 무등산과 백아산을 거점으로 한 광주지구(제1지구): 광주·광산·곡성, 담양 일부, 화순 북부, ② 추월산과 용치 가마골을 거점으로 한 노령지구(제2지구): 영광 일부, 장성 북부, 담양 북부, ③ 유치내산과 화학산을 거점으로 한 유치지구(제3지구): 장흥·나주 동부(동나주), 화순 남부, 목포·해남·강진·영암, ④ 불갑산을 거점으로 한 불갑지구(제4지구): 영광, 장성 남부, 나주 서부(서나주), 함평·무안, ⑤ 모후산, 말봉산을 거점으로 한 모후산지구(제5지구): 화순 동부, 보성·순천·고흥, ⑥ 백운산을 거점으로 한 백운산지구(제6지구): 광양·여수, 구례 일부 등이었다.47)

---

44) 백아산(810m)은 경사가 가파르고 고지가 여러 개 있어 한 곳을 점령당하면 다른 곳으로 쉽게 이동할 수 있는 이점이 있었다. 또한 능선이 여러 갈래로 연결되어 있어 모후산(919m, 화순군 남면 유마리)이나 통명산(765m, 곡성군 오곡면 구성리)으로의 이동도 용이했다고 한다. 김영택, 앞의 논문, 132쪽.

45) 정관호, 앞의 책, 40~41쪽.

46) 김영택, 앞의 논문, 132~134쪽. 새목마을에 있던 총사령부는 곧 군경의 공격을 피해 백아산 자락의 갈갱이 마을(蘆峙)로 이동했다. 1951년 봄 군경의 대공세를 피해 일시적으로 도당 본부와 총사령부는 모후산과 통명산으로 이동했다가 돌아온 후, 도 당부는 1951년 8월에 백운산으로 이동하고 총사령부만 갈갱이를 중심으로 백아산에 끝까지 남아 있었다.

47) 정관호, 앞의 책, 42~44쪽. 지리산에는 지구조직을 따로 두지 않고 구례군당(위원장 양순기)이 그 임무를 겸했으며, 조계산지구(지구책 이상률)를 잠정적으로 두었다가 후에 모후산 지구로 편입시켰다. 이러한 도당 산하 지구조직은 이후 다소 변경되었지만 1951년 겨

전남유격대 총사령관 김선우는 '구빨치'와 후퇴하지 못한 조선인민군 장병들을 기간으로 총사령부 직속부대를 편성했다. 각 지구와 각 군·면에도 무장유격대가 조직되어 활동을 개시했다. 무장유격부대 체계는 1950년 10월 10일경에 정비되었는데, 전남총사령부 간부진은 총사령관 김선우, 부사령관 오금일, 문화부 사령관 이남래, 참모장 김병추(後에 남해여단 책임지도원으로 전출), 부참모장 노창환, 후방부장 조형표 등이었다.[48]

전남총사령부 예하에 화순·보성유격대, 화순탄광유격대, 나주동부유격대, 영광유격대, 광주광산유격대, 장흥·광양·장성유격대, 남해여단, 어버이부대, 담양유격대, 제522부대, 제523부대, 제524부대와 총사령부 직속으로 제1연대, 제3연대, 제8연대, 제15연대, 포부대, 제540부대, 제550부대를 조직했다. 이들은 지리산을 비롯한 백운산, 불갑산, 백아산, 화학산 일대의 험준한 산악지대에 거점을 만들고 국군과 유엔군의 보급로 차단, 식량탈취, 지서습격, 차량기습, 통신망 절단, 살인과 방화 등의 활동을 전개했다.[49]

한편 1951년 7월 덕유산에서 '6개 도당회의'가 열렸으며, 회의 결정으로 각 도당 유격대는 이현상의 '남부군단' 밑에 들어가게 되었다. 이에 따라 유격부대의 개편이 있었다. 그러나 전남도당의 경우 남부군단 밑에 사단통제로 들어가는 것을 거부하고 독자적인 행동을 취했다.[50] 도당 회의가 열린 지 얼마 안 된 8월 31일에 노동당은 중앙정치위원회를 개최했다. 회의에서 「미해방지구에 있어서 우리당 사업과 조직에 대하여」라는 결정서를 채택하고, 남한지역에서 '제2전선' 역할을 담당하고 있는 각 지대 유격대 체제에서 당 사업을 주로 하는 지구당 체제로 개편할 것을 결정했다.[51]

울부터 1952년 봄까지의 군경연합 대공세 때까지 유지되었다.

[48] 정관호, 위의 책, 45~46쪽.

[49] 국방부전사편찬위원회, 『對非正規戰史(1945~1960)』, 1988, 167~168쪽. 전라남도의 경우 25개 시·군 중에서 4개 시·군을 제외한 21개 시·군에서 인민공화국 체제를 모방한 통제기구를 설치하여 유격활동을 전개했다고 한다.

[50] 김남식, 앞의 책, 460쪽.

[51] 이러한 결정서는 남한의 재산 현지 당에 즉시 전달되지 못하여 1952년 중반기에 가서야 조직개편이 이루어진다. 당조직 개편 지령이 가장 늦게 전달된 곳은 전북(지리산)이었다. 이런 연유로 제5지구당(낙동강 이서의 경남, 전남북 전 지역 및 제주도와 충남의 논산군

빨치산 진압을 위해 파견된 부대가 제11사단(사단장 최덕신 준장)이었다. 제11사단 제9연대는 주로 지리산 일대에서, 제13연대는 덕유산, 회문산, 운장산 일대에서, 제20연대는 전남 서부지역에서 작전을 전개했다.[52] 그리고 5개 경비대대와 경찰 그리고 청년방위대는 주 보급로, 주요 시설 경계임무를 계속 수행했다.[53]

지리산지역 빨치산의 상황은 1950년 11월 8일 열린 국회에서 이판열 의원이 발언한 내용을 통해 파악할 수 있다.[54] 이판열 의원은 지리산에 몇 만명의 '잔적'이 남아 있고, 백운산에 몇 천 명의 '잔적'이 남아 있는 실정이며, 이로 인해 사방 각 지서, 면사무소가 거의 소각당했고, 우익인사의 가옥도 소실된 상태라고 발언했다. 또한 빨치산은 지리산에 군 본부-군 지단-유격대를 두고 있으며, 그 밑에 선전공작대로 도당부, 군당부, 면당부를 두고 있다고 밝혔다.[55] 그가 이러한 지리산 상황을 보고한 것은 "38 이남 괴뢰군 총근거지인 지리산의 긴급 공군 토벌작전"을 주장하기 위한 것이었다. 그러나 이러한 동의안은 부결되었다. 이판열 의원은 이러한 일이 있은 지 얼마 안 되어 전남지방을 순회하던 중 승주지방에서 빨치산의 기습을 받아 사망했다.[56]

1950년 10월 7일부터 이듬해 3월 31일까지 지속된 제11사단의 토벌작전은 '견벽청야'로 불리는 초토화작전이었다. 초토화작전의 대표적인 예로는 1951년 2월 20일 불갑산지구에서 전개된 '대보름작전'을 들 수 있다. 군은 1951년 2월 20일 새벽 3시부터 함평군 해보·나산·신광면, 장성군 삼서·삼계면, 영광군 묘량·불갑면 등 7개 방면에서 불갑산을 일제히 포위·진격

지구 등)은 1952년 10월에 조직되었다. 김남식, 위의 책, 465~466쪽.
52) 백선엽, 『實錄 智異山』, 고려원, 1992, 323쪽.
53) 陸軍本部戰史監室, 『共匪討伐史』, 白樺社, 1954, 39쪽; 국방부전사편찬위원회(1988), 앞의 책, 168쪽.
54) 이판열은 구례군에서 1950년 5·30선거에 출마하여 당선되었다. 「5·30選擧 빛나는 當選者」, 『경향신문』 1950.6.2.
55) 국회사무처, 『국회 임시회의 속기록』 제8회 제46호, 1950.11.8.
56) 「이판열 의원 순직」, 『동아일보』 1950.12.13.

하는 대토벌작전을 펼쳤다.[57] 이 작전으로 비무장 민간인 1,005명이 희생되고 불갑산지구는 붕괴되었다. 또한 1951년 봄 무등산 귀봉암에 있던 광주지구가 군경의 공세로 무너졌다.[58] 이러한 작전으로 상당한 타격을 입었지만 빨치산 세력은 건재함을 과시했다. 이는 1951년 4월 2일 국회에서 정재완 의원의 발언에서도 드러난다. 그는 "11사단과 특별 경찰대가 합동하여 3월 내로 패잔 산군(山軍)을 완전 소탕하겠다고 하였으나 그 실은 병력의 부족과 투지의 불충실로 말미암아 계획대로 추진 못 되었다"고 발언했다.[59]

1951년 봄 빨치산 활동은 상당히 활발한 편에 속했다. 전남 동부지역의 경우 3월 21일 광양읍, 22일과 25일 순천시, 27일 승주군 쌍암면 등지에서 습격사건이 일어났으며, 그 밖의 다른 지역에서도 습격을 받지 않은 날이 거의 없을 정도로 빨치산 활동은 격렬했다.[60] 3월 31일에는 곡성군 유격분조가 석곡면 합숙소를 기습하였다. 4월 5일에는 화순군 유격소조가 화순역 전지서를 공격했으며, 4월 6일 오전 1시에는 광주 유격대가 시내로 돌입하여 기마경찰대 본부를 포위 기습했다.[61] 1951년 4월 2일 김양수 의원이 "최근 3월 말까지는 완전 소탕하겠다는 것이 또다시 한 달을 연장한다는 말을 들었는데 우리가 짐작컨대는 한 달 더 둔다고 하드라도 결국 완전 소탕 못할 것"이라고 발언할 정도였다.[62]

그러나 1951년 봄의 대토벌작전으로 인해 빨치산이 입은 타격은 극심했다. 1951년 3월 백아산에서 쫓겨온 본부요원들이 모후산으로 이동하다 경찰의 공격을 받고 많은 인원이 희생되었으며, 조계산에서 항미소년유격대 30명이 작전을 전개하다 전멸되었다. 1951년 3월 18일에는 유치지구 감만마

---

57) 김영택, 『한국전쟁과 함평양민학살』, 사회문화원, 2001, 151쪽.
58) 김영택, 앞의 논문, 144~145쪽.
59) 국회사무처, 『국회 정기회의 속기록』 제10회 제57호, 1951.4.2.
60) 국회사무처, 『국회 정기회의 속기록』 제10회 제57호, 1951.4.2.
61) 「도시습격에 자신만만. 순천작전에 참가한 一대원의 담화」·「곡성유격분조의 대담성!」·「화순유격소조 역전 적 40 사살」·「또 광주시 기습. 준엄한 보굿의 검 "기마경찰대 본부" 등 소탕!」, 『전남빨찌산』, 1951.4.10.
62) 국회사무처, 『국회 정기회의 속기록』 제10회 제57호, 1951.4.2.

을에 주둔 중인 남해여단이 제11사단 제20연대 병력의 기습을 받고 전멸했으며, 4월 24, 25일 이틀 동안 제11사단과 교체된 제8사단 병력이 화학산, 광덕산, 선왕산 일대를 대대적으로 공격하여 빨치산 700여 명이 전사하고 비무장 민간인 2,000여 명이 희생되었다.[63]

국군 제11사단이 전선으로 이동한 후 제8사단이 들어와 전남북 일대에서 빨치산 토벌에 나섰다.[64] 이 시기 녹음기로 인해 산악지대 군작전이 곤란한 틈을 타서 전남지역 빨치산은 대규모로 활동을 전개했다. 그동안의 소규모 분산적인 활동에서 200~300명, 혹은 500명 단위의 대부대로 집결하여 마을을 포위, 습격했다. 또한 그동안 주된 활동무대는 산간지역이나 농촌지대였는데, 활동영역을 넓혀 군청 소재지나 읍내를 습격했으며, 더 나아가 광주나 순천의 도시로도 진출했다.[65]

5월 20일 고정수, 유목윤, 박대수 등의 연합부대는 협동작전을 세우고 순천시를 기습공격했다. 순천농업학교에 백골부대 약 300여 명이 주둔하면서 지역민을 괴롭히고 있다는 정보를 접하고 백골부대를 습격할 계획이었다. 그러나 하루 전날 백골부대는 하동 방면으로 이동한 상태였다. 이에 연합부대는 공격목표를 변경하고 동순천파출소 북문파출소, 역전파출소를 습격하기 위한 작전을 세우고 순천시를 포위공격했다. 이에 당황한 군경은 탱크를 동원하여 대적하였고, 군경과 빨치산과의 교전은 3시간 동안 펼쳐졌다.[66]

6월 2일 밤 김용길 부대 소속 부중대장 김팔이 지휘하는 유격대가 광주시내로 돌입하여 동명동파출소를 습격하여 26명을 사살했다.[67] 같은 날 지리산지구 양순길 부대의 기습파괴조는 구례읍 변전소를 습격했다.[68] 6월 2일

63) 김영택, 앞의 논문, 140쪽, 145~146쪽.
64) 1951년 6월 국회에서는 "공비소탕과 민심 안정에 바친 공적"에 감사한다는 내용의 메시지를 제8사단에 보내기로 결의했다. 국회사무처, 『국회 임시회의 속기록』 제11회 제2호·제11회 4호, 1951.6.2.·6.5.
65) 국회사무처, 「국회 임시회의 속기록」 제11회 제23호, 1951.7.11.
66) 「순천시를 포위공격. 당황한 적은 탱크까지 동원」, 『전남빨찌산』, 1951.6.15.
67) 「용감한 김용길부대 대담히 광주시를 계속 기습. 동명동파출소 소탕! 적 26명 살상」, 『전남빨찌산』, 1951.6.15.
68) 「구례읍도 돌입. 변전소 등을 완전 파괴. 양순기부대 분산소조투쟁」, 『전남빨찌산』, 1951.6.15.

박정현 부대는 나주읍을 진격하여 지역민의 지지를 받으면서 작전을 전개했다.[69] 그 뒤를 이어 유목윤과 고정수의 연합부대는 6월 5일에 광양읍을 기습했다. 9개 조로 구성된 돌격부대는 광양읍 203부대 본부, 변전소, 청년방위대 본부, 경찰서 토치카를 일시에 습격했다. 이날의 작전으로 청년방위대본부, 203부대본부, 변전소, 경찰 토치카 등이 파괴되었다.[70] 6월 10일 김병억 부대는 전라북도까지 진출하여 그 지방 유격대와 협동작전을 전개하여 호남선 철도연선의 주요 도시 거점인 정읍을 일시에 점령했다.[71]

1951년 하반기부터 빨치산 활동은 1949년 하반기의 '아성공격'을 연상시킬 정도로 공격규모가 크고 격렬했다.[72] 8월에는 해방 6주년 기념투쟁을 전개했는데, 여수유격대의 광양 활동에서 찾아볼 수 있다. 8월 10일 여수유격대는 승주군과 황전면 일대에서 교전했으며, 18일에는 광양군 봉강지서 부근으로 진출하여 영농사업 중이던 지역민과 함께 추기 소채파종사업에 협조하기도 했다. 그리고 이때 8·15해방 6주년 기념군중대회를 가졌다.[73]

대규모로 펼쳐진 빨치산 작전의 대표적인 예는 8월 말에서 9월 중순에 이르는 시기에 전개된 구례지역 활동이다. 8월 31일 오전 1시 7연대, 14연대, 11연대 등으로 구성된 연합부대는 구례읍 '소탕작전'을 개시했다. 구례읍에는 국군 1,500명이 집결되어 있었으며 교육사단인 106사단과 구례 현지 전투사령부가 주둔해 있었다. 연합부대는 일거에 구례중학교에 주둔하고 있는 군사령부를 점령했는데, 이때 지역민 150여 명이 작전에 가담했다고 한다.[74] 이어서 9월 12일 산동면 주민이 밤 12시를 기하여 중동지서와 밤두재 토치카를 기습했다. 봉기대와 정치공작대의 지도 밑에서 농악을 울리면

---

69) 「광할한 평야의 요충 라주를 해방! 박정현 모범부대 진격」, 『전남빨찌산』, 1951.6.15.
70) 「광양읍 기습소탕 유몽윤, 고정수 련합부대 진격」, 『전남빨찌산』, 1951.6.15.
71) 「정읍 해방! 김병억부대와 전북유격대의 예술적 협동작전으로」, 『전남빨찌산』, 1951.6.15.
72) 1949년 8월 빨치산은 牙城攻擊으로 불리는 대규모 공세를 취했다. '아성공격'이란 관공서가 밀집되어 있는 도시 또는 경찰서, 군사령부 등에 대한 정면공격을 뜻했다. 김남식, 앞의 책, 417쪽; 이선아(2003.12), 앞의 논문, 166쪽.
73) 「여수유격대 백주 군중대회 개최. 방해하는 적에 육박 돌격」, 『백운로동신문』, 1951.9.1.
74) 「구례를 기습! 괴뢰군 교육부대 섬멸. 적 사살 포로 60 로획 21」, 『전남인민보』, 1951.9.20.

서 지서공략전에 호응하여 투쟁했으며, 200여 명의 지역민은 직접 무장대와 함께 지서를 포위했다. 이러한 작전으로 14일 아침 원천지서, 중동지서, 밤두재 토치카 등을 비롯한 근방 일대 토치카를 완전히 점령했다. 이러한 활동에 호응하여 토지면에서도 200여 명의 지역민이 괭이, 낫, 도끼 등으로 무장하고 봉기했다.[75]

10월에는 화순지역에서 격렬하게 빨치산 활동이 전개되었다. 22일 전남지대 직속 각 연합부대는 화순군 능주읍에서 기습전을 전개했다. 순식간에 읍을 점령한 유격대는 지서, 토치카, 면사무소, 우편국을 비롯한 중요 건물과 시설을 점령했으며, 23일에는 말봉산으로 진입해오는 군부대와 교전했다. 이어서 26일 능주읍을 진격하여 능주 벌판을 무대로 한 일대 공방전이 펼쳐졌다.[76]

빨치산 활동이 격렬해지자 정부는 특단의 조치를 취하여 전선에서 한국군 2개 사단(수도사단, 제8사단)을 차출하여 빨치산 토벌을 위한 '백야전전투사령부(Task Force Baik)'(이하 백야전사)를 편성했다.[77] 유엔군의 제공권 장악으로 심각한 보급난을 겪고 있던 빨치산이 동계 대공세를 버틸 만한 여력이 없을 것이라는 판단에서 동계대토벌작전을 펼치고자 한 것이다.[78]

1951년 겨울부터 이듬해 봄까지 백선엽(白善燁) 사령관의 지휘 아래 전개된 백야전사의 토벌작전으로 빨치산은 급격히 약화되었다. 백야전사 제2기

---

75) 「토지면 인민들도 무장폭동. 200여 인민 토치카 3을 격파」·「七련대 용사들의 복수전. 밤두재 토치카를 또 점령」, 『전남인민보』, 1951.9.20.

76) 「전남 서부평야의 요충 능주읍을 완전 점령 소탕. 전남지대 련합부대 맹투」, 『전남로동신문』, 1951.11.6.

77) 국군 2개 사단 이외에도 서남지구 전투사령부(사령 김용배 준장), 태백산지구 전투경찰사령부(사령관 이성우 경무관), 지리산지구 전투경찰사령부(신상묵 경무관) 등이 백야전사에 배속되었다. 백선엽, 앞의 책, 19쪽.

78) 빨치산 수뇌부는 이미 백야전사 작전에 대한 정보를 갖고 있었으며, 작전이 개시되기 전 지리산을 떠나 섬진강 건너편 광양 백운산으로 이동했다고 한다. 그런데 포위공격이 시작되기 전 지리산을 빠져나간 것은 남부군 사령부 소수 인원과 전북도당 사령부뿐이었다. 이렇듯 이현상이 대규모 포위공격을 눈치채고도 분산도주하라는 명령을 하달하지 않은 것에 대해서 백선엽은 "토벌작전의 규모를 과소평가했거나 마땅한 대응책을 강구할만한 시간적 여유를 갖지 못했는가 둘 중의 하나, 또는 두 가지 모두였을 것"이라고 주장했다. 백선엽, 위의 책, 22~23쪽.

작전에서 제8사단은 백아산, 화학산을 공격하여 전남도당 사령부의 주력을 격파해나갔다. 그리고 제16연대는 화순군 동북면에서 북쪽으로, 제21연대는 담양군 창평면에서 남동쪽으로 백아산을 포위해 들어갔다. 제107예비연대는 유치지구의 유격대를 공격했다. 군의 포위 공격을 받은 전남유격대는 이를 피해 주변 마을로 분산해 들어갔다.[79]

백야전사의 제3기 작전은 지리산과 더불어 백운산에서 전개되었다. 광양의 백운산에는 전남도당 본부가 옮겨와 있었으므로 백야전사는 이를 집중적인 타격목표로 삼았다. 이러한 공격에 대응하여 전남총사령부 휘하의 빨치산은 후방에서 틈을 타 공격하고 빠지는 교란전술을 펼쳤다. 이러한 전술은 일시적인 성공을 거두기도 했으나 군의 막강한 화력에 밀려 며칠 지나지 않아 패퇴할 수밖에 없었다.[80] 백야전사 작전으로 전남도당은 심대한 타격을 입었다.

빨치산 세력의 규모를 정확하게 파악하기란 불가능하다. 기관과 사람에 따라 다르게 제시하고 있어 대략적인 추정치를 밝혀내는 것도 쉽지 않다. 백선엽은 '백야전사령부' 작전을 수립할 당시 육본에서 알려준 서남지구의 적 총세는 3,000명 정도였으나 약 100일간의 백야전사 작전이 종료되었을 때 사살·생포된 수만도 9,000여 명에 이르렀다고 주장했다. 또한 1951년 12월 말에서 1952년 1월 초에 이르는 시기 전남도당 유격대와 전북도당 유격대가 강세를 유지하고 있었는데, 전북 북부 부대는 약 2,000~4,000명, 전북 남부 부대는 1,500~2,500명, 전남 유격대는 약 2,000명의 세력을 구축하고 있었다고 회고했다.[81]

---

79) 백선엽, 위의 책, 75~76쪽.
80) 백선엽, 위의 책, 79쪽, 84쪽, 89~90쪽.
81) 백선엽, 위의 책, 46~48쪽. 전북 북부 부대는 45사단을 주축으로 운장산(전주 동방 쪽) 일대에 포진해 있었고, 전북 남부부대는 46사단, 53사단 등을 주축으로 내장산, 회문산, 성수산, 장안산 일대에서 활동했다. 朴永發 도당위원장과 金善祜 총사령관의 이원적 지휘 하에 있던 전남유격대는 백아산, 조계산, 백운산 일대에서 세력을 구축하고 있었다.

백야전사 작전이 끝난 후 빨치산은 재기불능 상태에 빠져 오로지 살아남기 위한 생존투쟁에만 매달릴 수밖에 없었다. 빨치산에 우호적이었던 주민들도 등을 돌린 지 오래되었다. 극히 열악한 상태의 궁지로 몰린 빨치산은 산발적으로나마 활동을 지속했지만 그 성과는 미진했다. 3월 14일 제15연대 빨치산 90명(무장 40명, 비무장 50명)이 화순군 이양면의 품평리와 오류리를 습격했다. 화순경찰서는 기동대 30명과 남면 지서원 20명을 동원했으며, 두봉산 형제봉 계곡에서 교전이 벌어졌다. 15, 16일의 수색전에서 화순경찰서는 사살 66명, 생포 6명의 전과를 기록했다.[82] 전라남도경찰국은 4월 5일 백아산을 본거지로 활동하던 인민유격대 토벌에 나서 상당수의 빨치산을 사살했다.[83] 이때 전남총사령관 김선우를 사살했다고 발표했으나 이는 사실과 다르다. 김선우는 1954년 4월 5일에 백운산에서 전사했다.[84]

1953년 봄까지 생존했던 빨치산은 소수에 지나지 않았다. 지리산, 백운산, 덕유산, 회문산, 백아산, 모후산 등 6개의 산을 중심으로 활동하던 빨치산은 1,000여 명 내외로 추산되었다. 1952년 봄까지만 해도 북으로부터 인원과 장비를 어느 정도 지원받고 있었지만 동계토벌 이후의 사정은 완전히 달라졌다.[85] 살아남은 빨치산은 최후의 일격을 준비하면서 활동을 전개해 나갔지만 군경의 진압작전에 속수무책으로 내몰릴 수밖에 없었다. 1953년 3월 남태준(南泰俊) 지휘하의 백운산 빨치산 주력부대 7의2지대, 전남도당 전남독립지대, 순천군당, 광양군당 등이 합세한 무장 130여 명, 비무장 70여 명 등 200여 명이 백운산 열두골짜기에 집합하여 공세를 취하려고 시도했지만 남부지구경비사령부사령관 이용문(李龍文) 준장에서 군부대와 경찰전투대와 전남경찰국 직할 행정경찰부대를 통합하여 대오를 편성한 후 작

---

82) 「和順署 戰果 赫赫. 射殺 66名 生捕 6名」, 『전남일보』 1952.3.20.
83) 「白鴉山作戰에 凱歌. 殘匪 據地를 塞源! 總司 等 射殺. 武器도 多數 鹵劃」, 『전남일보』 1952.4.8. 김선우의 처 鄭씨는 광주 출신으로 전남여중 재학 시에 입산했다고 한다.
84) 정관호는 1954년 4월 5일에 토벌군의 공격을 받고 사살되었다고 증언했으나, 백선엽이 또 다른 주장을 제기했다. 백선엽은 1954년 2월 27일에 백운산 아지트가 습격을 받게 되자 수류탄으로 자결했다고 기록했다. 백선엽, 위의 책, 368쪽.
85) 「昨今의 智異山」, 『동아일보』 1953.6.10.

전을 펼친 결과 빨치산은 치명적인 타격을 입었다. 이때 36명이 사살되고 13명이 생포되었다.[86] 5월에는 화순경찰서 전투대에서 화순군 북면 방면의 백아산 소지구당을 급습하여 백아산 소지구당 부책을 비롯하여 연락과원 6명을 생포했다.[87] 1954년 2월에는 백운산에 근거를 두고 완강하게 저항하던 전남도당 간부급 26명이 생포 또는 사살되었다.

Ⅲ. 한국전쟁기 전라남도 지역민

1. 민간인 학살사건과 지역민

전쟁 발발 당일인 1950년 6월 25일 내무부 치안국은 치안국장 명의로 전국 도경찰국에 '전국 요시찰인 단속 및 전국 형무소 경비의 건'이라는 비상통첩을 무선전보로 하달했다. 비상통첩의 주요 내용은 '전국 요시찰인 전원을 경찰에서 구금할 것'이었다. 또한 치안국은 6월 29일 '불순분자 구속의 건', 6월 30일 '불순분자 구속처리의 건'을 각 도경찰국에 지시했으며, 7월 11일 '불순분자 검거의 건'이라는 통첩을 하달하여 전국 보도연맹원과 요시찰인에 대한 예비검속을 실시하도록 했다.[88]

치안국에서 하달한 통첩에 따라 한국전쟁기 전국 각지에서 국민보도연맹원과 좌익인사에 대한 예비검속이 이루어졌으며, 대규모 집단적인 학살이 자행되었다. 학살사건은 서울, 인천, 수원, 천안, 원주, 공주, 대전 등지에서 일어났다. 조선인민군이 남진하여 대전으로 진격해 들어오자 남한의

---

86) 「南警司에 赫赫한 戰果. 白雲山 共匪 主力部隊를 섬滅」, 『전남일보』 1953.3.29.
87) 「和順署 戰勳那隊의 殊勳. 生捕 六名 銃器 十五挺 노獲」, 『전남일보』 1953.5.16.
88) 진실·화해를위한과거사정리위원회, 『국민보도연맹 사건 진실규명 결정서』, 2009b, 85~86쪽.

경찰은 형무소 수감자를 끌어내 학살했으며, 이때 사망자는 4,000~7,000명으로 추정된다. 미군은 곳곳에서 행해진 예비검속자 처리에 대해서 인지하고 있었으며, 맥아더 사령관에게 보고하기도 했다. 미군 장교는 학살이 자행되는 동안 여유롭게 지켜보며 사진을 찍어 기록으로 남겼다.[89] 미군의 묵인 아래 대전시를 비롯한 금강-대전 방어라인 관내에서도 전대미문의 잔혹한 학살사건이 일어났다.[90]

전라도 지역도 예외는 아니어서 보도연맹원에 대한 집단학살이 곳곳에서 자행되었다. 광주에서는 7월 초에 보도연맹원들을 광주경찰서, 상무관, 형무소 등으로 소집하여 현장에서 사살하거나 대촌지방이나 증심사 계곡으로 끌고 가 집단적으로 학살했다. 나주지방에서도 유사한 사건이 일어났으며, 광산지역에서도 보도연맹에 가입된 80여 명을 2대의 트럭에 태워 삼도면 송산리(속칭 암탉굴)로 데려가 총살시키는 사건이 발생했다.[91] 담양에서도 전쟁 발발 후 상부의 검속명령이 떨어지자 160여 명의 보도연맹원을 경찰서 무덕전으로 연행해 수용했다가 전세가 불리해지자 7월 11일 35명을 색출하여 수북면 대반리 골짜기로 끌고 가 총살했다.[92] 곡성지역의 보도연맹원은 150~200명가량이었는데, 이들을 갑·을·병으로 분류하여 갑종에 해당하는 15명을 곡성읍 도림사 인근 야산에서 처형했다. 구례지역의 경우 보도연맹원으로 경찰서 유치장이나 창고 등에 구금된 자 중에서 갑으로 분류된 30명이 7월 14일 담양군 대덕면 문학리 옥천나들 골짜기에서 학살당

---

89) 진실·화해를위한과거사정리위원회(2009b), 위의 책, 198~200쪽; 브루스 커밍스 지음·조행복 옮김, 앞의 책, 241쪽.

90) 「천인 공노할 인민 도살. 살인귀 미제의 출장원 무쵸가 직접 지휘」, 『해방일보』1950.7.15; 「보라! 저들끼리 폭로한 살인귀의 흉행을. 애국자 千二백명 학살. 백성욱 놈이 리승만에게 전보로 보고」, 『해방일보』 1950.7.17; 「米鬼들의 大田虐殺 眞相. 麗水順天事件 愛國者 등 七千餘名을 虐殺」, 『조선인민보』 1950.7.27; 「피에 주린 악귀들 만행을 계속. 대전에서 七천여 명 살륙. 재감 중의 애국자 전부가 희생」·「공주서는 1천여 명 학살. 젖먹이까지 무차별 살륙」, 『해방일보』 1950.7.28.

91) 전라남도지편찬위원회, 앞의 책, 129~130쪽; 金甁學·林鍾明, 앞의 책, 379쪽. 인민군이 광산을 점령한 후 암탉골이라는 동일한 장소에서 또다시 비극이 되풀이되었다. 9월 2일 내무서원이 광산경찰서 유치장에 수감 중인 7명의 경찰관을 끌고 가 처형했다.

92) 金甁學·林鍾明, 위의 책, 351쪽.

했으며, 외곡출장소에 구금된 보도연맹원들도 7월 24일 토지면 외곡리 섬진강변 모래사장에서 집단적으로 사살되었다. 순천에서도 이러한 일이 벌어졌다. 예비검속 지시를 받은 순천경찰은 보도연맹원을 지서에서 본서로 연행해 구금했는데, 순천지역 보도연맹원은 1개 지서에 50명씩, 대략 700~800명 정도였다고 한다. 이 중에서 서면 보도연맹원 약 70~80명은 서면지서 인근 동산마을회관과 서면지서 뒤편 굴속에 한 달간 구금되었다가 일부는 석방되고 나머지는 압곡리 구랑실재에서 총살당했다.[93] 여수에서도 국민보도연맹원에 대한 학살사건이 일어났는데, 여수경찰서는 부산으로 후퇴하면서 보도연맹원을 오동도 앞바다로 끌고 가서 수장시켰다.[94] 율촌면, 삼산면, 화양면, 화정면 등지의 국민보도연맹원들도 희생당했다.[95] 함평, 해남, 완도, 영광, 무안, 영암, 장흥, 지도 지역에서도 보도연맹원 등이 경찰에 예비검속되어 지서와 인근 창고 등지에 구금되었다.[96] 함평군의 경우 예비검속된 보도연맹원을 갑·을·병으로 분류하여 갑은 각 지서에 감금했다가 함평경찰서 유치장과 목포유치장에 수용한 후 목포에서 수장시켰으며, 을과 병은 함평여중에 수용했다가 학교면 얼음재와 나산면 넙태에서 학살했다. 해남에서는 보도연맹원 명부에 기재된 사람과 요시찰인 중에서 갑·을에 해당되는 사람을 갈매기섬으로 끌고 가 학살했다.[97] 이뿐만 아니라 퇴각하던 군경부대가 인민군으로 위장하여 지역민을 학살한 사건도 일어났다. 8월 1일 완도로 퇴각한 나주부대가 인민군으로 위장하여 환영 나온 지역민을 두 부류로 분류하고, 10여 명을 총살하고, 나머지 40여 명을 경찰서 유치장에 수감시키는 사건이 벌어졌다.[98]

93) 진실·화해를위한과거사정리위원회(2009b), 앞의 책, 100~101쪽, 118쪽, 134쪽, 276쪽.
94) 김계유, 『麗水·麗川 發展史』, 도서출판 우도, 1988, 335쪽.
95) 여수시사편찬위원회, 『여수시사』 제1권, 여수시사편찬위원회, 2010, 396쪽.
96) 진실·화해를위한과거사정리위원회(2009b), 앞의 책, 101쪽.
97) 진실·화해를위한과거사정리위원회(2009b), 위의 책, 117~118쪽.
98) 金兩學·林鍾明, 앞의 책, 105~107쪽, 113쪽.

조선인민군이 점령하면서 학살과 처형의 주체가 뒤바뀌었다. 각 지역을 점령한 조선인민군은 지방 좌익과 함께 체제를 정비한 후 우익인사 색출에 나섰다. 이들 중에서 '악질분자'로 분류된 자들은 곧바로 처형되기도 했으며, 대체로 조사과정을 거쳐 광주형무소나 목포형무소로 이송되었다. 영광군 염산면에서 벌어진 민간인 집단학살사건으로 지역민이 입은 피해는 더욱 컸다. 전쟁 발발 한 달 전인 5월 하순 인민군 1개 소대가 염산면 해안에 상륙했다가 소탕된 적이 있었는데, 이것이 다른 면에 비해 피해를 키운 원인 중의 하나였다. 영광군 염산면 내에서 황씨 일가 총 142명이 희생된 것을 비롯하여 축동리 장동부락과 동산부락, 반안리 등지의 우익진영 집안이 집단으로 학살당했다.[99] 우익인사에 대한 처형 금지령이 내려지고, 이를 둘러싸고 내무서와 유격대의 갈등이 발생했지만 좌우대립의 골이 깊게 패인 전라도 지역에서 많은 지역민이 희생되었다.

인천상륙작전으로 전세가 뒤바뀌고 조선인민군이 퇴각하면서 집단학살 사건이 곳곳에서 일어났다. 광주형무소는 9월 28일 새벽에 제1차로 70여 명의 우익 인사를 형무소 농장창고로 끌고 가 학살했다. 이때 호남의 대부호 현준호, 미군정기 초대 전남도지사를 지낸 서석병원장 최영욱(崔泳旭), 순천시장 박난순(朴蘭淳)도 희생되었다.[100] 제2차로 화순 출신의 경찰관이나 청년단원이 이십곡리 저수지로 끌려가 처형당했다.[101] 그리고 이날 고흥에서 광주형무소로 이송되던 우익 인사 50여 명이 너릿재에서 희생되었다. 제3차로 광주형무소에서 32명을 끌어내 광산내무서에 수용했으며, 밤에 광산내무서 수용자 60여 명을 2개 소대로 편성하여 장흥유치로 퇴각하면서

---

99) 金奭學·林鍾明, 위의 책, 299~303쪽.

100) 金奭學·林鍾明, 위의 책, 105~107쪽, 168~169쪽, 175~176쪽, 182쪽, 248쪽. 최영욱은 五放 崔興琮 목사의 동생이다. 박난순은 月坡 徐珉濠와 동향인 고흥군 동강면 출신으로, 1946년 10월 도지사로 취임한 서민호에 의해 광주 副府尹으로 임명되었으며, 한국전쟁 직전인 1950년 6월 14일 순천시장으로 영전되었다.

101) 이때 화순내무서에 갇혀 있던 우익 인사 50여 명도 연행되어 처형되었다. 또한 도곡면 우익 인사 30여 명이 효산리 저수지에서, 학도호국단원 김은석 등 30여 명이 화순읍 대리의 도살장에서 처형되었다. 金奭學·林鍾明, 위의 책, 408~409쪽.

끌고 가다가 석방시켜주었다. 28일 밤 광주형무소의 좌익 간수들이 퇴각한 상황에서 수감자 가족에 의해 감방의 벽이 일시에 무너져 이곳에 갇힌 우익 인사 모두가 빠져나갈 수 있었다. 그러나 후퇴한 인민군과 빨치산이 편의대를 조직하고 시내에 잠입하여 탈옥한 사람들을 무차별 학살했다.[102] 인민군 후퇴 시기 이러한 학살은 제2군단장이었던 무정에 대한 숙청의 근거가 되었다.[103]

국군과 경찰이 지역을 탈환하면서 상황은 크게 변했다. 군경의 소탕작전에 휘말려 수많은 민간인이 희생되었다. 화순군에서는 1950년 10월부터 1951년 5월까지 경찰의 수복작전과 부역혐의자 색출 과정에서 지역민 80여 명이 좌익인사나 '부역혐의자' 등으로 몰려 사살되거나 연행되었으며, 행방불명되기도 했다.[104] 지역민 대부분은 이념보다는 생존을 위해 변화되는 상황에 따라 토벌대나 '산사람'을 선택하거나 지지해야만 했다. 이로 인해 '부역'과 '반동'의 위험한 줄타기는 지속되었고, 군경 토벌대와 '산사람' 사이에서 지역민은 심리적·물리적 압박을 감내해야 했다. 토벌대가 머물다 떠나면 이내 '산사람'들이 내려와 '반동분자', '반동부역자'를 가려내 처벌하고, 반대로 토벌대가 다시 들어오면 '빨갱이'에 부역했다는 이유로 처형당했다. 이러한 행태가 극단적인 방식으로 나타난 것이 바로 제11사단의 초토화작전과 민간인 집단학살이었다.[105] 제11사단은 1950년 9월 25일 편성을 완료하고 호남 방면 빨치산 '토벌'을 위해 대구에서 남원으로 이동해 왔으며, 1950년 10월 7일부터 1951년 3월 31일까지 제1기에서 제4기에 걸쳐 회문산, 지리산, 무주구천동, 불갑산, 백아산, 화학산 등지에서 작전을 수행했다.[106] 제11사단 제20연대는 10월 4일 경상남도 삼랑진에서 진주를 경유하여 10일

---

102) 金奭學·林鍾明, 위의 책, 249~250쪽.
103) 권영진, 앞의 논문, 91~92쪽.
104) 진실·화해를위한과거사정리위원회(2009a), 『2009년 상반기 조사보고서』 4, 진실·화해를위한과거사정리위원회, 11쪽.
105) 최덕신의 '견벽청야'라는 초토화작전에 대해 백선엽은 "대게릴라전의 하지하책"이며, "결과적으로 주민들의 반감을 키우고 자진 입산자를 늘리는 역효과를 낳게 마련"이라고 비판했다. 백선엽, 앞의 책, 309쪽.
106) 陸軍本部, 『韓國戰爭史料 戰鬪詳報』 59, 육군본부, 1987, 171~176쪽.

광주로 이동하여 담양, 순창, 정읍, 남원, 함평, 장성, 화순 등 전남 각지에서, 제9연대는 11월 중순 진주로 이동하여 지리산·덕유산지구에서 빨치산 소탕작전에 나섰다.[107] 이 과정에서 담양, 장성, 화순, 영광 등지에서 민간인 집단학살사건이 상당수 발생했다.[108] 특히 1950년 12월 6일부터 다음 해 1월 14일까지 육군 제11사단 제20연대는 '공비' 색출이라는 명목으로 전남 함평의 월야·해보·나산에서 마을주민 524명을 집단학살했다.[109] 이러한 학살이 자행되자 순수한 농민들까지 불갑산으로 들어가 '산사람'이 되는 기현상이 벌어지기도 했다.[110] 1951년 3월 29일 유치내산 일대를 포위 수색한 국군은 입산하여 피신하고 있던 수백 명의 지역민을 사살했다. 4월 9일에는 백아산 빨치산을 진압하러 들어온 국군이 동북면 만수동에서 수백 명을 살상했다.[111]

변진갑 의원[112]은 1951년 3월 22일부터 2주일 동안 전라남북도를 시찰한 후 장성, 영광, 함평, 영암, 담양, 화순, 승주 등지의 실정을 보고했다. 4월 29일에 열린 국회에서 보고한 내용을 보면 영광과 장성이 가장 심각했다. 영광은 총인구가 14만 명인데, 군경이 진주하기 전에 3만 8,000여 명이, 군경이 진주한 후 6,000명이 학살당했다고 한다. 장성에서는 총인구 11만 7,000명 가운데 2만 2,213명(유가족 신고 숫자)이 사망했으며, 군경이 진주한 후 어느 정도 희생당했는지는 알 수 없으나 당시 인구는 7만 정도라고 발언했다. 이밖에 담양, 함평에서는 9,877명이, 승주군에서는 7,637명이, 광양군에서는 6,500명이 사망했다.[113]

---

107) 陸軍本部, 위의 책 참조. 제20연대 제1대대는 10월 15일 담양에 진주하여 담양과 전북 순창 등지에서, 제2대대는 10월 10일 장성에 진주하여 장성을 비롯한 함평과 영광, 전북 순창과 고창 등지에서, 제3대대는 함평과 영광을 수복하고 11월 초순 화순에 진주하여 인근 지역에서 작전을 수행했다. 진실·화해를위한과거사정리위원회(2009a), 앞의 책, 167~168쪽.
108) 진실·화해를위한과거사정리위원회(2009a), 위의 책, 참조.
109) 정관호, 앞의 책, 114~115쪽; 김영택, 앞의 책, 96쪽; 김영택, 앞의 논문, 138~139쪽.
110) 김영택, 앞의 책, 57~58쪽.
111) 「보라! 20세기의 식인종 원수놈들의 야수같은 만행을!」, 『전남빨찌산』, 1951.4.10.
112) 변진갑은 1950년 5·30선거에서 전남 장성구에 출마하여 당선되었다. 「五·三十選擧 빛나는 當選者」, 『경향신문』, 1950.6.2.
113) 국회사무처, 『국회 정기회의 속기록』 제10회 제68호, 1951.4.29.

2. 여러 유형의 인력동원과 지역민

1950년 6월 28일 서울을 점령한 조선인민군이 7월 초에 남진을 계속하자 국군은 병력과 보급 등 후방지원에 어려움을 겪었다. 당시 군은 전시 병력 보충과 노무인력 동원에 대한 계획을 수립하지 못한 상태에서 남침을 당했기 때문에 무엇보다 인력동원이 시급했다.[114] 따라서 7월 22일 긴급명령 제 7호로 '비상시 향토방위령'을 공포하여 ① 14세 이상의 국민은 향토방위의 의무를 질 것, ② 향토방위의 중핵체로서 각 부락을 단위로 자위대를 조직할 것, ③ 자위대는 17세 이상 50세 이하의 남자를 대상으로 구성할 것 등을 규정했다. 7월 26일에는 "군 작전상 필요한 군수물자, 시설 또는 인적자원을 징발 또는 징용함"을 목적으로 '징발에 관한 특별조치령'을 공포했다.[115] 8월 22일에는 병역법 제58조 "귀휴병, 예비병, 후비병, 보충병 또는 국민병은 전시, 사변 기타 필요에 의하여 소집한다"는 규정에 따라 국민병 소집을 단행했다.[116] 그러나 정상적인 소집이 이루어지지 않아 가두모집이나 강제 징·소집 등 임기응변으로 병력을 보충했다. 이러한 무질서한 상태에서 전시동원체제가 어느 정도 갖추어지기 시작한 때는 인천상륙작전 후인 9월 중순 이후이다. 국방부는 전국 각도에 각 지구 병사구사령부를 설치하고 11월 초부터 15일까지 후방지역 동원체제를 갖추기 위해 제2국민병 등록을 실시했다.[117]

전쟁 발발 직후 국군은 각 연대별, 각 대대별로 피난민이나 인근 마을 주

---

114) 1949년 8월 6일 병역법을 공포하여 징집과 소집을 규정했으며, 9월 1일에는 병역 징집과 동원 업무를 위해 육본에 병무국을, 그리고 각 도청소재지에 병사구사령부를 설치했다. 국방부는 제1차로 병역법에 의거하여 1950년 1월 6일부터 10일간 징병검사를 실시하여 합격자 중에서 지원자를 현지 입대시켰는데 전국적으로 응소자는 2,000여 명에 달했다. 그러나 미국의 국군 정원 제한과 국방의 정책적인 문제 등으로 1950년 3월 징병제도가 보류되고 지원병제로 변경되었다. 그리고 1950년 3월 14일에는 육본 병무국과 각 지구 병사구사령부가 해체되었다. 國防軍史硏究所, 앞의 책, 233~235쪽.

115) 大韓民國國防部政訓局戰史編纂會, 앞의 책, B20쪽, B22쪽, B24쪽; 국가법령정보센터(http://www.law.go.kr). 『韓國戰亂一年誌』는 '징발에 관한 특별조치령'을 7월 27일에 공포한 것으로 기술했다. 한편 '비상시 향토방위령'은 국회의 승인을 받지 못하여 8월 1일 폐기 공포되었다.

116) 大韓民國國防部政訓局戰史編纂會, 위의 책, B35쪽.

117) 國防軍史硏究所, 앞의 책, 240~241쪽.

민을 대상으로 노무자를 모집했다. 노무자들은 각지에서 보국대로 자처하면서 전선의 전후방에서 지원활동을 전개했다. 유엔군은 자체적으로 직접 계약하거나 정부와 국군의 도움을 받아 노무수요를 충당했다. 또한 노무자 규모가 증가하자 민간인운반단이라는 준군사조직을 편제했으며, 1951년 6월에는 민간인운반단의 후신인 노무단을 창설했다. 군에 의해 동원된 노무자들은 지게를 지고 험준한 산악지대를 넘나들면서 탄약과 식량을 운반하거나 도로와 교량을 보수하는 등 육체적인 고통이 수반되는 임무를 수행했다.[118] 대한노총에서도 1950년 8월 3일 전시근로의용단을 결성하고, UN군의 진군을 돕기 위해 고령~청도 간의 도로포장공사를 실시했다.[119]

1950년 12월 21일 정부는 '국민방위군설치법'을 공포했다. 중공군의 개입과 공세로 '전략적 후퇴'라는 명목의 서울 철수가 불가피하자 청장년들을 남쪽지역으로 집단 소개시켜 이들을 훈련시키고 단시일 내에 군대를 편성할 목적이었다. 전쟁 초기 조선인민군의 점령지역 청장년들이 강제 징발되어 노무자나 의용군으로 편입되었기 때문에 이를 방지하려는 목적도 크게 작용했다.[120]

그런데 '국민방위군설치법' 시행 과정에서 동원된 대규모의 청장년이 아사하거나 동사, 병사하는 대참사가 일어났다. 청장년들을 수용하고 교육하는 기간조직조차 편성하지 않은 상태에서, 그리고 후송작업에 따르는 예산이 영달되지 않은 상태에서 국민방위군사령부는 후송작전을 펼쳤으며,[121]

118) 國防軍史硏究所, 위의 책, 154~155쪽, 170~171쪽.
119) 「전시근로의용단 결성, 錢鎭漢이 단장으로 취임」, 『대구매일』, 1950.8.3; 「전시근로의용단 결성식이 대구에서 거행」, 『대구매일』, 1950.8.5; 임송자, 『대한민국 노동운동의 보수적 기원』, 선인, 2007, 161쪽. 전시근로의용단을 결성하는 과정에서 7월 12일 이승만 대통령은 "대한노총을 중심으로 근로층의 역량을 총집결하여 군사원호 작업과 전후에 모든 건설사업에 노력하는 동시에 반란분자의 파괴행동을 방지"하기 위한 대회의 취지와 목적에 감격과 고마움을 표시한다는 내용의 치사를 보냈다. 대통령기록관 소장자료: 「근로 의용단 결성식에 치사」(대통령기록관 홈페이지 기록콘텐츠-정책기록: 노동 참조).
120) 동아일보사, 『秘話 第一共和國』 2, 홍우출판사, 1975, 161~162쪽.
121) 동아일보사, 위의 책, 170~171쪽, 199~200쪽. 국민방위군 편성에 따른 예산안은 방위군이 발족한 지 한 달이 훨씬 넘은 1951년 1월 27일에야 국회에 상정되었다. 정부가 내놓은 예산규모는 50만 제2국민병 장정의 1, 2, 3월분 식량비와 취사용 연료대와 잡비를 합쳐

여기에 더해 국민방위군 간부들의 공금횡령 등 부정행위로 인해 문제가 걷잡을 수 없이 커졌다. '죽음의 대열', '해골의 행진'으로 불린 국민방위군의 남하 코스는 서울 중부지방의 경우 서울-진천-충주 · 보은-제천-문경-상주-성주-거창-마산-고성-창녕-통영-삼랑진...... 등이었으며, 호남의 경우는 전남-남원-구례-진주-하동-사천-곤명...... 등이었다.[122]

전라남도에서는 1950년 10월 19일 전남지구 병사구사령부를 설치하고 제2국민병 등록을 실시했다.[123] 이러한 과정을 거쳐 '국민방위군설치법' 공포 이후 전라남도에서도 지역의 장정들을 국민방위군으로 동원했다. 여수와 여천의 경우, 장정들은 동교와 서교, 중앙교 그리고 진남관에 모였다가 방위장교의 인솔로 부산으로 향했는데, 이들을 "보따리부대"라고 불렀다. 동원된 장정들 거의 대부분이 핫바지를 입고 괴나리봇짐을 메고 있었기 때문이다. 국민방위군으로 동원된 여수, 여천지역의 장정들은 하동까지 갔다가 도중에 해산명령을 받고 귀향했기 때문에[124] 다른 지역에서 동원된 장정보다는 피해가 덜했던 것으로 보인다.

전남지역에서 동원된 국민방위군이 언제쯤 해산명령을 받았는지에 대해서는 자세히 알 수 없다. 다만 1951년 2월 17일 국회에 출석한 장경근 국방부차관의 발언을 통해 추측해볼 수 있다. 즉 그는 "지금 농사짓는 관계도 있고 이런 관계도 있기 때문에 아시다싶이 전라북도 이런 데서 소집한 사람들은 전부 돌려보내고 ...... 그 이상 소집을 하지 않았습니다. ...... 농사 짓는 데 대한 요원도 확보하기 위해서 지금 이미 소집한 사람에 있어서도 만 36세 이상은 신체검사에 합격한 사람도 무조건하고 명부만 작성해 놓고 돌려보내기로 했습니다"라고[125] 발언했다. 이로써 전북지방에서와 마찬가

모두 209억 830만 원이었다. 장정 1인당 하루 식량 4홉씩 계산하여 200억 원, 그 나머지는 취사용 연료대로 1인당 하루 40원, 기타 잡비 10원으로 계산된 것이었다. 이러한 예산은 피복비, 훈련비, 난방비, 의료비 등이 전혀 계상되지 않았을 뿐만 아니라 방위군 사령부와 전국 시·도 지단 및 51개 교육대의 운영비, 사무비조차 계상되지 않은 것이었다.

122) 동아일보사, 위의 책, 170~172쪽.
123) 國防軍史硏究所, 앞의 책, 241쪽.
124) 김계유, 앞의 책, 337~338쪽.

지로 전남지역의 청장년에 대해서도 해산명령을 내렸을 것으로 보인다.

'국민방위군설치법'은 사회적으로 커다란 물의를 야기하고 수많은 병사의 어이없는 희생을 초래하는 등 악명만 남긴 채 1951년 5월 12일 폐지되었다. 1951년 5월 25일에 병역법을 일부 개정하여 병력 소집공고제를 채택하여 시행했으며, 8월 25일 병무국을 창설하여 육본 소속의 각 지구 병사구사령부를 국방부 예하기관으로 변경하여 병력동원체제를 확립하기 시작했다. 그러나 국민방위군사건의 영향으로 병력동원이 제대로 이루어지지 않아 무분별한 가두모집이나 강제 징·소집이 지속되었다.[126]

전라남도 여수의 경우, 수천 명의 장정을 모아 제주도나 통영으로 끌고 다니다가 식량이 없어 돌려보낸 일도 있었다.[127] 또한 제2국민병 사건의 악영향으로 대다수의 징병대상자들은 징병을 기피했다. 곡성군 지역구 의원인 조순 의원은 순천에서 2,000명에게 모병 통지를 보냈는데 이들이 응소하지 않아 경찰들이 촌에 나가 강제로 연행하기도 했다고 발언했다.[128] 전라북도의 경우 300명가량을 소집하기 위해서는 1,000명에게 영장을 발부했고, 500명가량을 소집하기 위해서는 2,000명에게 영장을 발부할 수밖에 없었다고 한다. 영장을 받은 다수가 응소하지 않은 채 도주하고 있는 현실을 반영하여 소집대상자의 숫자를 3~4배로 부풀려 영장을 발부한 것이다.[129]

또한 지역민들은 학도병이나 의용경찰로도 동원되어 전투에 투입되거나 군 지원 업무를 수행했다. 먼저 학생들에 대한 동원상황을 살펴보자. 한국전쟁이 일어나자 7월 초쯤 『호남신문』에 광주지역 학생들이 군부대 입대를 자원했으나 군부대에서 이를 거부했다는 보도가 전해졌다. 그러나 얼마 안 있어 적극적으로 학생을 동원하기 위한 조치를 취했다. 7월 10일 순천에 주둔하고 있던 육군 제15연대 소속 장교들은 여수시민 반공궐기대회를 개최

125) 국회사무처, 『국회정기회의 속기록』 제10회 제27호, 1951.2.17.
126) 國防軍史硏究所, 앞의 책, 242쪽.
127) 「兵役事務를 一新. 金 國防次官 國會서 言明」, 『동아일보』, 1951.7.29.
128) 국회사무처, 『국회 임시회의 속기록』 제11회 제23호, 1951.7.11.
129) 국회사무처, 『국회 임시회의 속기록』 제11회 제66호, 1951.9.29.

하고, 학생들에게 군 입대를 호소했다. 정부요인들도 학생 동원에 나섰다. 7월 중순 무렵 신익희 국회의장, 이시영 부통령, 이범석 장군 등 정부요인들이 순천중학교에서 시국강연회를 가졌는데, 이때 다수의 학생이 학도병 지원자로 나섰다.130) 전국적으로도 신문이나 라디오를 통해 학생들의 혈서 지원 소식을 전하면서 학생들을 독려했다. 여수, 순천, 광양, 벌교, 보성, 강진 등 전라남도 남부지방에서 모인 학도의용군은 180여 명에 이르렀는데, 이들은 순천 주둔 제15연대에 입소하여 군사훈련을 받고 7월 22일 전선에 투입되었다.131) 1950년 11월 보성지역에서 학도의용군이 조직되었으며, 이들은 보성전투경찰대와 합동으로 빨치산 토벌작전에 참가했다. 화순지역에서도 학도의용군이 조직되어 활동했다.132)

지역민은 의용경찰로도 동원되었다. 1951년 7월 11일 조순은 "의용경찰이라는 것은 무엇이냐 할 것 같으면 치안 유지에 경찰이 부족하고 어찌할 수 없음으로 지방 청년들을 경찰에서 모집을 해서 사적으로 경찰관의 사령(辭令)을 주어 가지고 이것을 쓰고 있다"면서 의용대원의 숫자는 적어도 8,000명은 된다고 발언했다. 의용대원은 치안이 확보된 지역보다는 주로 빨치산 활동이 활발한 지역에서 구성되었는데, 화순군의 경우 800~900명, 장흥에서 500명의 의용경찰이 존재했다. 이러한 의용경찰에 대한 비용은 지방민이 부담했다.133)

정규 경찰과 달리 의용경찰에 대한 정부의 대책은 거의 없었다. 의용경찰대는 생명을 걸고 전투에 참가하는 존재였지만 그들의 장비는 상당히 열악했고, 심지어 고무신을 신고 전투에 참가하거나 생명 연장에 필요한 물

130) 金曉學·林鍾明, 앞의 책, 177쪽.
131) 육군본부, 『한국전쟁시 學徒義勇軍』, 육군본부, 1994, 111~113쪽; 국방부 군사편찬연구소, 『6·25 전쟁 학도의용군 연구』, 국방부 군사편찬연구소, 2012, 104~109쪽.
132) 국방부 군사편찬연구소(2012), 위의 책, 287~289쪽.
133) 국회사무처, 『국회 임시회의 속기록』 제11회 제23호, 1951.7.11. 전라북도의 의용경찰 수는 8,600명이며, 전국적으로 의용경찰 수는 약 3만 명이다. 국회사무처, 『국회 임시회의 속기록』 제11회 제66호, 1951.9.29; 국회사무처, 『국회 임시회의 속기록』 제11회 제67호, 1951.10.1.

통조차도 준비하지 못한 채 토벌작전에 참여했다. 의용경찰은 담요나 이불을 지급받지 못하여 맨바닥에서 노숙을 하면서 경비업무를 담당해야만 했다. 더욱이 이들은 전투에서 부상당했을 경우 적절하게 치료를 받을 수 있는 처지도 못되었다.[134)]

또한 지역민은 지서 경비나 '인주(人柱)'의 역할을 했다. 조순 의원은 "매일 같이 지서에 경비(警備)를 나가야 되고, 또한 인주라고 하는 것이 있에요. 사람의 기둥이라고 해서 보초를 세워 놓고 공비가 들어오는 것을 지키라고 해서 밤이면 경비를 나가서 서야 합니다. 거기에 경비를 그 사람들은 물어야 되고, 국채를 사야 되고, 죽도 살도 못 하는 이런 실정"이라고 발언했다.[135)] 그리고 그는 10월 15일의 국회 발언에서도 "공비 출몰지구의 백성들에게는 종래에 매월 20일 이상의 부역"을 짊어지고 있다고 언급했다.[136)]

인주들은 이러한 고통스런 부역의 의무를 짊어졌을 뿐만 아니라 자칫하면 '빨갱이'와 내통했다는 혐의를 뒤집어쓰고 처형당하기 일쑤였다. 예를 들면, 1951년 1월 4~5일 밤 화순군 이양면 금능리와 강성리 사이의 전주가 잘리는 사건이 발생했는데, 5일 아침 화순경찰이 출동하여 전날 야경을 섰던 주민 10여 명을 끌어다 사살했다.[137)] 법적 절차를 밟지 않은 채 단지 적에게 동조했을 것이라는 의심만으로 경찰은 지역민을 살해한 것인데, 이 사건을 통해서 인주의 부역을 짊어진 지역민이 하루하루 생사의 갈림길을 아슬아슬하게 넘나들고 있었다는 사실을 알 수 있다.

3. 근절되지 않은 군경의 민폐와 지역민의 고통

1951년 2월 19일 국회에서 박정근 의원은 지리산지구에 파견된 3,000여

---

134) 국회사무처, 『국회 임시회의 속기록』 제11회 제66호, 1951.9.29; 국회사무처, 『국회 임시회의 속기록』 제11회 제67호, 1951.10.1.
135) 국회사무처, 『국회 임시회의 속기록』 제11회 제23호, 1951.7.11.
136) 국회사무처, 『국회 임시회의 속기록』 제11회 제74호, 1951.10.15.
137) 진실·화해를위한과거사정리위원회(2009a), 앞의 책, 40쪽.

명의 경찰관에 대한 대책이 필요하다고 발언했다. 그는 1950년 12월 31일 지리산 주변에 파견된 3,000여 명의 경찰이 1인당 300여 원밖에 받지 못하고 있으며, 사무비나 교통비 등도 지급받지 못하는 실정이라고 비판했다.[138] 이러한 발언을 달리 해석하면 지리산 주변의 지역민이 경찰 주둔비를 부담하고 있었다고 말할 수 있다. 더 나아가서 지역민들은 경찰관 유가족에 대한 보조금까지 부담했다. 조주영 의원은 경남의 어느 지방에서 강제적으로 경찰관 유가족에 대한 부조금을 징수하고 있는 현실을 비판했다. 그는 농가의 자질(子姪)들이 일선에 나가 생사조차 알 수 없는 상황에서 지역민은 경찰관 유가족의 보조금을 강제로 징수당하고 있다고 지적했다.[139] 이러한 실태는 경남지방에 한정된 것만이 아니었다.

1951년 3월 7일 대구에서 열린 특별지방장관회의에서 조병옥 내무부장관은 "비상시국을 팔아서 민폐를 끼치는 기관, 단체, 개인에 대하여는 엄중단속 처단할 작정"이며, 후생사업이나 기부금품 모집 등은 엄중하게 처단할 것이라고 강조했지만[140] 민폐는 근절되지 않은 채 계속되었다. 경찰원조비, 치안유지비, 의용경찰비, 징병징용사무비 등이 모두 국가예산으로 처리되어야 마땅하지만 신년도 예산안에 반영되지 않았다.[141]

민폐의 심각성은 영광이나 장성에서 두드러졌다. 1951년 4월 29일 변진갑 의원의 발언에 따르면, 영광군의 경우 4,000두의 농우가 있었지만 현재 100여 두 정도이며, 장성에서는 쌀 13만 5,000석 중에서 5만 4,329석을 탈취당하고, 작전으로 인해 소각된 쌀이 5만 4,329석에 이르며, 3,500마리의 소가 있었지만 현재 32마리밖에 없었다. 물론 빨치산에 의해 발생한 피해도 존재했지만 변진갑 의원이 밝힌 바와 같이 지역에 주둔한 국군의 비행에 의한 것이 대부분이었다. 그는 화순과 장성에 주둔한 11사단 20연대가 "토

138) 국회사무처, 『국회정기회의 속기록』 제10회 제28호, 1951.2.19.
139) 국회사무처, 『국회정기회의 속기록』 제10회 제28호, 1951.2.19.
140) 「民弊를 嚴重 團束. 民主警察로 汚損 없도록. 趙 內務長官 公務員 機敏性 促求」, 『동아일보』 1951.3.9.
141) 「(사설) 三十餘 種의 農村 負擔을 듣고서」, 『경향신문』 1953.1.24.

벌보다는 오히려 금품 재물에다가 더 치중했다고 우리는 안 볼 수 없는 것"이라는 주장까지 했다. 국민회나 면사무소에서 지역민으로부터 거둬들인 것을 곧바로 주둔군에게 상납하는 실태를 신랄하게 폭로하고 있는 것이다. 또한 그는 장성의 북이면에서는 집도 없이 토막생활을 하는 지역민조차 장작 하산작업이나 도로 복구사업에 동원되고 있다고 비판했다.[142]

이러한 행태는 전라도 지역에서만 일어난 것이 아니라 전국적인 현상이었다. 1951년 4월 28일 국회에서 윤길중 의원은 충남의 경우 지역민으로부터 총 12억 504만 원에 이르는 기부금을 갹출한 사실이 있다고 밝히면서 국민회, 경찰후원회, 향토방위대, 국민방위군, 대한청년단, 시국대책위원회, 구국총연맹 등 모든 기관이 "민폐를 일으키는 필요 없는 존재"라고 비판했다.[143] 국회는 이러한 민폐를 시정하기 위해 구국총력연맹 해체를 논의했으며, 1951년 6월 9일 송방용 의원 외 23인은 '구국총력연맹 해체에 관한 긴급동의'를 제출하기에 이르렀다. 구국총력연맹은 1950년 7월 초 대전에서 처음으로 결성된 조직이었다. 이후 임시 수도 부산에 본부를 두고 각 도에 지부를 두었으며, 군·면에 이르기까지 조직을 확장했는데, 도에서는 도지사, 군에서는 군수, 면에서는 면장이 구국총력연맹의 최고책임자가 되어 강제로 기부금을 거둬들이는 기관으로 변질되었다. '구국'이라는 미명 아래서 자행되는 비행은 전국적으로 만연했으며, 송방용 의원이 밝힌 바에 따르면, 전북 정읍의 경우 1951년 2~3월 두 달 동안 1억 7,400만 원이라는 막대한 금액을 기부금으로 징수했으며, 김제군 금산면에서는 구국총력연맹과 이와 유사한 기관에서 1950년 10월부터 1951년 3월까지 징수한 액수가 1억 1,000만 원에 이르렀다. 이러한 실태를 시정하기 위해 국회는 '구국총력연맹 해체에 관한 긴급동의'를 내놓았고, 이를 둘러싼 논의에서 여러 의원은 찬성 의견을 제시했다. 더 나아가 구국총력연맹뿐만 아니라 청년단이나 국민회도 해체하자는 개의안을 내놓기도 했다. 윤길중 의원은 "여하한 애국적인

---

142) 국회사무처, 『국회 정기회의 속기록』 제10회 제68호, 1951.4.29.
143) 국회사무처, 『국회 정기회의 속기록』 제10회 제67호, 1951.4.28.

단체라 할지라도 관청의 힘과 결탁해서 회비의 징수, 기타 관청의 힘에 부수해서 권력행사를 행하는 그런 것을 일체 방지하는 것을 정부에 건의"하자는 재개의안을 내세웠다. 결국 윤길중 의원의 재개의안이 표결에 붙여져 통과되었다.[144] 그렇지만 구국총력연맹은 해체되지 않고 여전히 존재했다.

민폐 근절을 주장하는 목소리는 이후에도 지속되었다. 7월 10일 홍창섭 의원은 인민군은 사상전에서 승리하기 위해 세 가지 원칙, 즉 "부녀자 강간을 안 할 것, 소를 잡아먹지 않을 것, 죄 없는 사람을 잡지 않을 것"을 내세우고 실천함으로써 민심을 얻는 반면에 국군의 민폐가 극심하여 민심이 돌아서고 있는 현실을 지적했다. 그는 "소는 닥치는 대로 잡아먹고 군인 한 사람이 세 마리, 네 마리를 가져가다 노치고 뺏기고 가다 팔어 먹고 집집마다 물건이 있나 없나 뒤져서 이것을 후방으로 실어내고 이러한 일이 비일비재(非一非再)"라고 강하게 비판했다.[145]

전라남도 지역에서는 "공비소탕비", "치안수습비"라는 명목의 비용을 부담했다. 더욱이 이재민도 이러한 부담에서 자유롭지 못했다. 조순 의원은 "전라남도의 이재민들은 토굴 속에서 살면서 구호를 받지 못하고, 기아에 헤매고 있고, 또한 질병에 고통을 받고 있을 뿐만 아니라 국민으로서의 모든 부담을 다 해야 됩니다"라고 발언했다.[146] 또한 '후생사업'의 폐단이 전라남도 지역에서 극심했는데, 조순 의원은 "휼병감실이라든지 군인 가족이라든지를 구호하는 후생사업이라고 하는 것을 보는데 이것이 전남에 심하다"고 주장했다.[147]

1951년 10월 13일 기부금지법안이 국회에 상정되었다. 법안의 주요 내용은 법인이나 정당, 기타 등록된 단체에서 받는 가입금이나 정기회비를 제외하고, 공인된 종교단체에서 신도들로부터 받는 금품을 제외하고, 여타의

---

144) 국회사무처,『국회 임시회의 속기록』제11회 제8호, 1951.6.9.
145) 국회사무처,『국회 임시회의 속기록』제11회 제22호, 1951.7.10.
146) 국회사무처,『국회 임시회의 속기록』제11회 제23호, 1951.7.11.
147) 국회사무처,『국회 임시회의 속기록』제11회 제23호, 1951.7.11.

기부금 모집을 엄금하자는 것이었다. 또한 국제적 구제품, 천재지변 구호금, 국방헌납금, 상이군경 위문원호금, 학교유지비, 자선사업금에 한하여 기부심사위원회 심사를 거쳐 내무장관이 허가하도록 규정했다.[148] 법안을 둘러싼 토의 과정에서 "현행법인 기부금통제법 이것만 가지고라도 기부금품의 모집에 대해서 능히 막아낼 수 있다"는 주장이 제기되기도 했지만,[149] 1951년 10월 26일에 법안이 통과되고,[150] 11월 17일부터 시행되었다.

그러나 이 법은 법적 가치가 없는 유명무실한 존재가 되어버렸다. 1952년 3월 27일 서민호는 국회의 국정감사 보고에서 "기부금지법이 엄연히 있음에도 불구하고 265종의 기부명목으로 100억 원을 증수하였다"고 밝혔다. 그는 고급 경찰관리가 요정 출입을 하고 300명이 축첩생활을 하고 있는데, 그 자원은 어디에서 나오는 것인지 능히 짐작할 수가 있다고 주장했다. 또한 친족 장례를 7일장으로 치르면서 1,700만 원의 조위금을 받았으며, 조위금을 많이 낸 부하직원을 영전시킨 전남경찰국장을 강하게 비판했다.[151]

1953년 국정감사 보고에 나타난 일반 잡부금의 징수 실태는 전라북도의 경우 51종목에 현금 54억 4,000여 만 원, 현곡(現穀) 1만 9,000여 석, 신목(薪木) 9만 6,000여 속(束), 목탄(木炭) 9,600여 평이었다. 경상남도는 89종목에 현금 2,008억 7,665만 7,000원을 징수했으며, 이 액수는 경상남도 내 시·읍·면 예산총액의 약 8배에 해당하였다. 전국적으로 볼 때 일반 잡부금 1조 5,930억 원, 군사관계 잡부금 900억 원, 경찰관계 잡부금 1,775억 원, 사친회 징수액 5,036억 원에 이르렀다.[152]

148) 「寄附行爲 嚴禁. 禁止法案 國會 上程」, 『동아일보』, 1951.10.14.
149) 국회사무처, 『국회 임시회의 속기록』 제11회 제75호, 1951.10.17.
150) 「國會 學校에는 許諾. 寄附禁止法案 通過」, 『동아일보』, 1951.10.27.
151) 「國政監査 內務部 所管: 信賞必罰은 何處在. 寄附名目도 不知其數」, 『동아일보』, 1952.3.28.
152) 「(사설) 稅外稅를 없애라」, 『경향신문』, 1953.4.30.

Ⅳ. 맺음말

올해로 한국전쟁이 발발한 지 70주년이 되지만, 전쟁으로 인한 상흔은 여전히 가시지 않은 채 남아 있다. 전쟁으로 남과 북은 엄청난 인적·물적 피해를 입었고, 특히 민간인 학살 등으로 인해 지역민은 단장지애의 고통을 겪었다. 전쟁이 지역에 미친 영향도 상당하여 지역민 사이의 갈등구조가 온존하고 있으며 건전한 지역공동체 형성에도 장애로 작용하고 있다. 전쟁의 상흔을 아물게 하고, 단장지애의 고통을 치유하며, 지역의 건전한 공동체를 형성하기 위해서는 전쟁으로 초래된 불편한 진실을 규명하고, 좌우갈등과 색깔론으로 왜곡된 것을 바로잡을 필요가 있다. 이에 일조하기 위한 차원에서 전남지역을 중심에 놓고 한국전쟁기의 빨치산 활동과 지역민의 처지를 탐색했다.

전남지역은 7월 하순에서 9·28후퇴까지 2개월간 인민군의 점령 아래 놓여 있었다. 제5사단이 서울로 이동하여 수도방위에 나섰기 때문에 호남지구의 방비는 허술했고, 새로 서해안지구전투사령부를 설치했으나 기간병력 대부분이 차출된 상태에서 잔여 병력과 신병, 그리고 학도병으로 구성되었기 때문에 인민군을 대적하기에는 역부족이었다. 반면 조선인민군 제6사단은 방호산 지휘하의 정예군이었고, 빨치산이 신속히 퇴각하던 국군과 경찰을 상대로 교란작전을 펼쳤기 때문에 인민군의 전남지역 점령은 비교적 수월했다고 볼 수 있다. 점령지에서는 당 재건과 함께 임시인민위원회가 복구되었고, 직업동맹, 농민동맹, 문화단체총동맹, 여성동맹, 민주청년동맹, 소년단 등 대중단체도 속속 복구되었다.

인천상륙작전으로 전세가 역전되어 조선인민군은 9·28후퇴를 단행하고, 전남지역 경찰이 차츰 전남지역을 수복하기 시작했다. 하지만 산악지대로 입산한 빨치산의 활동으로 인해 장기간 온전한 행정력이 미치지 못하는 지역도 상당히 존재했다. 퇴각한 좌익세력과 빨치산은 '제2전선' 형성을 목표로 전열을 정비하고 무장유격투쟁을 전개했다. 이를 진압하기 위해 파견된 부대가 제11사단이었다. 제11사단의 토벌작전은 '견벽청야'로 불리는 초토화 작전이었는데, 그 대표적인 예로는 불갑산지구에서 전개된 '대보름작전'을 들 수 있다. 이 작전으로 비무장 민간인 1,005명이 희생되고 불갑산지구가 붕괴되는 등 상당한 타격을 입었다. 하지만 1951년 봄 빨치산 세력은 건재함을 과시하면서 활발하게 활동을 전개했다. 그리고 녹음기로 접어들면서 전남지역 빨치산은 대규모로 활동을 전개했다. 1951년 하반기부터 빨치산 활동은 1949년 하반기의 '아성공격'을 연상시킬 정도로 공격규모가 크고 격렬했는데, 이러한 빨치산 작전의 대표적인 예는 8월 말에서 9월 중순에 이르는 시기 구례지역 활동에서 찾아볼 수 있다.

정부는 백야전사를 편성하여 1951년 겨울부터 이듬해 봄까지 빨치산 토벌작전에 나섰다. 백야전사 제2기 작전에서 제8사단은 백아산, 화학산을 공격했으며, 제16연대는 화순군 동북면에서 북쪽으로, 제21연대는 담양군 창평면에서 남동쪽으로 백아산을 포위하여 작전을 수행했다. 제107예비연대는 유치지구의 유격대를 공격했다. 또한 백야전사의 제3기 작전은 지리산과 더불어 백운산에서 전개되었다. 이러한 백야전사 작전으로 빨치산은 재기불능 상태에 빠져 오로지 살아남기 위한 생존투쟁에만 매달릴 수밖에 없었으며, 산발적으로나마 활동을 전개했지만 그 성과는 미진할 수밖에 없었다. 1953년 봄까지 생존한 빨치산은 소수에 지나지 않았다. 지리산, 백운산, 덕유산, 회문산, 백아산, 모후산 등 6개의 산을 중심으로 활동하던 빨치산은 1,000여 명 내외였다.

한국전쟁기 전국 각지에서 국민보도연맹원과 좌익인사에 대한 예비검속이 이루어지고, 대규모 집단학살이 자행되었는데, 전라도 지역도 예외는 아니었다. 특히 전라도 지역은 광주, 나주, 담양, 곡성, 구례, 순천, 여수, 함평, 해남, 완도 등 거의 대부분의 지역에서 학살사건이 일어났다. 조선인민군이 점령하면서 학살과 처형의 주체가 뒤바뀌었다. 점령군은 우익 인사를 색출하고 '악질분자'로 분류된 자들을 곧바로 처형하기도 했다. 특히 영광군 염산면의 민간인 집단학살사건으로 지역민이 입은 피해는 더욱 컸다. 또한 조선인민군이 퇴각하면서 좌익에 의한 집단학살사건이 곳곳에서 일어났으며, 국군과 경찰이 지역을 탈환하면서 수많은 민간인이 좌익인사나 '부역혐의자'로 몰려 사살되거나 연행되고, 행방불명이 되기도 했다. 전남지역은 빨치산 활동이 활발했기 때문에 이를 진압하기 위한 군경의 지역 주둔, 그리고 빨치산과 군경과의 교전 과정 등에서 지역민은 심리적·물리적 압박을 당했으며, 한편에서는 '반동부역자'로, 다른 한편에서는 '빨갱이'에 부역했다는 이유로 처형당했다. 이러한 행태가 극단적인 방식으로 나타난 것이 바로 제11사단에 의해 자행된 민간인 집단학살사건인데, 담양, 장성, 화순, 영광 등지에서 상당수 발생했다.

또한 지역민은 노무동원이나 군동원의 대상이 되었다. 전라남도에서도 장정들이 국민방위군으로 동원되었다. 국민방위군사건 이후 병력동원이 제대로 이루어지지 않자 무분별하게 가두모집이나 강제 징·소집을 실시했기 때문에 이로 인한 지역민의 피해가 극심했다. 또한 지역민들은 학도병이나 의용경찰로도 동원되어 전투에 투입되거나 군 지원 업무를 수행했다. 의용경찰대는 생명을 걸고 전투에 참가하는 존재였지만 의용경찰에 대한 정부의 대책은 거의 없었다. 또한 지역민은 지서 경비나 '인주(人柱)'의 역할을 했다. 인주들은 고통스런 부역의 의무를 짊어졌을 뿐만 아니라 자칫하면 '빨갱이'와 내통했다는 혐의를 뒤집어쓰고 처형당하기 일쑤였다. 이뿐만이 아니었다. 지역에 주둔한 군경의 민폐는 심각한 도를 넘어서고 있었다. 국민회나 면사무소에서 지역민으로부터 기부금을 거둬 주둔군에게 상납했다. 또한 전라남도 지역에서는 '공비소탕비', '치안수습비'라는 명목의 비용을 부담했다. 더욱이 이재민도 이러한 부담에서 자유롭지 못했다. '후생사업'의 폐단도 전라남도 지역에서 극심했다. 1951년 10월 26일 기부금지 법안이 국회를 통과하고 11월 17일부터 시행되었지만 기부금지법은 유명무실했다.

▨ 참고문헌

1. 자료

『경향신문』, 『동아일보』, 『백운로동신문』, 『전남로동신문』
『전남빨찌산』, 『전남인민보』, 『전남일보』, 『조선인민보』
『해방일보』, 『국회 임시회의 속기록』, 『국회 정기회의 속기록』

2. 단행본

고흥군사편찬위원회, 『高興郡史』, 고흥군사편찬위원회, 2000.

광양군지편찬위원회, 『光陽郡誌』, 광양군지편찬위원회, 1983.

國防軍史硏究所, 『占領政策·勞務運用·動員』, 국방군사연구소, 1995.

국방부 군사편찬연구소, 『소련 군사고문단장 라주바예프의 6·25전쟁 보고서』 1, 국
            방부 군사편찬연구소, 2001.

_____, 『6·25전쟁 학도의용군 연구』, 국방부 군사편찬연구소, 2012.

국방부 전사편찬위원회, 『韓國戰爭史』 제2권(개정판), 국방부, 1979.

_____, 『對非正規戰史(1945~1960)』, 1988.

김계유, 『麗水·麗川 發展史』, 도서출판 우도, 1988.

김남식, 『남로당 연구』 I, 돌베개, 1984.

金奭學·林鍾明, 『光復 30年』 3, 전남일보사, 1975.

김영택, 『한국전쟁과 함평양민학살』, 사회문화원, 2001.

大韓民國國防部政訓局戰史編纂會, 『韓國戰亂一年誌』, 대한민국국방부정훈국전사
            편찬회, 1951.

동아일보사, 『秘話 第一共和國』 2, 홍우출판사, 1975.

李應俊, 『回顧 90年』, 汕耘記念事業會, 1982.

백선엽, 『實錄 智異山』, 고려원, 1992.

브루스 커밍스 지음, 조행복 옮김, 『브루스 커밍스의 한국전쟁: 전쟁의 기억과 분단
            의 미래』, 현실문화, 2017.

안종철·최정기·김준·정장우, 『근현대 형성과정의 재인식』 (1), 중원문화, 2010.

여수시사편찬위원회, 『여수시사』 제1권, 여수시사편찬위원회, 2010.

陸軍本部, 『韓國戰爭史料 戰鬪詳報』 59, 육군본부, 1987.

_____, 『한국전쟁시 學徒義勇軍』, 육군본부, 1994.

陸軍本部戰史監室, 『共匪討伐史』, 白樺社, 1954.

임송자, 『대한민국 노동운동의 보수적 기원』, 선인, 2007.

전남일보 광주전남현대 기획위원회, 『광주전남현대사』, 실천문학사, 1991.

전라남도지편찬위원회, 『全羅南道誌』 제9권, 전라남도지편찬위원회, 1993.

정관호, 『전남 유격투쟁사』, 선인, 2010(초판 2쇄).

진실·화해를위한과거사정리위원회, 『2009년 상반기 조사보고서』 4, 진실·화해를위
　　　한과거사정리위원회, 2009a.

_____, 『국민보도연맹 사건 진실규명 결정서』, 진실·화
　　　해를위한과거사정리위원회, 2009b.

3. 논문

권영진, 「한국전쟁 당시 북한의 남한 점령지역 정책에 관한 연구」, 고려대 정치외
　　　교학과 석사학위논문, 1990.

김영택, 「한국전쟁기 남한 내 적색 빨치산의 재건과 소멸(1950.10.5~1954.4.5) - 전
　　　남 총사령부와 6개 지구를 중심으로」, 『한국근현대사연구』 27, 2003.12.

이선아, 「한국전쟁 전후 빨찌산의 형성과 활동」, 『역사연구』 13, 2003.12.

_____, 「여순사건 이후 빨치산의 활동과 그 영향」, 『역사연구』 20, 2011.6.

_____, 「지리산권 빨치산의 형성과 활동-6·25전쟁 직후부터 1951년 '남부군' 결성
　　　을 중심으로」, 『지리산의 저항운동』, 선인, 2015.

임송자, 「여순사건과 순천지역 좌우익 세력의 동향」, 『역사학연구』 73, 2019.2.

_____, 「전향의 반공주체 형성과 동원 – 전라남도 지역을 중심으로」, 『한국사연구』
　　　185, 2019.6.

4. 기타

대통령기록관 소장자료, 「근로 의용단 결성식에 치사」, * 대통령기록관 홈페이지
　　　기록콘텐츠-정책기록, 노동 참조.

국가법령정보센터(http://www.law.go.kr).

6 · 25전쟁기 한국의 공군력
확충 노력*
1951년 '항공기헌납기금모집운동'을 중심으로

강창부(공군사관학교), 이지원(공군사관학교), 임 혁(공군사관학교)

Ⅰ. 서론

1949년 10월 1일, 대통령령 제254호 「공군본부직제(空軍本部職制)」에 따라 육군으로부터 독립할 당시 대한민국 공군이 보유한 전력은 병력 1,100여 명, 경항공기 20여 대가 전부였다. 이듬해 6 · 25전쟁이 발발하였을 때, 공군은 병력 1,897명과 경항공기 22대(훈련기 10대, 연락기 12대)라는 보잘것없는 전력으로 북한의 기습적 침공에 맞서야 했다. 사실상 "적수공권(赤手空拳)"[1]에 불과했던 공군은 전쟁을 거치면서 비로소 독립 공군으로서 최소한의 모습을 갖추게 되었다. 휴전 무렵에는 병력 11,461명(장교 1,382명), 항공기 110대(F-51D 79대 포함)를 보유하게 되었으며,[2] 전쟁 중 총 14,163회(F-51D 8,457회 포함)

---

* 강창부, 이지원, 임혁, 「6·25전쟁기 한국의 공군력 확충 노력 - 1951년 항공기헌납기금모집 운동을 중심으로」, 『동북아연구』 33권 2호, 2018의 일부를 수정한 것임.
1) 공군본부, 『역대참모총장 연설문집(제1대-5대)』, 공군역사기록관리단 소장, 1982, 48쪽.

출격하여 연합군의 항공작전 수행에 기여했다.[3]

전쟁 중 한국 공군의 성장은 그동안 충분한 연구의 대상이 되지 못했다. 공군의 창군 전후, 그리고 전쟁 발발 이전에 이루어진 공군력 건설 과정에 대한 제한적인 연구[4]가 일부 있었을 뿐, 전쟁이 실제 진행되는 기간 동안 절체절명의 위기 속에서 공군력을 확충해가는 과정에 대한 연구는 여전히 숙제로 남아 있다.[5] 오히려 전쟁 기간에 이루어진 북한 공군의 성장에 대해서는 불충분하나마 국내에서도 이미 연구의 성과[6]가 제출되고 있다는 점에 비추어 볼 때 이러한 현실은 기괴하기까지 하다.

소수에 불과한 기존 연구들도 한국의 공군력 확충을 미국의 '군원(軍援)'에 의한 결과로만 인식해 왔다.[7] 예컨대 전쟁 발발 직후 F-51 10대를 제공하는 것으로 시작된 미국의 항공기 원조와 미(美) 제6146 공군기지부대에 의한 지원 등을 중심으로 한국 공군력의 확충 과정을 설명해 왔던 것이다.[8] 국방부가 펴낸 공간사(公刊史)인 『국방사』에서도 전쟁기 공군의 군비 확충 문제를 다루고는 있지만, 1952년 『공군 확장 3개년 계획』에 대해서만 간략하게 언급하고 있어 전쟁기 공군력 확충 노력이 단발성(單發性)에 그쳤다는 인상만 주고 있다.[9] 심지어 공군의 공간사인 『공군사』의 '6·25전쟁

---

2) 공군본부, 『공군사 제2집』, 서울: 공군본부, 1964, 76쪽.

3) 공군본부, 『공군사 제1집 개정판』, 계룡: 공군본부, 2010, 564쪽.

4) 김기둥, 「1945-1948년 항공력 건설 노력과 그 의의」, 『軍史』 제99호, 2016, 189~221쪽; 김경록, 「6·25전쟁 이전 공군의 창군과 전력 증강」, 『軍史』 제73호, 2009, 65~99쪽; 김경록, 「해방 이후 남북한의 공군력 인식과 한국전쟁 준비과정」, 『軍史』 제67호, 2008, 167~203쪽; 윤시원, 「제1공화국 초기 국방정책 연구: 한국군의 증강과 대미 군사외교를 중심으로」, 성균관대학교 사학과 석사학위논문, 2009, 41~66쪽.

5) 이 논문에서 항공력(Air power)은 "공중 영역을 통해서, 혹은 공중 영역으로부터 군사력을 투사함으로써 자국의 의지를 주장하는 국가의 능력"을 의미하고, 공군력은 공군이 보유한 항공력을 의미한다. John Andreas Olson, "Introduction: The New Face of War," in John Andreas Olson, ed., Routledge Handbook of Air Power, New York: Routledge, 2018, p.1.

6) 이신재, 「6·25전쟁기 북한공군의 성장과정 고찰」, 『軍史』 제89호, 2013, 197~232쪽.

7) 이 시기는 한국군이 미국의 일방적 원조에 의해 성장했던 기간으로 간주되어 왔다. 이미숙, 「6·25전쟁기 미국의 한국군 증강정책과 그 특징」, 『軍史』 제67호, 2008, 223~231쪽.

8) 장성규, 「6·25전쟁기 한국공군의 성장과 미 공군 제6146부대의 지원」, 『軍史』 제75호, 2010, 117~151쪽.

9) 국방부, 『국방사』, 서울: 국방부역사편찬위원회, 1987, 381~388쪽.

302 ┃ 2부_ 한국전쟁기 제도와 문화현상

편' 역시 '군원물자'의 도입과 군수조직의 변천을 중심으로 기록하고 있을 뿐 정작 공군력을 확충하기 위해 기울였던 자주적 노력에 대해서는 침묵하고 있다.[10]

이러한 시각은 두 국가 간 상호작용의 결과인 공군력 확충 과정을 일방적인 것으로 간주해 버린다는 한계를 가지고 있다. 아무리 비대칭적이라 하더라도 국가 간 관계는 어느 한쪽의 행위만으로는 온전한 설명을 도출할 수 없다. 미국이 휴전 직후까지도 한국군에 대한 지원은 육군의 성장에 주안점을 두었으며, 공군의 경우 극동군사령부 공군력 증강에만 초점을 맞추었다는 점을 고려하면 이러한 한계는 더욱 명백해진다. 이처럼 군원 중심의 접근법은 전시 상황에 이루어진 전력 확충 과정의 부침(浮沈)과 역동성을 온전히 보여줄 수 없다는 문제점을 안고 있다. 도식적인 '시혜자(施惠者)—수혜자(受惠者)' 구도에서 수혜자는 마냥 수동적으로 시혜를 기다리거나 기껏해야 이를 얻기 위해 소극적인 노력을 기울이는 모습으로 그려질 뿐이다. 이런 구도에서는, 자칫 시혜자의 '베풂'이 적절하고 충분하였는가 하는 문제가 관련 논의의 가장 핵심적인 쟁점으로 부상하기 쉬울뿐더러, '시혜자'가 역사적 평가의 우선적 대상이 될 가능성이 크다. 특히 6·25전쟁의 경우처럼, 전쟁이나 그 위협에 직면한 상황에서 강대국이 상대적 약소국인 동맹국 전력을 강화하는 문제에서는 더욱 그러하다. 그러한 도식적 구도는 수혜자의 노력과 역할을 온당하게 평가하는 데 걸림돌이 된다. 수혜자의 소극성과 수동성이 지나치게 부각되는 한편 그 노력은 망각되거나 평가절하 될 수 있기 때문이다.

6·25전쟁기 확충된 한국의 공군력을 미군으로부터 받은 일방적인 수혜의 결과로만 이해하는 것은 적절하지 않다. 그 군사원조의 배경에는 공군력을 확충하기 위해 한국의 행정부와 공군이 들였던 다각적이고도 필사적인 노력이 있었다. 1951년 진행된 '항공기헌납기금모집국민운동(이하 '헌납

---

10) 공군본부, 『공군사 제1집 개정판』, 173~365쪽; 같은 책, 449~459쪽.

운동')'은 그 대표적 사례이다.[11] 이 헌납운동을 '재발견'하는 것은 6·25전쟁기 한국 공군이 성장해 가는 과정의 역동성을 한층 실체적으로 드러낼 것이다.

Ⅱ. 6·25전쟁 이전 한국 공군력의 현황

1949년 10월 1일, 대한민국 공군이 정식으로 창설되었다. 국군 창설 이후 약 1년여 만에 대통령령 제254호 「공군본부직제(空軍本部職制)」에 따라 육군 항공사령부가 육군으로부터 분리, 독립하여 공군으로 조직되었던 것이다.[12] 세계사적 관점에서 볼 때 최초의 독립 공군이 등장한 것은 1918년이었다. 제1차 세계대전 중 영국에서 독립 공군이 창설된 이후로 이탈리아(1921), 프랑스(1934), 독일(1935), 미국(1947) 등으로 그러한 움직임이 확산되었다.[13] 당시의 관점에서 보면 항공력을 육·해군과 독립적으로 운용하기 위해 공군이라는 미증유의 조직을 창설한다는 것은 낯설고 불확실한 시도였다. 그렇기 때문에 가장 많은 항공기를 보유하고, 항공력에 대한 가장 다양한 실전 경험을 가진 국가에서 독립 공군 창설이 가능했던 것도 우연이 아니었다.

한국의 경우 독립 공군이 창설되는 과정은 다른 나라의 그것들과는 달랐다. 서유럽 주요 국가들이나 미국의 공군은 이미 육군과 해군 등에서 보유

---

11) 그러나 이 운동은 '건국기' 도입을 위한 1949년의 '애국기헌납운동'과 1970-80년대의 '방위성금' 모집운동의 사이에서 완전히 망각되었다. 1951년 헌납운동의 존재를 언급하고 있는 문헌은 이 운동을 전개하는 데 일조했던 '창공구락부'를 다룬 국문학 분야의 소수 연구들뿐이다.

12) 공보처, 『官報』 제187호, 1949년 10월 1일, 대통령령 제254호, 「空軍本部職制」; 김기둥, 강창부, 이지원, 「공군의 창설에서 최용덕(崔用德)의 역할」, 『민족문화논총』 제64집, 2016, 220쪽.

13) Michael S. Neiberg, Warfare in World History, London: Routledge, 2002, p.62.

하고 있는 항공력을 중앙집권적으로 통제하기 위하여 창설되었지만, 한국 공군은 항공력을 거의 보유하지 못한 상황에서 창설되었다.[14] 서유럽 공군들의 핵심 과제가 육군과 해군 소속의 항공력을 재조직하는 것이었던 것과 달리, 한국 공군이 해결해야 할 중요한 과제는 일단 항공력을 건설하는 일이었다.

문제는 해방 직후 한국 정부가 공군력을 도입하는 데 필요한 재원을 충분하게 보유하고 있지 못했다는 점이었다. 군사력 건설은 미국의 원조에 의존하고 있었는데, 당시 미국은 한국의 공군력 건설은 군사원조의 대상으로 여기지 않았다. 이런 상황에서 공군력을 건설하기 위한 이승만 정부의 정책은 '先 인력양성, 後 전력도입'으로 방향을 설정하고 있었다.

1948년 5월 통위부 직할로 항공부대가 편성되었고, 그 이후 조선경비사관학교를 통해 임관한 7명의 항공소위들과 기존의 항공 경력을 가진 육군 장교들이 합류하면서 최초의 항공부대가 창설되었다.[15] 항공부대는 미군으로부터 연락기 L-4와 L-5를 인수하였지만, 정찰과 연락 이외에는 어떠한 항공작전도 수행할 수 없는 수준이었다. 항공부대의 주요 인물들은 독립공군 창설을 지향했지만, 그러한 희망에 부합하는 규모의 항공기를 도입하는 일은 지난한 상황이었다.[16] 항공부대는 항공 경력 보유자들을 항공병으로 입대시키고, 항공사관학교를 창설하여 우선 인력양성에 매진했다.[17]

---

14) 가령, 영국 공군의 경우에는 제공권의 달성과 전략폭격을 위해서는 중앙집권적 통제가 필요하다는 인식에 의해서 육군과 해군이 보유하고 있던 항공력 상당부분을 통합하여 창설되었다. Tony Mason, "British Air Power", in edt. John Andreas Olsen, Global Air Power, Washington: Potomac Books, 2011, pp.7-15.

15) 국방부, 『국방본부역사일지』, 국가기록원 소장, 관리번호: BA0838447, 1966, 10~11쪽.

16) 가령, '공군의 아버지'로 간주되는 최용덕은 당시 초대 국방차관으로서 국회에서 다음과 같이 발언했다. "그래서 육해공군의 공군을 우리도 독립시킬 생각이 있었습니다. 현실에 있어서 장래의 독립을 전제로 하고 우리는 공군을 속히 육성된 그때에 공군을 갖다가 독립을 하겠다는 이것을 가졌습니다." 국회사무처, 『제1회 국회 제100차 회의 국회속기록』, 1948년 11월 10일, 13쪽.

17) 항공병은 병사 및 부사관 계급으로 모집하였고, 1948년 7월 12일에 78명, 9월 18일에 398명, 1949년 2월 15일에 326명 등을 모집했다. 그리고 같은 해 3월 15일에 육군항공사관학교를 개교하여 항공병으로 입대한 이들 가운데 45명을 '소집학생'으로 입교시켜 장교양성 교육을 시작했다. 공군본부, 『공군일지: 1948-1953』, 공군역사기록관리단 소장, 2001, 1948

이 시기 한국에 대한 미국의 원조정책 범위를 규정하고 있던 문서는 1948년 4월 8일에 승인된 『한국에 관한 미국의 입장(NSC 8)』이었다. 이 문서에서 가장 핵심적인 사항은 가능한 빨리 주한미군을 한반도에서 철수시킨다는 것이었고, 이를 위해 필요한 수준의 군사 원조를 실시하기로 했다. 그러나 여순 사건과 마오쩌둥의 만주 점령, 북한군의 군사력 강화 등의 사건이 발생하자 미국은 철수 시기 연기를 검토하여 1949년 3월 23일에 수정안인 『한국에 관한 미국의 입장(NSC 8/2)』을 도출했다. 이에 따르면 철수 시한은 1949년 6월 말로 연기되었고, 철수에 앞서 한국의 육군 65,000명, 해안경비대 4,000명, 경찰 35,000명에 대해 무기와 장비를 지원하도록 했다. 그러나 이 수정안에서도 미국의 항공력 원조는 연락기 12대로 제한되어 있었다. 한국의 경제상황을 고려하면 항공력은 통신대 임무를 수행할 수 있는 소규모 항공대로 충분하며 독립 공군은 육군이 충분히 성장한 이후에나 논의되어야 한다는 것이 미국의 지속적 입장이었다.[18]

미국이 실제로 철군을 단행하자 이승만 정부에게는 북한과의 항공력 격차가 심각한 위기로 다가왔다. 1949년 3월 18일에 열린 국무회의에서 국무총리는 북한군이 이미 소련제 군용기 300대와 일본제 군용기 28대를 이용하여 적극적으로 훈련에 임하고 있다고 보고했다.[19] 6월 7일의 국무회의에서 이승만은 미군의 철수와 관련하여 무기에 있어서 "국군이 자립할 수 있는 길을 타개해야 한다"고 강조했다.[20] 그는 무쵸(John J. Muccio) 미국대사에게 지상군의 군사력 강화를 요청하면서 동시에 정찰기와 연락기, 수송기 등의 추가 지원을 요구했다.[21]

년 7월 12일, 9월 18일, 1949년 2월 15일.

[18] 박동찬, 「주한미군사고문단(Kmag)의 조직과 활동(1948-53)」, 한양대학교 사학과 박사학위논문, 2011, 74~77쪽; 한철호, 『미국의 대한정책』, 한림대학교 아시아문화연구소, 1998, 160~168쪽; 장성규, 「6·25전쟁기 한국공군의 성장과 미 공군 제6146부대의 지원」, 120~121쪽; 백기인, 『건군사』, 서울: 군사편찬연구소, 2002, 236쪽.

[19] 총무처, 『제32회 국무회의록』, 1949년 3월 18일, 206쪽.

[20] 총무처, 『제56회 국무회의록』, 1949년 6월 7일, 368쪽.

[21] United States Department of State, Papers Relating to the Foreign Relations of the United States 1949, Washington: U.S. Government Printing Office, 1949, pp.966-967.

이런 상황을 고려하면, 미국의 강력한 반대에도 불구하고 이승만 정부가 항공부대의 독립을 강행한 것은 "육군과 마찬가지로 조직과 기구를 확대한 뒤 미국의 원조를 받아내려는 의도"로 볼 수 있다.[22] 실제로 국방부에서는 미국 측에 항공력 원조를 끊임없이 요구했지만 번번이 거부당했기 때문에 독립 공군의 창설은 이승만이 시도할 수 있는 얼마 되지 않는 대응 수단 가운데 하나였다.[23] 미 군사고문단은 자신들이 독립 공군 창설을 지원할 준비가 전혀 되어 있지 않고, 당시 한국의 경제상황도 독립 공군을 운영할 수준이 아니라는 이유로 마지막까지도 한국 공군 창설을 강력하게 반대했다.[24] 그럼에도 불구하고 이승만 정부는 1949년 10월 1일부로 대통령령 제253호「공군본부 직제」를 발령하여 항공부대의 독립을 확정했던 것이다.[25]

독립 공군을 창설하고 인력을 모집했지만, 항공력을 정비하고 운용할 수 있는 전문 인력은 충분히 조직되지 못했다. 항공력을 건설하기 위해 우선 전문 인력을 양성하려 했지만, 전문 인력 양성을 위해서는 최소한의 항공력이 필요했다. 즉, 항공력의 기반을 건설하기 위한 마중물은 스스로 마련해야 했던 것이다. 이승만 정부가 선택한 대안은 국민모금을 통한 훈련기 도입이었다.[26] 1949년 9월 30일에 국회 본회의에서 '비행기 헌납운동에 대한 긴급 동의안'이 통과된 후 전국적인 '애국기헌납운동'이 진행되었다. 그

---

[22] 윤시원, 「제1공화국 초기 국방정책 연구: 한국군의 증강과 대미 군사외교를 중심으로」, 46쪽.

[23] 1948년 말부터 빨치산 진압 작전에서 항공력의 수요가 급증하자 미국 측에 항공력 증강을 지속적으로 요구했으나 미국은 수용하지 않았다. 1948년 12월 이범석 국방부장관은 임시군사고문단에 전투기 원조 가능 여부를 문의했고, 1949년 3월 8일 로버츠 고문단장에게 육군항공사령부의 항공기를 30대로 증강하고 고등훈련기인 AT-6를 지원해 줄 수 있는지 문의했다. 그리고 7월 1일에는 이승만 대통령이 직접 미국 대사관에 제트 전투기 F-80의 원조를 요청하였다. 그러나 미 군사고문단은 한국의 상황에서 F-80같은 고성능 항공기는 필요 없으며, L-5에서 AT-6로의 전환은 용이하지만 F-80으로의 전환은 어렵기 때문에 한국에 필요한 것은 AT-6라는 결론을 내렸다. 윤시원, 위의 논문, 44~46쪽.

[24] Robert K. Sawyer, Military Advisors in Korea: Kmag in Peace and War, Washington, DC: University Press of Pacific, 1988, pp.93-94.

[25] 백기인, 『건군사』, 240쪽.

[26] 물론 국민모금을 통해 도입한 10대의 '건국기'는 단순히 훈련용이 아니었다. 당시 한국 공군은 공격임무에도 사용하기 위하여 기관총과 실탄 등을 함께 구입하였다.

리고 이듬해 4월에는 모금액 3억 5천만 원으로 10대의 AT-6훈련기를 도입하였다.[27]

6 · 25전쟁이 발발하자 이승만 정부의 공군력 건설 노력은 어느 정도 결실을 맺었다. 전쟁 발발 당일에 이승만 정부는 미국 측에 즉각 전투기 원조를 요청했고, 다음 날 미 극동공군사령부 참모들과 만난 한국 공군 총참모장은 공군의 조종사 64명 중에 훈련 없이 F-51D 전투기를 조종할 수 있는 사람이 10명에 달한다고 주장하며 전투기 지원의 필요성을 주장했다. 미국 측은 10대의 F-51D 전투기를 지원하기로 결정했고, 선발된 조종사들은 일본 이타즈케(板付) 공군기지에서 전투기들을 인수하여 6일 만에 대구기지로 귀환했다. 이는 한국 공군이 보유하게 된 첫 전투기였다.[28]

그러나 후속 공군력 확충은 매우 더디게 진행되었고, 그마저도 대부분 지원기에 국한되었다. 1950년 12월 당시 공군에는 개전 시점보다 규모가 줄어든 19대의 항공기(L형 4대, T형 6대, F-51 8대, C형 1대)만 남아있었으며,[29] 1951년 6월 기준으로 F-51 21대를 포함하여 총 46대(F형 21대, L형 18대, T형 6대, C형 1대)가 전력의 전부였다.[30] 요구되는 작전을 원활하게 수행하기에는 턱없이 모자란 수준이었다. 인천상륙작전 이후 1950년 10월부터 집중적으로 전개되었던 항공차단작전은 중국군 참전 이후 4월부터는 중국군의 춘계 대공세에 맞서는 지상군의 반격작전을 지원하는 데까지 이어졌고, 8월부터는 지리산 지구 공비토벌작전도 개시할 예정이었다.[31]

27) 장성규, 「6·25전쟁기 한국공군의 성장과 미 공군 제6146부대의 지원」, 121쪽.
28) 공군본부, 『공군사 제1집 개정판』, 104~108쪽.
29) 공군본부, 『항공전사: 한국전쟁』, 서울: 공군본부, 1989, 232쪽. 이 수치는 공군본부 군수국의 「군원물자 도입 종합보고」 결과와 미 공군 무관연락부의 「주간 군무현황」을 바탕으로 작성된 것으로서 C-47 1대는 1950년 1년 동안 '임시보유' 상태로 관리되었다. 전쟁 기간 중 일자별 항공기 현황을 총괄해 놓은 자료는 존재하지 않는 관계로 항공기의 도입(추가), 손실, 잔류 현황의 세밀한 추이를 추적하는 데는 어려움이 있다. 또한 항공기 현황에 관한 단편적 정보를 제공해 주는 여러 사료들 사이에도 다소의 편차가 확인된다.
30) 『공군일지』는 전쟁 발발부터 1951년 전반기까지 이루어진 항공기 증강과 관련하여 1950년 9월에 L-4 4대, 11월에 C-47 1대, 이듬해 3월에 L-5 1대, 4월에 L-4 5대와 L-19 1대, 5월에 F-51 4대와 L-4 4대, L-2 1대, L-19 1대의 도입 사실만을 기록하고 있다.
31) 공군본부, 『공군사 제1집 개정판』, 207~228쪽.

또한 항공기 부족 때문에 불가피했던 비행훈련 부족이 또다시 항공기 부족을 심화하는 악순환을 초래했다. 1950년 7월 30일 당시 한국 공군에는 전투기를 조종할 수 있는 조종사가 34명뿐이었는데, 그 중에서도 숙련된 조종사가 부족하여 비행사고가 빈번하게 발생했던 것이다. 반복적인 비행사고로 인하여 항공기 보유 대수는 꾸준히 감소할 수밖에 없었다.[32]

개전 후 1951년 전반기까지 발생한 주요 항공기 사고는 최소 36건에 달했다(〈표 1〉 참조). 이 수치는 피탄(被彈)이나 심각한 사고로 인해 기체가 완전히 파괴된 사례 또는 대파(大破)된 사례만을 포함한 것으로, 『공군일지』는 여기에 포함되지 않은 파괴 또는 대파 사례뿐 아니라 다수의 중파(中破)나 소파(小破) 사례 또한 기록하고 있다. 『항공기 사고 통람』(이하 『통람』으로 표기)에서 누락된 10건(1950년 8건, 1951년 2건)을 포함하면 개전 후 한 해 동안 최소 46건의 항공기 사고가 발생한 것으로 파악된다(〈표 2〉 참조).

<표 1> 1950. 6월-1951. 6월까지의 항공기 사고

연도	건수	기종 구분	피해 구분
1950년	24건	L-4 16건, L-5 5건, T-6 2건, F-51 1건	파괴 4건, 대파 20건
1951년	12건	L-4 3건, L-5 3건, L-16 1건, T-6 2건, F-51 3건	파괴 5건, 대파 7건

출처: 공군본부, 『항공기 사고 통람 (1950-1972)』, 공군역사기록관리단 소장, 1973, 31~32쪽.

---

[32] 공군본부, 위의 책, 226~228쪽. 특별급 10명, A급 9명, B급 11명, C급 7명이었다. 특별급은 공군 창군 간부와 F-51 최초 인수 조종사들로서 이들 중 김정렬, 최용덕, 장덕창은 F-51을 조종한 경험이 없었다. 이들 외에 사천기지에서 T-6 항공기 훈련을 받고 있던 D급 조종사 10명과 T형, L형 조종사들이 존재했다.

<표 2> 『공군일지』에 기록된 항공기 사고(1950. 6월-1951. 6월)

연 도	일 자	기 종	피 해	원 인	『통람』에서의 기록[33]
1950년	6. 30.	L-4	파괴	피탄(사망)	-
	7. 4.	F-51	파괴	피탄(사망)	-
	8. 24.	L-4	파괴(전소)	피탄(부상)	미수록
	9. 1.	L-4	대파	피탄(사망)	-
		L-5	대파	기체이상	'9. 2.'로 기록
	9. 10.	L-4	중파	피탄	'9. 13.', '대파'로 기록
	9. 22.	L-4	중파	기체이상	미수록
	10. 1.	L-4	파괴	피탄(사망)	-
	10. 7.	L-4	파괴	피탄(사망)	-
	10. 13.	F-51	파괴	피탄(사망)	미수록
	10. 15.	L-4	대파	조종사	'10. 26.'로 기록
	10. 19.	L-16	소파	조종사	미수록
	10. 25.	L-4	중파	조종사	'대파'로 기록
	11. 2.	L-4	대파	조종사	미수록
	11. 12.	T-6	파괴	조종사(사망)	미수록
	11. 25.	L-4	중파	조종사	미수록
	11. 25.	F-51	대파	조종사	미수록
1951년	1. 29.	L-16	대파	정비사	'파괴'로 기록
	2. 18.	L-5	중파	조종사	미수록
	4. 14.	L-4	대파	조종사	'파괴'로 기록
	4. 16.	F-51	파괴	피탄(사망)	미수록
	4. 21.	F-51	파괴	피탄(사망)	'대파'로 기록
	6. 25.	L-5	파괴(전소)	조종사	'대파'로 기록

출처: 공군본부, 『공군일지』, 1950년-1951년

여기서 주목되는 것은 이 사고 중 상당수가 인재(人災)의 성격이 짙었다는 점이다. 『통람』에 기록된, 개전 이후 1년간 발생한 항공기 사고 36건 중 17건은 조종사(드물게는 정비사)의 과실에 기인했다. 『공군일지』에서만 언급된 10건 중에도 6건이 그와 유사한 성격의 사고였다. 확인할 수 있는 46건의 사고 중 절반은 훈련의 불충분이 초래한 결과였다. 결국 1951년 7월에 공군이 실제 보유하고 있던 F-51은 17대에 불과했는데, 그중 7대만이 전투 출격이 가능한 상황이었다.[34] 한국 공군의 관계자와 미국 고문관이 합동회의

---

33) 해당 사고가 『항공기 사고 통람 (1950-1972)』에서 달리 기술된 현황을 의미한다. 기록이 일치할 경우는 '-'으로 표기했다.

를 개최해 항공기 사고 방지책을 논의하기도 했다.[35] 이러한 상황에서 조종사를 양성하기 위해 선발한 공군사관학교 제1기 83명이 임관하자 이들을 훈련시킬 항공기조차 부족한 상황에 대한 공군의 위기감은 더욱 심각해졌다.

비행훈련 부족이 항공기 부족을 심화하고, 항공기 부족이 다시 비행훈련을 어렵게 만드는 악순환에서 탈출하기 위해서는 무엇보다도 항공기 손실을 최소화해야 했다. 공군은 일단 단편적이고 임기응변적으로 대응했다. 그중 한 가지는 추락한 항공기의 가용한 부품들을 다시 활용해서 새로운 항공기를 조립하는 것이었다.[36]

그러나 이러한 노력은 완전한 해결책이 되지 못했다. 미국이 "한국에서 공군은 별도로 유지될 필요 없이 근접지원을 위해 통합되어야 한다."는 입장을 견지하고 있던 상황에서 미국의 추가적인 원조를 기대하기도 어려웠다.[37] 게다가 북한에서 '항미원조(抗美援助)비행기기금헌납운동'을 추진하여 항공기 496대를 구입할 수 있는 34만 달러가 확보된 것으로 보인다는 점이 거론되면서 공군의 위기의식은 더욱 심화되었다.[38] 공군은 다시금 공군력 확충을 위한 마중물을 마련할 방법으로서 헌납운동을 강구하기 시작했다.

---

34) 공군본부,『공군사 제1집 개정판』, 219~228쪽. 한편, 다음 자료에는 당시 공군이 F-51 21대를 보유했던 것으로 기록하고 있다. 공군본부,『항공전사: 한국전쟁』, 232쪽.

35) 공군본부,『공군일지』, 1951년 11월 3일.

36) 1951년 2월 12일, 정찰비행전대 정비대 수리(修理)소대장과 대원들은 그 공로를 인정받아 공군 총참모장으로부터 표창을 받았다. 당시 정찰비행전대 배덕환 중위는 이 공적으로 1951년 2월에 공군 총참모장과 육해공군총사령관 표창을 받았고, 같은 해 3월에는 국방부장관 표창을 받았을 뿐 아니라 9월에는 을지무공훈장까지 받았다.(『공군일지』, 1951년 2월 12일.) 또한 3월 20일에도 부속품을 회수하여 조립한 L-5 11호기가 완성되어 시험비행을 실시하기도 했다.(공군본부,『공군일지』, 1951년 3월 20일.)

37) 이미숙,「6·25전쟁기 미국의 한국군 증강정책과 그 특징」, 212쪽.

38) 개전 당시 226대였던 북한 공군의 항공기 대수는 1951년 10월 당시 MIG-15 52대를 포함하여 325대로 증가되었다. UN공군의 참전과 함께 북한 공군이 사실상 괴멸되었던 점을 고려하면 놀라운 공군력 확충의 결과였다. 북한이 소련으로부터 지원받은 항공기는 유상(有償) 판매였으나, 북한이 그 대가를 지불하는 데 헌납운동에 얼마나 의존했는지에 대해서는 정확히 파악하기 어렵다. 다만 김일성은 1951년 4월 최고사령부 총참모장 남일에게 내린 지시에서 "이번에 들여오는 비행기들은 우리 인민이 푼전을 아껴가며 마련한 귀중한 외화를 주고 가져오는 것인 만큼……비행기를 자기의 눈동자와 같이 애호관리하며 부속품 하나라도 소중히 다루고 아껴 쓰도록 하여야 합니다"라고 강조했다. 이신재, "6·25전쟁기 북한공군의 성장과정 고찰", 216~220쪽.

Ⅲ. 6·25전쟁기 '항공기헌납기금모집운동'의 전개

공군은 문제의 해결의 실마리를 1949년 '애국기헌납운동'에서 찾았다. 이 전국적인 운동을 통해 건국기를 도입하는 데 성공한 경험이 있었다. 더 고무적인 점은 이 운동이 성공적으로 종료된 이후에도 헌납이 지속되었다는 사실이었다. 서울로 환도(還都)한 1950년 9월 이후부터 이듬해 1월까지 총무처에는 항공기헌납금으로 10,096,715원이 접수되었다.[39] 1951년 전반기 동안에 헌납금은 더 증가하여 헌납운동을 재개하기 직전인 7월까지 약 3억 원이 모금되기에 이르렀다.[40] 전쟁 중이었다는 점을 고려하면 이는 더욱 놀라운 일이었다. 공군은 성공적이었던 운동을 다시 한 번 시도하기로 결정했다.

1951년 7월 5일 공군본부 군수국장(現 군수참모부장)실에서는 항공기가 절대적으로 부족한 현재 상황을 타개하기 위해 '공군긴급정책 수립과 국민운동 전개'와 관련된 제1차 회의가 열렸다.[41] 이 회의에는 김기완 소령(공군본부 정훈감 겸 일반참모비서실장), 박충훈 소령(공군본부 군수국 기획과장), 서임수 대위(공군본부 부산분실), 이계환 대위(공군본부 정훈감실), 박상형 소위(공군본부 일반참모비서실)와 더불어 '창공구락부(蒼空俱樂部)'의 대표인 마해송 작가가 참석했다.[42] 회의에서는 정전의 기미가 보이는 국제

---

[39] 총무처, 「비행기 헌납금 전송에 관한 건」, 『국회 및 국무회의 관계서류철』, 국가기록원 소장, 관리번호: BA0587725, 1951. 총무처는 위 기금을 1월 19일에 국방부에 전달했다.

[40] 1951년 8월 헌납운동이 시작되기 전까지 이미 296,617,363원이 모금되어 있었다. 국방부, 「항공기헌납기금모집요강」, 『국무회의부의안건철』, 국가기록원 소장, 관리번호: BA0135063, 1951, 4쪽.

[41] 공군본부, 『공군긴급정책 수립과 국민운동 전개에 관한 회의록』, 국가기록원 소장, 관리번호: CA0201006, 1951, 3~5쪽.

[42] 창공구락부는 조선일보 기자 경력을 가진 정훈감 김기완 소령의 알선으로 1951년 3월에 종군 중이던 문인과 기자들을 중심으로 발족한 단체로, "국민의 항공사상 고취 및 공군 장병의 교양 앙양 등 내외 정훈공작(政訓工作)의 일익(一翼)을 담당"한다는 목표를 내걸고 있었다. 창단 당시 마해송과 조지훈은 '기획반', 구상과 이한직 등은 '종군보도반', 박두진과 박목월 등은 '발간반', 김기진과 최재서는 '전사편찬반', 최인욱과 최정희는 '기록반', 정준선은 '서무(庶務)반'으로 편성되었다. 이들은 공군 정훈감실과 협력하여 기관지 『창공』,

정세에 대한 전망과 한국에 대한 미국 수뇌부의 입장에 대한 설명이 이어
진 후, 헌납운동의 전개에 대한 김 소령의 제안 설명이 있었다. 김 소령은
먼저 다수의 조종사를 양성하여 그 수(數)에 걸맞은 항공기를 확보할 것을
제안하면서 이를 위해 신문(新聞)의 역할을 강조했다. 그는 한국의 신문에
는 애국적인 기사가 부족하고, 특히 공군에 대한 국민의 인식과 성의도 부
족한 사실을 지적하면서 '현실적'인 애국의 방법으로 항공기헌납운동을 전
개하자는 제안을 내놓았다. 구체적으로는 "모범비행(現 Airshow)이나 항공
사상 보급을 위한 행사" 등을 통해 공군에 대한 국민의 인식을 고양한 다음,
신문, 사진, 화보, 방송 등의 매체를 활용하여 헌납운동을 본격적으로 전개
한다는 계획이었다.

특히 이 회의는 헌납운동을 효과적으로 전개하는 데 민간 항공인 단체의
역할이 긴요하다는 점에 주목했다. 구체적으로는 사분오열 된 민간 항공인
들을 총망라하여 '영속적'인 '대한항공협회'를 조직하고, 이들로 하여금 공
군에 대하여 '마음속으로 우러나오는 지성(至誠)으로 협력케'하는 것이 긴급
한 일이라는 데 의견을 모았다. 그래서 민간 항공인들을 개별적으로 방문
하여 헌납운동의 취지를 전달하고 협력을 요청하기로 했다.

다음 날 열린 제2차 회의에서는 항공사상을 보급하고 헌납운동에 대한
우호적인 분위기를 조성하기 위한 방안으로서 창공구락부의 구체적인 활
동 계획이 논의되었다.[43] 마해송은 항공사상을 보급하고 우호적인 여론을
환기하기 위한 계획서를 제출했다.[44] 이를 토대로 구체적인 실행안이 마련
되었다. 여기에는 신문에 '지도기사(指導記事)'를 게재하고 방송을 통한 선
전활동뿐 아니라 항공문화강좌와 사진전시회, 그림 및 작문 현상 모집, 가
사(歌詞) 현상 모집, 포스터와 벽보 게시, 공중비행분열식 등의 활동이 포함

『코메트』, 『공군순보(空軍旬報)』를 발행하고 예술제 등 문예 행사를 주최하여 장병과 민간
인들의 사기를 진작하는 데 앞장섰다. 특히 전사 조종사들의 공훈을 추모하고 홍보하는
업무에도 적극적으로 참여했다. 공군본부, 『공군일지』, 1951년 3월 15일.
[43] 제1차 회의와는 달리 이 회의에는 공군본부 재무국장 김업 소령도 참석했다.
[44] 공군본부, 『공군긴급정책 수립과 국민운동 전개에 관한 회의록』, 6~8쪽.

되었다. 우선 대구 소재 6개 신문사에서 발행하는 신문에 기사들을 게재하기로 하였다.

방송을 통한 선전활동은 김영환 중령, 김기완 소령, 최정희 작가의 강연을 3회, 방송극과 경음악을 활용한 선전을 1회 하기로 했다. 그와는 별도로 대구와 부산에서 강연회와 항공문화강좌도 개최하기로 하였다(〈표 3〉 참조).

<표 3> 헌납운동을 위한 강연회와 항공문화강좌 개최 계획(1951년 7월)

행사 구분	주 제	강 사
강연회	공군 종군(從軍)보고	종군문인(구락부) 조지훈
	공군 종군(從軍)보고	종군문인(구락부) 최인욱
	우리 공군의 실정(實情)	최용덕 장군
	우리 공군의 전망	보좌관
	음 악	공군경음악대
	합 창	공군합창대
	영 화	미 제5공군 또는 주한미국공보원(USIS)에서 차용
항공 문화 강좌	현대전과 항공	준장 김창규
	국제 항공 정세(情勢)	소령 김기완
	항공발달사	소령 김석환
	전투 회고	중령 김영환
	취미 강연	작가 마해송, 구상

출처: 공군본부, 『공군긴급정책 수립과 국민운동 전개에 관한 회의록』, 6~8쪽

국민학교 학생과 초급 중학생을 대상으로는 그림과 작문 현상모집을 실시하기로 하였다. 그리고 공군이 보유한 항공기 전 기종을 투입한 모범비행은 공군에 대한 일반 국민들의 인식을 새롭게 할 것으로 기대했다.

앞선 두 차례의 회의와는 달리 7월 7일 열린 제3차 회의는 총참모장실에서 진행되었으며, 공군본부 행정참모부장 김창규 준장[45]도 참석했다.[46] 이 회의에서는 전날 계획했던 항공문화강좌의 주제를 일부 조정하여 김영환

---

45) 회의록에는 '김창규 대령'으로 기재되어 있으나 그는 회의 전날 준장으로 진급했다.
46) 공군본부, 『공군긴급정책 수립과 국민운동 전개에 관한 회의록』, 9~10쪽.

중령이 "항공인이 되려면"이라는 주제로 강연을 실시하기로 하였다. 이 강좌에서는 항공에 대한 지식을 보급하기 위해 항공영화도 함께 상영하기로 했다. 그 외에 민간 항공인의 명부를 작성하여 이들과 조속히 교섭을 개시하고, 헌납운동은 일단 부산 지역에 치중하여 최대 효과를 볼 수 있도록 전개하기로 하였다. 4백만 원가량으로 추정되었던 소요 경비는 잠정적으로 휼병감실(恤兵監室)에서 대출 형식으로 충당하고, 사무실은 당분간 영남일보사 내 공간을 사용하기로 하였다.

공군의 항공기헌납운동 구상은 국방부에 의해서 더욱 구체화되었다. 국방부는 이 구상을 '국민운동'化하기로 결정했다. 1951년 7월 19일 차관회의에서 '훈련용 경비행기 구입의 건'으로 헌납운동 관련 안건이 상정되었다. 이 회의에서 국방부차관(김일환)은 공군의 전력을 확충하는 과정에서 훈련용 경비행기가 소요되기 때문에 헌납기금 모집을 하나의 국민운동으로 전개하고자 한다는 계획을 공표하고 각 부처의 협력을 요청하였다.[47] 이어 7월 24일 경남도청에서 열린 국무회의에서는 국방부장관(이기붕)이 '항공기헌납기금모집요강(要綱)'을 제출해 안건으로 다루었다.

국방부가 마련한 이 요강은 공군의 안(案)을 적극적으로 수용한 것으로, 헌납운동의 목적과 기간, 목표금액은 물론 헌납기금을 거출하는 계획과 방법, 그리고 이를 선전하는 방안 등에 대한 구체적인 내용을 포함하고 있었다.[48] 요강은 먼저 지난 1년 동안 빈곤한 무장(武裝)으로 인해 겪어야만 했던 처참한 비극을 회고하며 군비(軍備)의 확충이 긴요하다는 점, 특히 공군력의 강화가 필연적이라는 점을 역설하였다. 그리고 전쟁 발발 이전부터 '국민운동'으로 전개해 오던 항공기헌납운동을 보다 적극적으로 추진하여, 조종사와 정비사를 양성하기 위해 시급히 필요한 훈련기 100대를 구입할 수 있는 헌납금을 모금하겠다는 취지를 분명히 밝혔다. 또한 한국을 과학

---

47) 총무처, 「비행기 헌납에 관한 국민운동 전개의 건」, 『제32차 차관회의록』, 국가기록원 소장, 관리번호: BA0085309, 1951.
48) 국방부, 「항공기헌납기금모집요강」, 1~16쪽.

기술과는 인연이 먼 나라, 지상병력만 무력으로 인식하는 "미개(未開)"한 나라로 취급하는 인식을 언급하면서 헌납운동을 통해 항공사상을 널리 보급하고, 과학에 대한 한국 국민의 열의를 해외에 알려 원조에서도 유리한 분위기를 조성하고자 했다.

국방부는 보통훈련기와 고급훈련기 각 50대를 구입하는 데 175만 달러, 즉 105억 원이 소요되는 것으로 산정했다. 그리고 이 금액을 마련하기 위해 1951년 8월 1일부터 10월 30일까지 3개월에 걸쳐 총 745만 명을 대상으로 모금액을 거출(據出)하고자 했다. 상세한 대상과 내역은 〈표 4〉와 같다.

<표 4> 거출 대상과 예정액

대 상	예정액	내 역
정부에 예속된 각종 관공리(官公吏)	750,000,000	25만 명 × 3,000원
현역 군인과 군속(軍屬)	100,000,000	20만 명 × 500원
공군 군인과 군속	10,000,000	5천 명 × 2,000원[49]
각 학교(초·중등)와 종교단체	1,000,000,000(학교) 100,000,000(종교)	1백만 명 × 1,000원 1십만 명 × 1,000원
극장과 흥행(興行)	270,000,000	3만 명 × 90 × 100원
회사·각 공장, 금융단, 기업체	2,200,000,000	회사·각 공장 20만 명 × 1,000원 금융단 10억 원, 기업체 10억 원
행정세포(細胞)(각 호당(戶當))	3,000,000,000	3백만 명 × 1,000원
대한항공협회(각종기관)	2,300,000,000	
총 예정액(이상(以上) 합계)		9,730,000,000
기납금(旣納金)	296,617,363.07	
총 계	10,026,617,363.07	

출처: 국방부, "항공기헌납기금모집요강", 1951.

국방부는 효과적인 거출을 위해 기금 모집에 앞서 국민의 여론을 환기시키고자 노력했다. 이는 원활한 거출에도 도움이 되고 대외 선전에도 기여할 것이라고 판단했다. 여론을 환기하기 위해서는 전 문화인, 특히 문학인

---

49) 공군은 직접적인 유관 기관으로서 타 기관에 비해 과중하더라도 5천 명이 개인당 2천 원씩 거출한다고 명시하고 있다. 국방부, 「항공기헌납기금모집요강」, 7~8쪽.

들의 궐기가 필요하다는 점이 강조되었다. 구체적으로는 공군 내부에서 실행했던 것과 같이 신문을 활용한 선전, 강습회, 방송, 강좌, 외신기자 초청, 사진전시회, 현상모집 등을 활성화하고, 여론이 충분히 형성되면 "자연히 국민 간에 분기(憤起)한 것처럼" 항공단체를 조직하여 헌납운동을 지원하는 역할을 맡기고자 했다. 이렇게 조직될 '대한항공협회'는 입법부, 정부 그리고 반관반민(半官半民) 기관의 요원들이 그 중추가 되는 것으로 상정되었다.

그러나 이 국무회의에서는 우선 관공리(官公吏)와 군인, 군속(軍屬)을 대상으로 그 봉급의 '5분(分)'에 해당하는 5억 원을 시범적으로 거출한 후 여론의 추이를 살펴보고 운동의 향후 진로를 모색하는 것으로 의결하였다. 전쟁 중에 1백억 원이라는 큰 규모의 목표액을 정하고 일반 국민까지 거출대상으로 삼는 것은 '부담이 과중할 우려'가 있는 것으로 판단했기 때문이었다.[50]

국무회의를 거친 헌납금 거출의 건이 국회에서 논의된 것은 8월 6일이었다. 대한청년단 소속 서상덕 의원은 "비행기 헌납금 거출에 관한 결의안"을 대표발의하면서 전날 졸업한 공군사관학교 제1기생 83명이 비행기가 없어서 "울고 있다는" 현실을 언급했다. 서 의원은 비행기 헌납금 모금에 국회가 솔선수범하는 것이 국민에게 모범이 될 뿐 아니라 미국의 원조를 촉진하는 데도 기여할 것이라고 주장했다. 결과적으로 그는 세비(歲費) 중 1할을 헌납하자고 제안했다.[51]

하지만 국무회의에서와 마찬가지로 국회 내부의 논의 과정에서도 전쟁이라는 현실이 장애물이 되었다. 무소속 김용우 의원은 헌납운동에 대해서는 그 누구도 반대할 수 없다고 전제하면서도, 이 운동의 목표가 막연하다고 비판했다. 그러면서 국민들이 느끼고 있는 고통에 대해 다음과 같이 언급했다.

---

50) 국방부, 「항공기헌납기금모집요강(제85회)」, 『국무회의록보고철』, 국가기록원 소장, 관리번호: BA0135067, 1951, 3쪽.
51) 국회사무처, 『제11회 제40호 국회임시회의속기록』, 1951년 8월 6일.

현재 우리 국민으로서는 국채 기타 여러 가지에 있어서 고통을 느끼고 있는데 이러한 우리가 도달할 수 있는 어떠한 목표를 정하지 않고 그대로 진행한다고 하는 데에 대해서는 어느 정도 고려할 바가 있다……52)

정부와 국회의 이러한 신중한 입장에도 불구하고 헌납운동은 이미 '국민운동화'를 시도하고 있었다. 국방부 안이 국무회의에서 다뤄진 지 약 1주가 지난 뒤 『동아일보』는 '대공(大空)은 방위제일선, 항공기를 한 대라도 더 구입, 헌납운동에 자진 참가하자'라는 제하(題下)에 다음과 같이 보도했다.

보라! "개미떼"와 가치 쏘다저 나려오던 중공 오랑캐들이 숨도 돌릴 새 업시 격퇴 당한 것도 항공기의 의(依)한 작전의 주효(奏效)이라고 하겠으니 이제 우리는 정전(停戰)의 가부(可否)를 고사(姑捨)하고 새로운 규모의 차기 전쟁을 상정하고 만반의 대비가 잇서야 할 위치에 노혀 잇다. 백절불굴의 훈련과 강철과 가튼 정신의 무장도 필요하다. 그러나 이보다도 장비를 가춘다는 것이 무엇보다도 필요하다. 이리하여 정부에서는 동란 전부터 국민운동화하여 온 항공기헌납운동을 또 다시 전개하리고 되어 8월 1일부터 10월 말까지 3개월간에 걸쳐 전국적으로 운동을 전개하게 되엇는데 이 헌납운동을 통하여 고급연습기 ○○○대를 구입할 예정이라 하며 이 기회를 이용하여 일반 국민에게 항공사상을 보급하는 동시에 우수한 한국의 공군을 건설할 계획이라는 바, 우리 국민은 자주방위의 간성인 대공수호의 용사 공군을 위하여 거족적으로 갹출 헌납운동에 자진 참가하자!53)

이기붕 국방부장관도 방송을 통하여 전 국민에게 공군 전력의 증강이 긴급하다는 점을 호소하고 항공기헌납운동에 적극 협력하여 줄 것을 당부했다.54) 전쟁 중이었음에도 불구하고 이 운동에 대한 국민들의 반응은 주목

---

52) 국회사무처, 위의 책. 이날 회의에서 세비의 1할을 헌납하자는 제안은 결국 만장일치로 가결되었다.
53) 「대공(大空)은 방위제일선, 항공기를 한 대라도 더 구입, 헌납운동에 자진 참가하자」, 『동아일보』, 1951년 7월 30일.
54) 공군본부, 『공군일지』, 1951년 8월 1일.

할 만 했다. 9월 5일『동아일보』는 북한에서 남하한 피난민을 비롯하여 전국 각지의 국민들로부터 계속 헌금이 답지하고 있으며, 점차 헌납에 대한 열의가 고도화(高度化)하여 지방에서도 상당액이 모금되고 있다고 보도했다. 특히 이미 봉급에서 헌금을 낸 공무원 중에도 자진해서 제차 갹출하는 등 이 운동이 실로 '대대적인 국민운동화'하고 있다고 전했다.[55] 같은 날『마산일보』도 거제도 사등면(沙等面) 관내의 북한 피난민들이 "굶주림과 피난의 쓰라림 속에서도 하루 빨리 멸공(滅共)과 조국통일을 염원하는 애국열로서" 70만 원을 헌납한 사례를 자세히 소개했다.[56] 1949년에도 비행기 구입기금을 헌납했던 전남의 한 인사는 공보처장에게 성금 5천 원과 함께 "공산침략으로부터 국토를 방어하고 멸공성전(滅共聖戰)을 하로 속히 완수하기 위하여 삼천만이 비행기 구입기금 헌납운동에 애국지성을 발휘하라"는 혈서 충고문을 보냈다.[57]

공군과 국방부의 계획처럼 항공협회도 재건되어 헌납운동에서 기대된 역할을 담당했다. 8월 들어 신익희(申翼熙) 의원을 회장으로 하고 국회 국방위원회 권기옥(權基玉) 전문위원과 비행사 김영수(金永修), 서웅성(徐雄成), 김동업(金東業), 김진섭(金鎭燮)을 위원으로 하는 대한항공협회 재건위원회가 발족되었다. 이 위원회에는 공군의 김창규 준장, 이계환·박충훈 소령, 서옥수 대위가 정식 위원으로 합류했다. 이들은 헌납운동을 주도해 온 공군 내 인물들로서, 이들의 합류는 항공협회의 재건이 헌납운동의 조직적 전개를 보장하기 위한 공군의 계획에 따른 결과물이었다는 사실을 보여준다. 항공협회는 재건 단계에서부터 "항공기 구입 대책위원회"를 운영했다.[58]

그러나 전쟁 중 진행된 헌납운동은 그 성과가 만족스럽지 못했다. 애초

---

55)「비기(飛機)헌납금 답지」,『동아일보』, 1951년 9월 5일.

56)「北韓避難民의 赤誠 感激!! 航空基金을 献納」,『마산일보』, 1951년 9월 5일.

57)「애국심 발휘 읍소, 김경천(金京天) 씨가 혈서로 비기구입기금 헌납 촉구」,『동아일보』, 1951년 9월 26일.

58)「항공협회 재건」,『동아일보』, 1951년 8월 7일;「항협(航協) 재건 궤도, 임원 선임 구성」,『동아일보』, 1951년 8월 22일.

에 10월까지로 설정되었던 3개월의 기간 동안 국방부에 헌납된 총액은 1억 2천만여 원이었으며, 헌납운동이 시작되기 전에 모금되어 이월된 약 3억 원과 합하더라도 총액은 4억 2천여만 원에 불과했다. 이는 처음 목표액인 100억 원의 불과 4%에 해당하는 금액이었다.[59] 결국 헌납운동 기간은 1952년 4월까지로 연장되었다.[60] 국민들의 보다 적극적인 참여를 유도하려는 다양한 시도에도 불구하고 1952년 들어서는 성과가 더욱 제한되었다. 서울에서 부산으로 피난하여 노천에서 수업을 계속하던 경기중학교 학생들이 50여만 원을 기탁하는 등 헌납의 움직임은 계속되었지만, 1952년 2월 중에 접수된 항공기헌납기금은 1천 4백여만 원에 지나지 않았다.[61]

Ⅳ. 결론

항공기 도입이라는 측면에서만 보면, 1949년과 달리 1951년의 항공기 헌납운동은 가시적 결과를 도출하지 못했다고 평가할 수 있다. 헌납운동이 시작되기 직전인 1951년 7월 한국 공군은 총 48대(L-4 12대, L-5 5대, 임시보유 중인 L-17 1대, L-19 2대, T-6 6대, F-51 21대, C-47 1대)의 항공기를 보유하고 있었으나 헌납운동이 공식적으로 전개되었던 1951년 8월부터 이듬해 4월까지 공군에 항공기가 실제로 증가한 내역은 미 8군으로부터 수령한 L-15 5대와 미 공군으로부터 추가로 인수한 F-51 1대에 불과했다.[62] 그러나 단순히

---

59) 「누계 4억여 원, 목표액의 불과 4%, 비기헌납기금」, 『동아일보』, 1951년 11월 16일. 이 매체는 이날 보도에서 "금후 일반의 적극 협력이 요망"된다고 썼다.
60) 공군본부, 『공군일지』, 1951년 11월 7일.
61) 「경기중학서 비기기금 기탁」, 『경향신문』 1952년 3월 2일; 「비행기구입기금 답지(遝至)」, 『동아일보』 1952년 3월 12일. 이 헌납운동의 최종 모금액은 확인되지 않는다. 1949년의 '애국기 헌납운동'이 그랬듯이 1951년 운동의 공식적인 기간이 종료된 이후에도 기금은 간헐적이나마 계속적으로 답지했다.
62) 공군본부, 『항공전사: 한국전쟁』, p.232.; 공군본부, 『공군일지』, 1952년 1월 16일, 1952년 1월 30일.

모금액의 규모나 증강된 항공기의 대수만으로 헌납운동의 역사적 의의를 평가하는 것은 지나치게 단편적이다. 그 진정한 의의는 6·25전쟁 이전부터 시작된 한국의 공군력 건설 및 확충 노력에 대한 전반적이고 장기적인 맥락에서 조명할 필요가 있다.

헌납운동의 역사적 의의는 우선 6·25전쟁기에 한국이 공군력을 확충해 가는 과정에서 원조의 주체인 미국 측에 군사력 확충의 적극적인 결의를 전달하였다는 점에서 찾을 수 있다. 헌납운동의 개시와 함께 공군 총참모장은 수차에 걸쳐 주한 미국 대사관의 공군무관과 회견하여 미국 측의 견해를 비공식적으로 타진하였다. 미국은 머지않아 한국 공군 전력에 대한 미국의 지원 정책이 명백히 정해질 때까지 항공기 구입은 보류해 줄 것을 요청하면서도, '헌납운동의 본지(本旨)를 존중하는 의미'에서 연습기 20대 이내로 한정하여 10월 20일 이후에 계약이 가능하다는 추가 의견을 개진해 왔다.[63] 이는 1949년에 한국이 '애국기헌납운동'을 통해 마련한 기금으로 항공기 구입을 요청했을 때 "한국에 대한 항공기 판매정책이 없다는 이유로" 거절했던 태도와는 상이한 반응이었다.[64] 특히 미국이 헌납운동의 초기인 8월 말에 이미 이러한 입장을 정리했다는 것은 미국이 한국인의 공군력 확충 의지에 대한 강한 인상을 받았다는 사실을 보여준다.

다음으로 이 헌납운동은 한국 공군을 발전시키기 위해 더욱 체계적으로 구상한 『3개년계획안』을 수립하는 데 강력한 자극을 가했다. 헌납운동의 제2기에 해당하던 1952년 3월, 공군은 전력 확장을 위한 3개년 계획서를 작성하여 정부 주요 부처와 국회 주요 인사들뿐만 아니라 주한 미(美) 제5공군사령관과 주한 미 대사관을 대상으로 배포하였고 주미(駐美) 한국대사관을 통해서는 미국 국회·국방성·합참·공군성 등에도 전달하였다.[65] 1952년 4월

---

63) 「항공기헌납운동에 대한 주미 대사관 측 의견에 관한 건」, 『국방내무관계서류철』, 국가기록원 소장, 관리번호: BA0135105, 1951.

64) 공군본부, 『공군사 제1집 개정판』, 45쪽.

65) 공군본부, 『공군일지』, 1952년 3월 1일. 사실 이『계획안』은 이미 1952년 1월에 수립을 완료한 상태였다. 「공군 3개년계획안 드디어 장비(裝備)를 완료」, 『경향신문』, 1951년 1월 21일.

부터 1955년 3월까지 3년에 걸쳐 F-84급 전투기를 주력으로 하는 4개 비행단, 즉 300기의 전투기를 갖춘 공군을 완성하고자 했던 이 계획은 공군의 "대미 (對美) 의존성"에 대해 다음과 같이 언급하고 있었다.

우리는 국방에 전력을 경주하여 왔다. 그러나 한국의 재정 및 경제의 고갈은 공군에게 소용되는 예산을 부여할 수 없으며, 전연 이익이 동일한 우방 즉 미국의 호의적 원조를 기대하게 하는 것이다. 이 막연한 희망을 전제로 하여 정부는 5,800명의 공군 병력 유지에 필요한 봉급, 식량, 사무비 및 약간의 교육비를 담당하고 있을 뿐이다. 1952년도 예산도 비행기, 탄약, 연료 등은 미국에 의빙(依憑)하는 전제로 계상되었으며 더구나 공업 동원이 불가능한 국내 상태로 보아 이러한 애로의 타개는 미국에의 호소로 밖에 있을 수 없다는 결론이 되는 것이다.[66]

한국이 처한 현실적 한계를 분명히 인식하면서도 『3개년계획안』은 다음과 같은 "한국 정부의 결의"로 마무리하고 있다.

"육군10개 사단에 대하여 공군 4개 비행단이 절대 필요하다."를 신조로 하고 우방 미국 정부의 힘을 빌리고 설혹 여의치 않을 경우에는 자력으로라도 해결하겠다는 결의만 있으면 만사는 용이하고 진전될 것이다.

공군력 확충의 절대적 당위와 불가피한 한계에 대한 이러한 뚜렷한 인식은 이 계획안이 전시(戰時)라는 열악한 상황에서도 국민의 자발적인 헌납금에 의존하여 전력을 확충하려 했던 1951년 헌납운동의 동기와 인식을 그대로 계승하고 있음을 보여준다. 또한 헌납운동이 보여준 현실적 한계뿐 아니라 공군력의 확장에 대한 범국민적 지지를 인식함으로써 공군은 보다 체계화된, 그러나 한층 야심적인 확장 계획을 수립하여 미국에 직접적으로 호소하려는 시도로 나아갔던 것이다.

---

66) 공군본부,『대한민국공군 3개년계획안』, 공군역사기록관리단 소장, 5쪽.

지금까지 살펴본 바와 같이, 1951년에 시도된 '항공기헌납기금모집운동'은 하나의 처절한 실패였다. 6·25전쟁이라는 결핍과 고통의 기간에 막대한 액수를 모금하려 했다는 점에서 어쩌면 가망 없는 시도였다. 그러나 한국의 공군력 건설은 그 시작부터 '가망 없는 시도'의 연속이었다. 1943년에 광복군에서「공군설계위원회 조례」를 제정했을 때에도, 해방 직후 '한국항공건설협회'를 만들었을 때에도, 심지어 1948년에 최초의 항공부대가 만들어졌을 때에도 공군을 창설하겠다는 시도가 이미 실현 가능성이 거의 없는 것이었다.[67] 그 가망 없는 시도들을 간과하면 한국의 공군력 건설과정을 온전하게 이해하기 어려운 것이다.

헌납운동이 제2기에 접어들어 있던 1951년 연말에 공군 총참모장은 기자회견에서 '자주적 국방'의 필요성을 역설했다.

> 이제 또 다시 방대(尨大)한 적 공군세력을 볼 때 우리는 다시금 중대한 사태를 예기하지 아니치 못할 것으로 생각되며 우리 공군 확충은 실로 초미의 급한 일이다. 북한괴뢰공군에 대한 정보는 이미 「유엔」군 총사령부와 미 국방성에 보고된 것으로 믿고 있으며 이에 대한 전체적인 고려가 진행 중일 것이라고 나는 생각한다. 그러나 우리는 자주적 위치에서 우리 국방력을 건설해야만 될 것으로 정부는 물론 전 국민이 총 역량을 기울일 것이며 우방국가의 성의 있는 군사원조도 기대하는 바이다.[68]

헌납운동은 공군력을 건설하기 위한 한국의 "자주적" 노력을 상징적으로 보여주었다. 6·25전쟁기 한국 공군은 불가피하게 미국의 원조에 의존할 수밖에 없었지만, 공군력 건설과 확충은 일방적인 '시혜'의 결과로만 간주할 수 없다. 그것은 원조에 관한 미국 내 정치적·정책적 판단의 변화와 함께 절박한 상황을 타개하려는 한국의 자주적인 노력이 상호작용하는 과정

---

67) 공군 창설기의 환경에 대해서는 다음을 참고할 것. 강창부, 김기둥, 이지원, 「공군의 창설에서 최용덕의 역할」『민족문화논총』, 제64호, 2016.
68) 공군본부, 『역대참모총장 연설문집(제1대-5대)』, 1982, 99~100쪽.

이었다. 비록 목표액을 달성하지 못했다는 점에서 결국 실패했지만, 그 시도는 1943년 이후부터 지속되고 그 이후에도 『3개년계획안』등으로 이어졌던 자주적인 공군력 건설 노력의 뚜렷한 계승이었다.

참고문헌

1. 1차 자료

공군본부, 『공군일지: 1948-1953』, 공군역사기록관리단 소장, 2001.

공군본부, 『공군긴급정책 수립과 국민운동 전개에 관한 회의록』, 국가기록원 소장, 관리번호: CA0201006, 1951.

공군본부, 『대한민국공군 3개년계획안』, 공군역사기록관리단 소장, 1952.

공군본부, 『역대참모총장 연설문집(제1대-5대)』, 공군역사기록관리단 소장, 1982.

공군본부, 『항공기 사고 통람 (1950-1972)』, 공군역사기록관리단 소장, 1973.

공보처, 『官報』 제187호, 1949년 10월 1일, 대통령령 제254호, "空軍本部職制"

국방부, 『국방본부역사일지』, 국가기록원 소장, 관리번호: BA0838447, 1966.

국방부, 「항공기헌납기금모집요강」, 『국무회의부의안건철』, 국가기록원 소장, 관리번호: BA0135063, 1951.

국방부, 「항공기헌납기금모집요강(제85회)」, 『국무회의록보고철』, 국가기록원 소장, 관리번호: BA0135067, 1951.

국방부, 「항공기헌납운동에 대한 주미 대사관 측 의견에 관한 건」, 『국방내무관계 서류철』, 국가기록원 소장, 관리번호: BA0135105, 1951.

국회사무처, 『제1회 국회 제100차 회의 국회속기록』, 1948년 11월 10일, 국회회의록 시스템(http://likms.assembly.go.kr)에서 검색.

국회사무처, 『제11회 제40호 국회임시회의속기록』, 1951년 8월 6일, 국회회의록시 스템(http://likms.assembly.go.kr)에서 검색.

총무처, 「비행기 헌납금 전송에 관한 건」, 『국회 및 국무회의 관계서류철』, 국가기 록원 소장, 관리번호: BA0587725, 1951.

총무처, 「비행기 헌납에 관한 국민운동 전개의 건」, 『제32차 차관회의록』, 국가기록 원 소장, 관리번호: BA0085309, 1951.

총무처, 『제32회 국무회의록』, 1949년 3월 18일, 국가기록원 검색체계(http://theme. archives.go.kr/next/cabinet/viewArchiveDescription.do?index=2)에서 검색.

총무처, 『제56회 국무회의록』, 1949년 6월 7일, 국가기록원 검색체계(http://theme. archives.go.kr/next/cabinet/viewArchiveDescription.do?index=2)에서 검색.

United States Department of State, *Papers Relating to the Foreign Relations of the United States, 1949*, Washington: U.S. Government Printing Office, 1949.

2. 신문 자료

「대공(大空)은 방위제일선, 항공기를 한 대라도 더 구입, 헌납운동에 자진 참가하자」, 『동아일보』, 1951년 7월 30일.

「비기(飛機)헌납금 답지」, 『동아일보』, 1951년 9월 5일.

「北韓避難民의 赤誠 感激!! 航空基金을 献納」, 『마산일보』, 1951년 9월 5일.

「애국심 발휘 읍소, 김경천(金京天) 씨가 혈서로 비기구입기금 헌납 촉구」, 『동아일보』, 1951년 9월 26일.

「항공협회 재건」, 『동아일보』, 1951년 8월 7일.

「항협(航協) 재건 궤도, 임원 선임 구성」, 『동아일보』, 1951년 8월 22일.

「누계 4억여 원, 목표액의 불과 4%, 비기헌납기금」, 『동아일보』, 1951년 11월 16일.

「경기중학서 비기기금 기탁」, 『경향신문』, 1952년 3월 2일.

「비행기구입기금 답지(遝至)」, 『동아일보』, 1952년 3월 12일.

3. 국문문헌

공군본부, 『항공전사: 한국전쟁』, 서울: 공군본부, 1989.

공군본부, 『공군사 제2집』, 서울: 공군본부, 1964.

공군본부, 『공군사 제1집 개정판』, 계룡: 공군본부, 2010.

국방부, 『국방사』, 서울: 국방부역사편찬위원회, 1987.

김경록, 「6·25전쟁 이전 공군의 창군과 전력 증강」, 『軍史』제73호, 2009.

김경록, 「해방 이후 남북한의 공군력 인식과 한국전쟁 준비과정」, 『軍史』 제67호, 2008.

김기둥, 「1945-1948년 항공력 건설 노력과 그 의의」, 『軍史』 제99호, 2016.

김기둥·강창부·이지원, 「공군의 창설에서 최용덕(崔用德)의 역할」, 『민족문화논총』 제64집, 2016.

박동찬, 「주한미군사고문단(Kmag)의 조직과 활동(1948-53)」, 한양대학교 사학과 박사학위논문, 2011.

백기인, 『건군사』, 서울: 군사편찬연구소, 2002.

윤시원, 「제1공화국 초기 국방정책 연구: 한국군의 증강과 대미 군사외교를 중심으로」, 성균관대학교 사학과 석사학위논문, 2009.

이미숙, 「6·25전쟁기 미국의 한국군 증강정책과 그 특징」, 『軍史』 제67호, 2008.

이신재, 「6·25전쟁기 북한공군의 성장과정 고찰」, 『軍史』 제89호, 2013.

장성규, 「6·25전쟁기 한국공군의 성장과 미 공군 제6146부대의 지원」, 『軍史』 제75호, 2010.

한철호, 『미국의 대한정책: 1834-1950』, 한림대학교 아시아문화연구소, 1998.

4. 영문문헌

Neiberg, Michael S., *Warfare in World History*, London: Routledge, 2002.

Olson, John Andreas, ed., *Routledge Handbook of Air Power*, New York: Routledge, 2018.

Sawyer, Robert K., *Military Advisors in Korea Kmag in Peace and War*, Washington, D.C.: University Press of Pacific, 1988.

필자소개(논문순)

박민선(朴民善)

숭실대학교 대학원 사학과에서 한국근현대사를 전공하고 석사학위를 취득하였으며, 현재 동대학원에서 박사과정에 재학중이다. 여성가족부 한국여성인권진흥원 산하 일본군'위안부'문제연구소 연구원을 역임하였다. 주요논문으로는 「전시체제기 일제의 육군특별지원병제도의 선전과 조선인 전쟁영웅화 작업 - 李仁錫의 사례를 중심으로」(2018) 등이 있다.

윤휘탁(尹輝鐸)

중국 요녕대학과 남개대학에서 유학하였으며, 현재 국립 한경대(韓京大) 브라이트 칼리지 교수로 재직 중이다. 주요 저서로는 『일제하 만주국 연구: 항일무장투쟁과 치안숙정공작』(1996), 『중일전쟁과 중국혁명-'전쟁'과 '혁명'의 이중주: 전쟁혁명-』(2002), 『新중화주의: '중화민족 大家庭 만들기'와 한반도』(2006), 『만주국: 식민지적 상상이 잉태한 '복합민족국가'』(2013), 『近代中國: 社會,政治與思潮』(공저 2000), 『周邊から見た20世紀中國』(공저, 2002), 『동아시아의 민족이산과 도시--20세기 전반 만주의 조선인』(공저 2004) 등이 있다. 주요 논문으로는 「China's Northeast Project: Defensive or Offensive Strategy?」(2004), 「僞滿洲國勞動界的民族結構和民族間的位置關係」(2004), 「滿洲國的 '流浪者(nomad)': 在滿朝鮮人的生活和認同」(2015) 등이 있다.

윤효정(尹孝靖)

고려대학교 대학원에서 한국근현대사를 전공하고 박사학위를 취득하였다. 고려대 한국사연구소 연구교수와 BK21플러스한국사학미래인재양성사업단 연구교수를 역임하였으며, 현재 순천대학교 인문학술원 학술연구교수로 재직 중이다. 주요 저역서로 『일본, 한국병합을 말하다』(공역, 2011), 『일제시대 문화유산을 찾아서』(공저, 2012), 『당신이 알아야 할 한국사 10』(공저, 2013) 등이 있고, 주요 논문으로 「신간회의 창립 과정 연구-조선공산당의 활동을 중심으로」(2017), 「조선일보의 중국 국공합작 지지 담론과 신간회 창립 지원」(2018), 「복대표대회 전후 신간회 본부의 재편과 활동」(2018), 「1929년 이래 신간회 지회의 쇠퇴 추이 검토」(2018), 「일제 말 『매일신보』의 조선인 학병 동원 담론의 양상과 특징」(2020) 등이 있다.

이병규(李秉奎)

북경대학교 대학원에서 중국근현대사를 전공하고 박사학위를 취득하였다. 현재 북경대학교 의학인문대학의 교수로 재직 중이다. 주요 저서로 『太行抗日根据地中共农村党组织』(2011), 『狂澜与潜流: 中国青年的性恋与婚姻』(2015) 등이 있고, 주요 논문으로 「评石岛纪之著〈抗日战争时期的中国民众〉」(2017), 「民国医界"国医科学化"论争」(2017), 「抗战时期沦陷区城市青年的生存与心态」(2018), 「战时围绕卢沟桥事变的纪念活动与战争认识建构」(2018) 등 다수가 있다.

임성모(任城模)

연세대학교 대학원에서 일본근대사를 전공하고 박사학위를 취득하였다. 연세대학교 강사, 광운대학교 연구교수 등을 역임하였으며, 현재 연세대학교 사학과 교수로 재직중이다. 주요 저서로는『문화, 정체성, 차이』(2014), 『제국일본과 문화권력』(2011), 『전후 일본의 보수와 표상』(2010) 등 다수가 있으며, 주요 논문으로는 「냉전과 대중사회 담론의 외연: 미국 근대화론의 한·일 이식」(2015), 「월경하는 대중: 1970년대 한국여성노동자의 오키나와 체험」(2013), 「냉전기 일본 진보파 지식인의 한국 인식 -『세카이』의 북송·한일회담 보도를 중심으로」(2011) 등 다수가 있다.

강창부(姜昌賦)

서울대학교 서양사학과에서 학사·석사 학위를 취득하고, 영국 버밍엄대학교 Modern History학과에서 제1차 세계대전 연구로 박사학위를 취득했다. 현재 공군사관학교 군사전략학과 교수로서 전쟁의 과거, 현재, 미래를 총괄하여 강의하고 있다. 주요 저·역서로는『다시 쓰는 전쟁론』(역서, 2018), 『항공전의 역사』(역서, 2017), 『근현대 전쟁사』(역서, 2016), 『서양사강좌』(공저, 2016), 『현대전의 이해』(역서, 2014) 등이 있다. 주요 논문으로 「6·25전쟁기 '전시생활개선법'과 후방의 '생활동원'」(2020), 「6.25전쟁기 한국의 공군력 확충 노력」(공저, 2018), 「공군의 창설에서 최용덕(崔用德)의 역할」(공저, 2016), 「교착과 돌파: 서구 학계의 제1차 세계대전 연구 동향과 쟁점」(2014), 「당나귀들의 분투?: 제1차 세계대전기 영국육군 장군들의 지휘통솔과 '학습곡선'」 등 다수가 있다.

강성호(姜聲湖)

국립순천대학교 인문학술원 원장. 역사이론 및 세계현대사 전공. 고려대학교 사학과에서 박사학위를 받았다. 순천대학교 사학과 교수, 미국 UC 버클리 방문학자, 순천대 지리산권문화연구원 원장및 HK단장, 한국서양사학회 회장, 한국연구재단 학술지발전위원장 등을 지냈다. 현재 순천대 인문학술원장 및 대학중점연구소장, (사) 호남사학회 이사장으로 활동하고 있다. 지은 책으로『근대세계체제론의 역사적 이해』(까치, 1996),『서양문명과 인종주의』(지식산업사, 2002),『유럽중심주의 세계사를 넘어 세계사들로』(푸른역사, 2009),『중유럽 문제와 민족문제-오스트리아 헝가리 제국을 중심으로』(동북아역사재단, 2009),『발전의 지정학과 궤적: 한국, 일본, 타이완, 독일, 푸에르토리코』(UC 버클리 동아시아연구소, 2010),『지리산과 이상향』(선인, 2015),『탈서구중심주의는 가능한가』(아카넷, 2016),『전남동부 기독교 선교와 한국사회』(선인, 2019) 등이 있다.

노영기(魯永基)

조선대학교 사학과를 졸업하고, 성균관대학교 대학원에서 한국사(현대)로 박사학위를 취득하였다. 조선대학교, 성균관대학교, 충남대학교, 서울대학교 강사, 서울대학교 규장각 한국학연구원 선임연구원을 역임하였으며, 현재 조선대학교 기초교육대학 교수로 재직 중이다. 주요 저서로『1960년대 한국의 근대화와 지식인』(공저, 2004),『전쟁과 재현』(공저, 2008),『한국현대사 1』(공저, 2018),『한국사, 한 걸음 더』(공저, 2018)이 있다. 주요 논문으로「상무충정작전의 입안과 실행-1980년 5월 27일 최후의 진압작전을 중심으로」(2015),「1980년 5월 21일 계엄군의 발포와 희생」(2015),「5·18항쟁 기록물의 생성과 유통」(2017),「여순사건 이후 군의 정훈 활동과 그 의미」(2017),「10년 전의 기억, 새로움을 위한 제언-국방부 과거사진상규명위원회의 5·18 조사 활동과 평가」(2017),「여순사건과 국가폭력의 구조」(2019) 등 다수가 있다.

임송자(任松子)

성균관대학교 대학원에서 한국근현대사를 전공하고 박사학위를 취득하였다. 성균관대학교 연구교수, 한국방송통신대 학술연구교수, 순천대학교 HK연구교수를 역임하였으며, 현재 순천대학교 인문학술원 학술연구교수로 재직 중이다. 주요 저서로『대한민국 노동운동의 보수적 기원』(2007),『한국의 노동조합과 노동운동의 역사』(2016),『1980년대 노동운동의 역사·민주노조, 노학연대, 그리고 변혁』(공저, 2017),『배움과 좌절의 갈림길, 야학』(2017),『노동운동가 이일재의 활동과 '남조선해방전략당사건' 기록』(공저, 2018) 등이 있고, 주요 논문으로 「1950년대와 1960년대 전반기 노동운동의 좌절과 도전」(2016), 「여순사건 이후 선무공작을 중심으로 본 지리산지구의 빨치산 진압」(2017), 「반공이데올로기에 기반한 노동담론의 지형(1945~1950)」(2018), 「전향의 반공주체 형성과 동원」(2019) 등 다수가 있다.

이지원(李志元)

고려대학교 대학원에서 국제정치를 전공하고 정치학 박사학위를 취득하였다. 근대 동아시아 전쟁사와 공군사를 연구하고 있으며, 현재 공군사관학교 군사학과 부교수로서 사관생도들을 대상으로 「전쟁사」, 「주변국군사론」, 「군사고전연구」 등의 과목을 강의하고 있다. 근대 동아시아 전쟁사와 관련하여 「전쟁 원인의 복합성과 비극적 서사」(2015), 「국가 동기의 복합성과 구조적 현실주의의 생존동기 편향성」(2017),「근대 국제체제와 동아시아 국제정치(1895-1945)」(2018) 등의 논문을 출판하였으며, 공군사와 관련해서는 「최용덕(崔用德)의 항공독립운동과 광복군 내 역할」(2015), 「공군의 창설에서 최용덕(崔用德)의 역할」(2016), 「6·25전쟁기 한국의 공군력 확충 노력: 1951년 '항공기헌납기금모집운동'을 중심으로」(2018) 등의 논문을 공저하였다.

임혁(林爀)
공군사관학교를 졸업한 뒤 서울대학교에서 한국현대문학을 공부하고 글쓰기를 배웠다. 일제강점기 희곡과 연극, 극작가와 연극인들에 관심을 갖고 「송영 문학에 나타난 '체험'과 현실인식의 관련 양상 연구」로 박사학위를 받았다. 지금은 공군사관학교에서 글쓰기와 문학 강의를 진행하는 한편, 동료들과 공군사(空軍史)를 함께 연구·정리하는 작업에 참여하고 있다. 주요 논문으로 「1930년대 송영 단편에 잠재된 일상의 의미」(2014), 「1930년대 송영 희곡 재론(再論) - 소설과의 상관성을 중심으로」(2015), 「전쟁에서의 죽음을 기억하는 하나의 방식: 6·25전쟁기 공군 전사·순직자를 중심으로」(2020) 등이 있다.